U0794950

新编21世纪社会学系列教材

# 社会统计学

Social Statistics

孙　凤　编著

中国人民大学出版社
·北京·

## 作者简介

孙凤，清华大学社会科学学院社会学系长聘教授，博士生导师。1999 年毕业于中国人民大学统计系，获博士学位，2003—2004 年在美国密歇根大学社会调查中心做访问学者。研究领域包括统计学、社会科学研究方法、消费者行为等。主持多项国家自然科学基金、国家社会科学基金、教育部人文社会科学基金和北京市社会科学基金等国家和省部级课题。在《统计研究》等国内外学术期刊发表论文 60 余篇，出版著作 6 部，最具代表性的有《消费者行为数量研究》。

## 内容简介

本书主要包括描述统计和推断统计两部分。描述统计用于如何从杂乱无章的数据中抓住事物的本质特征。在第二章、第三章、第四章、第八章、第九章和第十章中介绍了单变量的统计描述、两个变量关系的统计描述、时间序列的统计描述以及多元回归的描述方法。推断统计用于如何科学地抽取样本并做出由部分到总体的推断。在第五章、第六章、第七章和第八章中重点介绍了概率论、抽样技术、样本代表性、总体参数估计和假设检验等，并在第九章和第十章中介绍了多元回归的推断方法。

由于强调在人文社会科学问题研究中统计学思维的重要性，因此在写作风格上力求呈现更多的思考、简单的数据分析以及尽可能少的公式推导。本书适合于人文社科类专业及需要掌握基础统计学方法的相关专业使用，也可供对统计学感兴趣的读者入门参考。

# 前　言

这是一本写给人文社科类大学生的统计学教科书。本书是笔者在清华大学社会科学学院开设通识课——“社会科学统计入门”的经验和案例基础上整理撰写的。本书的目的有二：一是为了培养人文社科类学生应该具有的统计学知识素养；二是为了训练人文社科类学生应该具有的统计学基本分析方法。本书的特点如下：

其一，注重统计学思维方式的培养。

在人文社科类学生的课程设置中，许多学校都将统计学设为通识课。统计学是人文社科类学生知识素养中的重要组成部分，如何以通俗的方式将统计学的思维方式介绍给学生，培养学生以统计学的思维去思考问题和解决问题在当今社会非常重要。本书强调在人文社会科学问题研究中统计学思维的重要性，因此，本书在写作风格上力求更多的概念、更多的思考、简单的数据以及尽可能少的公式推导。

其二，注重数据描述能力的培养。

统计学是有关数据的科学，如何从杂乱无章的数据中抓住事物内在的本质特征，是大数据时代人文社科类学生素质教育的重要内容。尽管本书仅是一本初级统计学教材，在捕捉数据特征方面还只是提供了基础性的方法，但在着力培养学生具备这样一种意识和敏感性方面则是本书的重要组成部分。本书的第二章、第三章、第四章、第八章、第九章和第十章介绍了有关数据的描述方法，包括单变量的统计描述、两个变量关系的统计描述、时间序列的统计描述以及多元回归的描述方法。

其三，注重数据推断能力的培养。

推断能力是人文社科类学生的必备素养，统计学是训练学生科学推断能力的重要学科。由于统计学是一门关于数据调查的科学，调查对象往往出自样本，因而样本的代表性，即调查方法的科学性直接影响到对总体推断的准确性。如何科学地抽取样本、科学地做出由部分到总体的推断，需要有相关的思维培养和方法训练，这样一种推断能力的培养是本书的重要内容。本书的第五章、第六章、第七章和第八章主要介绍了数据推断的理论和方法，包括概率论、抽样技术、样本代表性、总体参数估计和假设检验等，并在第九章和第十章的部分章节介绍了多元回归的推断方法，通过这些内容的介绍旨在培养学生的统计推断素养。

其四，注重与实践的结合。

本书除了介绍统计学理论外，还注重对社会科学有关案例的引进和分析。尽管本书的书名是社会统计学，但在案例上除了选择与社会学相关的案例外，还有针对性地选择了教育学、心理学、政治学、管理学和经济学等学科的典型案例。本书注重吸收国内外优秀教材的成果，每一章都附有国内外优秀教材的参考书目。本书强调与统计软件的结合，在很多章节都介绍了 SPSS 统计软件的相关使用，力争做到教材内容与 SPSS 统计软件中的内容相呼应。本书为了有助于提高学生的理解能力和运用统计分析方法解决问题的能力，在每一章都设置了思考和练习题，各章练习题的详细解题过程和答案详见中国人民大学出版社官网（www. crup. com. cn），输入书名即可查询。

本书的撰写正值大数据在人文社会科学领域中广泛应用之际，这无疑为本教材的撰写带来了巨大的机遇和挑战。机遇表现为人文社会科学是大数据搜集和分析的重要阵地，有许多好的案例和分析方法产生于此，这为学生的学习提供了更好的实验室；挑战则是本书的内容在紧跟大数据时代步伐方面目前做得还很不够，期待读者在阅读过程中提供更好的意见和建议，有助于未来不断地加强和完善。

本书获清华大学本科教育教学基金资助，在撰写过程中得到中国人民大学出版社的大力支持，人文分社的潘宇社长给予作者以极大的信任和鼓励，人文分社的盛杰、汤慧芸编辑在本书的撰写过程中给予很多的指导，在此一并致谢！

# 目　录

# 第一章
# 社会统计学的基本问题

社会统计学是应用统计学的一个分支，是把统计学的理论方法应用于社会科学研究中，通过对所得数据的分析和处理，达到更为准确地掌握情况、探索规律、制定方案、判断结果、进行预测的目的。本章的目的是认识社会统计学的起源、基本问题以及研究历程。

## 第一节 社会统计学的起源

### 一、社会经济现象的描述

统计活动最早起源于记录社会经济生活事件，早在远古时期，我们的祖先就用在绳子上打结的方法记录日常生活中的事件。自国家产生以来，统计在国家治理方面发挥着重要的作用，中国春秋时期政治家管仲认为“不明于计数而欲举大事，犹无舟楫而欲经于水险也”。早期的社会统计活动包括人口、赋税、徭役、征兵、战争、疾病、地震以及水旱灾等国家的政治和社会事件的记录。例如：公元前 27 世纪古埃及为了建造金字塔和大型农业灌溉系统，曾进行过全国人口和财产的统计调查；在共和罗马时期，奥古斯每五年要对罗马帝国的每个家庭的人口和财产进行普查登记，并以财产总额作为划分贫富等级和征丁课税的依据；古希腊在公元前 6 世纪就有了记录各希腊城邦的历史、行政、人口、经济、艺术、科学等数据的城邦纪要①。

对社会经济生活事件的统计结果形成的一系列数字资料，也称统计资料或统计数据。在记载春秋时代商鞅变法思想言论的资料汇编《商君书》中提出的强国知十三数是最早的政府统计。十三数包括境内仓府之数，壮男壮女之数，老弱之

① 倪加勋．应用统计学．北京：中国人民大学出版社，1993.

数，官士之数，以言说取食者之数，利民之数，马、牛、刍藁之数。换言之，需要对全国粮食数、壮男壮女数、老人孩子数、官吏士兵数、游说谋食人数、商贩数、牛马草料数等进行统计以判断国家强盛与否。司马迁在《史记》中编制的“十表”包括世表、年表、月表是中国最早的统计表。

对数字资料的分析也称为统计分析。英国统计学家约翰·格朗特（John Graunt）于1662年发表的《关于死亡率的自然观察和政治观察》（Natural and Political Observations Made upon the Bills of Mortality），该文的主要内容为对过去的60年来死亡公报公布数据的可信性进行分析和评价，文中按照死亡原因对死亡人数的数据进行细致的描述性整理，指出伦敦与兰姆赛地区男女出生与死亡人数之性别比具有惊人的稳定性，并在此基础上构造了人类历史上第一张生命表。格朗特通过大量观察发现人口总体数量特征蕴含着概率论中的一个重要思想——“大数定律”，即通过充分的、大量的观察可以发现整个现象的稳定性和一般的规律特征。格朗特的工作对欧洲大陆产生重要的影响。如巴黎在1667年开始发表类似伦敦死亡公报的材料，促成了欧洲一些国家建立了政府统计部门①。

将统计学上升为一门独立的学科，其产生的背景与社会经济发展是分不开的。17世纪中叶，随着资本主义的迅猛发展，国家治理者在经济上需要了解国家的收入与支出、生产的过剩与不足、产品的出口与进口，在军事上需要了解进攻与防御时的兵力，在法律上需要了解社会上犯罪的情况，等等。于是编制有关国情和国力的数据、资料和图表就成了统计学的任务。德国和意大利出现了若干有关“国势论”的理论研究，探讨资本主义发展与国家实力的关系，提出对于国势核算的重要性。研究这门学问的人在德国被称为“国势学派”，在英国则被称为“政治算术学派”，前者注重材料的记述、年鉴的编制，后者更注重数量分析方法的运用。

德国“国势学派”的代表人物是德国哥廷根大学的阿亨瓦尔教授，他在《近代欧洲各国国势学纲要》一书的绪论中首次提出了“统计学”（Statistik）这一名词，其原意是指国家显著事项的比较和记载，从此该学派一直以统计学命名。国势学派所讨论的国势主要包括一个国家的地理、历史、政治组织、社会制度、商业和军事力量等重要事项，把统计学看作为国家重要事项进行记载的学科，因而国势学派又被称作记载学派或历史学派。

英国“政治算术学派”的代表人物是威廉·配第，威廉·配第是17世纪英国政治经济学家，被认为是亚当·斯密之前英国影响最大的经济学家，马克思称他为政治经济学之父，在某种程度上是统计学的创始人②。威廉·配第在他的代表论著《政治算术》一书中运用大量的数字对英、法、荷三国的经济实力进行比较，论证了英国完全可以超过荷兰和法国在全世界称霸。配第认为所有政治、社会和经济问题都是政治算术的分支，一切论说要通过数量来表达，避免形而上学

① 陈希孺．数理统计学简史．长沙：湖南教育出版社，2002.

② 马克思恩格斯全集：第23卷．北京：人民出版社，1972：302.

的空洞讨论[①]。该书的学术贡献就是依据统计数字来分析政治、经济和社会问题，而不只是依靠思辨或理论的推演。

这两个学派推动了统计学的发展，但也存在某些局限性。一是他们在很大程度上还处于统计核算的初创阶段，只能以简单、粗略的算术方法来对社会、经济等现象进行计量和比较。二是他们只是记述各国的国力、国情，静态地研究社会现象。三是他们对统计结果表述的静态规律常常用“上帝”的意志来解释，而没有把它们看成是社会现象背后固有的一种统计规律性。

Statistik 这个词创造出来以后，英国译为 Statistics，被世界各国相继采用。之后 Statistics 作为一个领域，专门研究搜集数据、整理数据和分析数据的方法，以及制定统计标准的原则。从统计学的发展来看，当今统计学继承了国势学派统计学的名称，但在内容上有了很大的扩展，除了对国家重要事件的调查统计外，又吸收了政治算术学派对客观现象进行数字计量和大量观察的方法，同时将基于数学基础上的统计推断方法用于社会科学的探索中。进入 20 世纪以来，统计学与社会学的关系日益加强，1900 年美国统计学家马约・史密斯在《统计学和社会学》一文中指出，统计学是使用特殊方法的社会学的一个部分，只有利用特殊方法才能得到最好的答案。他对特殊方法的解释是“即用大量观察法解释社会生活问题，通过大量事例的数量观察，可以概括出有关人类社会的系统知识”。

统计学作为一门科学在中国发展较晚，19 世纪引进于日本。日本最初将 Statistik 译为“政表”“正算”“国势”“形势”等，直到 1880 年在太政官中设立统计院，才确定以“统计”为正名，1903 年钮永建、林卓南等翻译了横山雅南所著的《统计讲义录》，从此“统计”一词从日本传到中国，统计的重要作用逐渐引起人们的重视。清人孟森在其译作《统计通论》中写道：“吾国人方将就学于日本，以开统计之路。夫学问为天下之公器，在先觉者固荣，后起者亦不得为辱。吾统计之传者，已四千余年于兹。吾知孰国学术，有退无进，即以统计论，方今稍耳其名，观西人勤勤于此者三百年，日本之急起而直追者亦四十年，以如是一日不可少之学，而吾士大夫犹梦梦，可哀也。”

## 二、社会问题的推断

统计学的两个核心理论是大数定律和中心极限定理，前者证明在随机事件的大量重复出现中样本统计量和总体参数充分接近，后者解释了大量独立样本的随机变量平均数的分布服从正态分布。这两个定理构成了统计推断的理论基础。早期统计学对社会问题的推断更多集中在人口问题上，关心的核心问题有两个：一是人口性别比的估计，二是人口总量的估计。

### （一）人口性别比的估计

按照现代生物学观点，生男生女机会应该相同，但是历史上统计数据却显示

① 倪加勋．应用统计学．北京：中国人民大学出版社，1993.

是生男的机会略大于生女的机会。阿布兹诺特（John Arbuthnott）1712 年发表了一篇题为《从两性出生数观察的规律性所得关于神的意旨存在的一个论据》的文章。他依据 1629—1710 年间伦敦市每年受洗男、女婴的数目，发现每年都是男多于女，他以此为样本通过假设检验的方法推断出“男婴出生率高于女婴”是一个自然规律，是神的意旨发挥了作用。格朗特根据大量的统计资料观察，发现伦敦生男生女的比率为 14∶13。之后荷兰学者格雷维塞、瑞士学者尼克拉斯·伯努利都证明了男婴出生率略大于女婴的结论①。

比利时学者凯特勒，将法国的古典概率论引入统计学，用以研究人口性别比问题。他认为社会现象背后的这种规律性是社会内在固有的，而不是“神定秩序”，人们可以通过计算统计指标来揭示这些规律。凯特勒在做自杀统计、人口统计、婚姻统计、精神病患者统计时，均发现社会内在规律性的作用。凯特勒认为那些表面上似乎杂乱无章的、偶然性占统治地位的社会现象，如同自然现象一样也具有一定的规律性。他认为统计学不仅要记述各国的国情，研究社会现象的静态，而且要研究社会生活的动态，研究社会现象背后的规律性。凯特勒的这些思想给后世统计学家以深刻的影响，为近代统计学的科学化奠定了基础。1867 年一门兼有数学和统计学双重性质的学科被命名为“数理统计学”，凯特勒被后人称为“现代统计学之父”。

凯特勒就是这样在自己的研究工作中，把统计学与概率论结合起来。首次在社会科学的范畴内提出了他的大数定律思想，并把统计学的理论建立在大数定律的基础上，认为一切社会现象也受到大数定律的支配。凯特勒运用大数定律的思想研究了大量与社会道德相关的统计资料，提出了著名的“平均人”思想。他指出，在我们对多数人进行观察的时候，人的意志就平均化起来，并且不留任何显著的痕迹。所有部分意志的作用，和纯粹受偶然原因所制约的各种现象一样，它们即被中和或抵消了。因此，不应当注意个别的人，而应当把个别的人当作种族的一部分来考察。只有把人的个性去掉之后，我们才能把存在于人们中间的所有偶然的东西摒弃殆尽。这样，那种对于大量现象仅起极小作用的或完全不起作用的个别特殊性，就自然会平均化起来，从而我们就能把握住综合的结果。同时他还认为对社会上偏离“平均人”的差异性，也要研究其产生的原因。他提出，社会上所有的人同“平均人”的偏差愈小，社会上的矛盾也就愈缓和。而文化上的正面引导，则可以减少每个人与“平均人”的偏差，从而减少犯罪的发生。凯特勒的“平均人”思想在历史上影响很大。马克思在其《资本论》一书中也曾运用过这种思想。

## （二）人口总量的估计

法国数学家拉普拉斯采用比例法来估计一个国家的人口数，即根据局部地区调查的结果来估计全国人口的方法。他的具体做法是在国内选定 30 个被认为是

---

① 陈希孺．数理统计学简史．长沙：湖南教育出版社，2002.

具有代表性的地区，计算代表地区过去一段时间的人口出生数与人口总数的比例，以此比例作为推断全国人口出生比的估计量，进而推断总人口数，他的这种做法在今天被称作代表性抽样。1824 年比利时天文学家魁特奈特运用拉普拉斯方法估计低地国家（荷兰、比利时、卢森堡）的人口数，他同时使用出生人数与死亡人数计算出生比和死亡比来估计人口总数，发现与实测结果有较大的出入，不理想的结果使他放弃了人口抽样调查，而转向人口普查①。

对于抽样结果与实测结果存在出入的解释，社会学家开维伯格的意见对魁特奈特的影响很大。他认为，影响人口出生率和死亡率的因素有很多，如居住在城市还是乡村，沿海、平原还是山区，高温还是低温地区，人口稠密还是稀疏地区，以及当地文化水平的高低、职业的性质、饮食情况及一般的生活习惯都对此有影响。开维伯格提出了社会统计学者面临的一个共同问题，即当面对一批个体背景信息不是很清楚的数据，如何根据数据本身去判断其同质性的问题。这个问题不仅在当时，即使在今日，也没有得到根本性解决。实际上其根本问题不是统计学的问题，而是由社会学问题本身的复杂性决定的，因为自然科学实验能够通过对条件的控制保证数据的同质性，但社会问题的数据一般由观察得到，不可能进行控制，且在许多情形下，研究者并不了解其异质性的因素。自此魁特奈特开始关注数据的同质性与异质性问题，他提出的方法的基本思想是将一批数据能否充分地拟合一个正态分布，作为判断该批数据是否同质的一个依据。从统计学发展的历史看，魁特奈特对该类问题的解决方法是对 19 世纪统计学的一项重要贡献②。

### （三）其他社会问题的推断

早期统计学对一些社会问题的推断有很大的影响，卡尔·皮尔逊有关酗酒问题的研究就是一个有代表性的例证。皮尔逊作为伦敦大学应用数学系的教授，是 19 世纪末英国最著名的统计学家，他最早提出了二维分类数据相关性的卡方检验方法。他对遗传与环境、先天和后天等在人类进化中起重要作用的基本问题展开了深入的研究。他在理论上同意达尔文的进化论，同时也尝试从方法论方面对进化论进行实证研究。他认为遗传因素会使国家和种族产生不可避免的退化，国家必须采取明确而又有目的的干涉政策，因此他特别强调开展国家优生学项目的重要性。在社会政策问题上，鉴于当时社会上盛行着无辜子女的人生会因父母酗酒而付出惨痛代价的主张，他与合作者展开“初探父母酗酒对后代的体格及能力的影响”的研究，发现酗酒者的子女与非酗酒者的子女之间不存在显著性差异。他们的研究结论受到社会各方的质疑和挑战，三位著名的经济学家马歇尔、凯恩斯和庇古也加入了批评者的阵营，并于 1910 年 5 月到 1911 年 2 月内，连续在《皇家统计学会期刊》上发表系列文章对文章的数据、方法和结论进行批评。然而

① 陈希孺．数理统计学简史．长沙：湖南教育出版社，2002.

② 同①.

随着统计学的发展，调查手段和统计分析工具的进步，皮尔逊检验得到了科学的证明，越来越多的人站在了皮尔逊的一边[①]。除此之外，他还运用统计方法参与了关于性、中世纪德国文学、社会主义、大学管理及一些社会科学话题的讨论[②]。

应用统计推断和统计分析方法研究社会学问题在 19 世纪以前的进步有限，这一方面与当时的统计方法和计算手段的落后有关，社会学问题大多数是有关复杂测量和复杂关系的问题。例如犯罪心理问题的研究，犯罪心理测量需要量表，影响犯罪心理的因素诸多，包括经济、社会、文化、宗教等，这些因素之间还存在着相互的影响和制约，而适于处理这类数据的统计方法，如因子分析、相关分析、方差分析、回归分析和路径分析等都是 20 世纪的产物。这些方法在大样本中能够得到应用也得益于计算机的发明，目前这些方法和计算机软件已经成为社会学研究的标准工具进入大学的统计学教材中。随着大数据的崛起，统计学被注入了新的元素，统计学在社会学领域的应用更加广泛和深入。

当前从世界范围来看，我们进入了大数据时代。统计学作为大数据的三大基础学科之一，与大数据之间的关系非常密切。大数据需要统计学知识，大数据通过采用统计学相关理论和技术，不仅加速了大数据相关技术的落地，也为其数据价值化奠定了一定的基础，同时在与大数据的结合过程中，统计学的方法也获得了提升和拓展，其知识体系也得到了一定程度的调整。从社会学来看，社会学中的大数据研究主要包括两种类型：一类是基于社会行为数据分析的社会学研究，即根据各种网络行为数据、线上线下交易数据、社会事务管理数据等，对社会学领域的问题进行研究；另一类是基于文献文本大数据分析的社会学研究，主要是将各种图书、文章、文档资料电子化后，对这些电子文本进行基于大数据的探究和知识发掘。从统计学的视角看，在描述现象、揭示规律和预测未来方面，这两者都离不开对统计描述、统计推断和统计分析方法的应用。

# 第二节
# 社会统计学的基本问题

## 一、什么是社会统计学

### （一）统计学

统计学是数据的科学，它包括数据的收集、分类、概括、推断、分析以及

---

① 斯蒂格勒．统计探源：统计概念和方法的历史．杭州：浙江工商大学出版社，2014.

② 萨尔斯伯格．女士品茶：统计学如何变革了科学和生活．南昌：江西人民出版社，2016.

解释。

根据《兰登书屋大学字典》(*The Random House College Dictionary*)，统计学是“对用数字表示的事实或数据进行收集、分类、分析以及解释的科学”。因此，统计学的核心问题通常包括两种类型：一是搜集、整理、描述以及探索数据；二是利用样本数据推断总体的性质和特征。

### (二) 社会统计学

统计学的研究对象是数据，而且是研究各个学科和领域的数据，所以统计学必须和不同学科相结合才有意义。分析自然科学相关数据的统计学，有物理统计学、工程统计学、医学统计学、地质统计学、气象统计学等；分析社会科学相关数据的统计学，可以细分为人口统计学、社会统计学、经济统计学、心理统计学、教育统计学、政治统计学、法律统计学等。

本书是有关社会统计学的概述，因而社会统计学是对社会学领域的数据进行搜集、整理、概括、推断和分析的科学。

## 二、社会统计学的分类

### (一) 描述统计学

描述统计学 (descriptive statistics) 是有关数据整理、描述以及概括的统计学分支。

描述统计学是研究如何取得反映客观现象的数据 (data tabulation)，并通过图表等形式对所搜集的数据进行加工处理和显示 (data visualization)，进而通过综合概括与分析 (statistical summaries)，得出反映客观现象规律性数量特征的一门学科。描述统计学内容包括统计数据的收集方法、数据的加工处理方法、数据的显示方法、数据分布特征的概括与分析方法等。

描述统计的目的就是通过各种方法将数据的总量、结构、集中、离散等特征展现出来，以此寻找数据的规律性和随机性。作为描述统计的典型例子是人口普查，它是当今世界各国广泛采用的搜集人口资料的一种最基本的科学方法，也是描述全国基本人口数据的主要来源。

中国分别在 1953 年、1964 年、1982 年、1990 年、2000 年与 2010 年进行过六次全国人口普查。第六次人口普查显示，全国总人口为 1 370 536 875 人。其中大陆 31 个省、自治区、直辖市和现役军人的人口共 1 339 724 852 人；香港特别行政区人口为 7 097 600 人；澳门特别行政区人口为 552 300 人；台湾地区人口为 23 162 123 人。在大陆的总人口中，男性人口为 686 852 572 人，占 51.27%；女性人口为 652 872 280 人，占 48.73%。中国第六次人口普查较第五次人口普查增加了 73 899 804 人，增长 5.84%，年平均增长率为 0.57%。以上就是关于中国人口总量、结构、比例、变动状况的描述统计。

### （二）推断统计学

推断统计学（inferential statistics）是利用样本数据对总体进行推断的统计学分支。

推断统计学是研究如何根据样本数据去推断总体数量特征的方法，它是在对样本数据进行描述的基础上，对统计总体的未知数量特征做出以概率形式表述的推断。

对总体进行全面调查通常耗费时间长、代价昂贵，而且许多情形无法通过全面调查实现，例如灯泡厂的产品质量检验，检验的过程是灯泡的破坏过程。在这种情况下，需要通过一个数据的子集（称为样本）来推断总体的性质。总体是由许多个数据子集构成的，为了确保选择的数据子集对总体的代表性，需要一套科学的抽样调查方法。

根据国务院 2010 年颁布的《全国人口普查条例》规定，我国人口普查每十年进行一次，位数逢 0 的年份为普查年度，在两次人口普查之间开展一次 1%人口抽样调查。调查的样本量约占全国总人口的 1%。调查以全国为总体，各地级市为子总体，采取分层、二阶段、概率比例、整群抽样方法。根据 2015 年的全国 1%人口抽样调查推断，中国大陆 31 个省、自治区、直辖市和现役军人的人口中，男性人口为 70 356 万人，占 51.22%；女性人口为 66 993 万人，占 48.78%。总人口性别比由 2010 年第六次全国人口普查的 105.20 下降为 105.02。这就是用样本数据对中国人口总量、结构、比例和变动的推断统计。

## 三、社会统计学的基本要素

社会统计学的基本要素依据描述统计和推断统计有两种类型的划分：(1) 描述统计是对总体的相关变量、样本的相关变量以及构成总体或样本的调查单位的相关变量的描述；(2) 推断统计关注样本对总体的代表性、通过对样本中相关变量的描述达到对总体的推断以及推断可靠性的计算（见表 1-1）。

### （一）总体与样本

#### 1. 总体

统计总体是研究的目标人群或目标事物的数据集（通常很大，有时只是理论上的）。统计总体可以分为有限总体（finite population）和无限总体（infinite population）。有限总体是指总体中包含的单位数是有限的，可以计量并且能够穷尽，可以用确切的数值表示。例如，全国人口总数、工业企业总数等，不论它们的数量有多大，都是有限的、可计量的，并有一个确切的数字。无限总体是指总体中包含的单位数是无限的，可计量但不能穷尽。例如，海洋中鱼的数量、空气中的病毒数往往看作无限总体。

**2. 样本**

统计样本是从目标人群或事件中抽取的数据子集。样本从总体中随机抽出来用以估计总体，由于样本的代表性好坏问题，用样本来估计总体带有不确定性，所以需要借助概率来估计总体特性。

例如做菜或做汤时，起锅前我们往往会尝一口看看味道怎样，这个行为的背后就是利用样本来进行判断，只要样本选择正确，它是能够代表总体的。从总体中抽取有代表性的样本，并不是一件容易的事情，在民意调查中预测失败是常有的事，最典型的就是 1936 年美国《读者文摘》的总统选举预测。该杂志预测兰登将获得 57%的支持率，罗斯福将获得 43%的支持率，然而实际结果是罗斯福获得 62%的选票。《读者文摘》预测失败的原因就是样本的代表性有误，因为抽取样本要有抽样框，《读者文摘》的抽样框是电话簿，那个时代电话属于奢侈品，因而由此抽取的样本仅仅代表富人阶层，而不富裕的人大多投票给了罗斯福，显然这是由样本代表性出现偏差导致的后果。

## （二）调查单位与变量

**1. 调查单位**

调查单位是数据采集对象（例如人、物、事件等）的初级单位。一个人、一个家庭、一个社区、一个企业、一个城市、一首歌、一本书、一件商品均可作为调查单位（unit，element，individual）。调查单位的选取与我们的研究目的有关。例如，要了解某市中学生的健康状况，需要对全市的中学生进行健康调查，其中每位中学生都是一个调查单位，而每个班级则是一个填报单位；再如，进行工业设备普查，每一台设备就是一个调查单位，而每个工业企业则是一个填报单位。

**2. 变量**

变量是测量调查单位某些特征或性质的指标。

在数学中，变量是表示数学对象的符号，可以是数字、向量、矩阵，甚至是函数。在统计学中变量反映调查单位的特征或性质，例如性别、宗教、受教育程度等均可作为一个人的特征，劳动力规模、固定资产总值、利润总额等可作为一个企业的特征。

变量按连续性分可分为离散变量与连续变量。离散变量是指仅能表现为整体取值的指标，可通过列举得到，最小单位的情况下是整数，只能被有限次分割，如职工人数、企业数。连续变量亦可叫作连续指标，通过计算得到，最小单位的情况下可以是小数，能被无限次分割，如人的身高、体重。

变量按性质分可分为确定性变量和随机变量。确定性变量影响变量值变化的因素是明确的、可解释的或可人为控制的，因而变量的变化方向和变动程度是可确定的。例如，去年企业的所得利润就是一个确定的数值，新入学大学生的高考成绩也是一个确定的变量。随机变量表示随机试验各种结果的实值单值函数，例如未来某一时间段内公共汽车站等车的乘客人数，抛一个骰子后所有可能得到的点数也是一个随机变量。

## (三) 观测数据与实验数据

人们要研究问题的规律性，必须搜集与问题相关的信息，也就是数据，因此统计学的首要问题是搜集数据。数据的搜集有两类，一类是在自然的未被控制的条件下观测到的，称为观测数据（observational data），例如对消费者购买行为的观测、对家庭人口的观测等；另一类是在人工干预或操作下搜集的数据，如不同医疗手段下某疾病的治疗效果，不同薪酬政策干预下人们工作积极性的调动和发挥等，这种经干预搜集到的数据称为实验数据（experimental data）。

因此在搜集数据之前，必须根据研究问题的性质，找到相关的变量，然后再搜集这些变量的观测值。搜集数据需要相应研究领域的知识，仅有统计学知识是不够的。例如反映劳动力市场供求关系的就业率、反映社会治安状况的犯罪率、反映股票行情的上证指数等，都是通过科学地选取若干指标进行数据搜集，然后根据搜集到的数据计算出来的。因而研究社会科学问题，需要有社会科学的理论素养和理论训练作为支撑。

## (四) 概率与统计推断

### 1. 概率

概率亦称“或然率”。它反映随机事件出现的可能性（likelihood）大小。随机事件是指在相同条件下可能出现也可能不出现的事件。例如，从一批有正品和次品的商品中，随意抽取一件，“抽得的是正品”就是一个随机事件。概率是反映统计规律性的数量方法，概率是一个取值于 0 和 1 之间的数，告诉我们某一随机事件以多大机会发生。一次试验的结果具有偶然性，但大量的重复试验，其结果所呈现的则是统计规律性，概率是统计规律性的数量表现。

### 2. 统计推断

统计推断是从总体中抽取部分样本，通过对抽取部分所得到的带有随机性的数据进行合理的分析，进而对总体作出科学的判断，它是伴随着一定概率的推测。由于统计推断是由样本特征推断总体特征的方法，推断不具百分之百的可靠性，可能还会出现其他结果，因此对推断的可靠性进行评价很重要，它是对样本推断总体准确程度的测量，往往通过概率计算可靠性程度。

**表 1-1 描述统计与推断统计的要素比较**

| 描述统计问题的四要素 | 推断统计问题的五要素 |
|---|---|
| 研究的是总体或样本 | 研究的是总体 |
| 被研究的是一个或多个变量 | 被研究的是一个或多个变量（抽样单位的特征） |
| 表格、图形或者数字概括工具 | 抽样单位的样本 |
| 确定数据类型 | 根据样本中的信息对总体进行推断 |
| | 推断的可靠性程度 |

## 四、社会统计学的主要任务

### （一）随机性和规律性的研究

统计学一方面是对随机性中的规律性进行研究，另一方面是对规律性中的随机性进行分析。其中，随机性是指我们不能准确预测某一次实验的结果，例如掷硬币的随机性是一次实验中出现正面还是反面；规律性是指把多次实验结果放在一起时表现出来的模式和趋势。统计学家蒲丰和皮尔逊的掷硬币结果见表 1－2。

**表 1－2　蒲丰和皮尔逊的掷硬币结果**

| 试验者 | 掷币次数 | 出现正面频数 | 出现正面频率 |
| --- | --- | --- | --- |
| 蒲丰 | 4 040 | 2 048 | 0.506 9 |
| 皮尔逊 | 12 000 | 6 019 | 0.501 6 |
| 皮尔逊 | 24 000 | 12 012 | 0.500 5 |

从表 1－2 不难发现，随着掷币次数的增加，出现正面与反面的概率接近 50%。统计学中的随机性和规律性问题在社会治安领域有具体实例。美国从纽约到旧金山，几乎每个城市都有一张犯罪地图。所谓犯罪地图是通过大量历史数据的分析而制作的，利用犯罪地图可以知道哪个街区、什么时间、容易发生什么犯罪的规律，以此作为警察出警和维护治安的工作依据，能够有效阻止一些犯罪。北京市公安局也发布了北京市关于治安的犯罪地图，分析确认有 18 个地点是犯罪率较高的地区，主要是外来人口聚集的地区。公安系统有了犯罪地图这样的工具，就可以有针对性地安排警力防范犯罪。

由样本的随机性来推断总体的规律性时，要求样本具有随机性特征就显得非常重要，因为当样本严重不随机时，可能就会得到错误的推断。例如二战时期，英美的飞机专家研究战斗机受损情况，对执行任务归来的飞机进行检查，发现所有飞机的机腹都伤痕累累，但机翼却较为完整。于是专家认为，机腹容易受到炮火攻击，应加强机腹的保护。但也有专家认为这一判断严重违背了样本随机性的原则，因为人们只检查了成功返航的飞机，而没有检查被敌军击落的飞机，因此得出的结论是值得怀疑的。尽管将击毁的飞机从战场上拖回来是不可行的，但合理的解释是，执行任务的飞机由于被击中了机翼才未能返航，因此应加强机翼的保护。

### （二）描述性研究与解释性研究

#### 1. 描述性研究

描述性研究是对社会现象进行描述，包括变量在时间上的变化，变量在空间范围上的分布，变量的层次和结构，变量的集中和离散，变量取得的具体化与操作化等。

表 1－3 是运用历年香港的人口普查数据，对香港老龄化问题在时间上的变化

所进行的描述，使我们对香港社会老龄化的程度以及变化速率有一个基本的了解，基本的判断是从1961—2011年，香港长者的增长率远远高于全港人口的增长率。

**表1-3　香港老年人口的数量和增长率**

| 时间 | 长者 | | | 全港人口 | | |
|---|---|---|---|---|---|---|
| | 数目 | 增量 | 增长率% | 数量 | 增量 | 增长率% |
| 1961 | 87 918 | | | 3 129 648 | | |
| 1966 | 121 440 | 33 522 | 6.7 | 3 708 920 | 579 272 | 3.5 |
| 1971 | 177 572 | 56 132 | 7.9 | 3 936 630 | 227 710 | 1.2 |
| 1976 | 242 800 | 65 228 | 6.5 | 4 402 990 | 466 360 | 2.3 |
| 1981 | 326 809 | 84 009 | 6.1 | 5 109 812 | 706 822 | 3.0 |
| 1986 | 408 542 | 81 733 | 4.6 | 5 495 488 | 385 676 | 1.5 |
| 1991 | 482 040 | 73 498 | 3.4 | 5 674 114 | 178 626 | 0.6 |
| 1996 | 629 555 | 147 515 | 5.5 | 6 412 937 | 738 823 | 2.5 |
| 2001 | 747 052 | 117 497 | 3.5 | 6 708 389 | 295 452 | 0.9 |
| 2006 | 852 795 | 105 743 | 2.7 | 6 864 346 | 155 957 | 0.5 |
| 2011 | 941 312 | 88 517 | 2.0 | 7 071 576 | 207 230 | 0.6 |
| 1961—2011 | | 853 394 | 4.9 | | 3 941 928 | 1.6 |

**2. 解释性研究**

解释性研究是列出现象的原因或结果，详析两个变量或多个变量之间的关系，分析变量间的作用机制。

表1-4是运用交叉分组分析收入分层变量和性别、年龄、出生地、受教育程度的关系，以此分析香港贫富分化具有怎样的人口学特征。通过表1-4，我们得到的一个基本判断是，低收入组的中年人占比远低于高收入组的中年人占比，而老年人在低收入群体中的占比则远高于在高收入群体中的占比。

**表1-4　香港贫富分化的人口学特征（2011）**

| | 第1至第2个十等分组别 | 第3至第8个十等分组别 | 第9至第10个十等分组别 | 合计 |
|---|---|---|---|---|
| 按性别划分的工作人口比例（百分比） | | | | |
| 男 | 26.3 | 56.8 | 61.0 | 51.6 |
| 女 | 73.7 | 43.2 | 39.0 | 48.4 |
| 按年龄划分的工作人口比例（百分比） | | | | |
| 15～24 | 15.8 | 9.5 | 0.6 | 9.0 |
| 25～34 | 25.6 | 27.5 | 20.5 | 25.7 |
| 35～44 | 21.7 | 22.9 | 35.0 | 25.0 |
| 45～54 | 20.9 | 26.0 | 32.6 | 26.3 |
| 55～64 | 13.2 | 12.6 | 9.9 | 12.2 |
| 65+ | 2.8 | 1.5 | 1.5 | 1.8 |

续前表

| | 第 1 至第 2 个十等分组别 | 第 3 至第 8 个十等分组别 | 第 9 至第 10 个十等分组别 | 合计 |
|---|---|---|---|---|
| 按出生地划分的工作人口比例（百分比） | | | | |
| 在香港出生 | 34.8 | 68.5 | 77.3 | 63.5 |
| 在香港外出生 | 65.2 | 31.5 | 22.7 | 36.5 |
| 居港少于 7 年 | 30.0 | 3.1 | 5.1 | 8.9 |
| 内地来港 | 3.0 | 1.7 | 0.4 | 1.7 |
| 其他地方来港 | 27.0 | 1.4 | 4.7 | 7.2 |
| 居港 7 年以上 | 35.2 | 28.4 | 17.6 | 27.6 |
| 按受教育程度划分的工作人口比例（百分比） | | | | |
| 初中及以下 | 45.8 | 31.9 | 4.3 | 29.1 |
| 高中、预科 | 37.3 | 39.8 | 20.3 | 35.4 |
| 大专以上 | 17.0 | 28.4 | 75.4 | 35.5 |

表 1 - 4 是运用一个变量去解释另外一个变量的案例，现实中，一个人陷于贫困很大程度是多个因素共同作用的结果。因而在解释性研究中还有通过建立统计模型综合反映多个变量对某一变量的影响。

# 第三节 社会统计学的研究历程

## 一、社会学的特征

社会学是用科学的方法，研究人类社会的种种现象的学科。社会学具有以下四个特点。

**1. 复杂性**

社会学所研究的社会事物（或现象）一般都是非常复杂的，它们受众多自然和社会变量的制约，而这些变量之间往往又是彼此相关的、非线性的关系。社会学的复杂性也体现在其具有较强的随机性，人们需要从诸多随机因素背后找出规律性特征，这就给社会学进行精确、客观的分析带来了巨大的困难。

**2. 主观性**

对社会事物的认识和评价要受到众多主观因素的制约，很大程度上取决于观察者的知识储备以及与观察对象之间的利益关系。这种由知识储备与利益关系引起的“先入为主”的主观因素，容易导致人们形成非中性的、非客观的、非理性的观察态度，形成代表不同利益集团的“社会学”。

**3. 难验证性**

社会事物一般有较长的运行周期，且在时间上具有不可逆性，有些社会事物的运行容易产生巨大的利益冲突，可能还会引起一些不可预测的灾难，因而社会学是难以进行重复性实验的。这也是许多社会学的假设、预言难以在短期内和较小范围内得以验证的原因。

**4. 定性研究与定量研究的结合**

定性研究是通过观测、实验和分析等，来考察研究对象是否具有某种属性或特征，以及它们之间是否有关系等。由于它只要求对研究对象的性质作出回答，故称定性研究。定性研究是在一群小规模、精心挑选的样本个体上的研究，该研究不要求具有统计意义，但是凭借研究者的经验、敏感以及有关的技术，能有效地洞察研究对象的行为和动机，以及研究对象可能带来的影响等。在研究方法上，研究者运用历史回顾、文献分析、访问、观察、参与经验等方法获得处于自然情境中的资料，并用非量化的手段对其进行分析、获得研究结论。定性研究更强调意义、经验（通常是口头描述）、描述等。

定量研究就是用数学的工具对事物进行数量的分析，也称量化研究，是社会学领域的一种基本研究范式，也是科学研究的重要步骤和方法之一。社会学的定量研究被看作社会学研究方法的“自然科学化”，即以基本的数理逻辑为假设前提，采用实验手段或科学语言来最大限度地避免研究前提的主观性、模糊性。这种方法可为科学研究提供简洁的形式化语言、精确的定量分析手段、严谨的推理论证程序。随着自然科学的研究方法卓有成效地应用于社会学的研究过程之中，社会学越发能够完整、客观、准确地把握人类社会及思维的本质与规律，有力地推动了社会学的发展。

## 二、社会学的研究历程

美国社会学家华莱士在其名著《社会学中的科学逻辑》一书中，提出并详细阐述了社会研究的逻辑过程，这一过程被人们称作“科学环”，并得到广泛运用。社会学的研究历程大致经历了以下四个步骤：(1) 从理论出发，推演出具有逻辑性的假设；(2) 将假设分解成具有可操作性或可观察的问题；(3) 观察一种现象或一组完整的事件；(4) 对观察结果进行概括，试图形成一种能够解释所观察的现象的理论。

按照华莱士的解释，科学环的左边一半，即第 (1) 和第 (2) 步骤意味着从观察出发，通过对观察的归纳来进行理论建构；而科学环的右边一半，即第 (3) 和第 (4) 步骤则意味着从理论出发，通过演绎，应用理论于观察中，进行理论检验。华莱士还认为，科学环的上部，即第 (2) 和第 (3) 步骤代表理论化过程，而第 (1) 和第 (4) 步骤代表经验研究过程。

**1. 从理论到假设**

从理论到假设就是把理论假设中概念与变量和指标联系起来，然后在经验层次上建立假设，这个过程需要借助逻辑演绎的方法。

所谓假设，就是根据自己对问题的了解，假定社会现象与想象之间存在某种关系。这里的社会现象被称为变量。

例如婚姻匹配是社会学的经典问题，婚姻匹配包括先赋性匹配和自致性匹配，先赋性匹配是指家庭背景匹配，自致性匹配是指男女双方的职业匹配、受教育程度匹配和收入匹配。因此这里的变量就有男女双方的职业、受教育程度、可支配收入以及双方父母的职业和受教育程度等变量。

如果我们希望探讨城市化过程对于婚姻匹配的影响，首先需要搜集有关的文献，分析前人的研究成果，对选定的问题进行初步的了解，然后在前人的研究基础上，对这个问题提出自己的假设。对于婚姻匹配问题的经验层次的研究假设如下：

假设 1：城市化促使先赋性匹配程度下降假设。城市化进程中，家庭对子女的控制减弱，年轻人获得了更多的婚姻自主性，因此人口流动将促使先赋性婚配模式比例下降。

假设 2：城市化促使流动人口自致性匹配程度上升假设。在城市化进程中，年轻人进城寻找生存发展的机会，工作和生活的圈子扩大，兴趣相投、有共同语言成为婚姻的重要基础，自由恋爱流动促使自致性匹配上升。

当然，并不是所有的社会学研究都有假设的，有些研究是探索性研究，没有假设而直接搜集资料，然后从中发现事实，这样的研究也是有贡献的，尤其是当我们对某些问题缺乏了解，难以做出有意义的假设的时候。当然，一项社会学的研究要求我们事前想清楚问题的可能发生情况，以及问题间的关联情况，通过设立假设、验证假设力争使研究更加符合科学要求应作为研究者的目标和方向。

**2. 从假设到经验观察**

在建立假设以后，便需要予以解释。为什么城市化会促进自致性婚姻匹配程度的上升呢？这就需要给出解释的理由，如城市中女性劳动参与率的增加，大众传媒的示范、交通和通信技术的发展，使得年轻男女的择偶范围扩大，家庭社会背景对子女婚姻选择的决定性作用开始削弱，婚配主体的自主性显著提升。当然对假设的解释很大程度上与我们的学术水平和人生经验有很大关系。

从假设到经验观察需要借助于可操作化的方式和方法来实现。其一，是假设中变量的概念以及边界都需要定义清楚，以免测量时产生误解。例如对城市化的界定，城市化反映人口从农村向城市的转移，人口从农村向城市的转移如何界定？是以农业户口转为城市户口来界定还是以农业人口在城市停留的时间长度来界定？假如是后者的话，农业户籍人口从农村到城市停留多久算是城市化？再如对收入的定义往往有多种理解，收入有工资收入，也有财产收入，还有转移性收入如子女给父母的钱，以哪个收入口径进行分析往往与研究的问题有关，因此对于每个变量的定义和边界要清楚和明确。

其二，可操作化过程还包括目标人群的确定和样本的选取。目标人群的确定依据研究问题的特征来确定。例如研究婚姻匹配问题，就要选取已婚或适婚人群作为目标人群。如果我们要研究的是一个国家或一个地区的已婚或适婚人群的话，这是一个很大的群体，很难做到对目标人群中的每一个进行调研，那么就需要在目标人群中选取样本。选取样本的方式有很多种，最为科学的方式就是抽样调查。抽样调查的方式也有多种，如何选择往往受研究者的预算约束和时间约束。

**3. 从经验观察到经验概括**

经过经验观察阶段的概念界定和样本选取后，接下来需要运用测量的方法对这些概念进行分解，分解成若干题目和选项进行测量和分析。科学的测量方法是依据研究者对概念的理解进行题目的设计和问题的分解。

经验概括需要借助于测量和分析方法，这也是社会学运用统计学的重要阶段。这个阶段需要采用问卷调查方法、计算机技术、统计软件、心理测验、参与观察、焦点小组讨论等。运用这些研究方法和技术对资料或数据进行加工，可以形成新的资料，这些新资料又会促使研究者形成新的假设，并推动对新问题和新理论的关注，为研究者开辟通往新理论的路径。

**4. 从经验研究到理论确立**

首先经验研究促使概念得到澄清，概念作为理论研究的基石，对理论建构起到基础和前提的作用。理论化工作的一个重要部分是进行概念的澄清和界定，只有对概念的内涵和外延、概念的维度和层次进行明确的解释和说明，才能达到理论建构或理论创新。

这一阶段的重要任务还包括撰写研究报告和交流研究成果。研究报告是一种通过文字和图表将研究工作所得到的结果系统和规范地反映出来的形式，它是这四个研究过程的集中体现（见图 1－1）。因此从研究目的、研究方式、资料搜集和整理、分析方法到研究结论都需要在研究报告中得到体现。关于研究报告的实例可参考社会科学各学科重要杂志上所发表的论文。

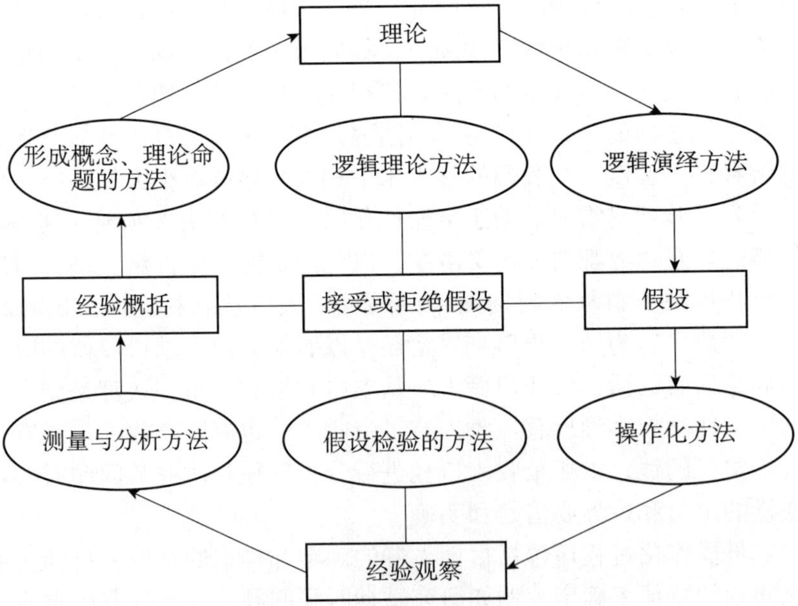


**图 1－1 社会学的研究历程**

## 三、社会统计学的研究历程

统计学在社会学中的作用就是为要研究的理论或假设提供数据支持。因而用统计学的方法研究社会科学问题首先需要将所研究的理论或假设中的概念分解为具有可操作化的指标，也称作测量阶段；然后再结合所要研究的目标人群抽取有代表性的样本，也称作抽样阶段。不论是测量阶段还是抽样阶段的实施，都需要事先进行科学的设计，以保证统计数据的质量。因而调查设计是统计学运用到社会科学研究中的首要步骤。

社会统计学的研究历程分为三个方面：一是概念的测量，包括概念的操作化与具体化设计；二是样本的代表性，包括调查的目标人群、抽样框、抽样方式以及样本数量与结构的设计；三是可能使用的统计分析方法（见图 1－2）。

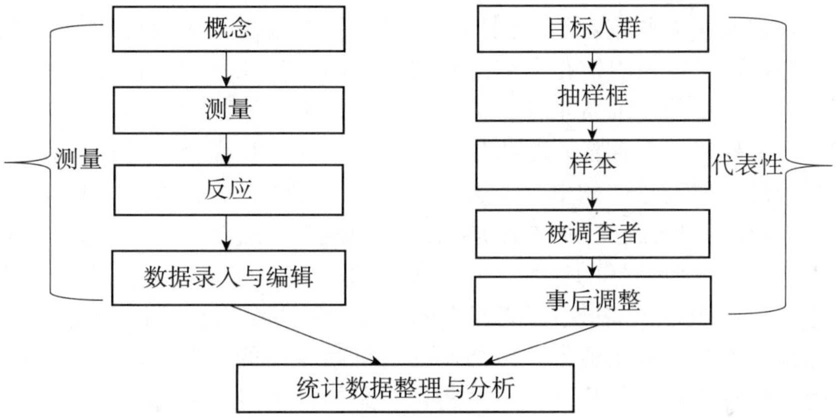


**图 1－2　社会统计学的研究历程**

### （一）概念的测量

概念的测量，需要选择测量指标进行测度，测度的指标有单指标和多指标。例如企业规模，可用人数来测定，也可用企业生产能力来测度；再如受教育程度的测度，可用受教育程度，也可用受教育年限。

对于社会学中的一些抽象概念需要用多个指标甚至用量表的测度才能反映出来，例如公平、幸福、发展。运用多指标或者量表来测量抽象概念，之后还需要通过一定的方法进行指标综合，综合方法有指数法、因子分析法等，如人类发展指数、物价指数等。

### （二）调查方式的设计

**1. 普查**

普查是对大范围的国家、地区或部门的每一个对象进行的调查。例如人口普查、土地资源普查、房屋普查、第三产业普查等。

**2. 抽样调查**

抽样调查是从研究对象的总体中抽取一些个体作为样本，通过样本状况推断总体的状况。

**3. 概率抽样**

（1）简单随机抽样，总体中的每一个个体均有同等被抽中的机会；（2）分层抽样，将总体按照一种或几种特征分为几类，每一类称为一层，然后从每一层中随机抽取一个子样本，将它们合在一起即为总体的样本；（3）等距抽样，将总体中的所有个体排列起来，计算抽样距离 K，在第一个 K 个体中随机抽取第一个个体，之后每隔 K 个个体抽取一个个体；（4）整群抽样，将总体按照某种标准划分为一些子群体，用随机的方法抽取若干子群体，对抽中的子群体的所有个体进行调查。

**4. 非概率抽样**

（1）偶遇抽样，偶遇抽样又称为便利抽样，是指研究者根据实际情况，为方便开展工作，选择偶然遇到的人作为调查对象，或者仅仅选择那些离得最近的、最容易找到的人作为调查对象。例如在广场选择对来往行人进行调查。偶遇抽样技术简便易行，可以及时取得所需的资料，节约时间和费用。这种方法适用于探测性调查，或调查前的准备工作，但不适用于推断总体。（2）主观抽样。主观抽样又称判断抽样或立意抽样，是指根据调查人员的主观经验从总体样本中选择那些被判断为最能代表总体的单位作为样本的抽样方法。这种方法多用于无法确定总体边界，或总体规模小、调查所涉及的范围较窄，或调查时间、人力等条件有限而难以进行大规模抽样的情况。在问卷设计阶段，为检验问题设计是否得当，常有意选择一些观点悬殊的人作为调查对象。它的作用在于发现问题，提出假设，而不在于对总体作出概括，因而不具有推断总体的功能。（3）定额抽样，定额抽样也称配额抽样，是指调查人员将调查总体样本按一定标志分类或分层，确定各类（层）单位的样本数额，在配额内任意抽选样本的抽样方式。配额抽样和分层抽样既有相似之处，也有很大区别。配额抽样和分层抽样相似的地方在于都是事先对总体中所有单位按其属性、特征分类，这些属性、特征称之为控制特性，然后按各个控制特性，分配样本数额。但配额抽样与分层抽样又有区别，分层抽样是按随机原则在层内抽选样本，而配额抽样则是由调查人员在配额内主观判断选定样本。（4）滚雪球抽样。滚雪球抽样又称裙带抽样、推荐抽样，是一种在稀疏总体中寻找受访者的抽样方法。稀疏总体是指单位数极小并且分布很不集中的总体，例如参加过某次会议的人员、某些特殊职业的人员等。这类人员没有一个明确的抽样框可以帮助寻找他们。滚雪球抽样以若干个具有所需特征的人为最初的调查对象，然后依靠他们提供认识的合格的调查对象，再由这些人提供第三批调查对象，依次类推，样本如同滚雪球般由小变大。滚雪球抽样多用于总体单位的信息不足或观察性研究的情况。

## （三）数据整理、描述与分析方法

**1. 数据整理**

调查中收集到的数据，可能反映社会现象的特征，也可能隐藏着社会现象在数量方面的关系以及规律。然而，未经任何处理的原始调查数据，一般都是杂乱无章的，所提供的信息也不是一目了然的，因此要进行数据整理，使数据条理化和系统化，为进一步的统计描述和分析提供条件。数据整理过程包括变量命名和数据编码、缺失值和奇异值处理以及变量分类和数据分组等。

**2. 统计描述**

经过整理的数据，可以进行统计描述。一是通过绘制单变量的统计表和统计图来呈现数据的分布和概貌，这样做可以一目了然地了解每个变量的分布状况，反映样本的代表性；二是可以通过绘制交叉表和复杂的统计图形，反映二个及以上变量的条件分布状况；三是在统计描述时，人们有时还需要一种概括简练的量化方式把数据的特点描述出来，那就是通过集中趋势和离散趋势的计算对数据做进一步的分析。

**3. 统计分析**

统计分析法就是运用数学方式，建立数学模型，对调查获取的各种数据及资料进行数理统计和分析，认识和揭示事物间的相互关系、变化规律和发展趋势，形成定量的结论，借以达到对事物的正确解释和预测的一种研究方法。后文的相关分析法、回归分析法和时间序列分析法等都是统计分析方法的具体内容。

## 本章小结与思考练习

### 一、本章小结

本章主要论述了如下内容：

1. 社会统计学的起源与不同学派的代表人物

2. 统计学与社会统计学的关系

3. 描述统计学与推断统计学的目的和任务

4. 社会统计学的研究目的和作用

5. 社会统计学中的一些基本概念，包括总体与样本、变量与调查单位、观测数据与实验数据、概率与统计推断等内容

### 二、推荐阅读书目

陈希孺．数理统计学简史．长沙：湖南教育出版社，2002.

倪加勋．应用统计学．北京：中国人民大学出版社，1993.

张彦．社会统计学．北京：高等教育出版社，2005.

蒋萍，等．社会统计学．3 版．北京：中国统计出版社，2014.

李沛良．社会研究的统计应用．北京：社会科学文献出版社，2001.

风笑天．社会研究方法．4 版．北京：中国人民大学出版社，2013.

袁方．社会研究方法教程．北京：北京大学出版社，1997.

萨尔斯伯格．女士品茶：统计学如何变革了科学和生活．南昌：江西人民出版社，2016.

## 三、思考与练习

1. 柏拉图向他的老师苏格拉底请教什么是爱情，苏格拉底说："你去麦田里，随便选一条小径，顺着向前走，从路两旁摘一束你觉得最大最金黄的麦穗，但是你只能摘一次，而且不能回头。"柏拉图两手空空地走出麦田，苏格拉底问他为什么没有摘到，他回答说："因为只能摘一次，又不能走回头路，其间即使见到一束又大又金黄的，因为不知前面是否有更好的，所以没有摘；走到前面时，又发觉总不及之前见到的好，原来麦田里最大最金黄的麦穗早就错过了，于是什么也没有摘到。"

问（1）：在本例中，a. 总体是什么？b. 样本是什么？c. 变量是什么？d. 调查单位是什么？

（2）假设麦田里的麦穗是随机分布的，让你摘一颗又大又金黄的麦穗，你将如何摘取？

2. 设计者检验新设计的某款服装在市场上受消费者的青睐程度，本例中，a. 总体是什么？b. 样本是什么？c. 数据是定量的还是定性的？d. 如何利用样本信息估计消费者喜好程度的可靠性？

3. 调查流动人口在流入地的家庭结构，本例中，a. 总体是什么？b. 样本是什么？c. 设计什么问题？d. 搜集的是什么样的数据？

4. 一名学生想知道一本教材的成本是否取决于其页数，于是该学生到校园书店，从书架上随机选择一本教材，记录下它的页数和价格。这项研究中，a. 总体是什么？b. 样本是什么？c. 该学生测量的变量是什么？

5. 一篇文章报道了一个关于青少年睡眠需求的研究。研究人员测量了一天当中各个时间段青少年唾液中产生的促进睡眠的褪黑素含量，发现青少年的褪黑素水平在夜间要比成年人和儿童的褪黑素水平高，在早上仍然保持较高的水平。参加该项研究的青少年都是自愿的。褪黑素较高意味着需要睡眠，因此研究人员的建议是：高中生的上课时间要推迟一些，以满足学生的睡眠要求。该题的问题是：这项研究是一个实验、抽样调查还是观察研究，请给出答案并说明理由。

6. 建议读者浏览下列网站，了解当前民意调查的情况和有关调查方法的说明。

（1）盖洛普民意调查：www. gallup. com

（2）当前人口调查：www. bls. gov/cps

（3）电视收视率调查：www. nielsen. com/us/en/measurement/television-measurement. html

（4）社会综合调查：www. norc. org/Rsearch/Projects/Pages/general-society-survey. aspy

（5）中国国家统计局网站：www. stats. gov. cn/tjsj/

（6）北京大学 CFPS 网站：www. isss. pku. edu. cn/cfps/

# 第二章
# 单变量的统计描述

统计描述正如文学描述一样，能够展现事物或人物的特征。在文学作品中，作者往往通过文字来描述一个人物的高矮胖瘦、五官长相以表现一个人物的性格特征，例如《水浒传》中对一百单八将的形体特征描述，展现出形象各异、各有所长的人物，是我国文学史上的经典人物群像。信息时代，我们面对海量的原始数据，它们可能分散在他人文章或档案文献中，可能分散在搜索引擎和网络交易中，也可能分散在人们的信息登记或所回答的各种问卷中，这些数据中隐藏着相关人物或事物的某些特征，我们需要对这些杂乱无章和令人眼花缭乱的数据进行加工以提炼出它们的基本特征和内在关系，使人能够透过这些数字特征，对数字背后的人物或事物有深入的了解并进行推断。

统计上要描述人物或事物的特征就需要度量，例如度量性别要通过回答是男还是女的问题，度量学生的学习能力就要通过考试成绩来度量，度量高速公路的驾车风险就要对过去一年中高速公路交通事故死亡人数进行度量。度量就是把抽象的概念转化为明确的数据。统计学是一门有关数据的学科，它通过某些方法和手段来实现对这些度量数字的整理、归纳和描述来展示数字的特征。例如利用统计图表和少许数字来概括巨大数据的集中趋势、离散趋势以及变量之间的关系。本章讨论的内容，是从原始数据整理加工开始，了解对单变量的简单数据描述方法，包括分布、统计表、统计图、集中趋势和离散趋势的计算和分析。对于多个变量或者更加复杂的数据描述方法，将在后面的章节介绍。

## 第一节 分布、统计表和统计图

### 一、变量及其测量划分

变量是所研究问题的特征或性质，也称作指标。在自然科学中，变量是可以通过仪器进行测量的。例如在饮用水质量的研究中，研究者要测量两个变量，一是 100ml 的水样本中氯的残存量，另一个是排泄物大肠杆菌的数量。再如计算机系统的可靠性是以硬盘驱动器的寿命来度量的，往往是通过试验 100 个计算机元件，直到它们失效，来记录它们的寿命。

在社会学研究中，变量往往通过向被访者问问题来进行测量。例如了解人们的收入和财富，就需要设计出问题，然后通过随机抽样向不同社会阶层的人发放调查问卷进行测量。如果要了解百姓的幸福感和满意度这样的抽象问题，一两个问题难以测量，则需要设计量表通过随机抽样进行调查。因而为了使回答者能够理解调查者的问题或者愿意回答问题，就需要在问题设计上考虑多种问问题的形式，以达到搜集到的信息具有好的信度和效度。落实在变量的设计上，就需要根据调查研究的问题的不同，设计出不同层次的变量，具体划分为定类变量、定序变量、定距变量、定比变量。

**1. 定类变量**

定类变量是最低的变量层次，它的取值只有类别属性之分，而无大小程度之别，如民族、婚姻、职业等变量。职业这个变量按照 15 种职业分类，分别赋予 1～15 个职业代码。如果被调查者是工人，则对应的选项是 1，如果是企业领导或管理人员，则对应的选项是 5。定类变量自身的大小及加减乘除等运算都没有实际意义。

**2. 定序变量**

定序变量的取值除了有类别属性之外，还有等级次序的差别，其层次高于定类变量，常见的定序变量，如受教育程度、满意度、幸福感、社会经济地位等。在使用量表测量时，往往是基于定序变量。例如调查“对电视相亲节目的喜好程度”，其赋值为（1）很不喜欢，（2）不喜欢，（3）无所谓，（4）喜欢，（5）非常喜欢。定序变量的值之间可以比较大小或强弱顺序，但两个值的差一般没有什么实际意义。

**3. 定距变量**

定距变量的层次高于定序变量，定距变量的取值除了具有次序等级的属性之外，其取值之间的距离可以度量，如家庭住房面积、收入水平、消费水平、家庭人口数等。定距变量的两个值之差是有意义的，例如考试 95 分比 85 分高，而且还可以算出高出 10 分。定距变量的零点是可以任意规定的，所以不一定有确定的意义。例如温度这个变量，华氏温度和摄氏温度的零点，其意义是不同的。

**4. 定比变量**

定比变量的取值除了具有上述三种测量尺度的特征之外，还具有实在意义的真正零点。例如温度为零度只具有相对意义，而非绝对意义的没有温度，因而不是定比变量；再如收入为零元，则表明没有收入，没有收入是有实际意义的，因而是定比变量。

以上四类变量，定类变量的层次最低，定比变量的层次最高。不同层次的变量在进行统计描述分析时，应注意使用相应的统计方法，有些方法对四类层次的变量都适用，但有些则只适合于较高测量层次的变量。一般情况下，测量层次高的变量可以当作层次低的变量来分析，但反过来则是不可以的。在社会学研究中，由于定序变量具有一定的得分值，习惯上常常近似地把它当作定距变量来处理。因此，定类变量是属于非数值型的，定距变量和定比变量是属于数值型的，而定序变量则根据具体情况，既可以看成是非数值型的，也可以看成是数值型的。

**练习：根据问卷内容，思考以下变量的测量属性**

A1. 目前，您家做饭用的水最主要是什么？

1. 江河湖水 2. 井水 3. 自来水 4. 桶装水/纯净水/过滤水
5. 雨水 6. 窖水 7. 池塘水/山泉水 77. 其他【请注明】________

A2. 您家做饭用的最主要燃料是什么？

1. 柴草 2. 煤炭 3. 罐装煤气/液化气 4. 天然气/管道煤气
5. 太阳能/沼气 6. 电 77. 其他【请注明】________

A3. 您家通电情况是怎样的？

1. 没通电 2. 经常断电 3. 偶尔断电 4. 几乎未断电

A4. 您家最常用的卫生间/厕所是什么类型的？

1. 室内冲水厕所 2. 室外冲水厕所 3. 冲水公厕 4. 室内非冲水厕所
5. 室外非冲水厕所 6. 非冲水公厕 77. 其他【请注明】________

A5. 您家的垃圾最主要倒在哪里？

1. 公共垃圾桶/箱 2. 附近的河沟 3. 住房周围 4. 土粪坑 5. 随处倒
6. 楼房垃圾道 7. 有专人收集 77. 其他【请注明】________

A6. 过去12个月，您家领工资的人的税后工资收入加起来总共有多少钱？________元（含工资、奖金、补贴、实物福利等）

A7. 包括在家吃饭和外出就餐，平均每月您家的伙食费及购买自家消费的零食、饮料、烟酒等一共是多少钱？________元

A8. 平均每月，您家通信支出（包括电话、手机、上网、邮寄等）、本地交通费（包括公交车费、汽车摩托车油费）一共多少钱？________元

A9. 过去12个月，您家家具、电器以及其他耐用消费品（包括电脑、电冰箱、洗衣机、电视和钢琴等高档乐器）的购买及维修支出，一共花多少钱？________元

A10. 平均每月，您家房租支出是多少钱？________元

A11. 您估计您家现在居住的这所房子当前的市场总价是多少万元？________万元

A12. 您家现住房的建筑面积是多少平方米？________平方米

A13. 您家目前大概有多少存款？________元

访员注意：应包括所有同住的家庭成员的现金（随身携带以及放在家里的）和金融机构存款，不包括国债和理财产品。

A14. 过去 12 个月，您家总共出了多少人情礼钱？________元

A15. 过去 12 个月，您家收到的礼物、礼金总共有多少钱？________元

A16. 您现在的户口状况如何？

1. 农业户口　3. 非农户口　5. 没有户口　79. 不适用

A17. 请问您当前的婚姻状态如何？

1. 未婚　2. 在婚（有配偶）　3. 同居　4. 离婚　5. 丧偶

## 二、分布

### （一）分布的概念

分布是指变量的各个情况出现的次数或频数，所以又称频数（次数）分布。单变量的次数分布是指一个变量的各种情况出现的次数或频数。

分布反映的是结构特征。例如社会财富作为总量，具有分布特征，分布的不平等意味着富人占有社会财富的比例大，穷人占有社会财富的比例小。森林面积作为一个国家或地区的资源总量，也具有分布特征，是更多集中在东部还是西部，是南部还是北部。

产业结构是一个概念，由于它的表现形式不唯一，因此可以看作一个变量（$X$），因而也具有分布特征。产业结构 $X$ 的可能取值如下：$X_1$——第一产业；$X_2$——第二产业；$X_3$——第三产业。如果我们将被访人的就业产业归入上述的三类选项中，于是有如下三对数据：（$X_1$，$n_1$）；（$X_2$，$n_2$）；（$X_3$，$n_3$）。

其中每对数据都用括号表示，括号的第一项表示变量 $X$ 的一种可能取值，第二项 $n$ 表示该种取值所对应的频数。需要注意的是：（1）变量取值必须完备，只有这样才能将被访者毫无遗漏地进行归类。（2）变量取值必须互斥，这样才能使每一个观察值归入一类且仅仅归入这一类。

### （二）定类变量的次数分布描述

**1. 频数**

不同层次的变量在频数分布的描述上各具特色。对于定类变量来说，类（或组）频数是指落入某一类中的观测值的个数。社会科学中的许多变量是定类变量，如民族、性别、职业，由此存在民族分布、职业分布和性别分布。如职业包括 10 种情况，按被访人的回答，可以得到 10 对数据：（$x_1$，$n_1$），（$x_2$，$n_2$）…（$x_{10}$，$n_{10}$）。括号中的第一项 $x_1$ 表示变量的可能选项，如工人，第二项 $n_1$ 表示所对应的频数，如被调查的 30 个人归入工人选项。

**2. 频率**

类（或组）频率是指落入这个类中的观测值相对于观测值总数的比例，频率

可以用百分率，也可以是千分率、万分率表示。例如被调查的 100 个人中，有 30%是工人。犯罪率、出生率等较常用千分率。

**3. 比例**

比例是两类频数或频率的比值。在分析定类数据时，也可以计算两类群体发生频数的对比值。例如某地有 100 000 名居民和 100 名警察，警察与总人口的对比值是 1∶1 000，即该地每 1 000 人中有一名警察。又如某地有 100 000 名居民和 50 名医生，这表明该地每 2 000 人中有一名医生。

## （三）定序变量的次数分布描述

频数、频率和比例的方法除了适用于定类变量的次数分布描述外，也适合用于定序变量。由于定序变量取值存在高低之分，因而针对定序变量的特点，还有不同于定类变量的次数分布描述方法。

**1. 累加次数**

对次数逐级加总，包括两种加总方式，一种是向上累加，一种是向下累加。累加的作用使我们能够知道某值以下或以上的频数总和。例如受教育程度分为小学以下、小学、初中、高中、大学及以上，通过向上累加可以知道在某个学历以下的样本量，通过向下累加也可以知道在某个学历以上的样本量。

**例 2－1** 生活满意度是一个定序变量，其累加次数可以向上累计，也可以向下累计（见表 2－1）。例如 286 代表比较不满意及以下的人数，占比 52%；264 代表比较满意及以上的人数，占比 48%。

**表 2－1 定序变量的向上累加和向下累加描述**

| 满意度 | f | cf↑ | cf↓ | % | C% | C% |
|---|---|---|---|---|---|---|
| 非常满意 | 68 | 550 | 68 | 12.4 | 100.0 | 12.4 |
| 满意 | 90 | 482 | 158 | 16.3 | 87.6 | 28.7 |
| 比较满意 | 106 | 392 | 264 | 19.3 | 71.3 | 48.0 |
| 比较不满意 | 193 | 286 | 457 | 35.1 | 52.0 | 83.1 |
| 不满意 | 93 | 93 | 550 | 16.9 | 16.9 | 100.0 |
| 总数 | 550 | | | 100.0 | | |

**2. 累加百分比**

将各级的百分率值逐级向上或向下相加，形成向上累加百分比和向下累加百分比，累加百分比之和为 100%。表 2－2 显示的是子女对留守老人的日常照料的信息。

**表 2－2 子女对留守老人的日常照料**

单位：%

| | 买食物 | 买衣物 | 陪看病 | 生病照顾 | 买药 | 做家务事 |
|---|---|---|---|---|---|---|
| 经常 | 55.2 | 53.8 | 47.4 | 55.6 | 45.9 | 38.2 |
| 很少 | 37.8 | 39.2 | 39.8 | 35.7 | 41.8 | 48.8 |
| 完全没有 | 7.0 | 7.0 | 12.9 | 8.8 | 12.4 | 12.9 |
| 合计 | 100.0 | 100.0 | 100.0 | 100.0 | 100.0 | 100.0 |

具体描述时可表述为：子女很少或完全没有为老人买食物的占44.8%，子女很少或完全没有为老人买衣物的占46.2%，子女很少或完全没有陪老人看病的占52.7%，子女很少或完全没有对老人生病照料的45.5%，子女很少或完全没有为老人买药的占54.2%，子女很少或完全没有为老人做家务事的占61.7%。

## (四) 定距变量的次数分布描述

用于定类变量和定序变量的次数分布描述方法也可以用于定距变量。由于定距变量有离散型定距变量和连续型定距变量，因此在次数分布的描述上需要分别对待。例如家庭子女数是离散型定距变量，它只能取整数，因而离散型定距变量的分布描述方法与定类变量和定序变量的方法相同。

对于连续型定距变量，由于任意两变量之间的取值都是无穷的，我们无法简单地运用上述描述分布的方法，使之每一个取值对应一个确定的频次或百分比，解决的办法就是将变量值分为若干个区间或组，然后统计每一个组内的频次或百分数。例如月收入，月收入是一个连续型定距变量，为了研究收入的分布就要将收入分组，但分多少组合适呢？是分组粗一些好还是分组细一些好，多数情形下是某个人群集中的地方分得细一些，但也有根据研究目的进行的特殊分组。例如考虑到扶贫与保障的需要，低收入段分得细一些，亦考虑到征税的需要，高收入段分得细一些。

因而，对于连续型变量来说，如果以定类变量或定序变量的描述方法来进行描述的话，很难归纳出变量的特征和规律。为了描述连续型定距变量的特征，需要对定距数据进行分组，根据分组数据再进行统计表或统计图的描述。分组步骤如下：

**1. 确定分组的组数**

组数太少会掩盖变量变动时频次的变化，组数太多会使每组内频次过少，看不出明显的规律。因此，具体分组时要根据理论、经验和惯例进行分组。例如研究收入分配时，按照收入进行的五等份分组法就是一个国际惯例。

**2. 等距分组与非等距分组**

在具体实践中，研究者一般采用等距分组，但研究一些特殊问题，如贫困问题，需要对低收入段分得细一些。研究老龄化问题，则需要对老年群体分得细一些。这些都会带来非等距分组。

**3. 组限**

组限是指每组的范围，即每组的上限和下限。对于离散型变量一般采取相邻组限不重叠的原则，而对于连续型变量，可能出现相邻组限重叠的情况，这时采取的原则就是“上组限不在内”原则。对于开口组求组中值，是依据相邻组的组距加减其一半求得。

归纳分组步骤：第一，搜集和整理数据；第二，在数据中找出最大值 $L$，最小值 $S$ 及极差值 $R$；第三，确定分组数，如 $K$ 组；第四，计算组距 $h$，即以最大值与最小值之差除以组数，组距=全距/分组数；第五，计算组中值。

**例 2-2**　表 2-3 是 200 名高三男生的身高，显然身高是一个连续变量，因为某人的身高是 175 厘米是一个近似值，实际身高也可能是 175.2 厘米。因此对于连续变量，统计它的某一特定值所对应的频数是多少就不再有意义了。我们需要采用分组的形式来进行整理，见表 2-3。

**表 2-3　200 名高三男生身高的频数分布表**　　单位：厘米

| 组限 | 组中值 | 频数 | 频率% | 累计百分比% |
|---|---|---|---|---|
| 148～154 | 151 | 4 | 2 | 2 |
| 154～160 | 157 | 12 | 6 | 8 |
| 160～166 | 163 | 44 | 22 | 30 |
| 166～172 | 169 | 64 | 32 | 62 |
| 172～178 | 175 | 56 | 28 | 90 |
| 178～184 | 181 | 16 | 8 | 98 |
| 184～190 | 187 | 4 | 2 | 100 |
| 合计 | | 200 | 100 | |

第一步，先计算出数据的极值 $R=190-148=42$ 厘米。

第二步，决定分组的组数和组距，组距=全距/分组数=42/7=6 厘米。

第三步，计算组中值，如 $148+6/2=151$，见表 2-3 的第 2 列第 1 行。

第四步，统计观测数据落入各组的频数，见表 2-3 的第 3 列。

由于每组的上限和下一组的下限是相同的，因此要事先约定各组中的上限（或）下限是不属于该组的，实际上人们往往遵循“上组限不在内”的分组原则。

## 三、统计表

人们对各种图表并不陌生，在网络、电视和报刊中，经常会有国家经济发展、人民生活水平提高、收入分配差距、价格指数变动、股票行情波动等反映经济和社会活动的各种曲线和图表等等。统计表是用来描述统计指标与被说明事物之间数量关系的表格。它可以将大量数据的分类结果清晰、概括、一目了然地表达出来，明确地反映出事物的全貌及其蕴含的特性，省去烦琐的文字叙述，便于分析、比较和记忆。

### （一）统计表的结构与要素

统计表是用表格表示变量分布的形式。统计表必须具备的内容如下：表号，表头（包括标题、时间、地点），标识行（类别、频数、频率），主体行（变量的不同选项）。要写明统计的总数，表尾要写清资料来源。

编制统计表的基本原则是：表的结构要简单明了，中心突出，说明的问题要重点明确，一目了然，避免绘制包罗万象臃肿烦琐的大表；表的层次要清楚，项目、指标的排列要按照逻辑顺序合理安排。

1. 标题

标题是表的名称，应准确、简明扼要地说明表的内容。标题应写在表的上方，必要时，应在标题下注明资料的来源（地点、单位）和时间。

2. 表号

表号是表的序号。若文章有几张表，需按它们出现的先后次序编上序号，并写在标题的左方。

3. 主体行（列）

主体行（列）是表格中对统计数据分类的行或列。主体行（列）在表中的位置的表述：位于表的左侧者为主体行，因为它与所指明的数字在同一横行；位于表的上端者为主体列，因为它与所指明的数字在同一纵列。

例如国家卫健委 2013 年调查的 238 400 个劳动年龄的流动人口中，以性别分类属于主体行，以婚姻类型分类属于主体列（见表 2-4）。

**表 2-4 流动人口按性别分的婚姻状况（2013）** 单位：%

| 性别 | 未婚 | 在婚 | 离婚 | 丧偶 | 合计 | 人数 |
|---|---|---|---|---|---|---|
| 男 | 20.2 | 79.2 | 0.5 | 0.1 | 100.0 | 122 188 |
| 女 | 16.4 | 82.6 | 0.6 | 0.4 | 100.0 | 116 212 |
| 合计 | 18.5 | 80.8 | 0.5 | 0.2 | 100.0 | 238 400 |

4. 线条

线条不宜过多。顶线、底线、隔开主体行（列）与主体的线，是表的四种基本线条。如设有总和，可以在总和上方添一横线。其余线条应尽量减少，特别是表的左右两侧不要用纵线封闭。

5. 数字

表内数字必须准确，一律用阿拉伯字母表示，位次对齐，小数的位置一致。表内不应有空格。暂缺或未记录可用“…”或“……”表示，无数字用“—”表示，数字若为“0”则应填写“0”。

6. 表注

若有必须补充说明的问题，可用简短的小号字体写在表的下方，如模型显著性检验的规定等。

## （二）统计表的种类

1. 简单表

只列出观察对象的名称、地点、时序或统计指标名称的统计表为简单表。如表 2-5 的流动人口婚姻状况，反映各类婚姻状况的比例或分布。

**表 2-5 流动人口的婚姻状况（2013）** 单位：%

| 流动人口 | 未婚 | 在婚 | 离婚 | 丧偶 | 合计 | 人数 |
|---|---|---|---|---|---|---|
| 比例 | 18.5 | 80.8 | 0.5 | 0.2 | 100.0 | 238 400 |

**2. 分组表**

按统计标志进行分组的统计表为分组表，表 2－6 是泰坦尼克号按照船票等级与生还情况联系起来的频数分布表，行表明旅客生还情况，列是船票等级，行和列交叉的部分说明了同时对应生还情况与船票等级的人数。

**表 2－6 泰坦尼克号的船票等级与生还情况的频数分布**

| | | 船票等级 | | | | 合计 |
|---|---|---|---|---|---|---|
| | | 一等舱 | 二等舱 | 三等舱 | 散舱 | |
| 生还情况 | 生 | 203 | 118 | 178 | 212 | 711 |
| | 死 | 122 | 167 | 528 | 673 | 1 490 |
| 合计 | | 325 | 285 | 706 | 885 | 2 201 |

**3. 复合表**

按两个以上统计标志分组的统计表为复合表。如表 2－7 流动人口的性别比例与工资状况，首先是以性别和户口类型为标志进行分组，然后再计算每组的人口比例和工资水平。表 2－8 是游泳课的学生得分状况，该表是按照班级、性别和游泳成绩（A，B，C，D）三个标志进行分组的。

**表 2－7 两类流动人口的性别工资比较**

| 特征 | 农业流动人口 | | 非农流动人口 | |
|---|---|---|---|---|
| | 比例% | 平均工资 | 比例% | 平均工资 |
| 男 | 59.2 | 2 632.70 | 58.3 | 3 849.67 |
| 女 | 40.8 | 2 069.04 | 41.7 | 2 963.87 |

**表 2－8 某年级三个班游泳课的成绩**

| 班级 | A | | B | | C | | D | | 总和 |
|---|---|---|---|---|---|---|---|---|---|
| | 男 | 女 | 男 | 女 | 男 | 女 | 男 | 女 | |
| 一班 | 6 | 5 | 8 | 8 | 6 | 4 | 2 | 1 | 40 |
| 二班 | 5 | 5 | 9 | 10 | 3 | 3 | 1 | 1 | 37 |
| 三班 | 7 | 6 | 9 | 8 | 4 | 3 | 0 | 1 | 38 |
| 总和 | 18 | 16 | 26 | 26 | 13 | 10 | 3 | 3 | 115 |

## 四、统计图

统计图是用来表达统计指标与被说明的事物之间数量关系的图形。它是整理数据的一种方法。它以最直观的形式表达出事物的全貌及其分布特征，使人一目了然，便于理解，易于记忆。一幅图胜过一千个字，图是一种说服的工具，看懂图是进行社会科学研究必须具备的能力。统计图的选择和绘制原则要基于数据的类型，对于定类变量往往采取饼状图和条形图，对于定序变量通常采用饼状图、条形图和盒子图，对于定距变量通常采用直方图和折线图。

## (一) 统计图的结构与绘制规则

统计图是由标题、图号、标目、图形和图注等项构成的。下面是按其构成说明绘图的基本规则。

**1. 标题**

图的名称应该简明扼要,与图的内容相符,必要时可注明时间、地点。图的标题的字体在图中为最大,自左向右写在图的下方。

**2. 图号**

文中若有几幅图,则需按其出现的先后顺序编上序号,写在图题的左前方。

**3. 标目**

对于有纵横轴的统计图,应在纵横轴上分别标明统计指标名称及其尺度或单位。横轴是基线,一般表示被观察的现象,尺度要等距,自左向右,由小到大,标目写在横轴的下方。纵轴是尺度线,尺度从 0 开始,自下而上,从小到大,标目写在纵轴的左侧。两个轴都要注明单位。

**4. 图形**

图形线在图中要最粗,而且要清晰。在一幅图中若有几个图形线相比较,可以用不同颜色或不同图形线加以区别,各种图形线的含义可用图例在适当位置加以说明。

**5. 图注**

图中若有需要加以解释的地方,可以用图注加以说明。图注的文字要简明扼要,字体要小,写在图题的下方。

## (二) 离散变量的统计图

**1. 饼状图**

饼状图是用来表示离散变量资料构成比的图形。圆形的面积表示一组数据的整体,圆中的扇形表示各组部分所占的比重。各部分的比重一般用百分比表示。

第一,求各组成部分所占百分比。如图 2-1a,计算得到甲校学生的父亲职业分别为干部占 20%,农民占 52%,工人占 28%。

第二,求各组成部分的中心角度数。

干部,$360^0 \times 20\% = 72^0$;

农民,$360^0 \times 52\% = 187.2^0$;

工人,$360^0 \times 28\% = 100.8^0$。

第三,以圆的下半径(或上半径)为基线,按被比事物特定顺序,根据各部分的角度数,以顺时针方向,用量角器将圆形分成几个扇形。

第四,用不同颜色或线条将各扇形加以区别,并在各扇形内或旁边用简要文字及百分比加以说明(见图 2-1b)。

第五,饼状图易于显示每一组的相对大小,特别是强调部分与总体之间的关系时,饼状图是很好的选择,但对于组数较多变量就不太适合。

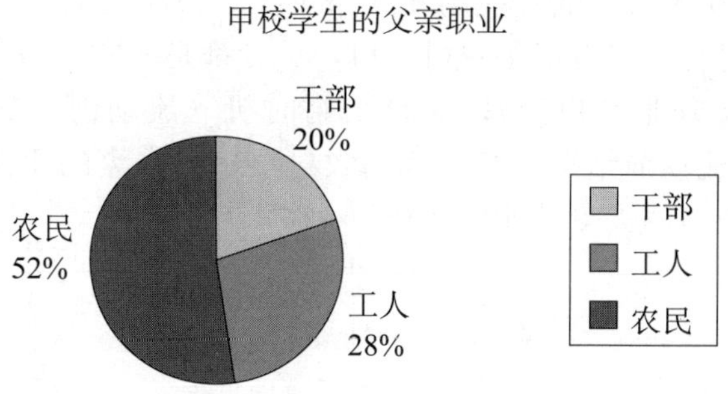


**图 2-1a　饼状图示例**

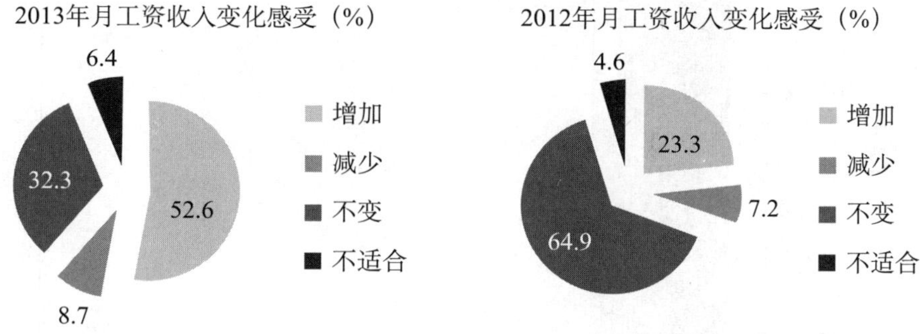


**图 2-1b　饼状图示例**

**2. 条形图**

条形图是用直条的长短表示统计分布的图形（见图 2-2）。它主要用来表示性质相似的离散型变量。按照图形中变量的多少不同，可分为单式条形图和复式条形图两种。图形中的变量仅是一个变量的，称为单式条形图；图形中的变量含有两个或两个以上的，称为复式条形图。绘制条形图时，除了遵循制图的基本规则之外，还应注意以下几点：

第一，纵向条形图以横轴为基线，横向条形图以纵轴为基线。

第二，应该条宽一致，即等宽不等高，有相同的宽度，高度代表变量取值中包含的观测数。

第三，在绘制复式条形图时，若两组被比事物总频数不同，尺度应该以百分比表示。

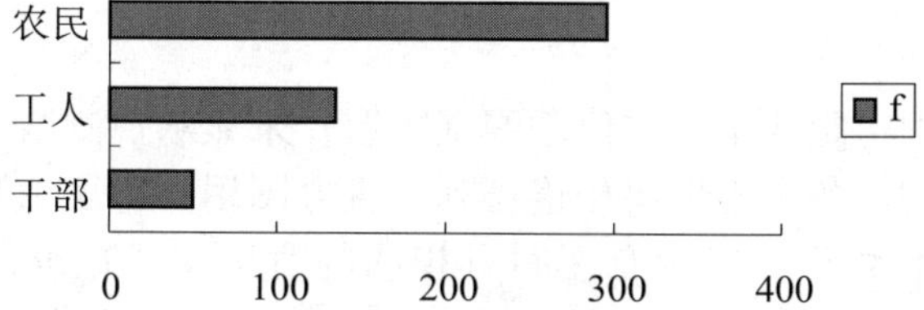


**图 2-2　条形图示例**

图2-3是流动人口婚姻匹配的复式条形图，其中含有二个变量：一是夫妻双方的户口类型组合（二者都是农村户口，二者都是非农户口，男方非农女方农户口，男方农户女方非农户口）；二是结婚时机（流动前结的婚，流动后结的婚）。图形显示，流动前结婚、双方都是农村户口的夫妻的比例要高于流动后结婚双方都是农村户口的夫妻的相应比例。

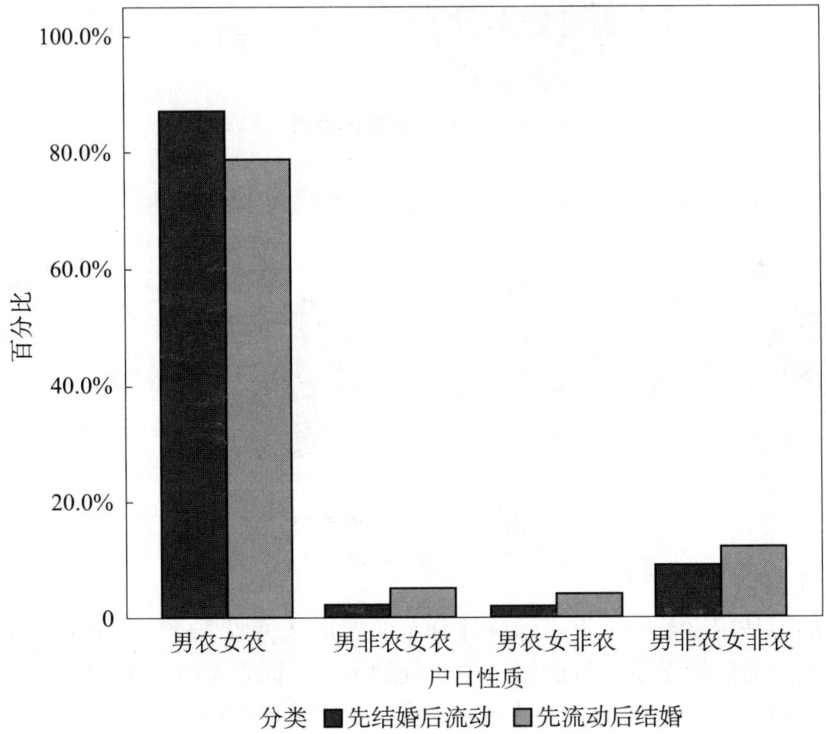


**图2-3 流动人口的婚姻匹配**

## (三) 连续变量的统计图

**1. 点线图**

线代表变量，线上标明的是变量的取值，线上方的每一个点代表一个观测值。点线图的优点是直接，能够看到哪些地方观测值密集，哪些地方观测值稀少，不丢失任何信息。图2-4反映的是某汽车销售商上一年各个月的销售量，9月、10月观测值密集，1月、2月观测值稀疏，由此可以看到汽车销售具有金九银十的特点。

**2. 直方图**

直方图是根据定距变量的取值范围（矩形）来显示观测数据的常用图形。由于数据是连续性的，各个矩形要相连排列。直方图用面积表示频数分布，即矩形的面积代表观测的数目。当所有区间有相同的宽度时，矩形的高度代表了观测数，矩形的高度也称为频数密度，表明某个特定区间中的数据密集度的一种方法。我们对直方图的兴趣还在于它的形状，例如单峰形状、对称形状。

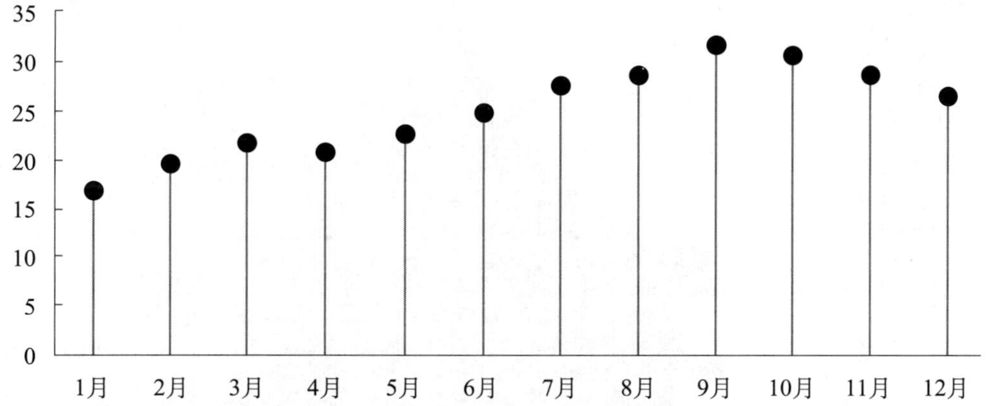


**图 2-4　某汽车销售商各个月份的销售量（辆）**

矩形面积＝每组频数

每组频数＝长方形宽度×长方形高度

长方形高度＝每组频数/长方形宽度

图 2-5 是股票收益率的直方图，这个直方图具有相同的宽度，因而我们直接从高度上就容易判别收益率在 1％的分布更多，而在±5％的分布更少。

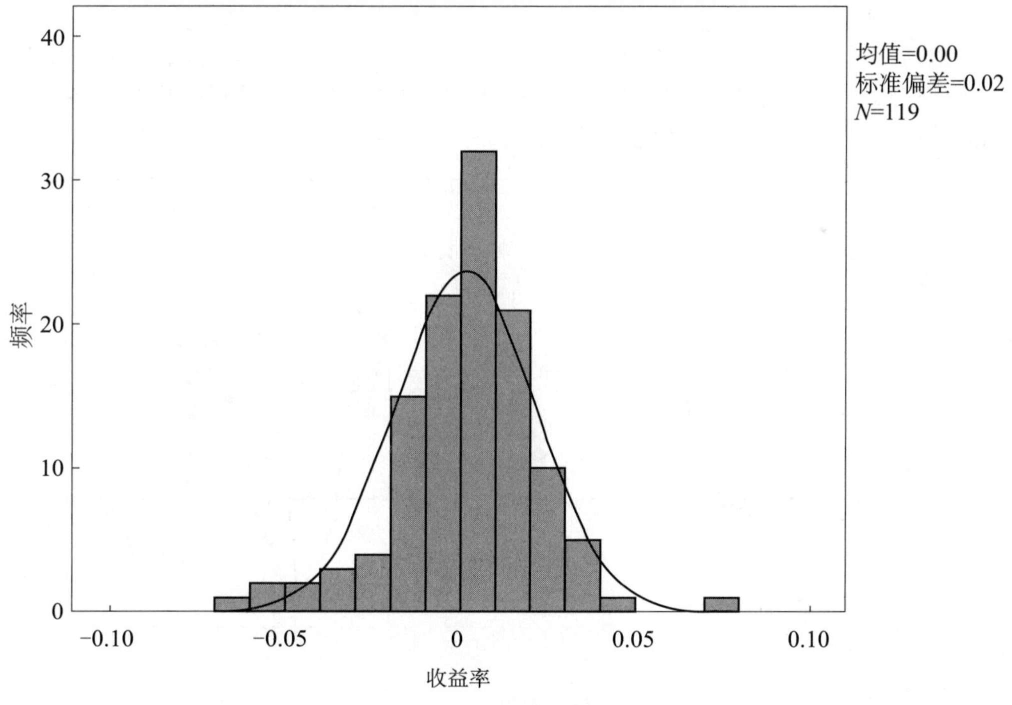


**图 2-5　股票收益率直方图**

如果将流动人口按性别划分后，观察和对比男女的年龄分布的直方图，可以得到的图形如图 2-6 所示。这个图可以比较不同性别的人口在年龄分布上有哪些特点。

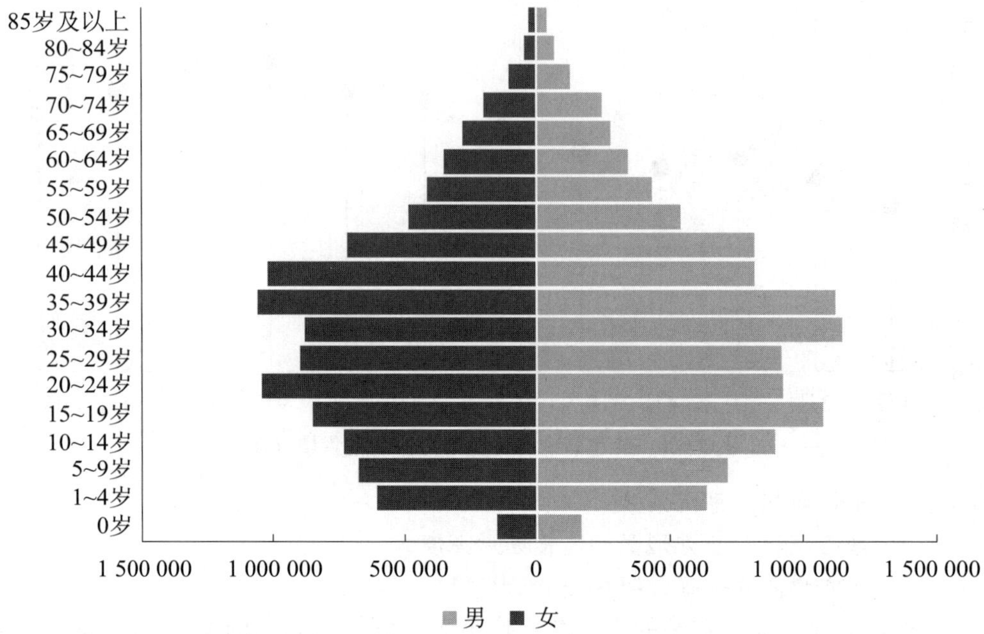


**图 2-6　按性别划分的人口年龄分布直方图（2010 年中国人口普查数据）**

**3. 线形图**

线形图是用来表示连续性资料的图形。它能表示两个变量之间的函数关系，一种事物随另一种事物变化的情况，某种事物随时间推移的发展趋势等。图 2-7 是某超市每月度啤酒销售状况的线形图。

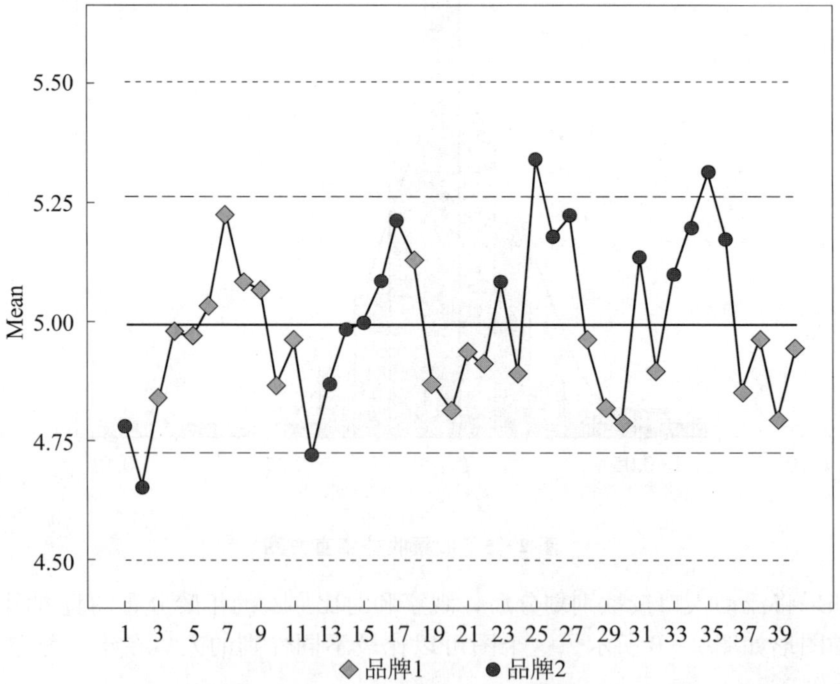


**图 2-7　某超市每月啤酒销售状况的线形图（万元）**

绘制线形图的方法如下：

第一，一般横轴表示时间或自变量，纵轴表示频数或因变量。

第二，在横轴与纵轴的交点上描点，然后用直线连接每相邻的两点。

第三，图形线应该按照实际数字绘成折线，不要任意改为光滑曲线。

第四，图中允许有几条相互比较的图形线，但不宜过多。每根图形线可以用不同形式表示，并用图例加以说明。

**4. 箱体图**

箱体图常常出现在专业性刊物中。在箱体图中，从线的最小值到箱子的开始包含了 1/4 的观测值，从箱子的开始到箱子中间的线包含了 1/4 的观测值，从箱子中间的线到箱子结束包含了 1/4 的观测值，从箱子结束到线的结束包含了剩余的 1/4。因此恰有一半的数据位于盒子所在的区域。箱体图反映数据的集中程度，也反映出均值的代表性程度。图 2-8 显示，流动人口中，女性的平均年龄略低于男性，女性的年龄更加集中。

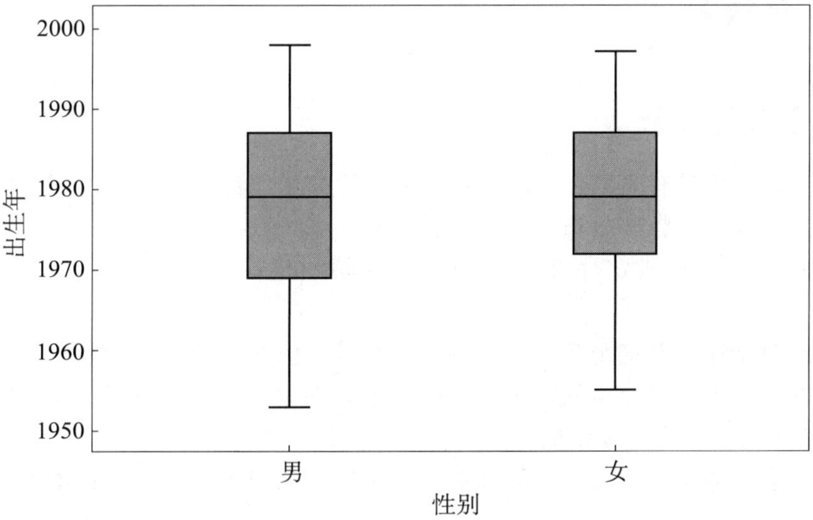


**图 2-8　流动人口年龄的箱体图**

# 第二节 集中趋势测量法

通过将数据列表、绘图等整理工作后，数据分布的面貌和特征已经有了初步的反映，但是为了进一步分析研究，还需计算出一组数据的特征量，包括集中趋势、离散趋势等。

集中趋势测量法是找出一个数值来代表该变量数据集结情况的方法。该方法的优劣在于，由于是根据一个代表值来估计或预测每个研究对象的数值，因此运用该方法要舍去变量的某些信息，但由于该数据是最有代表性的数值，以该数值做代表所产生的误差最小。例如要比较两个社区居民的消费支出状况，不能将两个社区每个居民的消费一一列出来进行比较。因为每个居民由于多种因素的影响，消费支出是不相同的。如果将两个社区的平均消费支出加以比较就会简洁明了。

有三种选择集中值的方法：一是根据频次法则，哪个变量值具有的频次最多，就选择哪个变量值；二是根据居中法则，哪个变量值居于中部位置，就选哪个变量值；三是根据平均法则，对全部数据计算平均数，以此数进行确定。三个法则也可相应地称为众数法则、中位数法则、平均数法则。依据三个法则，结合变量的层次划分，进行集中趋势的测量。

## 一、众数

### （一）众数的概念

众数就是用具有频数最多的变量值来表示变量的集中值。可适用于任何层次的变量，只要知道频次分布，就能找到众数。

（1）对于定类或定序变量来说，具有频数最高的变量值，代表性也是最好的。

（2）对于连续型定距变量，如果变量在某个值上具有最高的频数密度，则该值即为众数；另外在分组的定距变量中，如果在第 i 组具有最高的频数密度，则用第 i 组中心值来表示变量的众数。

（3）众数适用于单峰对称的情形。对于多峰的图形，由于众数不唯一，一般不考虑它。

### （二）众数的计算方法

#### 1. 用观察法直接寻找粗略众数

对于数据量较少的数列，可以粗略观察众数的位置和取值，因此粗略众数不需要计算，可通过观察直接寻得。在一组原始数据中，频数出现最多的那个数值就是众数。例如，一组原始数据 2、5、3、7、5、5、4，其中出现最多的数值是 5，于是 5 就是这组数据的众数。

#### 2. 用公式计算理论众数的近似值

当频数分布呈偏态，即众数所在组以上各组频数总和与以下各组频数总和相差较多时，可以采用金氏（W. I. King）公式计算众数，其公式为：

$$M_0 = L_{m0} + \frac{f_a}{f_a + f_b} * i \tag{2-1}$$

其中：$L_{m0}$为众数所在组的下限；$f_a$表示大于众数所在组上限相邻组的频数；$f_b$表示小于众数所在组下限相邻组的频数；$i$ 表示组距。

**例 2-3** 试对 66 个学生的日消费额用金氏公式计算众数（见表 2-9）。

**表 2-9 66 个学生日消费额的众数计算表**

| 消费额（元） | 频数 | 利用公式计算综述 |
|---|---|---|
| 32～35 | 4 | |
| 35～38 | 9 | |
| 38～41 | 20 | |
| 41～44 | 14 | $L_{m0}=38 \quad f_a=14 \quad f_b=9$ |
| 44～47 | 7 | $M_0=L_{m0}+\frac{f_a}{f_a+f_b}*i=38+\frac{14}{14+9}\times 3 \approx 39.83$ 元 |
| 47～50 | 5 | |
| 50～53 | 4 | |
| 53～56 | 2 | |
| 56～59 | 1 | |
| 总和 | 66 | |

该组资料由金氏公式计算所得的众数为 39.83 元。

## 二、中位数

### (一) 中位数的概念

中位数是数据序列中央位置之值。中位数把观察总数一分为二，其中一半是比它小的变量值，另一半是比它大的变量值。计算中位数具有两种情况：一种用未分组资料，一种用分组资料。

### (二) 中位数的计算方法

**1. 数据为未分组资料**

根据原始资料求中位数，可直接将资料按顺序、大小排序。当观察总数 $N$ 为奇数时，中位数位于（$N+1$)/2 的地方。当观察总数 $N$ 为偶数时，由于中位数位于（$N+1$)/2 的地方不存在变量值，所以以居中位置左右两数的平均值为中位数。

**2. 数据为分组资料**

(1) 根据频数资料求中位数。

**例 2-4** 计算学生成绩的中位数（见表 2-10）。

中位数位置$=(N+1)/2=(500+1)/2=250.5$，从累加次数中很明显看出在这个位置上的中位数应在乙级，故中位数 M＝乙。

表 2-10 学生成绩的中位数计算

| 成绩 | 次数 | 累计次数 |
|---|---|---|
| 丁 | 10 | 10 |
| 丙 | 210 | 220 |
| 乙 | 195 | 415 |
| 甲 | 85 | 500 |

(2) 根据分组资料求中位数。

若一组数据已经整理成分组资料，则可以在频数分布基础上由数值小向数值大的方向累计。其计算公式为：

$$Md = L + \left[\frac{\frac{n}{2} - cf}{f}\right] w \tag{2-2}$$

其中：$L$ 为中位值组的下限；$f$ 为中位值组的次数；$w$ 为中位值组的组距；$cf$ 为低于中位值组下限的累加次数；$n$ 为全部个案次数。

**例 2-5** 计算某商场销售人员每日工资收入的中位数（见表 2-11）。

表 2-11 某商场销售人员日工资收入次数分配表

| 日工资收入分组（元） | 次数 | 累计次数 |
|---|---|---|
| 80～90 | 3 | 3 |
| 90～100 | 7 | 10 |
| 100～110 | 13 | 23 |
| 110～120 | 5 | 28 |
| 120～130 | 2 | 30 |
| 合计 | 30 | |

将各组次数向上累计，求出中位数的位置：

$n/2=(30+1)/2=15.5$

故中位数应在第 3 组。

$$Md = 100 + \left[\frac{\frac{30}{2} - 10}{13}\right] \times 10 \approx 103.85 \text{ 元}$$

计算得到该商场销售人员日工资收入的中位数为 103.85 元。

## (三) 中位数的应用及其优点

中位数作为一个反映集中趋势的指标，简明易懂、计算简便，受极端值的影响小，但也存在一些不足。例如中位数不适合代数计算，不能将几个中位数综合求出一个总的中位数，由于不是每个数据都参加中位数的计算，因而中位数对极端值没有代表性。中位数适用于以下几种情况：其一，数据中有特大或者特小的极端值；其二，一组数据中有个别数据不确切、不知道；其三，数据属于定类或定序变量。

## 三、均值

均值是表示一组数据集中趋势的量数，它是反映数据集中趋势的一项指标。均值仅适用于定距变量，用均值作为变量的集中值，不仅考虑到变量值的频数、次序，而且考虑到变量的大小。常见的均值有算数平均数、加权算数平均数、调和平均数和几何平均数。几何平均数将在时间序列的章节中予以介绍。

### （一）算术平均数

算术平均数是指在一组数据中所有数据之和再除以这组数据的个数。数据资料中任何数值和频数大小的变化，都会引起算术平均数的改变。因此，算术平均数是灵敏的，也是对资料所提供信息运用最充分的。

**1. 未分组资料的算术平均数**

当原始数据比较少时，可直接累加观察值，除以观察总数，以求得均值。

$$\overline{X}=\frac{X_1+X_2+\cdots+X_n}{n}$$

可概括为：$\overline{X}=\frac{\sum X}{n}$ （2-3）

**例 2-6** 计算某公司员工的月工资收入的平均数（见表 2-12）。

**表 2-12 某公司五十名员工的月工资资料** 单位：元

| | | | | | | | | |
|---|---|---|---|---|---|---|---|---|
| 8 000 | 8 000 | 8 000 | 8 000 | 8 000 | 10 000 | 10 000 | 10 000 | 10 000 |
| 10 000 | 10 000 | 10 000 | 10 000 | 10 000 | 10 000 | 12 000 | 12 000 | 12 000 |
| 12 000 | 12 000 | 12 000 | 12 000 | 12 000 | 12 000 | 12 000 | 12 000 | 12 000 |
| 12 000 | 12 000 | 12 000 | 12 000 | 12 000 | 12 000 | 12 000 | 12 000 | 15 000 |
| 15 000 | 15 000 | 15 000 | 15 000 | 15 000 | 15 000 | 20 000 | 20 000 | 20 000 |
| 20 000 | 20 000 | 25 000 | 25 000 | 25 000 | | | | |

$$\overline{X}=\frac{\sum_{i=1}^{50}X_i}{50}=\frac{8\ 000+8\ 000+\cdots+25\ 000}{50}=13\ 200\text{ 元}$$

**2. 频数资料的加权算术平均数**

$$\overline{X}=\frac{f_1X_1+f_2X_2+\cdots+f_nX_n}{f_1+f_2+\cdots+f_n}=\frac{\sum fX}{n} \quad (2-4)$$

**例 2-7** 针对分组数据计算某公司员工的月工资收入的平均数（见表 2-13）。

**表 2-13 某公司五十名员工的月工资分布资料**

| 月工资 $X$（元） | 员工数 $f$（人） | 员工比重 | $Xf$ | $Xp$ |
|---|---|---|---|---|
| 8 000 | 5 | 0.10 | 40 000 | 800 |
| 10 000 | 10 | 0.20 | 100 000 | 2 000 |

续前表

| 月工资 $X$（元） | 员工数 $f$（人） | 员工比重 | $Xf$ | $Xp$ |
|---|---|---|---|---|
| 12 000 | 20 | 0.40 | 240 000 | 4 800 |
| 15 000 | 7 | 0.14 | 105 000 | 2 100 |
| 20 000 | 5 | 0.10 | 100 000 | 2 000 |
| 25 000 | 3 | 0.06 | 75 000 | 1 500 |
| 合计 | 50 | 1.00 | 660 000 | 13 200 |

$$\bar{X}=\frac{8\ 000\times5+10\ 000\times10+12\ 000\times20+15\ 000\times7+20\ 000\times5+25\ 000\times3}{5+10+20+7+5+3}$$

$$=13\ 200\text{元}$$

**3. 分组资料的加权算术平均数**

对于分组数据，可用组中值来代替变量值。计算方法与根据频数分布求均值相同。

**例 2-8** 对某机关干部每年读书量的一项调查，求阅读平均数（见表 2-14）。

**表 2-14 某机关干部每年读书量的调查**

| 读书量（本） | $f$（人） | 组中值（本） | $fX$ |
|---|---|---|---|
| 2～4 | 2 | 3 | 6 |
| 5～7 | 4 | 6 | 24 |
| 8～10 | 5 | 9 | 45 |
| 11～13 | 3 | 12 | 36 |
| 14～16 | 2 | 15 | 30 |
| 17～19 | 1 | 18 | 18 |
| 总数 | 17 | | 159 |

$$\bar{X}=\frac{f_1X_1+f_2X_2+\cdots+f_nX_n}{f_1+f_2+\cdots f_n}=\frac{\sum fX}{n}=159/17\approx9.4\text{本}$$

## （二）调和平均数

调和平均数是变量倒数的算术平均数的倒数，亦称倒数平均数，与算术平均数类似，也分为简单调和平均数和加权调和平均数。其计算公式为：

$$H=\frac{n}{\frac{1}{X_1}+\frac{1}{X_2}+\cdots+\frac{1}{X_n}}=\frac{n}{\sum_i^n\frac{1}{X_i}} \tag{2-5}$$

$$H=\frac{m_1+m_2+\cdots m_n}{\frac{m_1}{X_1}+\frac{m_2}{X_2}+\cdots+\frac{m_n}{X_n}}=\frac{\sum_i^n m_i}{\sum_i^n\frac{1}{X_i}} \tag{2-6}$$

**例 2-9** A、B 两家上市公司员工的月工资资料如表 2-15 所示，试分析其平均工资。

表 2-15　两家公司的月工资总额

| 月工资 | 工资总额 | |
|---|---|---|
| | A公司 | B公司 |
| 8 000 | 480 000 | 400 000 |
| 10 000 | 700 000 | 400 000 |
| 16 000 | 320 000 | 400 000 |
| 合计 | 1 500 000 | 1 200 000 |

本例中，平均工资应是工资总额与员工人数之比，假定我们不知道员工人数的话，则需要用各组的工资总额除以各组的月工资，计算得到两个公司的员工数。

$$H_A=\frac{\sum_i^n m_i}{\sum_i^n \frac{1}{X_i}}=\frac{480\ 000+700\ 000+320\ 000}{\frac{480\ 000}{8\ 000}+\frac{700\ 000}{10\ 000}+\frac{320\ 000}{16\ 000}}=\frac{1\ 500\ 000}{150}=10\ 000\text{ 元}$$

$$H_B=\frac{\sum_i^n m_i}{\sum_i^n \frac{1}{X_i}}=\frac{400\ 000+400\ 000+400\ 000}{\frac{400\ 000}{8\ 000}+\frac{400\ 000}{10\ 000}+\frac{400\ 000}{16\ 000}}=\frac{1\ 200\ 000}{115}\approx 10\ 434.8\text{ 元}$$

故 B 公司的平均工资略高于 A 公司。

**例 2-10**　四个学生平均每小时的解题速度为 3、4、6、8 道题，问平均每小时解题速度如何？

$$\overline{X}=\frac{4}{\frac{1}{3}+\frac{1}{4}+\frac{1}{6}+\frac{1}{8}}\approx 4.57\text{ 题}$$

## 四、众数、中位数和均值的归纳与比较

表 2-16 是对三种集中趋势测量法的归纳。

三者设计的目的是相同的，都是希望用一个数值来描述整体特征，以达到简化资料的目的。众数仅使用了资料中最大频次这一信息，因此，对资料中信息的使用是不完全的。均值虽然对资料的信息利用充分，但对严重偏态的分布，会失去它应有的代表性。不同的图形，均值、中位数和众数三者的位置不同，如对于对称的图形，三者位置重叠（见图 2-9）。

表 2-16　三种集中趋势测量法的归纳

| 均值 | 中位数 | 众数 |
|---|---|---|
| 适用于定距数据 | 适用于定序数据 | 适用于定类数据 |
| 计算时要用到全部数据 | 只需中间数据 | 可最快求出 |
| 受极端值的影响 | 对极端值不敏感 | 有时对个别值的变动也很敏感 |
| 分组变化时影响不大 | 分组变化时有些影响 | 分组变化时影响较大 |

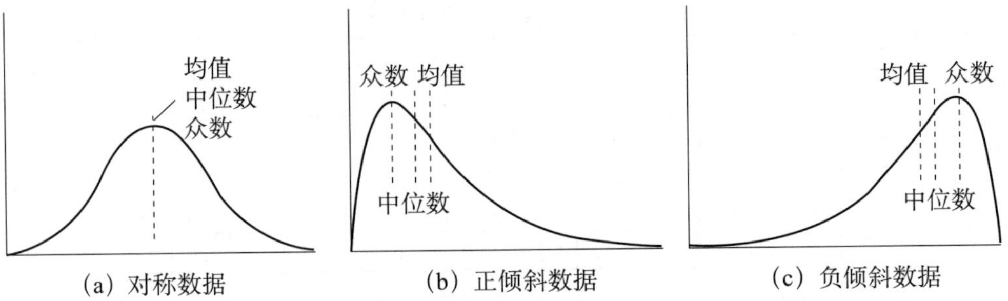


**图 2-9　对称与非对称数据图形中均值、中位数和众数的位置**

# 第三节
# 离散趋势测量法

对于一组数据的特征，仅用集中趋势去描述是不够的，因为集中趋势仅描述了一组数据的平均水平或集中状况，而由于多种因素的影响，数据之间存在一定的差异性，即它们并不等于集中趋势的值，而是在集中趋势周围分散或变化着，即便是集中趋势相同的两种数据，它们的离散程度也不尽相同。例如以下两个班的考试成绩：

甲：100，90，80，70，60，50，40；

乙：85，80，75，70，65，60，55。

如果仅用集中趋势测量法来测量两个班的成绩，两个班的平均分数是相等的，都为 70 分。但事实上这个 70 分的平均值对两班的代表性是不一样的，即两个班学生的成绩距离均值的远近程度是不一样的，距离甲班均值最远距离的绝对值是 30 分，距离乙班均值最远距离的绝对值是 15 分，因而 70 分对乙班的代表性更强。因此对于数据描述来说，仅仅测量集中趋势并不能反映数据的全部特征，还需要针对数据的分散特征进行描述和分析。

离散趋势测量法，就是求出一个值来反映样本之间的差异情况，该值也是从另一个方面反映样本集中趋势测量指标代表性程度好坏的重要指标。离散趋势测量法依据变量的测量层次不同，有不同的测量方法，主要的测量方法归纳起来见表 2-17。

**表 2-17　三种离散趋势测量法的归纳**

| 标准差 | 四分位差 | 离异比率 |
|---|---|---|
| 适用于定距数据 | 适用于定序数据 | 适用于定类数据 |
| 计算时用到全部数据 | 只需要其中两段数据 | 可最快求出 |
| 受极端值的影响大 | 对计算值不敏感 | 有时对个别比值变动敏感 |

## 一、离异比率

当用众数来表示资料的集中值时，我们不知道非众数的频次和在总数 $N$ 中所占的比例。显然，非众数的比例越小，众数的代表性就越好，所提供的信息量越大。反之，非众数所占的相对频数越大，众数的代表性越差，所提供的信息量也就越小。

因此，离异比率又称异众比率，就是非众数的次数与全部样本数目的比率。公式如下：

$$\gamma=\frac{N-f_{m_0}}{N} \tag{2-7}$$

其中，$N$ 是全部样本数目，$f$ 是众数的次数，二者之差就是非众数的次数。当 $\gamma=0$，说明变量只有一个取值，那就是众数，众数能够完全代表变量；当 $\gamma=1$，表示众数没有代表性。

## 二、极差

极差是对定序以上变量分散程度的测量。

$$\text{极差 } R=\text{观察的最大值}-\text{观察的最小值} \tag{2-8}$$

极差值小表示资料比较集中，极差值大则表示资料比较分散。极差概念清楚，意义明确，计算科学，但因它由最大值与最小值而求得，易受两极端数值的影响。对中间数值的变动反应不灵敏，只能作为反映离散趋势的粗略指标。

## 三、四分位差

### （一）四分位差的概念

四分位差是度量定序以上变量分散程度的方法。为了避免运用极差受两端数值影响的缺点，四分位差对极差指标进行了改进，或者说就是从变量数列中剔除了一部分极端值之后重新计算的类似于极差的指标。计算四分位差的直接目的就是排除部分极端值对数据代表性的影响。

为此，首先需要从总体分布中剔除最大和最小各四分之一的单位，再对中间剩余下来的总体半数单位计算全距。这个全距实际上就是“上四分位数”与“下四分位数”之差，通常称为“四分位间距”，即为 $Q.R$：

$$Q.R=Q_3-Q_1 \tag{2-9}$$

该指标与一般全距的区别仅仅在于计算范围狭窄，它反映处于分布中间的半数单位的变异幅度。但在运用指标进行分析时，人们习惯取四分位间距的一半，称之为“四分位差（$Q.D$）”。

$$Q.D=\frac{Q_3-Q_1}{2} \tag{2-10}$$

具体计算时，将一组数据由低至高排列，然后分为四个等分（即每个等分包括25%的个案），第一个四分位置的值（$Q_1$，第25百分位数）与第三个四分位置的值（$Q_3$，第75百分位数）的差异，是四分位间距，简写为$Q.R$，再对四分位间距取一半，得到四分位差。

## （二）四分位差的计算方法

### 1. 原始数据计算方法

**例2-11** 有以下16个数据25、22、29、10、50、15、14、39、37、31、33、19、17、20、35、30，其四分位差的计算方法如下：

第一，首先将原始数据从小到大排列好。

10、14、15、17、19、20、22、25、29、30、31、33、35、37、39、50

第二，然后根据求中位数的方法求出第一个四分位数$Q_1$和第三个四分位数$Q_3$，计算得出$Q_1=18$，$Md=27$，$Q_3=34$，将之代入公式，即为四分位差：

$$Q.D=\frac{Q_3-Q_1}{2}=\frac{34-18}{2}=8$$

**例2-12** 调查甲县有11家商铺销售农具，每家商铺雇用的人数如下：2，2，3，4，6，9，10，10，11，13，15。

$$Md\text{（中位数）的位置}=(n+1)/2=(11+1)/2=6$$

所以$Md=9$。

$$Q_1\ \text{位置}=(n+1)/4=(11+1)/4=3$$

所以$Q_1=3$。

$$Q_3\ \text{位置}=3(n+1)/4=3(11+1)/4=9$$

所以$Q_3=11$。

因此：

$$Q.R=Q_3-Q_1=11-3=8$$

$$Q.D=8/2=4$$

调查乙县有8家商铺销售农具，每家商铺雇用的人数如下：2，3，4，7，9，10，12，12。

$$Md\text{（中位数）的位置}=(8+1)/2=4.5$$

$$Md=(7+9)/2=8$$

$$Q_1\ \text{位置}=(8+1)/4=2.25$$

$$Q_1=3+0.25\times(4-3)=3.25$$

$$Q_3\ \text{位置}=3\times(8+1)/4=6.75$$

$$Q_3=10+0.75\times(12-10)=11.5$$

因此：

$$Q.R = Q_3 - Q_1 = 11.5 - 3.25 = 8.25$$

$$Q.D = 8.25/2 = 4.125$$

故甲县的四分位差略小于乙县，甲县中位数的离散程度略低于乙县。如果以中位数作估计，甲县中位数的代表性强于乙县。

**2. 根据分组数据计算四分位差**

先用内插法求出第一个四分位数 $Q_1$ 及第三个四分位数 $Q_3$，然后将之代入以下公式，可计算出四分位差。

$$Q_1 = L_{Q_1} + \left(\frac{n}{4} - n_1\right)\frac{i}{f_{Q_1}} \tag{2-11}$$

其中：$L_{Q_1}$ 表示$Q_1$所在组的下限；$n$ 表示总频数；$n_1$ 表示小于$Q_1$所在组下限的频数总和；$f_{Q_1}$ 表示$Q_1$所在组的频数；$i$ 表示组距。

$$Q_3 = L_{Q_3} + \left(\frac{3n}{4} - n_2\right)\frac{i}{f_{Q_3}} \tag{2-12}$$

其中：$L_{Q_3}$ 表示$Q_3$所在组的下限；$n$ 表示总频数；$n_2$ 表示小于$Q_3$所在组下限的频数总和；$f_{Q_3}$ 表示$Q_3$所在组的频数；$i$ 表示组距。

**例 2－13**　表 2－18 给出了 80 名小学一年级学生的身高，试计算其身高的四分位差。

**表 2－18　小学一年级学生身高的四分位差计算表**

| 身高（cm） | 频数 | 累积频数 |
|---|---|---|
| 115～118 | 1 | 1 |
| 118～121 | 3 | 4 |
| 121～124 | 8 | 12 |
| 124～127 | 10 | 22 |
| 127～130 | 20 | 42 |
| 130～133 | 19 | 61 |
| 133～136 | 12 | 73 |
| 136～139 | 4 | 77 |
| 139～142 | 2 | 79 |
| 142 以上 | 1 | 80 |
| | 80 | |

$$Q_1 = L_{Q_1} + \left(\frac{n}{4} - n_1\right)\frac{i}{f_{Q_1}} = 124 + \left(\frac{80}{4} - 12\right) \times \frac{3}{10} = 126.40$$

$$Q_3 = L_{Q_3} + \left(\frac{3n}{4} - n_1\right)\frac{i}{f_{Q_3}} = 130 + \left(\frac{3 \times 80}{4} - 42\right) \times \frac{3}{19} \approx 132.84$$

$$QD = \frac{132.84 - 126.40}{2} = 3.22 \text{ 厘米}$$

故，小学一年级 80 个学生的身高四分位差为 3.22 厘米。

## 四、标准差

### (一) 概念与计算

定距变量可以利用全距、四分位差计算离散程度，但用这两个指标计算时会损失大量的信息。因此计算和分析定距变量的离散程度，最常用的方法是标准差(简写 S)，即将各数值与其均值差的平方和除以全部样本数目，然后取其平方根，公式如下：

$$\sigma_x = \sqrt{\frac{\sum (X-\overline{X})^2}{n}} \tag{2-13}$$

标准差的平方称为方差：

$$\sigma_x^2 = \frac{\sum (X-\overline{X})^2}{n} \tag{2-14}$$

其中：$(X-\overline{X})$ 称为离差；$\sum (X-\overline{X})^2$ 称为离差平方和；$n$ 表示总频数。

方差和标准差是非常重要的差异量指标。由于在计算方差时，每个数据与平均数的离差有正有负，所以需要平方，使之变成正数。但是数据的单位同时也被平方了。为了使差异量的单位与原始数据相一致，又需开平方。

以上公式是针对未分组资料的，对于分组资料的标准差和方差计算公式分别为：

$$\sigma_x = \sqrt{\frac{\sum_{i=1}^{n} (X-\overline{X})^2 f_i}{\sum_{i=1}^{n} f_i}} \tag{2-15}$$

$$\sigma^2 = \frac{\sum_{i=1}^{n} (X-\overline{X})^2 f_i}{\sum_{i=1}^{n} f_i} \tag{2-16}$$

**例 2-14** 计算某公司 50 名员工工资收入的方差和标准差（见表 2-19）。

**表 2-19 某公司五十名员工的月工资分布资料**

| 月工资 $X$（元） | 员工数 $f$（人） | $Xf$ | $(X-\overline{X})^2 f_i$ |
|---|---|---|---|
| 8 000 | 5 | 40 000 | 135 200 000 |
| 10 000 | 10 | 100 000 | 102 400 000 |
| 12 000 | 20 | 240 000 | 28 800 000 |
| 15 000 | 7 | 105 000 | 22 680 000 |
| 20 000 | 5 | 100 000 | 231 200 000 |
| 25 000 | 3 | 75 000 | 417 720 000 |
| 合计 | 50 | 660 000 | 938 000 000 |

$$\overline{X}=\frac{8\,000\times5+10\,000\times10+12\,000\times20+15\,000\times7+20\,000\times5+25\,000\times3}{5+10+20+7+5+3}$$

$$=13\,200\text{ 元}$$

$$\sigma^2=\frac{\sum_{i=1}^{n}(X-\overline{X})^2f_i}{\sum_{i=1}^{n}f_i}=\frac{938\,000\,000}{50}=18\,760\,000$$

$$\sigma\approx4\,331.28\text{ 元}$$

## （二）方差和标准差的数学性质

（1）平移不变性特性。若 $\alpha$ 为任意常数，则变量 $y=\alpha\pm X$ 的方差和标准差与原变量 $x$ 相同，即有：

$$\sigma_{x\pm\alpha}^2=\sigma_x^2$$

$$\sigma_{x\pm\alpha}=\sigma_x$$

（2）将原变量 $x$ 乘以一个常数 $b$，则新变量 $y=bx$ 的方差和标准差分别为原来的 $b^2$ 倍和 $|b|$ 倍，即有：

$$\sigma_{bx}^2=b^2\sigma_x^2$$

$$\sigma_{bx}=|b|\sigma_x$$

我们把上述两条性质结合起来，则有：

$$\sigma_{bx+\alpha}^2=b^2\sigma_x^2$$

$$\sigma_{bx+\alpha}=|b|\sigma_x$$

（3）如果两个变量 $x$ 和 $y$ 相互独立，它们的代数和的方差就等于原来两个变量的方差之和，它们的代数和的标准差则等于两个变量方差之和的正平方根，即有：

$$\sigma_{x+y}^2=\sigma_x^2+\sigma_y^2$$

$$\sigma_{x+y}=\sqrt{\sigma_x^2+\sigma_y^2}$$

（4）在总体分组的条件下，变量的总方差可以分解为组内方差平均数和组间方差两部分，即有：

$$\sigma^2=\overline{\sigma^2}+\delta^2$$

其中，$\overline{\sigma^2}$ 为组内方差平均数，$\delta^2$ 为组间方差。

该性质通常也称为分组情况下的“方差加总定理”。其实践意义在于，对于一个给定的总体，其方差固然是一个不变的参数，但是通过以不同方式对总体进行分组，我们可以改变总方差在组间方差与组内方差平均数两者之间的分配，从而达到一定的分析目的。在抽样调查中，就可以利用这一性质，通过适当的方式改善抽样推断效果。

**例 2－15**　已知某校一年级小学语文成绩 $x$ 的标准差为 10 分，数学成绩 $y$ 的标准差为 6 分，假定数学成绩和语文成绩独立，则两门课总成绩的方差和标准差分别是：

$$\sigma_{x+y}^2 = 10^2 + 6^2 = 136$$

$$\sigma_{x+y} = \sqrt{136} \approx 11.66\text{ 分}$$

## 五、变异系数

上文介绍了各种描述离散趋势的指标，这些指标的一个共同特点就是，它们一般都有具体的计量单位（有量纲），因而在比较时都会受到研究问题所采用的计量单位不同或计量单位变化的影响。

### (一) 变异系数的概念

计量单位对离散指标的影响，常常会给不同总体之间的对比分析带来很大的不便。例如两个国家的收入水平标准差若分别按照自己国家的货币计量，则两国的收入变异就不能互相对比，需要换算为统一货币单位，而货币换算本身就是一个复杂的经济问题；再如用厘米和英寸来测量长短，则两者的变异程度不能直接比较，必须首先就计量单位进行换算。因此从统计方法来讲，以上问题均可以运用变异系数来适当加以解决。

### (二) 变异系数的计算方法

变异系数（离散系数）是一类相对数形式的变异指标。它是将上面提到的各种绝对数或平均数形式的变异指标与平均指标对比的结果。由于对比的分子与分母项的计量单位相同，两者相约后得到一个无名数，因而变异系数完全排除了计量单位对计算结果的影响。对不同离散趋势指标计算变异系数，分别为：

$$\text{标准差系数：} v_\sigma = \frac{\sigma}{\bar{x}} \times 100\% \tag{2-17}$$

$$\text{极差系数：} v_R = \frac{R}{\bar{x}} \times 100\% \tag{2-18}$$

$$\text{四分位差系数：} v_{Q.D} = \frac{Q.D}{\bar{x}} \times 100\% \tag{2-19}$$

以上用得最多的是标准差变异系数，因此在不加说明提到变异系数时，通常指的就是标准差系数。

**例 2-16** 两个地区城市居民的人均月收入资料如表 2-20 所示。

**表 2-20 两个城市的居民人均月收入情况**

| | 人均月收入（元） | 收入标准差（元） | 收入四分位差（元） | 变异系数（%） | |
|---|---|---|---|---|---|
| | | | | 标准差系数 | 四分位差系数 |
| 甲城市 | 6 000 | 150 | 3 200 | 2.50 | 53.33 |
| 乙城市 | 12 000 | 180 | 3 500 | 1.50 | 29.17 |

从表 2-20 的前三列的数据来看，乙城市不仅居民人均月收入两倍于甲城市，而且收入的差距（标准差和四分位差）也大于甲城市。但是通过计算变异系

数则可以看出，乙城市的实际收入差距相对于它的平均收入来说，比甲城市要低得多。因此，用收入的变异系数来衡量和比较两个城市收入分配状况的相对离散程度，显得更有实际意义。这说明，只有两个被比较的城市的收入平均数相等或相近，直接利用标准差等量纲的变异指标来进行分析，才具有合理性。

## 六、标准化系数

标准化系数又称标准化分数（$Z$ 分数），是指以标准差为单位反映某一个案（或某一具体数据）在群体（该组数据）中所处的相对位置，其公式为：

$$z=\frac{x-\overline{X}}{S} \tag{2-20}$$

$Z$ 是反映某一个案在全部个案中的相对位置。每个数据 $x$ 对应一个 $z$。$z$ 值越大，表明其对应的 $x$ 在数据中的位置（排名）越靠前。由于 $z$ 分数无实际单位，我们可以根据 $z$ 对不同数据中的个案比较其排名位置。$x$ 为个案某一变量的实际数据，$\overline{X}$ 为所有个案在该变量上的平均值。

标准化系数有两个性质：

（1）$z$ 分数的平均数等于零，即 $\bar{z}=0$。

$$\bar{z}=\frac{1}{n}\sum z=\frac{1}{n}\sum\left(\frac{x-\bar{x}}{S_z}\right)=\frac{1}{nS_x}\sum(x-\bar{x})=0$$

（2）$z$ 分数的标准差等于 1，即 $S_z=1$。

$$S_z=\sqrt{\frac{\sum\ (x-\bar{x})^2}{n}}=\sqrt{\frac{\sum\left(\frac{x-\bar{x}}{S_z}-0\right)^2}{n}}=\sqrt{\frac{\sum\ (x-\bar{x})^2}{nS^2}}$$

$$=\sqrt{\frac{S^2}{S^2}}=1$$

**例 2-17** 某小学六年级语文平均成绩为 80 分，标准差为 4.5 分，数学平均成绩为 87 分，标准差为 9.5 分。某学生语文得了 83 分，数学得了 92 分。若从单科成绩排名看，该生哪门课程考得好？

该生语文成绩的标准分数：

$$z=(83-80)/4.5\approx 0.667$$

该生数学成绩的标准分数：

$$z=(92-87)/9.5\approx 0.526$$

比较两个成绩的标准化分数，由于 $0.667>0.526$，所以该生的语文成绩在年级排名较数学成绩的排名更靠前。

通过标准化 $z$ 分数不仅可以在不同个案之间进行直接比较，还可以将同一个案在不同方面的 $z$ 分数相加得到综合排名进行比较。例如表 2-21 是甲、乙两个学生在不同科目上的考试成绩以及全体考生的平均成绩和标准差。若从总分上看，乙生高于甲生，但从 $z$ 分数角度看，却是甲生高于乙生。

表 2-21　标准化成绩的比较

| 科目 | 成绩 | | 全体考生 | | Z 分数 | |
|---|---|---|---|---|---|---|
| | 甲 | 乙 | 平均分数 | 标准差 | 甲 | 乙 |
| 语文 | 71 | 79 | 63 | 8 | 1.00 | 2.00 |
| 外语 | 52 | 40 | 50 | 6 | 0.33 | −1.67 |
| 数学 | 90 | 82 | 70 | 8 | 2.50 | 1.50 |
| 物理 | 58 | 72 | 62 | 10 | −0.40 | 1.00 |
| 合计 | 271 | 273 | | | 3.43 | 2.83 |

# 本章小结、软件操作与思考练习

## 一、本章小结

单变量的描述方法小结

| | 基本描述 | 集中趋势 | 离散趋势 |
|---|---|---|---|
| 定类层次 | 次数、比例、比率、表格、图示 | 众数 | 异众比率 |
| 定序层次 | 次数、比例、比率、表格、图示、累计次数、累计百分比 | 中位数 | 四分位差 |
| 定距层次 | 次数、比例、比率、表格、图示、累计次数、累计百分比、分组 | 均值 | 标准差 |

## 二、推荐阅读书目

德沃，威勒曼，博克．统计学：数据与模型：第 3 版．北京：中国人民大学出版社，2016.

李沛良．社会研究的统计应用．北京：社会科学文献出版社，2001.

翁定军．社会统计．上海：上海大学出版社，2006.

张彦．社会统计学．北京：高等教育出版社，2005.

## 三、SPSS 统计软件操作

（一）频数分析

1. 单击 Analysis 菜单，选择 Descriptive statistics 中的 Frequencies 选择项，打开相应的对话框。在左侧的源变量框中选择一个或多个变量，单击向右箭头按钮，使其进入 Variable（s）框中。

2. 根据需要选择相应的选择项，Display frequency tables 选择此项将显示频数分布表。选择 Statistics，打开统计量选择对话框。在对话框中选择输出统计量。可选择的统计量分四组，每组中的统计量可以同时选择。

（1）Percentile Values 百分位数组，可以选择：

Quartiles：四分位数，显示 25%、50%、75%的百分数。

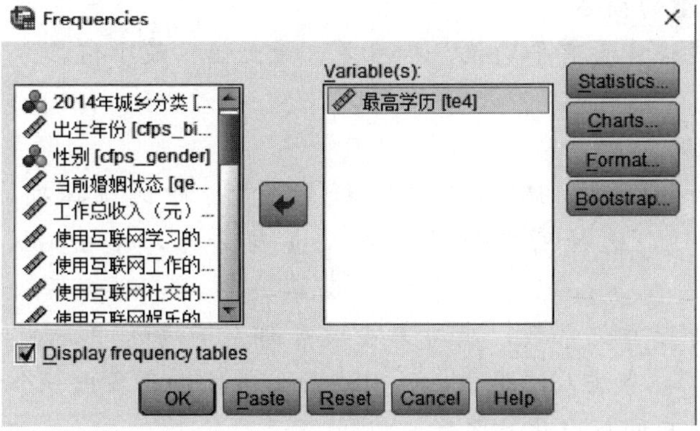


Cut point for equal groups：将数据平分为所设定的相等等份。例如，如果键入4，那么数据将会被四等分，即计算四分位数值。

Percentile（s）：由用户定义的百分位数，键入的范围在0～100之间。

（2）Central Tendency 集中趋势组：

Mean 算术平均数；

Median 中位数；

Mode 众数；

Sum 算术和。

（3）Dispersion 离散趋势组：

Std. deviation 标准差；

Variance 方差；

Range 极值，最大值与最小值之差；

Minimum 最小值；

Maximum 最大值；

S. E. Mean 均值的标准误。

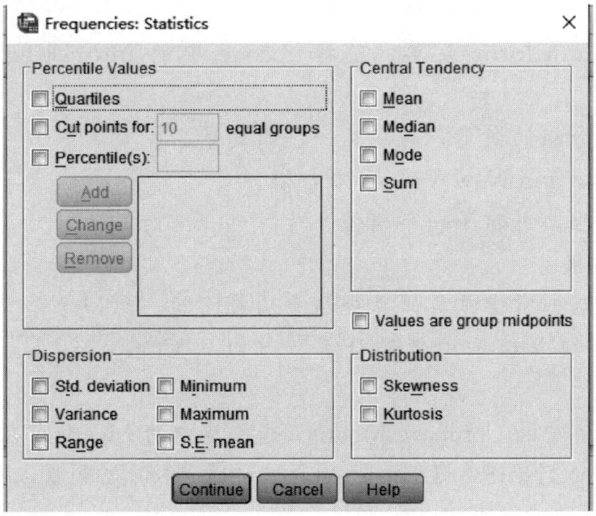

（二）统计量的描述

变量的描述统计量有平均值、标准差、最大值、最小值、方差、极值和平均数的标准误。

1. 分析步骤

单击 Analysis 菜单，选择 Descriptive statistics 中的选择项，在主对话框中单击 Option 按钮，选择所要描述的统计量与分布，单击 OK 按钮提交系统执行。

若希望获得标准化系数，应勾选在该页面左下端的"save standardized values as variables"，点击 OK 退出。这时在原始数据中会多出一个变量，该变量就是所研究变量对应的标准化 $z$ 系数。

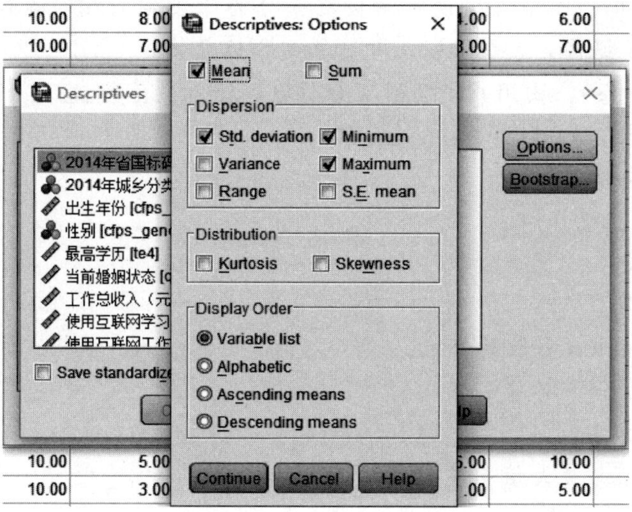


2. 数据分组

对于定距层次的变量，有时需要先分组，然后再进行统计分布和描述。分组方法如下：

（1）单击 Transform 菜单，选择 recode 中的 into Different Variables 选择项。

（2）键入要分组的变量，并定义一个新变量名。

（3）选择 Old and New Values 命令框。

（4）定义组限，并赋予一个新值。

3. 分组平均数

在数据分组后，常常需要计算分组平均数问题，比如计算不同职业的平均工资，对于这种分组以后平均数的计算，可以从 Compare Means 中得到，方法如下：

点击 Analyze 中的 Compare Means，选择其中的 Means，在随之弹出的对话框中，将要研究的变量送入 Dependent List 中，将分组变量，如职业送入 Independent List 中，点击 OK 即可。

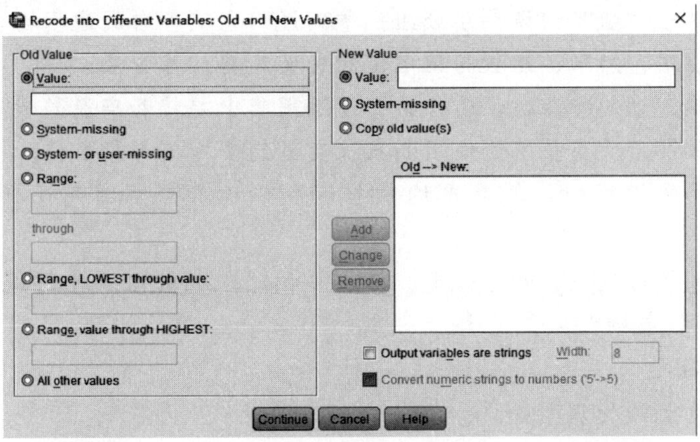


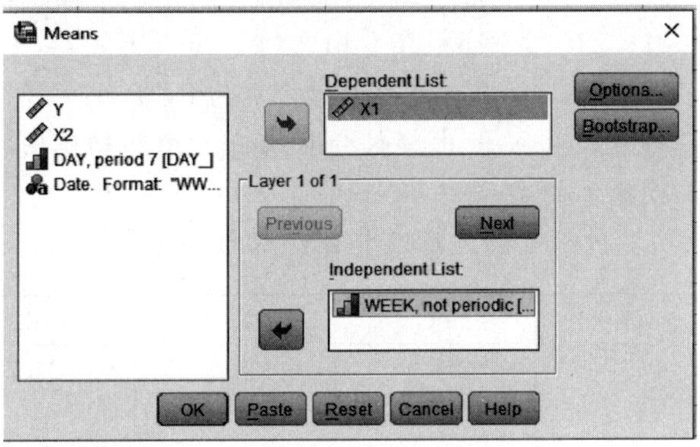


4. 统计画图

如需根据数据绘制图表，选择 Graphs 按钮下方的 Legacy Dialogs，即可从下拉菜单当中挑选你想要绘制的图表类型。

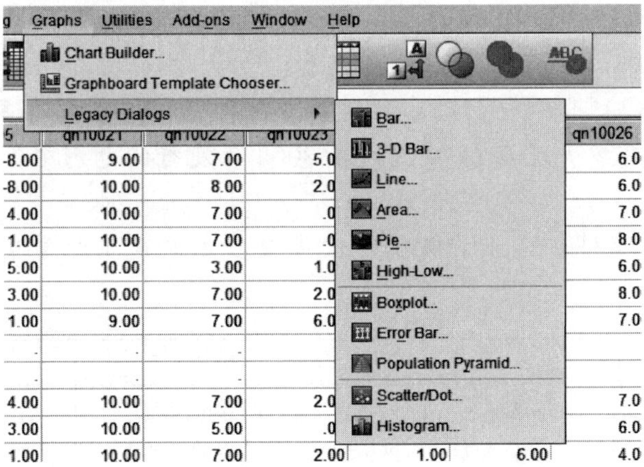


## 四、思考与练习

### （一）思考题

1. 离散数据统计分组和连续数据统计分组各有什么特点？

2. 何谓等距分组？何谓异距分组？举例说明它们各自的适用场合。

3. 说明组距、组限、组数与组中值的含义及其计算方法。

4. 考察单变量的特征时，为什么必须运用集中趋势和离散趋势两种测量法？

5. 为什么低层次变量不能使用高层次变量的集中值和离散值？

6. 在计算平均数时，算数平均数与调和平均数分别适用于什么样的资料条件？

7. 变异系数与极差、四分位差、标准差相比，在数值表现形式上有何特点？在分析上又有何差别？

（二）练习题

1. 被调查者的受教育年限如下（年）：

18 14 16 6 16 17 12 14 16 18 14 14 16 9 20 18 12 15 13 16 16 21 21 9 16 20 14 14 16 16

要求回答：(1) 将数据分组，使组中值分别为 6，9，12，15，18，21；(2) 对分组数据做频数分布表；(3) 做出频数分布的直方图和箱体图；(4) 10.5 年的受教育年限在第几百分位数上。

2. 美国 2005 年发行的电影风格及其分级资料如下表所示：

| 电影风格 | G | PG | PG-13 | R | 合计 |
|---|---|---|---|---|---|
| 动作与冒险 | 66.7 | 25.0 | 30.4 | 23.7 | 29.2 |
| 喜剧 | 33.3 | 60.0 | 35.7 | 10.5 | 31.7 |
| 艺术 | 0 | 15.0 | 14.3 | 44.7 | 23.3 |
| 惊险恐怖 | 0 | 0 | 19.6 | 21.1 | 15.8 |
| 合计 | 100 | 100 | 100 | 100 | 100 |

G——大众级；PG——辅导级，一些内容可能不适合儿童观看；PG-13——特别辅导级，建议 13 岁后儿童观看；R——建议 17 岁以上观看。

要求回答：(1) 喜剧电影的占比是多少？(2) PG 级中有多少是喜剧电影？(3) 艺术电影中有多少是 G 级？(4) 在 2005 年发行的电影中，有多少是 PG 级的喜剧？

3. 对某高中理科班毕业前做了一次调查，主要是了解学生毕业后的打算，得到如下统计资料：

| | | 男生 | 女生 |
|---|---|---|---|
| 毕业后的打算 | 上大学 | 188 | 44 |
| | 上大专 | 36 | 6 |
| | 参军 | 4 | 1 |
| | 就业 | 14 | 3 |
| | 其他 | 16 | 3 |

要求回答：(1) 调查中男生占多大比例？(2) 打算上大专的比例是多少？(3) 打算上大专的男生占比是多少？(4) 男生中参军与上大专加起来的比例是多少？(5) 计划上大专的学生中有多少是男生？

4. 某企业两个车间的工人生产定额完成情况如下表：

| 技术水平 | A车间 | | | B车间 | | |
|---|---|---|---|---|---|---|
| | 工人数 | 完成定额工时 | 人均完成工时 | 工人数 | 完成定额工时 | 人均完成工时 |
| 高 | 50 | 14 000 | 280 | 20 | 6 000 | 300 |
| 中 | 30 | 7 500 | 250 | 40 | 10 400 | 260 |
| 低 | 20 | 4 000 | 200 | 40 | 8 200 | 205 |
| 合计 | 100 | 25 500 | 255 | 100 | 24 600 | 246 |

从表中看，各个技术级别的工人劳动生产率都是A车间低于B车间。试问，为什么A车间合计的劳动生产率又会高于B车间？

5. 对某地500户农村居民进行家计调查，按其食品开支占全部消费开支的比重（恩格尔系数）分组后，得到如下的频数分布资料：

| 恩格尔系数 | 居民户数 | 向上累计户数 |
|---|---|---|
| 20以下 | 6 | 6 |
| 20～30 | 38 | 44 |
| 30～40 | 107 | 151 |
| 40～50 | 137 | 288 |
| 50～60 | 114 | 402 |
| 60～70 | 74 | 476 |
| 70及以上 | 24 | 500 |
| 合计 | 500 | — |

要求回答：(1) 计算500户农户的恩格尔系数的中位数和众数，并说明这两个平均数的具体分析意义。(2) 利用上表资料，按农户户数计算恩格尔系数的算数平均数。(3) 上面计算的算数平均数能否说明该地区恩格尔系数的一般水平。

6. 根据第5题，将500户农户按年收入水平分组后，分别观察其食品开支占全部消费支出的比重（恩格尔系数），整理得到如下的复合分组资料。试以恩格尔系数为考察变量，利用上表资料分别计算该变量的总方差、组内方差和组间方差，并验证三者的数量关系。

| 恩格尔系数 | 年收入水平 | | | 合计 |
|---|---|---|---|---|
| | 2万元以下 | 2万～5万元 | 5万元及以上 | |
| 20以下 | 0 | 0 | 6 | 6 |
| 20～30 | 0 | 24 | 14 | 38 |
| 30～40 | 15 | 60 | 32 | 107 |
| 40～50 | 26 | 96 | 15 | 137 |
| 50～60 | 48 | 57 | 9 | 114 |
| 60～70 | 35 | 35 | 4 | 74 |
| 70及以上 | 16 | 8 | 0 | 24 |
| 合计 | 140 | 280 | 80 | 500 |

7. 已知某村人均住房面积100平方米，标准差为80平方米，人均年收入为12 000元，标准差为7 000元，试问人均住房面积与人均月收入两个变量的差异哪个更大？

# 第三章

# 相关测量法

前一章讨论的是单变量的统计描述方法，对一个变量进行统计描述只能告诉我们这个社会现象是什么，例如流行病的发病率。然而世界上任何事物的产生都是有原因的，医疗部门不能仅仅知道流行病的发病率，更重要的是需要知道什么原因影响了流行病的发病率，影响过程和影响机制怎样，具有怎样的规律性。因此在对单变量统计描述的基础上，还需要再引入一个或多个变量进行因果或相关关系的描述和分析。分析过程是建立二个及以上变量的数量关系，也称作建模(modeling)。统计的相关关系研究就是根据目前所掌握的信息（数据）来建立人们关心的变量和其他变量的关系。

同自然现象一样，各种社会现象之间也是相互影响、相互作用的，这就要求研究者去探索和揭示社会现象之间的联系。从 1888 年弗朗西斯·高尔顿（Francis Galton）关注人类身高与前臂长度的关系开始，相关分析法在社会科学领域得到了广泛的研究。例如美国社会学家布劳和邓肯 1967 年的大规模调查数据的分析发现，父亲的职业和父亲的教育水平与儿子的教育水平和儿子的第一个职业具有较强的相关性。近年来，传统的相关分析方法被赋予了新的生命，这源于大数据的产生。自 2008 年 9 月《自然》（*Nature*）出版“Big Data”专刊以来，大数据成为政府、学术界、实务界共同关注的焦点。如何分析大数据引发了人们对相关分析法重要性的重新认识。大数据时代，相关分析具有快捷、高效地发现事物间内在关联的优势，从亚马逊的推荐系统、谷歌的流感预测等诸多现实案例中，人们日益发现，与以往相比大数据时代的相关关系分析具有更加重要的应用价值。

本章主要讨论两个变量相关关系的描述和分析方法，涉及内容如下：(1) 两个变量的交叉分组与列联表；(2) 反映两个变量关系的相关测量法，其中包括两个定类变量的相关测量，两个定序变量的相关测量，两个定距变量的相关测量，一个定类或定序变量与一个定距变量的相关测量等。本章要回答三个问题：第一，从数据来看变量之间是否有关系；第二，如果变量间有关系，这个关系的强弱程度；第三，这个关系是不是因果关系。

# 第一节 交叉分组与列联表

## 一、自变量与因变量

事物之间的联系大致可以分为两类：一类是确定性关系，变量之间存在着一一对应关系；另一类是不完全确定的关系，两个变量之间存在着相互依赖、相互影响的关系，却不是严格的。从统计学角度看，变量之间的这两种关系被称作函数关系和相关关系。从社会科学研究的一般情况看，数据很难满足严格的函数关系，而相关关系要求宽松，所以相关关系被人们广泛接受。

变量间的相关关系既可能存在对称关系，即互为影响关系。变量间也可能存在不对称关系，一个变量发生的要早于另一个变量，通常将先发生的变量叫自变量，后受其影响的变量叫因变量。用$Y$表示人们感兴趣的、希望研究的变量，用$X$表示其他可能与$Y$有关的变量，所建立的函数关系为$Y=f(X)$，这里$Y$就被称为因变量或相应变量（dependent variable，response variable），而$X$被称为自变量，也称为解释变量或协变量（independent variable，explanatory variable，covariate）。

从变量之间的相关方向上讲，又可分为正相关、负相关和零相关。两个变量之间同方向变动的关系叫正相关，即一个变量的数值变大，另一变量的数值也随之增大；或反之，一个变量的数值变小，另一个变量的数值也变小。比如收入与消费的关系往往是正相关关系，一般来说，收入增加，消费支出也会增加，收入减少，也会降低消费支出。变量之间的反方向变动叫作负相关，即一个变量的数值变大伴随着的是另一个变量的数值变小，比如随着收入水平的增加，恩格尔系数在下降。所谓零相关是指两个变量之间不存在相关关系，比如相貌与智商的关系。

例如，政治家希望通过民意调查得到选民对相关候选人的投票倾向。当他关心投票倾向是否与选民年龄相关时，就要引入被访者的年龄这一变量。在记录的数据文件中需要由两列数据组成，一列是年龄变量的数据，另一列是选举对象变量的数据，政治家要分析的问题是作为自变量的被调查者的年龄对作为因变量的候选人投票倾向的影响。

又如，生物学家研究光照对作物生长的影响。在设计这个实验时，首先需要选择相似的幼苗，其次提供除了采光量以外完全相同的生长条件，然后对不同光照下的作物，分别测量它们的生长情况，探讨光照对作物生长的作用大小。因此在这个实验中有多个变量：光照是自变量，作物生长是因变量，其他变量如湿度、土壤特征等是控制变量。

再如，人的性别是否会影响他对工作或社会活动的喜爱，性别与社会活动偏好间的关系是非对称关系，即只有性别可以解释社会活动偏好，但社会活动偏好不能解释性别。性别与社会活动偏好的关系需要用统计表来反映，列联表是一个比较常用的方法。表3－1至表3－3三个列联表反映出性别与活动偏好的强弱关系，表3－1反映出五人中喜欢工作的男性为3，喜欢工作的女性为2；表3－2表明男性喜欢工作的为4，女性仅为1；表3－3表明男性喜欢工作为5，女性为0。三个列联表中，性别与活动偏好关系最强的是第3个表格，最弱的是第1个表格。

**表3－1 性别与社会活动偏好**

| | 女 | 男 | 合计 |
|---|---|---|---|
| 工作 | 2 | 3 | 5 |
| 生活 | 3 | 2 | 5 |
| 合计 | 5 | 5 | 10 |

**表3－2 性别与社会活动偏好**

| | 女 | 男 | 合计 |
|---|---|---|---|
| 工作 | 1 | 4 | 5 |
| 生活 | 4 | 1 | 5 |
| 合计 | 5 | 5 | 10 |

**表3－3 性别与社会活动偏好**

| | 女 | 男 | 合计 |
|---|---|---|---|
| 工作 | 0 | 5 | 5 |
| 生活 | 5 | 0 | 5 |
| 合计 | 5 | 5 | 10 |

简单的列联表，可以通过数据的比较来判断相关程度的强弱，然而对于列联表中两个变量的选项较多的情形下，需要计算出一个数值进行比较。自变量对因变量的影响常常用相关系数来表示，当一个定类变量影响一个定类、定序或定距变量时，相关系数的计算范围是不一样的，相关系数的取值范围也是不一样的。总体来看，当系数为0时，两个变量间没有关系，当系数为±1时，两个变量间的关系达到最强。

## 二、交叉分组与列联表

单变量统计描述只能了解一个变量的分布情况，按一个变量分组和汇总的表是单向表（one-way table）。若了解二个变量在不同取值情况下的数据分布，分析变量间的相互关系，就需要对变量进行交叉分组，所形成的表格称为列联表（contingency table）。

交叉分组是指变量A的$m$个选项与变量B的$n$个选项都要碰到，两者交叉搭配形成了A和B两个选项的$mn$个组合，交叉分组可以观察在两个变量各种状态交叉情况下的数据分布态势，整理的结果称为交叉表（cross table）。在每个交叉格内，从上而下依次为频数、行百分比、列百分比和总百分比。

与单变量分组一样，交叉分组既可以汇总频数（observed counts），也可以汇总频率。以各行合计值为基础的频数汇总称为行频数，其百分比称为行百分比

(row percentage)，以各列合计值为基础的汇总频数称为列频数，其百分比称为列百分比（column percentage），以总计为基础的频数称为总频数，总百分比率称总百分比（total percentage）。

列联表可以针对各种层次的两个变量进行综合分类：(1) 两个定类变量，如性别与竞选党派（见表 3-4）；(2) 两个定序变量，如受教育程度与生活满意度（见表 3-5）；(3) 两个定距变量，如学生的数学成绩与物理成绩；(4) 一个定类与一个定序，如职业与生活满意度；(5) 一个定类与一个定距，如电脑侵权与时间变化（见表 3-6）；一个定序与一个定距，如受教育程度与收入。

**表 3-4 低收入阶层选民的党派偏好**

| | 女性 | 男性 | 合计 |
|---|---|---|---|
| 民主党 | 153 | 24 | 177 |
| 共和党 | 44 | 7 | 51 |
| 合计 | 197 | 31 | 228 |

**表 3-5 受教育程度与生活满意度**

| 生活满意度 | 文化程度 | | | 合计 |
|---|---|---|---|---|
| | 大专以上 | 中学 | 小学及以下 | |
| 满意 | 26 | 18 | 6 | 50 |
| 一般 | 14 | 202 | 34 | 250 |
| 不满意 | 5 | 55 | 140 | 200 |
| 合计 | 45 | 275 | 180 | 500 |

**表 3-6 电脑侵权的变化研究**

| 年份 | 授权种类 | | | | 合计 |
|---|---|---|---|---|---|
| | 金融诈骗 | 盗取信息或财富 | 未经授权的信息使用 | 破坏行为 | |
| 1 | 7 | 5 | 9 | 8 | 29 |
| 2 | 22 | 18 | 6 | 6 | 52 |
| 3 | 12 | 15 | 6 | 12 | 45 |
| 4 | 21 | 15 | 16 | 9 | 61 |
| 合计 | 62 | 53 | 37 | 35 | 187 |

## 三、联合次数、边缘次数与条件次数

对于两个变量来说，其分布状况需要同时具有 $x$ 和 $y$ 两个变量取值的次数：将 $(x_1, y_1, N_{11})$；$(x_1, y_2, N_{12})$；……；$(x_1, y_r, N_{1r})$；……；$(x_i, y_j, N_{ij})$ 称为联合次数，由这些次数得到的分布称为联合分布。

列联表也称为条件次数表（conditional frequencies table），在表的最下端或最右端是变量分类下的汇总次数，也称为边缘次数（marginal frequencies），它们的分布情况就成为边缘分布（marginal distribution）。

表中的其他次数称为条件次数，表示在自变量的每个分类条件下因变量的各个分类的个案数目（次数）。例如表 3－5 中的大专以上学历的 45 人是边缘次数，其中满意者 26 人，一般者 15 人，不满意者 4 人为条件次数。

由于作为基数的边缘次数的值各不相同，因此条件次数表不能进行不同条件下的次数分布比较。为了达到比较的目的，就需要将各个基础标准化，最常用的方法是将所有基数变成 100，则各个条件次数变为求百分率。这样制成的表，称为频率百分比表。对列联表形式的频率分布，存在三种情况：行频率分布、列频率分布和总频率分布。其中，行频率是用某一行中各列的频数除以该行合计数得到的频率分布，列频率分布是用某一列中各行的频数除以该列合计数得到的频率分布，总频率分布是行和列交叉的频数除以总合计数得到的频率分布。

表 3－7 是包括行频率和列频率的条件次数表，这个表反映了泰坦尼克号上的社会阶层与生还比率的关系。泰坦尼克号上持一等舱票的为高社会阶层，持一等舱票的人数占总人数的 14.8%；泰坦尼克号沉没后，一等舱的生还人数占一等舱总人数的 62.5%（203/325），占所有生还人数的 28.6%（203/711），占乘船人数的 9.2%（203/2 201）。从死亡比率来看，一等舱死亡人数占一等舱总人数的 37.5%（122/325），占总死亡人数的 8.2%（122/1 490），占总乘船人数的 5.5%。

泰坦尼克号上持散舱票的为低社会阶层，持散舱票的人数占总人数的 40.2%，泰坦尼克号沉没后，持散舱票的生还人数占散舱总人数的 24.0%，占所有生还人数的 29.8%，占乘船人数的 9.6%。泰坦尼克号沉没后，散舱死亡人数占散舱总人数的 76%，占总死亡人数为 45.2%，占总乘船人数的 30.6%。因而与持一等舱票的人相比，泰坦尼克号的生还比率是存在显著的阶层差异的。

**表 3－7 泰坦尼克船票等级与生还情况的频率分布**

| | | 船票等级 | | | | 合计 |
|---|---|---|---|---|---|---|
| | | 一等舱 | 二等舱 | 三等舱 | 散舱 | |
| 生还情况 | 生 | 203 | 118 | 178 | 212 | 711 |
| | 行频率 | 28.6 | 16.6 | 25.0 | 29.8 | 100.0 |
| | 列频率 | 62.5 | 41.4 | 25.2 | 24.0 | 32.3 |
| | 总频率 | 9.2 | 5.4 | 8.1 | 9.6 | 32.3 |
| | 死 | 122 | 167 | 528 | 673 | 1 490 |
| | 行频率 | 8.2 | 11.2 | 35.4 | 45.2 | 100.0 |
| | 列频率 | 37.5 | 58.6 | 74.8 | 76.0 | 67.7 |
| | 总频率 | 5.5 | 7.6 | 24.0 | 30.6 | 67.7 |
| 合计 | 合计 | 325 | 285 | 706 | 885 | 2 201 |
| | 行频率 | 14.8 | 12.9 | 32.1 | 40.2 | 100.0 |
| | 列频率 | 100.0 | 100.0 | 100.0 | 100.0 | 100.0 |
| | 总频率 | 14.8 | 12.9 | 32.1 | 40.2 | 100.0 |

## 四、相关测量法

**1. 相关**

所谓相关是指一个变量的值与另一个变量的值有连带性。

从两个变量的变动方向看，存在正相关、负相关和无相关。当两个变量的变动方向具有一致性时为正相关；当两个变量的变动方向相反时为负相关；当两个变量的变动方向没有一定的规律性，计算的相关系数值为零时为无相关。

从变量的密切程度上看，无论变化方向是否一致，凡密切程度高的称为强相关，密切程度一般的称为中度相关，密切程度弱的称为弱相关或低度相关。

**2. 相关测量法**

相关测量法是测量两个及以上变量相关程度的方法。

根据两个变量的测量层次不一样，有不同的测量方法，其中包括：两个定类变量的相关测量，两个定序变量的相关测量，两个定距变量的相关测量，一个定类或定序变量与一个定距变量的相关测量等。

**3. 削减误差比例**

相关分析是指一个变量的变化是否会影响另一个变量的变化，相关测量的主要目的是解释或预测变量间的数量变化，选用任何一种测量法在解释或预测时都存在一定误差，其大小因方法而异。因此，在测量法的选择上，其能否较好地消减误差尤显重要。经典的统计学方法正是在这一含义下提出了消减误差比例的概念。

削减误差比例（PRE）是指用一个现象（如变量 $X$）来解释另一个现象（如变量 $Y$）时，能够削减百分之几的错误。用公式表示是：

$$PRE = \frac{E_1 - E_2}{E_1} \tag{3-1}$$

其现实意义在于，用 $X$ 变量来解释或预测 $Y$ 变量时能够消减百分之几的误差。由公式可知，数值介于 0～1 之间，$PRE$ 值越大，表示变量的相关关系越强，以 $X$ 变量去预测 $Y$ 变量所能消减的误差所占比例越大。

**4. 相关测量法的类型**

（1）基于互信息的相关分析是从信息量角度来刻画相关性的，即已知某一变量的情况下，另一变量信息量的变化程度。

（2）基于矩阵计算的相关分析与互信息的相关分析的思想一致，所不同的是其目标在于刻画高维变量间的相关关系。

（3）基于距离的相关分析则是从分布函数角度来刻画的，即在已知某一变量的情况下，另一变量分布函数的变化程度。

本书只介绍第一种类型。由于变量有不同层次如定类、定序和定距变量等，属于不同测量层次的变量就要用不同的相关测量法。另外由于变量之间的关系存在对称（互为影响关系）和不对称（一个变量为解释变量，另一个变量为被解释变量）的角色差异，相关测量的方法也不尽相同。有些相关测量法反映了变量与变量之间具有对称关系，有些则是对不具有对称关系的变量相关性进行测量。

根据变量层次，有六种相关测量情况：（1）两个定类变量；（2）两个定序变量；（3）两个定距变量；（4）一个定类变量和一个定距变量；（5）一个定类变量和一个定序变量；（6）一个定序变量和一个定距变量（见表 3－8）。

**表 3－8 相关测量法的归纳**

| 两个变量的测量等级 | 相关系数 | 是否描述对称关系 | 取值范围 | SPSS 上有无该系数 |
|---|---|---|---|---|
| 定类与定类 | Lambda | 对称 | [0，1] | 有 |
| | Lambda－y | 不对称 | [0，1] | 有 |
| | tau－y | 不对称 | [0，1] | 有 |
| 定序与定序 | Gamma | 对称 | [−1，1] | 有 |
| | dy | 不对称 | [−1，1] | 有 |
| | tau－a | 不对称 | [−1，1] | 有 |
| | tau－b | 对称 | [−1，1] | 有 |
| | tau－c | 对称 | [−1，1] | 有 |
| | rho | 对称 | [−1，1] | 有 |
| 定距与定距 | 回归系数 | 不对称 | 正负无穷大 | 有 |
| | 积矩相关系数 | 对称 | [−1，1] | 有 |
| 定类与定距 | Eta | 不对称 | [0，1] | 有 |
| 定类与定序 | Lambda，tau－y | 对称<br>不对称 | [0，1]<br>[0，1] | 有<br>有 |
| 定序与定距 | Eta | 不对称 | [0，1] | 有 |

# 第二节 两个定类变量的统计相关

如果两个变量均属于定类测量层次，可用 Lambda 相关测量法，也可用古德曼（Goodman's coefficient）和克鲁斯卡（Kruskal's coefficient）的 tau－y 相关测量法。两者各有不同的特色，但均是基于互信息的相关分析，即是从信息量角度来刻画两个定类变量相关性的，两种测量法的统计值均具有削减误差（PRE）含义。

## 一、Lambda 相关测量法

### (一) 概念与计算方法

Lambda 相关测量法属于非参数检验法，对样本有两点要求，一是随机样本，二是定类变量。Lambda 相关测量法的基本逻辑是以一个定类变量来解释另一个定类变量时，以众数作为解释的标准可以减少多少误差。由于该测量法对总体条件要求较低，适用性较广，因此被广泛应用，是一种行之有效的相关测量法。

Lambda 相关测量法有两种形式：一种是对称形式，即两个变量间的关系是对称的，不分自变量或因变量；另一种是不对称形式，即要求一个是自变量 ($X$)，另一个是因变量 ($Y$)。

$$\lambda=\frac{\sum m_x+\sum m_y-(M_x+M_y)}{2n-(M_x+M_y)} \tag{3-2}$$

$$\lambda_y=\frac{\sum m_y-M_y}{n-M_y} \tag{3-3}$$

其中：$M_y$是 $Y$ 变量的众数次数；$M_x$是 $X$ 变量的众数次数；$m_x$是 $Y$ 变量的每个类别之下 $X$ 变量的众数次数；$m_y$是 $X$ 变量的每个类别之下 $Y$ 变量的众数次数；$n$ 是全部样本数目。

**例 3-1** 研究选民的性别差异对竞选候选人的选举倾向问题，需要调查和归纳不同性别选民对候选人倾向的分布，由此通过选民的性别来预测竞选候选人可以消减多少误差。随机抽取 100 名选民进行调查，按性别对调查结果进行交互分类（见表 3-9）。

**表 3-9 选举倾向与选民性别的关系（人）**

| | 性别 $X$ | | 总数 |
|---|---|---|---|
| | 男 | 女 | |
| 候选人 1 | 10 | 30 | 40 |
| 候选人 2 | 40 | 10 | 50 |
| 候选人 3 | 10 | 0 | 10 |
| | 60 | 40 | 100 |

表 3-9 资料表明选民性别与选举倾向是非对称关系，性别为自变量，候选人为因变量，二者都是定类变量，故要应用 Lambda 系数来计算相关情况。

根据系数公式和表 3-9 的次数资料，可知 $M=50$，$m=40+30=70$，$n=100$，算得：

$$\lambda_y=\frac{70-50}{100-50}=0.40$$

计算结果表明，以性别为依据来预测选民对三位候选人的选举倾向，与不考虑性别因素时相比，能够消减40%的误差。

### (二) Lambda 相关测量法的局限性

Lambda 相关测量法由于其便于计算，对总体具备的条件要求较低，故其在社会学研究中经常被使用，但也存在以下弱点。

**1. Lambda 相关测量法存在测量“盲区”**

Lambda 相关测量法是以众数作为测量准则的，如果全部众数集中在条件次数表的同一行或同一列中，Lambda 相关测量法因进入“盲区”而失效，Lambda 系数为 0。

**例 3-2** 以 Lambda 相关测量法计算在控制收入阶层下的不同性别的党派倾向，数据见表 3-10。

**表 3-10 不同性别的党派倾向（控制收入阶层）**

| | 收入=贫穷 | | | 收入=富裕 | | |
|---|---|---|---|---|---|---|
| | 女性 | 男性 | 合计 | 女性 | 男性 | 合计 |
| 民主党 | 153 | 24 | 177 | 52 | 94 | 146 |
| 共和党 | 44 | 7 | 51 | 123 | 223 | 346 |
| 合计 | 197 | 31 | 228 | 175 | 317 | 492 |
| | $\lambda=0$ | | | $\lambda=0$ | | |

表 3-10 的数据显示，当收入阶层为贫穷时，不论是男性还是女性更多的人倾向选民主党，两个条件次数的众数在同一行，代入公式计算得到 λ 系数为零；当收入阶层为富裕时，不论是男性还是女性更多的人倾向选共和党，两个条件次数的众数也在同一行，计算得到 λ 系数为零。因此，当全部众数集中在条件次数表的同一行或同一列中，Lambda 相关测量法因进入“盲区”而失效。

**2. Lambda 相关测量法的敏感度较低**

Lambda 相关测量法以众数作为测量准则，因此，对于众数以外次数分布的变化无法测量，导致其敏感度较低，属于较低层次的相关测量法。特别是当变量分组的数量分布较为均匀时，$n-M_y$较大，而 $\sum m_y-M_y$ 较小，显然 Lambda 系数会很小。在这种情况下，由于众数对总体一般水平的代表性较低，因而 Lambda 测量法的现实意义不大。

**3. 判别标准较难把握**

虽然根据公式可以计算出确定的系数，但 Lambda 相关测量法并没有一个明确的相关关系强弱程度的判别标准，这在一定程度上对研究者的主观经验提出了较高的要求。

## 二、tau-y 相关测量法

tau-y 系数属于不对称相关测量法，要求两个定类变量中有一个是自变量

($X$)，另一个是因变量（$Y$)。该方法与 Lambda 不同在于计算系数时，包括所有的边缘次数和条件次数。

$$E_1 = \sum \frac{(n-F_y)F_y}{n}$$

$$E_2 = \sum \frac{(F_x - f)f}{F_x}$$

$$tau - y = \frac{E_1 - E_2}{E_1} \tag{3-4}$$

其中：$E_1$为不知道 $X$ 而预测 $Y$ 时的全部误差，$E_2$为知道 $X$ 而预测 $Y$ 时的误差。$n$ 为全部个案数目，$f$ 为某条件次数，$F_y$为 $Y$ 变量的某个边缘次数，$F_x$为 $X$ 变量的某个边缘次数。

**例 3-3** 以 tau-y 相关测量法计算选民性别与选举倾向的相关系数，数据见表 3-9。

根据表 3-9 选民性别与选举倾向的资料，性别是自变量（$X$)，边缘次数（$F_x$）分别是 60 和 40；候选人是因变量（$Y$)，边缘次数（$F_y$）分别是 40、50 和 10。表内有六个条件次数，每个都代表同属于某项 $Y$ 值与某项 $X$ 值的样本数目（$f$)。

$$E_1 = \frac{40(100-40)}{100} + \frac{50(100-50)}{100} + \frac{10(100-10)}{100} = 58$$

$$E_2 = \frac{10(60-10)+40(60-40)+10(60-10)}{60} + \frac{30(40-30)+10(40-10)+0(40-0)}{40} = 45$$

$$tau - y = (58-45)/58 \approx 22.4\%$$

这个数值不但能表示性别与选举倾向的相关程度，而且可以解释为以性别来预测或估计候选人能够消减 22.4%的误差。由于 tau-y 相关测量法考虑了全部次数，即对于众数以外次数分布的变化加以考虑，故其敏感度高于 Lambda 相关测量法。

# 第三节 两个定序变量的统计相关

两个定序变量的相关是计算两个变量之间的等级是否存在着联系，例如“子承父业”就是反映子代与父代相比社会经济地位等级变化的重要指标，还有“门当户对”也是反映婚姻双方社会经济地位等级相关的重要指标。反映等级的变量是定序变量，计算一个定序变量与另一个定序变量的相关系数，可用 Gamma 系数、dy 系数、肯德尔 tau 系数以及斯皮尔曼 rho 系数。

## 一、Gamma 相关测量法

### (一) 基本概念

**1. 同序对**

如果某对样本在两个变量上的相对等级是相同的，则称为同序对（samcorderd pair）。同序对只要求两个变量的方向相同，但并不要求两个变量的变化量相等。

**2. 异序对**

如果某对样本在两个变量上的相对等级是不相同的，则称为异序对（differentordered pair）。异序对只要求两个变量的方向相反，但并不要求两个变量的变化量相等。

**3. 同分对**

如果两个样本在 $X$ 变量上是同分的（tie），即不能分高低，则称为 $X$ 同分对；如果两个样本在 $Y$ 变量上是同分的，即不能分高低，则称为 $Y$ 同分对。如果两个样本中，变量 $X$ 与变量 $Y$ 等级都相同，则称 $X$，$Y$ 为同分对。

**例 3-4** 观众对电视剧内容评价与画面评价的等级比较，见表 3-11。

**表 3-11 观众对电视剧内容与画面的评价**

| 电视剧标号 | 评价等级 | |
|---|---|---|
| | 内容 | 画面 |
| A | 4 | 2 |
| B | 3 | 3 |
| C | 2 | 1 |
| D | 1 | 4 |

根据以上基本概念，不难发现：(1) A 与 C 是同序对，因为 A 节目的内容评价等级低于 C，其画面评价等级也低于 C，同理 B 与 C 也是同序对；(2) A 与 B 是异序对，因为 A 的内容评价等级低于 B，但其画面评价等级高于 B，同理，A 与 D、B 与 D、C 与 D 皆是异序对。综合起来，同序对有 2 个，异序对有 4 个。

**例 3-5** 女子选美比赛容貌等级与才能等级的比较，见表 3-12。

**表 3-12 女子选美比赛**

| 参赛者 | 评价等级 | |
|---|---|---|
| | 容貌 | 才能 |
| A | 5 | 5 |
| B | 3 | 3 |
| C | 4 | 1 |
| D | 1.5 | 3 |
| E | 1.5 | 3 |

根据表 3-12 不难发现，D 与 E 两个参赛者在容貌（$X$）等级上是同分，不好判断谁是 1 级或 2 级，故同属 1.5 级。同理，B、D、E 三个参赛者在才能（$Y$）等级上也是同分。通常情况下，我们以$T_x$代表只在 $X$ 变量上的同分对数，以$T_y$代表只在 $Y$ 变量上的同分对数。而以$T_{xy}$代表两个变量上都是同分的对数。上例中，$T_x=1$（即 D 与 E），$T_y=3$（即 B 与 E、B 与 D、D 与 E），$T_{xy}=1$（即 D 与 E）。定序变量的相关计算方法是基于不同级序而有所不同的。

### （二）Gamma 相关测量法

在同序对、异序对的概念介绍中，不难发现，如果两个变量以同序对为主，则表示两个变量呈正相关关系；反之，如果两个变量是以异序对为主，则表示两个变量呈负相关关系。而同序对与异序对数量之差，反映了等级相关的程度。因此，Gamma 系数的表达式如下：

$$G(\text{Gamma})=\frac{N_s-N_d}{N_s+N_d} \tag{3-5}$$

其中，$N_s$为同序对的对数，$N_d$为异序对的对数。$G$ 的取值在［$-1$，$+1$］之间。

Gamma 系数不考虑同分对的对数。公式中的分母，表示在解释任何一个个案的相对等级时可能的最大误差。公式中的分子，表示以一对个案在一个变量上的相对等级来预测其在另一变量上的相对等级所能减少的误差。

**例 3-6** 观众对电视节目内容与画面评价的 Gamma 系数计算，根据表 3-11 得到：

$$G(\text{Gamma})=\frac{N_s-N_d}{N_s+N_d}=\frac{2-4}{2+4}\approx-0.33$$

这个统计值表明四部电视剧的内容与画面评价等级成反比，相关程度是 0.33。这个统计值的意义表示异序对数大于同序对数，相差是 33%，即以电视剧内容的等级来预测电视剧画面的等级，可以减少 33%的误差。

## 二、dy 相关测量法

当调查的样本存在同分对，且变量之间的关系是非对称的，那么需要采用 dy 相关测量法，计算公式如下：

$$D_{yx}=\frac{N_s-N_d}{N_s+N_d+T_y} \tag{3-6}$$

$$D_{xy}=\frac{N_s-N_d}{N_s+N_d+T_x} \tag{3-7}$$

其中，$N_s$是同序对数，$N_d$是异序对数，$T_y$是只在变量 $Y$ 上同分的对数，$T_x$是只在变量 $X$ 上同分的对数。dy 相关测量法属于非对称相关测量法。

**例 3-7** 采用 dy 相关测量法，计算 5 名选美者的相貌与才能的关系，见表 3-12。假定人的容貌会影响才能，而才能不会改变容貌，则理应用$T_y$来简化相关情况，所以：

$$D_{yx}=\frac{N_s-N_d}{N_s+N_d+T_y}=\frac{4-3}{4+3+3}=+0.10$$

这个系数除了表示两个变量的关系是正相关外，也表示以容貌的等级高低来解释才能的等级高低，可以减除10%的误差。

## 三、肯德尔 tau 系数

肯德尔的 tau 系数可分三种形式，分别称为 tau－a、tau－b、tau－c，都适用于分析对称的关系。其基本逻辑是计算同序对数与异序对数之差在全部可能对数中所占的比例。

$$T_{tau\text{-}a}=\frac{N_s-N_d}{\frac{1}{2}n(n-1)} \tag{3-8}$$

$$T_{tau\text{-}b}=\frac{N_s-N_d}{\sqrt{\frac{1}{2}n(n-1)-T_x}\sqrt{\frac{1}{2}n(n-1)-T_y}} \tag{3-9}$$

$$T_{tau\text{-}c}=\frac{2m(N_s-N_d)}{n^2(m-1)} \tag{3-10}$$

公式 3－10 中，$m=\min$（r，c），r 为行，c 为列，其他符号的意义则与前面公式中的符号相同。

如何应用这三种相关系数呢？

（1）如果在两个变量上都没有同分对，则使用 tau－a，该系数值是－1～＋1。

（2）如果有同分对，且在交叉分组表行数与列数相同（即 r＝c）的情况下，可用 tau－b，其系数值是－1～＋1。

（3）tau－c 则不考虑是否有同分对，也不考虑行数与列数是否相等，其系数值在－1～＋1 之间。

tau－c 系数适合于社会科学研究，因为社会科学研究在对问卷进行设计时，不一定各个问题的选项都相同，在做交叉分析时，表的大小无一定规则，同时表中常有很多同分对。

**例 3－8**　分别用 tau－a、tau－b、tau－c 的方法，计算学生的体育成绩与音乐成绩的相关系数（见表 3－13）。

**表 3－13　某班学生的体育与音乐成绩**

| 学生编号 | 体育成绩 | 音乐成绩 |
|---|---|---|
| 1 | 50 | 12 |
| 2 | 48 | 10 |
| 3 | 30 | 40 |
| 4 | 47 | 13 |
| 5 | 20 | 50 |
| 6 | 25 | 45 |
| 7 | 40 | 20 |

将表 3－13 的数据代入公式 3－8、3－9、3－10，得到：

$$T_{tau\text{-}a}=T_{tau\text{-}b}=\frac{1-20}{21}\approx-0.90$$

$$T_{tau\text{-}c}=\frac{2\times 7(1-20)}{7^2(7-1)}\approx-0.90$$

计算结果表明，音乐成绩与体育成绩具有较高的负相关，表明音乐成绩好的同学，体育成绩一般不甚理想。

## 四、斯皮尔曼 rho 系数

**1. 概念及适用范围**

斯皮尔曼 rho 系数也称等级（秩）相关系数，适用于两个定序变量的相关测量，其特点是在计算每个个体在两个变量上的等级时，不仅要区别二者的高低差异，而且要计算二者差异的确切数值。

该方法的特点如下：（1）它是对称相关测量法，其统计值在－1～＋1 之间；（2）该值具有消减误差比例的意义；（3）两个总体的样本容量也不要求是大样本且不要求一定是正态分布。（4）尽管应用范围较广，但若用此方法研究两个定距变量的相关关系时，会损失很多信息。

**2. 斯皮尔曼 rho 系数的计算**

计算斯皮尔曼 rho 系数的公式为：

$$r_s=1-\frac{6\sum D^2}{n(n^2-1)} \tag{3-11}$$

其中，$r_s$表示等级相关系数，$D$ 表示两个变量每对数据等级（不是原始数据）之差，$n$ 表示样本的容量。

**例 3－9** 用斯皮尔曼 rho 系数评价 10 个镇的经济水平与卫生水平的相关情况，数据见表 3－14。

**表 3－14 10 个镇的经济水平与卫生水平**

| 镇名 | 经济 | 卫生 | D | D 平方 |
|---|---|---|---|---|
| A | 1 | 1 | 0 | 0 |
| B | 2 | 3 | －1 | 1 |
| C | 3 | 4 | －1 | 1 |
| D | 4 | 5 | －1 | 1 |
| E | 5 | 8 | －3 | 9 |
| F | 6 | 6.5 | －0.5 | 0.25 |
| G | 7 | 9.5 | －2.5 | 6.25 |
| H | 8.5 | 6.5 | 2 | 4 |
| I | 8.5 | 9.5 | －1 | 1 |
| J | 10 | 2 | 8 | 64 |

第一步，赋予等级。分别将两个变量的成绩从优到劣赋予等级，最优者赋予1，最劣者赋予10。

第二步，计算两个变量每对数据所赋予的等级数之差 $D$ 及差数的平方和。

第三步，将有关数据代入等级相关的计算公式，则：

$$r_s = 1 - \frac{6(87.5)}{10(10^2-1)} \approx 0.47$$

计算结果表明，以10个镇的经济发展水平去预测卫生水平，能够削减47%的误差。从斯皮尔曼rho系数上看，二者之间有较高的相关性。

# 第四节 两个定距变量的统计相关

如果所研究的变量都属于定距测量层次，则可以利用积距相关系数以自变量的数值预测或估计因变量的数值，也可以用简单线性回归分析法来测量两个变量的相关程度。

## 一、积距相关测量法

### (一) 概念

当两个变量都是正态连续变量，且两者均呈线性关系时，所计算的这两个变量之间的相关称为皮尔逊积距相关或积距相关。例如高考中理综成绩与数学成绩的关系，可用积距相关系数来表示它们的关系程度。

### (二) 使用条件

(1) 两个变量都是由测量获得的连续型数据，例如高考成绩。

(2) 两个变量的总体都呈正态分布或接近正态分布，至少是单峰对称的分布。

(3) 两个变量之间呈线性关系，这可由相关散点图的形状来决定。

所谓相关散点图就是在直角坐标系中，以横轴为 $X$，以纵轴为 $Y$，根据两个变量成对的数据（$X$，$Y$）描点，即构成相关散点图。散点图的形状有多种多样，当散点分布范围狭窄，且 $Y$ 随 $X$ 的增加而增加时，为高度正相关（见图3-1的C）；当散点分布范围狭窄，且 $Y$ 随 $X$ 的增加而减少时，为高度负相关（见图3-1的A）；若分布范围较宽，$Y$ 随 $X$ 的变化的趋势不是很明显，则为弱相关或不相关（见图3-1的B与D）。需要注意的是当散点图的趋势表现为线性关系时，才可计算积距相关系数。

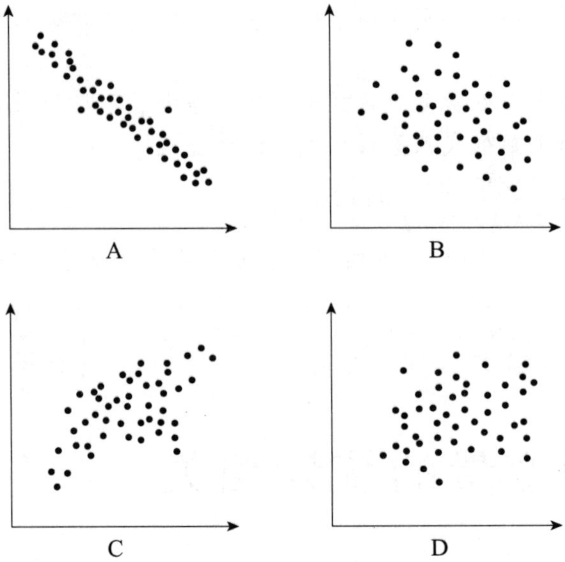


图 3-1 散点图

## (三) 积距相关系数的计算公式

计算公式如下：

$$r=\frac{\sum(X-\overline{X})(Y-\overline{Y})}{\sqrt{\sum(X-\overline{X})^2}\sqrt{\sum(Y-\overline{Y})^2}}$$

$$=\frac{n\sum XY-(\sum X)(\sum Y)}{\sqrt{n\sum X^2-(\sum X)^2}\sqrt{n\sum Y^2-(\sum Y)^2}} \qquad (3-12)$$

其中，分子为协方差，协方差是两个变量离差乘积之和除以 $n$ 计算得到的。协方差是积距相关系数的基础，它的离差乘积之和的大小能够反映两个变量之间的关系。由于协方差是带有量纲的绝对值，它不能与单位不同的资料进行比较。为了使协方差变成相对数，能够与不同单位的资料进行对比，可以将两个离差除以相应的标准差，使之变成两个标准分数，然后将两个标准分数的乘积之和除以 $n$，便为积距相关系数。

公式中的分母是两个变量的标准差的乘积。将分子分母同时除以 $n$，就得到以上积距相关系数的计算公式。积距相关系数 $r$ 的统计值范围由 $-1$ 至 $+1$，同时 $r$ 的平方值具有消减误差的意义。

**例 3-10** 以积距相关系数计算歌手比赛的唱歌得分 $X$ 和才艺得分 $Y$ 的相关性（见表 3-15）。

**表 3-15 歌手比赛的唱歌得分 $X$ 和才艺得分 $Y$ 的积距相关系数计算表**

| 序号 | $X$ | $Y$ | $X-\overline{X}$ | $Y-\overline{Y}$ | $(X-\overline{X})(Y-\overline{Y})$ | $(X-\overline{X})^2$ | $(Y-\overline{Y})^2$ |
|---|---|---|---|---|---|---|---|
| 1 | 74 | 76 | 3 | 3.7 | 11.1 | 9 | 13.69 |
| 2 | 71 | 75 | 0 | 2.7 | 0 | 0 | 7.29 |

续前表

| 序号 | $X$ | $Y$ | $X-\bar{X}$ | $Y-\bar{Y}$ | $(X-\bar{X})(Y-\bar{Y})$ | $(X-\bar{X})^2$ | $(Y-\bar{Y})^2$ |
|---|---|---|---|---|---|---|---|
| 3 | 72 | 71 | 1 | −1.3 | −1.3 | 1 | 1.69 |
| 4 | 68 | 70 | −3 | −2.3 | 6.9 | 9 | 5.29 |
| 5 | 76 | 76 | 5 | 3.7 | 18.5 | 25 | 13.69 |
| 6 | 73 | 79 | 2 | 6.7 | 13.4 | 4 | 44.89 |
| 7 | 67 | 65 | −4 | −7.3 | 29.2 | 16 | 53.29 |
| 8 | 70 | 77 | −1 | 4.7 | −4.7 | 1 | 22.09 |
| 9 | 65 | 62 | −6 | −10.3 | 61.8 | 36 | 106.09 |
| 10 | 74 | 72 | 3 | −0.3 | −0.9 | 9 | 0.09 |
|  | 710 | 723 |  |  | 134 | 110 | 268.10 |

$$r=\frac{\sum(X-\bar{X})(Y-\bar{Y})}{\sqrt{\sum(X-\bar{X})^2}\sqrt{\sum(Y-\bar{Y})^2}}=\frac{134}{\sqrt{110}\sqrt{268}}\approx 0.780$$

计算结果表明，歌手的唱歌成绩 $X$ 与才艺成绩 $Y$ 有较高的正相关，相关系数为 0.78，平方后计算得到的决定系数为 0.608 4。故用歌手的唱歌成绩去预测其才艺成绩能够削减 60.84%的误差。

## 二、简单线性回归分析

### （一）回归分析的概念

回归分析和相关分析一样，也是研究现象之间相关关系的一种方法。所谓回归分析，就是根据相关关系的具体形态，选择一个合适的数学模型，来近似地表达变量间的平均变化关系。

### （二）回归分析与相关分析的关系

回归分析与相关分析具有密切的联系，它们不仅具有共同的研究对象，而且在具体应用时常常互相补充。相关分析需要回归分析来表明现象数量相关的具体形式，而回归分析则需要依靠相关分析来表明现象数量变化的相关程度。只有当变量之间存在高度相关时，进行回归分析才有意义。正因为如此，回归分析在一些初级社会统计学书中被放置在相关分析法的章节内。

然而，回归分析与相关分析在研究目的和研究方法上是有明显区别的。相关分析研究变量之间相关的方向和相关的程度，但是相关分析不能指出变量间相互关系的具体形式，也无法从一个变量的变化来推测另一个变量的变化情况。而回归分析则是研究变量之间相互关系的具体形式，它对具有相关关系的变量之间的数量关系进行测定，确定一个反映相关的数学表达式，根据这个数学方程式可以从已知数量推测未知数量，从而为估计、解释和预测提供一个重要的方法。因此，相关分析可以不必确定哪个变量是自变量，哪个变量是因变量。而回归分析则必须事先研究确定具有相关关系的变量中哪个为自变量，哪个为因变量。

## （三）一元线性回归模型

进行回归分析通常要设定数学模型，在回归分析中，最简单的模型是只有一个自变量和一个因变量的线性回归模型。这类模型称作一元线性回归模型，又称简单线性回归模型。

一元线性回归分析就是建构一个直线方程式，以一个自变量（$X$）的数值来预测一个因变量（$Y$）的数值。这个方程式表示为：

$$\hat{Y}_i = \alpha + \beta X_i + \varepsilon_i \tag{3-13}$$

其中：$\hat{Y}_i$代表因变量的预测值；$\alpha$ 和 $\beta$ 是未知的参数，又叫回归系数；$\varepsilon_i$为误差项，它是一个特殊的随机变量，反映未列入方程式的其他各种因素对 Y 的影响。

如何理解以上模型呢？我们以凯恩斯的绝对收入假说进行解释（见图 3－2）。绝对收入假说有固定的数学符号：

$$c = a + by$$

其中：$c$ 代表消费支出；$y$ 代表可支配收入；$a$ 被称为基本消费需求，表示在收入为零时的基本消费支出，也可看作不受收入水平影响的消费支出；$b$ 是边际消费倾向，它表明收入每增加一个单位时，消费支出所增加的数量。

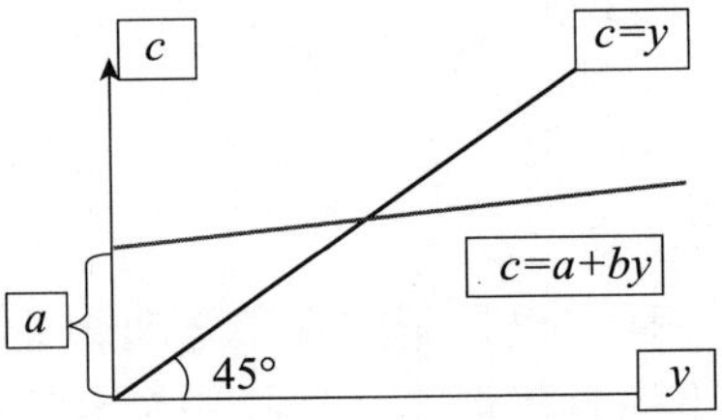


**图 3－2　绝对收入假说模型**

如何评价模型建构的好坏呢？要看实际值与模型估计值的差值大小。回归模型中因变量的实际值是 $Y_i$，因变量的预测值是$\hat{Y}_i$，则实际值与预测值的误差为$\varepsilon_i = Y_i - \hat{Y}_i$，$\varepsilon_i$表明平均来看，消费支出与可支配收入的关系可以用直线来反映，但由于每个家庭人口结构、消费习惯等因素的差异，这就会使他们的消费偏离这条直线。

将全部样本个案的各个$\varepsilon_i$相加起来就是误差总数，但这样做的结果会引起正负值相抵消的问题。为了克服“正负抵消”问题，我们将$\varepsilon_i$的平方值相加起来，作为衡量总偏差的尺度。在总偏差最小的情形下去估计模型中的参数，这就是所谓的“最小二乘法”。

$$Q = \sum \varepsilon_i = \sum (Y_i - \hat{Y}_i)^2 = \sum (Y_i - \alpha + \beta X_i)^2$$

很明显，残差平方和 Q 的大小将依赖于 $\alpha$ 和 $\beta$ 的取值，根据微积分中求极小值的原理，可知 Q 存在极小值，同时欲使 Q 达到最小，Q 对 $\alpha$ 和 $\beta$ 的偏导必须等于零。

将 Q 对 $\alpha$ 和 $\beta$ 求偏导，并令其等于零，可得：

$$-2\sum(Y_i-\alpha+\beta X_i)=0$$

$$-2X_i\sum(Y_i-\alpha+\beta X_i)=0$$

经过整理后有：

$$n\alpha+\beta\sum X_i=\sum Y_i$$

$$\alpha\sum X_i+\beta\sum X_i^2=\sum X_iY_i$$

以上两式是估计总体回归方程组或标准方程组，式中的 $n$ 是样本容量，求解这一方程可得：

$$\beta=\frac{n\sum X_iY_i-\sum X_i\sum Y_i}{n\sum X_i^2-(\sum X_i)^2} \tag{3-14}$$

$$\alpha=\overline{Y}-\beta\overline{X} \tag{3-15}$$

以上两式是估计总体回归系数 α 和 β 的公式，式中 $\overline{X}$ 和 $\overline{Y}$ 分别是 $X$ 和 $Y$ 的样本平均数。β 值称作回归系数，也是反映 $X$ 和 $Y$ 相关程度的重要指标，该系数的取值在（$-\infty$，$+\infty$）之间。

**例 3-11**　以回归分析法计算 15 个小时工一天收入与食品消费的相关性，见表 3-16。

**表 3-16　对 15 个小时工一天收入和食品消费的调查**

| 编号 | 收入 $X$ | 食品消费 $Y$ | $XY$ | $X_i^2$ | $Y_i^2$ |
|---|---|---|---|---|---|
| 1 | 102 | 27 | 2 754 | 10 404 | 729 |
| 2 | 96 | 26 | 2 496 | 9 216 | 676 |
| 3 | 97 | 25 | 2 425 | 9 409 | 625 |
| 4 | 102 | 28 | 2 856 | 10 404 | 784 |
| 5 | 91 | 27 | 2 457 | 8 281 | 729 |
| 6 | 158 | 36 | 5 688 | 24 964 | 1 296 |
| 7 | 54 | 19 | 1 026 | 2 916 | 361 |
| 8 | 83 | 26 | 2 158 | 6 889 | 676 |
| 9 | 123 | 31 | 3 813 | 15 129 | 961 |
| 10 | 106 | 31 | 3 286 | 11 236 | 961 |
| 11 | 129 | 34 | 4 386 | 16 641 | 1 156 |
| 12 | 138 | 38 | 5 244 | 19 044 | 1 444 |
| 13 | 81 | 27 | 2 187 | 6 561 | 729 |
| 14 | 92 | 28 | 2 576 | 8 464 | 784 |
| 15 | 64 | 20 | 1 280 | 4 096 | 400 |
| 合计 | 1 516 | 423 | 44 632 | 163 654 | 12 311 |

将表 3-16 的数据代入回归系数计算公式，得到：

$$\beta=\frac{15\times 44\ 632-1\ 516\times 423}{15\times 163\ 654-15\ 162^2}\approx 0.180\ 2$$

$$\alpha=423\div 15-0.180\ 2\times 1\ 516\div 15\approx 9.987\ 2$$

回归方程为：$\hat{Y}_i=\alpha+\beta X_i=9.9872+0.1802X_i$

上式中的回归系数 0.180 2 表示，小时工的收入每增加 1 元，食品支出会增加 0.180 2 元；截距项 9.987 8 表示即使在收入为 0 的情况下，一天的食品支出也需要 9.987 2 元。

# 第五节 定类或定序变量与定距变量的相关

## 一、相关比率测量法

相关比率（Eta）是测量一个定类或定序变量与一个定距变量相关关系的方法。其中定类或定序变量为自变量（X），定距变量为因变量（Y）。相关比率就是根据自变量的每一个值来预测或估计因变量的均值。Eta 系数值范围由 0 到 1，其平方值具有消减误差比例的意义。

$$E^2=\frac{\sum(Y-\bar{Y})^2-\sum(Y-\bar{Y}_i)^2}{\sum(Y-\bar{Y})^2}$$

$$=\frac{\sum n_i\bar{Y}_i^2-n\bar{Y}^2}{\sum Y^2-n\bar{Y}^2} \quad (3-16)$$

$\bar{Y}_i$为自变量 X 等于分类中的某一类时，因变量 Y 的平均值。$E^2$具有削减误差比例的意义。

## 二、定类变量与定距变量的相关

**例 3-12** 以相关比率 Eta 系数值计算学校类型与学生英语成绩的相关性，见表 3-17。

表 3-17 是研究 20 名中学生的学校类型（分为省会重点中学、省会普通中学和县城重点中学）与其英语能力（由 0 至 100 分）的关系。学校类型是自变量，属于定类测量层次，而英语能力是因变量，属于定距测量层次，故可用 Eta 统计量。

**表 3-17 不同类型中学的 20 名学生的英语成绩**

| 省会重点中学 | 省会普通中学 | 县城重点中学 |
|---|---|---|
| 78 | 52 | 83 |
| 82 | 59 | 75 |
| 91 | 73 | 82 |
| 90 | 61 | 78 |

续前表

| 省会重点中学 | 省会普通中学 | 县城重点中学 |
|---|---|---|
| 85<br>81<br>83 | 80<br>51<br>64<br>54 | 80 |
| $n_1=7$ | $n_2=8$ | $n_3=5$ |
| $\bar{Y}_1==84.29$ | $\bar{Y}_2=61.75$ | $\bar{Y}_3=79.60$ |
| $\sigma_1=4.40$ | $\sigma_2=9.64$ | $\sigma_3=2.87$ |

$$E^2=\frac{\sum(Y-\bar{Y})^2-\sum(Y-\bar{Y}_i)^2}{\sum(Y-\bar{Y})^2}$$

$$=\frac{\sum n_i\bar{Y}_i^2-n\bar{Y}^2}{\sum Y^2-n\bar{Y}^2}$$

$$=\frac{7\ (84.29)^2+8\ (61.75)^2+5\ (79.60)^2-20\ (74.1)^2}{112\ 834-20\ (74.1)^2}\approx 0.70$$

$$E=\sqrt{0.70}\approx 0.84$$

计算结果表明，学校类型与学生的英语成绩具有较强的相关性，相关系数为0.84，以学校类型解释学生的英语成绩能够削减70%的预测误差。

## 三、定序变量与定距变量的相关

相关比率法也能够用于定序变量与定距变量的相关系数的计算，只需将定序变量降低层次，看作定类变量，便可计算其Eta系数。

**例3-13** 以相关比率Eta系数值计算学生居住地距学校远近与学生英语成绩的相关性，见表3-18。

**表3-18 学生居住地距学校远近与英语成绩**

| 距学校近的成绩 | 距学校远的成绩 |
|---|---|
| 82 | 78 |
| 91 | 90 |
| 85 | 81 |
| 83 | 52 |
| 59 | 73 |
| 80 | 61 |
| 64 | 51 |
| 54 | 83 |
| 82 | 75 |
| 78 | 80 |
| $n_1=10$ | $n_2=10$ |
| $\bar{Y}_1=75.8$ | $\bar{Y}_2=72.4$ |

按 20 名学生距离学校远近划分的等级是定序变量，英语成绩是定距变量，我们可以用相关比率系数计算二者的相关关系。

$$\sum Y^2 = 82^2 + 91^2 + \cdots + 80^2 = 112\ 834$$

$$E^2 = \frac{10\,(75.8)^2 + 10\,(72.4)^2 - 20\,(74.1)^2}{112\ 834 - 20\,(74.1)^2} \approx 0.02$$

$$E = \sqrt{0.02} \approx 0.14$$

计算结果表明，距学校较近的同学的平均英语成绩为 75.8，距离学校较远的学生的平均成绩为 72.4，二者并不存在大的差异。通过相关比率 Eta 系数值计算发现，以家庭距学校远近来预测或估计学生的英语成绩，只能削减 2% 的误差。

# 第六节 偏相关系数

## 一、偏相关系数的概念

在其他变量被固定后，给定的任意两个变量之间的相关系数，叫偏相关系数。

偏相关系数不同于前面介绍的单相关系数。单相关系数的计算，只需要掌握两个变量的观测数据，并不考虑其他变量对这两个变量可能产生的影响。而在计算偏相关系数时，需要掌握多个变量的数据，一方面考虑多个变量相互之间可能产生的影响，一方面采用一定的方法控制其他变量，专门考察两个特定变量的净相关关系。单相关系数受其他因素的影响，反映的往往是表面的非本质的联系，而偏相关系数则较能说明现象之间真实的联系。

## 二、计算公式

假定我们所研究的两个变量是 $X$ 与 $Y$，如果控制一个变量 $W$，则偏相关系数的计算公式如下：

$$r_{xy.1} = \frac{r_{xy} - (r_{x1})(r_{y1})}{\sqrt{1-(r_{x1})^2}\sqrt{1-(r_{y1})^2}} \tag{3-17}$$

$$r_{xy.12} = \frac{r_{xy.1} - (r_{x2.1})(r_{y2.1})}{\sqrt{1-(r_{x2.1})^2}\sqrt{1-(r_{y2.1})^2}} \tag{3-18}$$

$$r_{xy.123} = \frac{r_{xy.12} - (r_{x3.12})(r_{y3.12})}{\sqrt{1-(r_{x3.12})^2}\sqrt{1-(r_{y3.12})^2}} \tag{3-19}$$

公式 3－17 左边的符号表示在控制 $W$ 变量以后，$X$ 与 $Y$ 的净相关（下标中的小点表示控制），而公式 3－17 右边的各个 $r$ 就是两个变量之间的积矩相关。分子中的第一项表示 $X$ 与 $Y$ 的相关程度，第二项分别表示 $X$、$Y$ 与控制变量之间的相关关系。公式 3－18、3－19 表示同时控制两个或两个以上的第三变量，$X$ 与 $Y$ 的净相关。

偏相关系数属于对称相关测量法的一种，它要求变量间是直线关系，且所有变量都必须是定距变量。

**例 3－14**　在控制距离城市远近的条件下，以偏相关系数计算乡镇的工业化程度与人均耕地面积的相关性，见表 3－19。

**表 3－19　乡镇的工业化程度与人均耕地面积和距离城市远近**

| 村编号 | 工业增加值比重（%） | 人均耕地面积（亩） | 离城距离 |
|---|---|---|---|
| 1 | 17.5 | 0.75 | 2.5 |
| 2 | 9.1 | 1.24 | 2.7 |
| 3 | 8.9 | 1.25 | 4.9 |
| 4 | 7.8 | 1.15 | 4.0 |
| 5 | 7.8 | 1.05 | 0.7 |
| 6 | 7.8 | 0.69 | 2.8 |
| 7 | 7.4 | 1.21 | 3.4 |
| 8 | 7.1 | 1.02 | 4.3 |
| 9 | 6.5 | 1.15 | 1.8 |
| 10 | 6.2 | 1.03 | 1.0 |
| 11 | 5.8 | 1.54 | 10.8 |
| 12 | 4.9 | 1.02 | 1.5 |
| 13 | 4.6 | 1.48 | 7.3 |
| 14 | 4.3 | 1.24 | 6.3 |
| 15 | 3.9 | 1.32 | 7.8 |
| 16 | 3.9 | 1.36 | 13.2 |
| 17 | 3.8 | 1.37 | 4.5 |
| 18 | 3.1 | 1.30 | 7.2 |
| 19 | 2.8 | 0.99 | 4.0 |
| 20 | 2.7 | 1.21 | 3.4 |
| 21 | 2.3 | 1.07 | 4.3 |
| 22 | 2.3 | 1.22 | 7.2 |
| 23 | 2.2 | 1.34 | 7.2 |
| 24 | 1.8 | 1.45 | 6.0 |
| 25 | 1.0 | 1.56 | 5.7 |
| 26 | 0.8 | 1.39 | 10.4 |
| 27 | 0.5 | 1.44 | 7.2 |

从理论上讲，乡镇的工业化程度与耕地面积有较强的负相关性。如果乡镇中人均耕地面积多，就没有迫切的需要和剩余的人力来发展工业；相反，如果地少

人多，就具有发展工业的迫切性与可能性。二者的相关关系为—0.64，能够验证理论。

如果考虑到乡镇距城市距离远近这个因素，上述关系还存在吗？离城市越近的乡镇，在信息与市场等要素方面更具发展工业的条件。因此需要对距城市远近加以控制，作为进一步考察工业化程度与人均耕地面积的前提条件。计算得到偏相关系数为—0.47。这个数与原相关系数比较，明显地减弱了。这说明人均耕地面积与工业化的关系，部分需要由离城市远近来解释。

## 三、其他变量层次的偏相关测量法

如果是定类变量，则需要用偏 Lambda 或净 tau - y 系数来测量。该种方法就是依据控制变量的值对样本进行分组，然后计算各个分组的系数值的加权平均数。通常是以每组的个案数目与全部样本个案数目的比例作为权数。

**例 3 - 15** 在控制收入因素的条件下，计算性别与投票之间的关系，见表 3 - 20。

**表 3 - 20 控制收入因素时性别与投票之间的关系**

| | 收入=贫穷 | | | 收入=富裕 | | |
|---|---|---|---|---|---|---|
| | 女性 | 男性 | 合计 | 女性 | 男性 | 合计 |
| 民主党 | 153 | 24 | 177 | 52 | 94 | 146 |
| 共和党 | 44 | 7 | 51 | 123 | 223 | 346 |
| 合计 | 197 | 31 | 228 | 175 | 317 | 492 |
| | λ=0 | | | λ=0 | | |
| 控制收入因素时，性别与投票之间的平均 λ=0 | | | | | | |

控制收入等级变量，计算性别与投票的相关关系属于两个定类变量的相关，应该使用 Lambda 相关测量法。收入为贫穷和为富裕时的众数均集中在同一行，因而 Lambda 分别均为 0，再分别以收入为贫穷的人数比例和收入为富裕的人数比例为权重，计算加权 Lambda 系数，得到加权的 Lambda 系数仍然为 0。

**例 3 - 16** 在控制性别因素的条件下，计算收入与投票之间的关系，见表 3 - 21。

**表 3 - 21 控制性别因素时收入与投票之间的关系**

| | 性别=女性 | | | 性别=男性 | | |
|---|---|---|---|---|---|---|
| | 贫穷 | 富裕 | 总计 | 贫穷 | 富裕 | 总计 |
| 民主党 | 153 | 52 | 205 | 24 | 94 | 118 |
| 共和党 | 44 | 123 | 167 | 7 | 223 | 230 |
| 合计 | 197 | 175 | 372 | 31 | 317 | 348 |
| | λ=0.43 | | | λ=0.14 | | |
| 控制性别因素时，收入与投票之间的平均 λ=0.29 | | | | | | |

控制性别变量，计算收入等级与投票的相关关系属于两个定类变量的相关，应该使用 Lambda 相关测量法，性别为女性时收入等级与投票行为的 Lambda 相关系数为 0.43，性别为男性时收入等级与投票行为的 Lambda 相关系数为 0.14，再分别以男性人数的比例和女性人数的比例为权重，计算加权 Lambda 系数，为 0.29。

## 四、虚假相关

两个变量之间具有较高的相关性，还需要结合理论和经验讨论这个相关的可靠性。如果再引入一个变量作为控制变量，前两个变量的相关性明显减弱了或者变得不再相关了，就要考虑原来的相关是否存在虚假相关。

虚假相关会给决策带来影响。例如有人发现冰激凌的销售越多，儿童的车祸率就越高，那么应该禁止冰激凌销售吗？进一步的研究发现这两个变量都受天气的影响，当天气炎热时正值暑假，儿童外出玩耍增多，儿童车祸率就有所升高。而当天气炎热时，冰激凌销售自然增多。因此，冰激凌销售与儿童车祸毫无关系。

因此控制变量的选择不是由统计方法决定的，而是由研究者依据理论和经验来决定的。所选择的控制变量是否合理，关系到能否对原有关系的真假做出判断。当然如果两个变量在原先的交互表中表现出相关，即使引入第三个变量后原先的相关依然存在，则也不能证明原来的相关是真实的，至多只能证明原来的相关可能是真实的，因为有可能是研究者选择了一个不适当的控制变量。

虚假相关的另一种情形是辛普森悖论。辛普森悖论是指分组数据具有较强的相关性，但数据汇总后，相关性却出现了逆转。例如，美国某大学的两个学院法学院和商学院，新学期招生后，有人分别对这两个学院的男女生录取情况进行统计，结果见表 3－22 至表 3－24：

**表 3－22　法学院男女生录取情况**

| 性别 | 录取 | 拒收 | 总数 | 录取率% |
|---|---|---|---|---|
| 男生 | 8 | 45 | 53 | 15.1 |
| 女生 | 51 | 101 | 152 | 33.6 |

**表 3－23　商学院男女生录取情况**

| 性别 | 录取 | 拒收 | 总数 | 录取率% |
|---|---|---|---|---|
| 男生 | 201 | 50 | 251 | 80.1 |
| 女生 | 92 | 9 | 101 | 91.1 |

从表 3－22 至表 3－24 中可以看出，女生在这两个学院的录取率都远高于男生，因此许多未被录取的男生指责校方在学生录取上存在性别歧视。然而当校方将两个学院录取数据汇总后，得到的结果却是男生的录取率显著高于女生。

表 3-24 两个学院男女生录取情况汇总

| 性别 | 录取 | 拒收 | 总数 | 录取率% |
|---|---|---|---|---|
| 男生 | 209 | 95 | 304 | 68.8 |
| 女生 | 143 | 110 | 253 | 56.5 |

汇总后的结果令人诧异，为什么会出现在每个学院的女生录取率都比较高的情况下，总体女生的录取率反而会下降呢？到底性别和录取率有无关系？

1951 年，英国统计学家辛普森（Edward H. Simpson）发表论文对这个现象进行解释，后来人们将这类现象称为“辛普森悖论”。辛普森悖论的基本内容是说，分层组数据表现的相关性与整体数据表现的相关性可能存在截然相反的方向。

辛普森悖论的数学原理表示为，当分数$\frac{b}{a}>\frac{f}{e}$，$\frac{d}{c}>\frac{h}{g}$时，$\frac{b+d}{a+c}$不一定大于$\frac{f+h}{e+g}$。

在这个例子中，导致辛普森悖论的前提有两个：

（1）在以法学院和商学院所划分的两个分组中，两者的申请人数和录取率相差都很大，法学院的申请人数为 205 人，商学院的申请人数为 352 人，前者的录取率为 28.8%，后者的录取率为 83.2%。两个学院男女申请的比重相差很大，女生偏爱申请法学院，而男生偏爱申请商学院。录取率低的法学院，男生申请的少，录取的也少；而录取率高的商学院，女生申请的少，不录取的也少。因而，在分组的录取率统计中，女生的录取比例高于男生。

（2）性别并非决定录取率高低的因素，发生在两个学院之间男女生录取率的差异可能是随机事件，有可能是根据学生的入学成绩录取的，因此片面地认为这是性别差异造成的可能是误解。

为了避免出现辛普森悖论，需要斟酌分组的权重，并配以一定的系数去消除因分组基数的差异所产生的影响，同时还必须从理论上探讨是否存在其他潜在的重要因素。辛普森悖论的重要性在于它揭示了我们所看到的数据并非真实的全貌，在数据分析时，不能满足于数字或图表，还需要知道整个数据的生成过程和因果关系。一旦理解了数据产生的机制，就能够从图表之外的角度来考虑变量的关系，找到重要的影响因素。因果关系的思考模式对于大数据时代的研究至关重要，因为它能防范从数据中得出错误结论。因此对于研究者来说，除了了解统计方法外，还需要加强理论训练和实际经验的培养，以指导更加科学的决策。

# 本章小结、软件操作与思考练习

## 一、本章小结

1. 本章介绍了描述和分析两个变量分布状况的各种方法，包括交互分组和列联表的描述，以及对于条件次数和条件百分比、边缘次数和边缘次数百分比的描述和分析方法。

2. 本章着重介绍了相关测量法的计算，在选择相关测量法时，首先要明确变量的测量层次，其次要考虑变量的对称与否，另外对于是否具有削减误差的意义也是选择相关测量法的重要依据。

3. 在社会科学研究中，应用较为广泛的方法如下：

（1）Lambda 相关测量法。Lambda 相关测量法的基本逻辑是以一个定类变量来解释另一个定类变量时，以众数作为解释的标准，可以减除多少误差。如果两个变量是非对称关系，要适应 Lambda－Y 相关测量法。

（2）tau－y 相关测量法。tau－y 系数是属于不对称相关测量法，要求两个定类变量中有一个是自变量（X），另一个是因变量（Y）。该方法与 Lambda 不同在于计算系数时包括所有的边缘次数和条件次数。

（3）Gamma 相关测量法。Gamma 相关系数适用于两个定序变量的相关测量，其特点是在计算每个个体在两个变量上的等级时，要区别二者的同序与异序。如果两个变量以同序对为主，则表示两个变量呈正相关关系；反之，如果两个变量是以异序对为主，则表示两个变量呈负相关关系。同序对与异序对数量之差，反映了等级相关的程度。

（4）斯皮尔曼 rho 系数。斯皮尔曼 rho 系数也称等级（秩）相关系数，适用于两个定序变量的相关测量，其特点是在计算每个个体在两个变量上的等级时，不仅要区别二者的高低差异，而且要计算二者差异的确切数值。

（5）皮尔逊积距相关。当两个变量都是连续变量，且两者均呈线性关系时，所计算的这两个变量之间的相关称为皮尔逊积距相关或积距相关。

（6）回归系数。所谓回归分析，就是根据一个合适的数学模型，通过回归系数来近似地表达变量间的平均变化关系，关系的大小由回归系数来反映。

（7）相关比率测量法。相关比率 Eta 是测量一个定类或定序变量与一个定距变量相关关系的方法。相关比率是根据自变量的每一个值来预测或估计因变量的均值。Eta 系数值范围由 0 到 1，其平方值具有消减误差比例的意义。

## 二、推荐阅读书目

德沃，威勒曼，博克．统计学：数据与模型：第 3 版．北京：中国人民大学出版社，2016.

李沛良．社会研究的统计应用．北京：社会科学文献出版社，2001.

柯惠新，沈浩．调查研究中的统计分析法：基础篇．3 版．北京：中国传媒大学出版社，2015.

翁定军．社会统计．上海：上海大学出版社，2006.

朱莹．统计中的智慧．上海：复旦大学出版社，2014.

## 三、SPSS 统计软件操作

### （一）列联表的操作

点击 Analyze 下的 Descriptive Statistics，点击 Crosstabs，弹出交叉分类表

的窗口，将要研究的两个变量分别送入右边的 Row（s）和 Column（s）中，根据希望输出是行频率、列频率还是总频率进行选择。

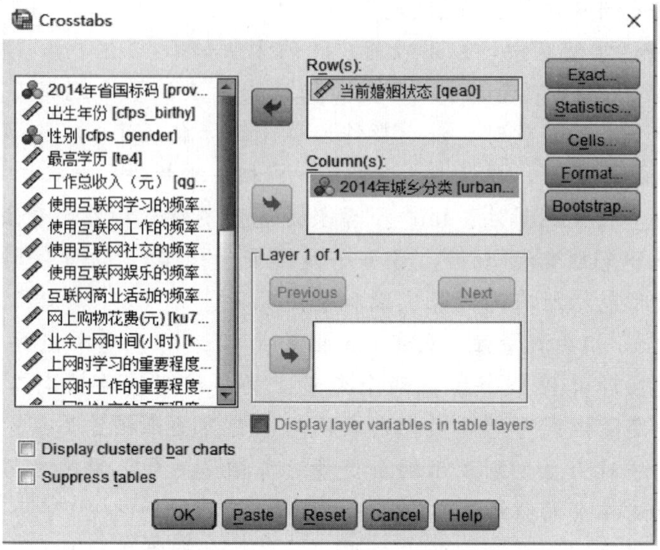


若希望增加控制变量后的列联表，则可在 Crosstabs 窗口将两个交互变量分别送入右边的 Row（s）和 Column（s）中，还要将控制变量送入 Layer 1 of 1 中，然后点击 OK 即可。

（二）定类或定序变量相关系数测量法的操作

在 Crosstabs 窗口下，点击下端的 Statistics 可得到相关系数的选择框，框中有三个象限是计算相关系数的，第一象限是定类变量相关的诸多选项，第二象限是定序变量的诸多选项，第三象限是定类与定距变量相关的 Eta 选项，可根据变量的类型在三个象限中选择相关系数进行计算。

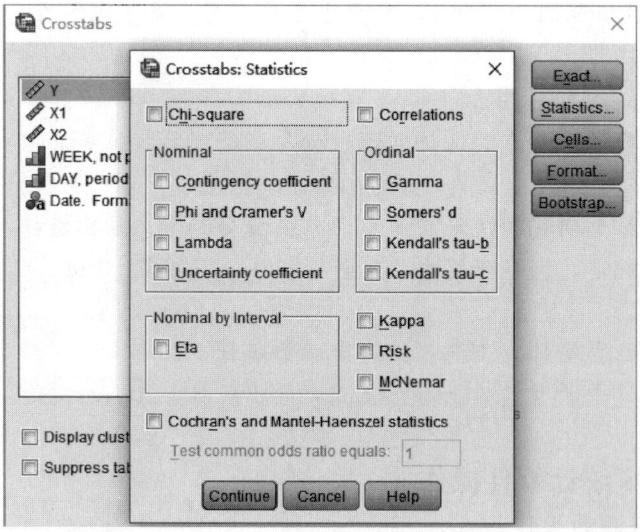

（三）定距变量相关测量法的操作

点击 Analyze 下的 Correlate，选择 Bivariate，在弹出的相关窗口中选择要研究的两个变量，然后点击源变量右侧的箭头，将两个变量一起选入右边的 Variables 框中。在 Correlation Coefficients 列表框中确定相关分析的类别：若选择 Spearman，则可求出 Spearman 等级相关系数；若选择 Kendall's tau－b，则可求出 Kendall's tau－b 系数；若选择 Pearson，则可得到 Pearson 相关系数。

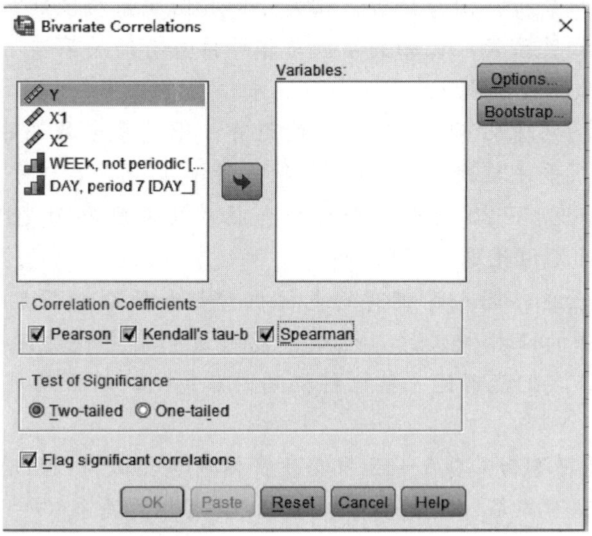


（四）偏相关测量法的操作

点击 Analyze 下的 Correlates，选择 Partial，在弹出的相关窗口中选择左边源变量框中希望计算相关系数的两个变量送入右边的 Variables 框中。再将控制变量送入下面的 Controlling for 选项框中，Controlling for 指的是控制变量，若在该框中放入一个变量则得到一阶偏相关，放入两个变量则得到二阶偏相关，以此类推，点击 OK，得到偏相关系数的输出结果。

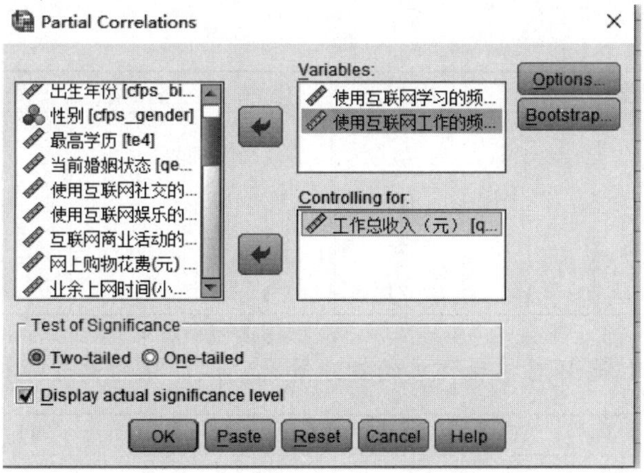

## 四、思考与练习

(一) 思考题

1. 什么是相关关系,相关关系与函数关系有何区别?

2. 试比较单相关和偏相关。

3. 什么是 Lambda 相关和 Gamma 相关?试述二者的应用条件。

4. 什么是 rho 相关系数?rho 相关系数与积距相关系数有何区别?

5. 什么是回归分析?回归分析与相关分析有何联系与区别?

6. 什么是偏相关系数?偏相关系数与相关系数有何关系?

7. 试举例讨论辛普森悖论。

8. 进行 100 场网球比赛以总胜率评价好坏,甲选手专找高手挑战 20 场而胜 1 场,另外 80 场找平手挑战而胜 40 场,结果胜率 41%,乙选手则专挑高手挑战 80 场而胜 8 场,而剩下 20 场与平手打个全胜,结果胜率为 28%。问谁更有实力?试用辛普森悖论讨论这一问题。

9. 统计一下世界各国人均拥有的电视机台数和民众的预期寿命,你会发现二者之间存在很强的正相关关系,这是否能够说明看电视会延长人们的预期寿命?如果是这样,我们能否运一些电视机到博兹瓦纳,以帮助延长那里的民众预期寿命?

10. 一项对美籍墨西哥裔 9~12 岁女童身体质量指数(BMI)的研究显示,女童的 BMI 指数与体育锻炼、饮食和看电视之间具有相关关系($r=-0.18$),而较强的相关关系存在于女童和母亲的 BMI 之间,能否认为女童的肥胖症来自遗传?

(二) 练习题

1. 求 11 个初中生在一年级与二年级的几何成绩的积距相关。

| | | | | | | | | | | | |
|---|---|---|---|---|---|---|---|---|---|---|---|
| 初一 | 89 | 75 | 77 | 73 | 68 | 78 | 81 | 90 | 70 | 74 | 79 |
| 初二 | 92 | 82 | 76 | 78 | 70 | 84 | 83 | 85 | 75 | 80 | 77 |

2. 婚姻状况与幸福感得分如下表,试制成列联表,计算婚否与幸福感相关系数。

| 婚否 | 幸福感 | 婚否 | 幸福感 | 婚否 | 幸福感 | 婚否 | 幸福感 |
|---|---|---|---|---|---|---|---|
| 1 | 72 | 1 | 70 | 0 | 77 | 1 | 66 |
| 0 | 81 | 0 | 78 | 0 | 82 | 1 | 72 |
| 0 | 64 | 1 | 83 | 1 | 80 | 1 | 67 |
| 0 | 93 | 1 | 79 | 1 | 76 | 1 | 74 |
| 0 | 67 | 1 | 71 | 1 | 58 | 0 | 78 |

3. 以下是两位老师对学生作文的打分情况,试计算两位老师打分的相关程度。

| 学生 | A | B | C | D | E | F | G | H | I | J |
|---|---|---|---|---|---|---|---|---|---|---|
| 老师 1 | 1 | 2 | 4 | 3 | 5 | 8 | 7 | 6 | 9 | 10 |
| 老师 2 | 1 | 2 | 3 | 4 | 5 | 6 | 8 | 7 | 9 | 10 |

4. 以下是对老年人网络购物状况的调查，问老年人网络购物是否存在性别差异？

| | 女 | 男 |
|---|---|---|
| 经常 | 46 | 20 |
| 偶尔 | 10 | 18 |
| 从不 | 30 | 50 |

5. 学生“风险偏好”得分和“风险防范”得分的数据如下，试计算 rho 系数。

| 学生 | A | B | C | D | E | F | G | H | I |
|---|---|---|---|---|---|---|---|---|---|
| 风险偏好 | 100 | 95 | 80 | 83 | 70 | 40 | 30 | 20 | 10 |
| 风险防范 | 10 | 20 | 30 | 35 | 40 | 45 | 50 | 60 | 70 |

6. 调查 500 名教育程度代际流动的情况，计算 Gamma 相关系数。

| 父辈文化程度 | | 大学 | 中学 | 小学 |
|---|---|---|---|---|
| 子辈文化程度 | 大学 | 118 | 37 | 15 |
| | 中学 | 18 | 130 | 32 |
| | 小学 | 9 | 43 | 98 |

7. 某制药厂研制出一种新药，为了检验新药是否有效，研究者抽取了 140 名相关患者进行试验。在试验中，他们将患者分成试验组和对照组，给试验组患者服用新药，给对照组患者服用不含任何药物的药片。试验结果表明，服用新药的试验组患者的成功率高于服用安慰剂的对照组，即新药确有一定的疗效。为了慎重起见，研究者选取更多的患者重复进行了第二次试验，得到的结果是，服用新药的患者的成功率又一次超过了对照组的患者，研究人员确认他们研制的新药是有效的，于是决定批量生产该新药。

**两次新药的试验结果**

| | 第一次试验结果 | | | 第二次试验结果 | | |
|---|---|---|---|---|---|---|
| | 试验次数 | 成功次数 | 成功率% | 试验次数 | 成功次数 | 成功率 |
| 试验组 | 100 | 65 | 65 | 200 | 180 | 90 |
| 对照组 | 40 | 24 | 60 | 500 | 430 | 86 |

根据两次试验结果做出批量生产新药的决策是否科学，原因是什么？试用辛普森悖论讨论这一问题。

# 第四章

# 时间序列数据描述

统计数据的描述往往是根据数据的特点展开的，其中根据数据的截面和时间序列特点来划分数据类型进行描述分析也是统计描述的重要内容。在第二章和第三章我们介绍了横截面数据（cross section）的变量描述方法，这类数据和时间关系不大，描述方法是针对一次调查数据的集中趋势、离散趋势、相关关系等进行的。然而对于社会科学来说，许多现象会经常随着时间的变化而变化，呈现动态发展特征，称为纵向数据（time series）。统计学对社会科学现象的研究，不仅需要从静态上解释其在具体时间、地点、条件下的数量特征和数量关系，而且需要从动态上反映其变化过程及规律性。统计学对社会科学现象进行动态研究的基本方法是编制时间序列，在此基础上进行时间序列的趋势描述，包括社会科学现象的总量变动、水平变动、结构变动等，并对变动速度进行分析。

## 第一节 时间序列的概念与分类

### 一、时间序列的概念

反映社会经济现象的数据大部分是按时间顺序记录下来的，时间序列是指将某一指标在各个不同时间上的数值按时间先后顺序编制所形成的序列，因而时间序列也称动态数列。例如：2000 年 1 月—2018 年 1 月的工业增加值，2000—2018 年中央政府对社会建设的投入，2000—2018 年加入工会人数和全国人民代表大会代表人数，某只股票在一个交易日内的价格序时变动状况。

时间序列有两个构成要素：一个是研究现象所属的时间，另一个是反映该现象一定时间条件下数量特征的指标值。时间可以分为年度、季度、月度、日、时等，因此时间序列也可称为年度时间序列、季度时间序列、月度时间序列等。

时间序列分析的内容包括：

第一，计算各种水平指标和速度指标，考察社会经济现象发展变化的方向、速度与结果，并进行动态比较。

第二，用于建立数学模型，描述社会经济现象发展变化的特征与趋势，揭示其变动的规律性，对未来的发展变化进行预测。

第三，将多个变量的时间序列列入一个模型中进行分析，以揭示现象之间的因果关系或相关关系，同时对这种因果关系或相关关系的动态演变进行揭示和刻画。

## 二、时间序列的种类

时间序列按照反映社会现象的指标的特征，分为绝对数时间序列、相对数时间序列和平均数时间序列三种类型。

### (一) 绝对数时间序列

统计指标表现为总量水平，依据指标值的时间特点，又可分为时期序列和时点序列。

**1. 时期序列**

时期序列是指反映某些社会现象的指标值在一段时期内的发展结果，具有累加性。累加性是指标值大小与时间长短有直接关系，表现为在一段时期内的过程总量，如各季度 GDP 的累加为年度 GDP。由于时期序列的累加性，因而每一指标所属的时间越长，指标值越大；反之，指标值则越小。这也要求指标值的获取采用连续登记的方式。图 4-1 每年水泥生产量就是月度生产量的累加结果。

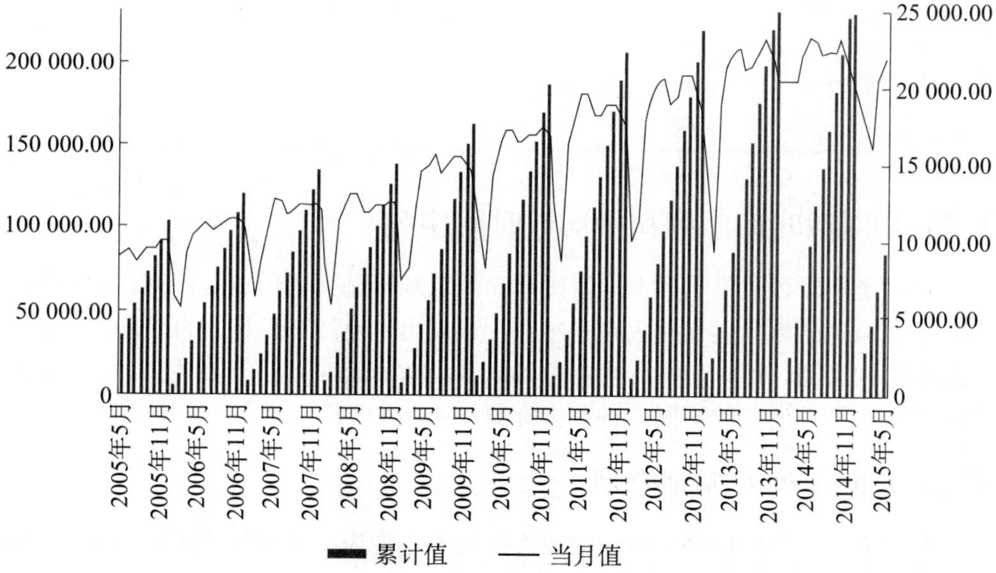


图 4-1　2005 年 5 月至 2015 年 5 月的水泥产量

**2. 时点序列**

时点序列反映社会现象在一定时点上的瞬间水平，如年末人口数、全国人民代表大会代表人数。时点数据的采集是以间断登记获得的，依照时点序列的性质，只要在某一时点进行统计，取得的资料就代表现象在该时点上的数量水平。因而时点序列的具体特征是不具累加性，各时点上指标大小与时间长短没有直接关系。

表 4-1 是自 1954 年以来历届全国人民代表大会代表人数的时间序列数据。数据显示，1978 年的第五届人民代表大会代表总数最多，为 3 497 人，其次是 1964 年的第三届为 3 040 人，之后有所下降；少数民族代表最多的年份是 1988 年的第七届，之后略有下降。因此该指标是时点数据，每一届代表人数的多少与时间长短没有直接关系。

**表 4-1 1954—2013 年历届全国人民代表大会代表人数**

| 届别 | 年份 | 代表总数 | | | 占代表总数比重（%） | |
|---|---|---|---|---|---|---|
| | | | #女代表 | #少数民族代表 | 女代表 | 少数民族代表 |
| 一届 | 1954 | 1 226 | 147 | 177 | 12.0 | 14.4 |
| 二届 | 1959 | 1 226 | 150 | 180 | 12.2 | 14.7 |
| 三届 | 1964 | 3 040 | 542 | 373 | 17.8 | 12.3 |
| 四届 | 1975 | 2 885 | 653 | 270 | 22.6 | 9.4 |
| 五届 | 1978 | 3 497 | 740 | 381 | 21.2 | 10.9 |
| 六届 | 1983 | 2 978 | 632 | 404 | 21.2 | 13.6 |
| 七届 | 1988 | 2 970 | 634 | 445 | 21.3 | 15.0 |
| 八届 | 1993 | 2 978 | 626 | 439 | 21.0 | 14.7 |
| 九届 | 1998 | 2 979 | 650 | 428 | 21.8 | 14.4 |
| 十届 | 2003 | 2 984 | 604 | 415 | 20.2 | 13.9 |
| 十一届 | 2008 | 2 987 | 637 | 411 | 21.3 | 13.8 |
| 十二届 | 2013 | 2 987 | 699 | 409 | 23.4 | 13.7 |

## (二) 相对数时间序列和平均数时间序列

由同类相对数或平均数指标值按时间先后顺序排列后形成的序列，如城镇人口比重（城镇化率）是相对数时间序列，人口出生率、死亡率、自然增长率也是相对数时间序列，而人均国内生产总值是平均数时间序列。需要注意的是，由于相对数和平均数的基数不同，各期指标值不能相加。

## (三) 时间序列的编制原则

研究者在编制时间序列时，需要遵循的基本原则是可比性原则，即不同时间上的指标值可以相互比较（见图 4-2），只有如此，才能反映出社会现象的真实变化过程和变化规律。可比性原则的具体要求表现为以下方面。

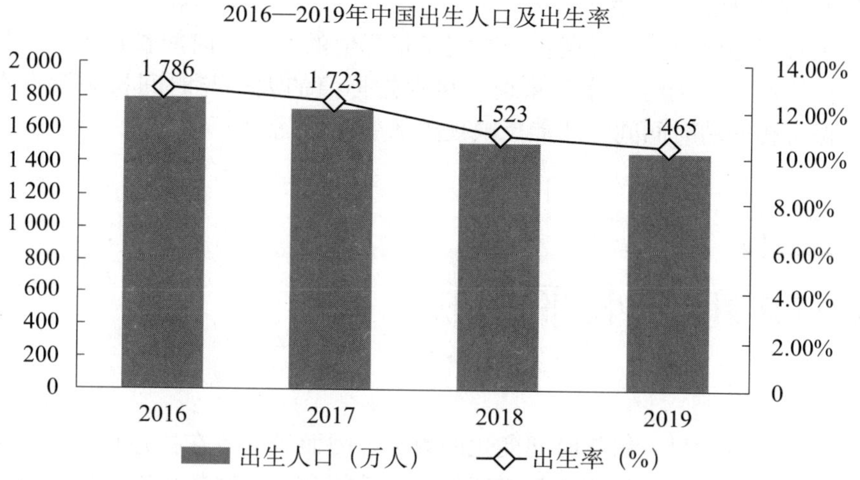


**图 4-2　2016—2019 年中国出生人口及出生率**

**1. 总体范围的一致性**

无论是时期序列还是时点序列，指标值的大小都与现象的总体范围有关系。例如地理范围或行政部门的一致性问题，在社会经济发展过程中，所要研究问题的总体范围可能会发生变化，地区的行政区划或行业部门隶属关系发生变更，在变化发生前后，指标的计算范围不同，指标值不能直接对比。只有进行了相应的调整，使得时间序列保持了总体范围的一致性，进行动态比较才有意义。

**2. 指标内容的一致性**

指标的内容是由其理论内涵决定的，随着社会经济条件的变化，同一名称的指标，其内容可能会发生变化。例如城镇化，过去是以人口的户口所在地来定义城镇人口的，因而城镇人口与总人口相比计算的城镇化率较低，而现在是以人口在城镇所停留的时间来定义城镇人口的，停留半年以上者为城镇人口，以此计算城镇化，无疑城镇化率上升很快。再如，对消费的定义，城镇是以支出反映消费的，而农村的消费除支出外，还应包括自产自用部分。因此直接以支出代替消费进行城乡比较的时候，往往低估了农村居民的消费水平。

**3. 计算方法的一致性**

即使指标名称和内容相同、总体范围相同，但由于计算方法不同也会带来时间序列上数据的不可比。例如，GDP 以生产法、支出法和分配法计算的结果是不一致的。在同一时间序列中，计算方法应该统一。

**4. 计算价格和计算单位的一致性**

统计指标的计算单位应该一致，然而对于价值量指标，尽管单位一致，例如以元或某种货币计算的价值量，还需要保证计算价格的一致性。价格有现行价格和不变价格之分，编制时间序列需要用不变价来进行调整，没有不变价则需要研究者编制不变价格指数，使统计指标前后价格统一，以观察生产或服务的实际变化。在国际比较和地区比较时，也需要注意价格的统一和可比性问题。

**5. 时间长度的一致性**

对于时期序列来说，时期长短决定了指标值的大小，时间长短不一，指标值就不具可比性；对于时点序列来说，尽管指标值的大小与时间长短没有直接关系，但保持相同的时间间隔才能反映现象的变化状况。

# 第二节 时间序列的水平指标

时间序列数据是一组随时间变化的数据，因而研究者在描述该组数据时，除了要描述数据的变化趋势或变化速度外，也希望观察这组数据在一定时期内的集中程度，反映这组数据在一定时期内的平均水平。本节介绍时间序列平均水平的描述方法。

## 一、序时平均数

序时平均数也称动态平均数或平均发展水平，是对时间序列中各时期发展水平计算的平均数。计算序时平均数包括两种情形：一是由时期序列计算序时平均数；二是由时点序列计算序时平均数。

### (一) 时期序列的序时平均数

时期序列具有可加性，因而常用简单算术平均法计算：

$$\bar{y}=\frac{y_1+y_2+\cdots+y_n}{n}=\frac{1}{n}\sum y_i \tag{4-1}$$

### (二) 时点序列的序时平均数

对于时点序列的序时平均数又依据两种情况不同而计算方法不同：一是间隔相等，二是间隔不相等。间隔相等的时点序列的序时平均数计算方法，一种是逐日登记且逐日排列的，既掌握了考察时期内连续性的时点数据，故可采用简单平均数方法计算序时平均数，计算公式如公式 4-1。另一种情况是间隔不等，在资料的登记时间单位内，只有指标值发生变动才记录一次，此时需要采用加权算数平均数的方法计算，计算公式如公式 4-2。

$$\bar{y}=\frac{y_1 f_1+y_2 f_2+\cdots+y_n f_n}{f_1+f_2+\cdots+f_n}=\frac{\sum yf}{\sum f} \tag{4-2}$$

**例 4-1** 计算某淘宝商店 4 月份的日平均销售量（见表 4-2）。

**表 4-2　某淘宝商店 4 月份的商品销售量记录**

| 日期 | 1—4 | 5—7 | 8—13 | 14—20 | 21—23 | 24—28 | 29—30 |
|---|---|---|---|---|---|---|---|
| 销售量（件） | 49 | 52 | 39 | 29 | 43 | 38 | 51 |

该淘宝商店 4 月份商品平均日销售量为：

$$\bar{y}=\frac{49\times4+52\times3+39\times6+29\times7+43\times3+38\times5+51\times2}{4+3+6+7+3+5+2}$$

$$\approx 40\text{ 件}$$

故，该淘宝商店 4 月份的日平均销售量为 40 件。

对于间断时点序列平均数的计算需要采用两次平均的思路，即第一次平均是计算各个时间间隔内的平均数，第二次平均是计算这些平均数的加权平均数。计算公式如下：

$$\bar{y}=\frac{\frac{y_1+y_2}{2}\cdot f_1+\frac{y_2+y_3}{2}\cdot f_2+\cdots+\frac{y_{n-1}+y_n}{2}\cdot f_n}{f_1+f_2+\cdots+f_{n-1}} \tag{4-3}$$

**例 4-2**　计算某县 2002—2014 年平均每年外出打工人员数（见表 4-3）。

**表 4-3　某县 2002—2014 年外出打工人员数（年末数）**

| 年份 | 2002 | 2005 | 2007 | 2010 | 2012 | 2014 |
|---|---|---|---|---|---|---|
| 人数（人） | 8 350 | 9 949 | 11 828 | 14 071 | 16 851 | 18 375 |

$$\bar{y}=\frac{\frac{8\,350+9\,949}{2}\times3+\frac{9\,949+11\,828}{2}\times2+\frac{11\,828+14\,071}{2}\times3+\frac{14\,071+16\,851}{2}\times2+\frac{16\,851+18\,375}{2}\times2}{3+2+3+2+2}$$

$$=12\,851.83\text{ 人}$$

故，在 2002—2014 年期间，该县的年平均外出打工人数为 12 852 人。

## （三）相对数时间序列的序时平均数

相对数时间序列是由两个绝对数时间序列派生的序列，它可以是两个时期序列或两个时点序列的对应项对比的结果，也可以是一个时期序列和一个时点序列对应项对比的结果。因此要计算相对数时间序列的序时平均数，不能就序列中的相对数直接进行平均数计算，而必须分别计算分子的序时平均数和分母的序时平均数，然后再进行对比。用公式表示为：

$$\bar{c}=\frac{\bar{a}}{\bar{b}} \tag{4-4}$$

其中：$\bar{c}$ 代表相对数时间序列的平均数；$\bar{a}$ 代表分子指标时间序列的序时平均数；$\bar{b}$ 代表分母指标时间序列的序时平均数。

**例 4-3**　计算某市 2011—2016 年第三产业的年平均从业人员数及其占总从业人员数的年平均比重（见表 4-4）。

表 4-4　某市 2011—2016 年第三产业从业人员（年底数）

| 年份 | 2011 | 2012 | 2013 | 2014 | 2015 | 2016 |
|---|---|---|---|---|---|---|
| 从业人员数（万人） | 656 | 664 | 672 | 680 | 689 | 696 |
| 其中：第三产业（万人） | 130 | 141 | 155 | 169 | 179 | 184 |
| 第三产业所占比重（%） | 19.80 | 21.20 | 23.00 | 24.80 | 26.00 | 26.40 |

设某市第三产业的就业人员数为 $a$，全市从业人员数为 $b$，则：

$$\bar{a}=(1/2\times130+141+155+169+179+184\times1/2)/5=159.9 \text{ 万人}$$

$$\bar{b}=(1/2\times656+664+672+680+689+696\times1/2)/5=675.9 \text{ 万人}$$

$$\bar{c}=\bar{a}/\bar{b}=159.9/675.9=23.66\%$$

因此，该市 2011—2016 年间，第三产业的年平均从业人数为 160 万人，占总就业人数的 23.7%。

### (四) 平均数时间序列的序时平均数

当平均数时间序列的分子指标是总量指标，分母是总体单位总量，例如亩产量的分子是粮食总量，分母是耕地面积总量，计算序时平均数时，要分别对分子分母计算平均数，其计算方法与相对数时间序列的序时平均数计算方法一样。

## 二、增长量和平均增长量

### (一) 增长量

增长量是报告期发展水平和基期发展水平之差，反映报告期比基期增加（或减少）的绝对数量。用公式表示为：

$$\text{增长量}=\text{报告期水平}-\text{基期水平} \tag{4-5}$$

该值大于零是增长量，小于零是减少量。它反映报告期比基期增减的数量。根据基期的不同确定方法，增长量又分为逐期增长量和累计增长量。

**1. 逐期增长量**

逐期增长量是以前一期为基期计算的相邻两个时期的增减绝对量。若以 $y_0$，$y_1$，$y_2$，…，$y_n$表示时间序列的各期发展水平，则逐期增长量为：

$$y_1-y_0, y_2-y_1, \cdots, y_n-y_{n-1}$$

**2. 累计增长量**

累计增长量是以某一固定时期为基期计算的各报告期水平与某一固定时期水平的增减绝对量。

$$y_1-y_0, y_2-y_0, \cdots, y_n-y_0$$

它说明在某一段时期内总的增减量。累计增长量等于相应各个时期逐期增长量之和，即有：

$$y_n-y_0=(y_1-y_0)+(y_2-y_0)+\cdots+(y_n-y_{n-1}) \tag{4-6}$$

### （二）平均增长量

平均增长量是时间序列中逐期增长量的序时平均数，它表明社会现象在一定时期内平均每期增加或减少的数量。其计算公式为：

$$\Delta y=\frac{\sum(y_i-y_{i-1})}{n} \tag{4-7}$$

$(i=1, 2, \cdots, n)$

**例 4-4**　已知某沿海城市 2010—2016 年的流动人口数，计算逐年增长量和累计增长量（见表 4-5）以及平均年增长量。

**表 4-5　某沿海城市 2010—2016 年的流动人口数与逐年增长量**

| 年份 | 2010 | 2011 | 2012 | 2013 | 2014 | 2015 | 2016 |
|---|---|---|---|---|---|---|---|
| 流动人口（万人） | 204.4 | 218.4 | 253.6 | 279.9 | 299.6 | 302.1 | 317.4 |
| 逐年增长量（万人） | — | 14 | 35.2 | 26.3 | 19.7 | 2.5 | 15.3 |
| 累计增长量（万人） | — | 14 | 49.2 | 75.5 | 95.2 | 97.7 | 113 |

流动人口的平均年增长量为：

$$\Delta y=\frac{14+35.2+26.3+19.7+2.5+15.3}{6}\approx 18.83\text{ 万人}$$

或

$$\Delta y=\frac{317.4-204.4}{7-1}\approx 18.83\text{ 万人}$$

# 第三节
# 时间序列的速度指标

## 一、发展速度和增长速度

### （一）发展速度

发展速度是以相对数形式表示的两个不同时期发展水平的比值。

发展速度＝报告期水平/基期水平　　(4-8)

发展速度由于基期的不同，包括两种情形：定基发展速度和环比发展速度。

**1. 定基发展速度**

定基发展速度是报告期水平与某一固定时期水平的比值，固定时期水平通常是最初水平：

$$a_i=\frac{y_i}{y_0} \tag{4-9}$$

**例 4-5** 已知某沿海城市 2010—2016 年的流动人口数，计算流动人口的定基发展速度（见表 4-6）。

**表 4-6 某沿海城市 2010—2016 年的流动人口数与定基发展速度**

| 年份 | 2010 | 2011 | 2012 | 2013 | 2014 | 2015 | 2016 |
|---|---|---|---|---|---|---|---|
| 流动人口（万人） | 204.4 | 218.4 | 253.6 | 279.9 | 299.6 | 302.1 | 317.4 |
| 定基发展速度 | 1.000 0 | 1.068 5 | 1.240 7 | 1.369 4 | 1.465 8 | 1.478 0 | 1.552 8 |

**2. 环比发展速度**

环比发展速度是报告期水平与其前一期水平的比值，用以说明相邻两个时期即逐期的发展变化程度。

$$b_i = \frac{y_i}{y_{i-1}} \tag{4-10}$$

定基发展速度强调各个时期比较的基础是固定在一个共同的水平上，环比发展速度则强调呈现各个时期环比发展速度的循环对比状态。定基发展速度等于相应时期内各环比发展速度的连乘积：

$$\frac{y_n}{y_0} = \frac{y_1}{y_0} \times \frac{y_2}{y_1} \times \cdots \times \frac{y_n}{y_{n-1}} \tag{4-11}$$

**例 4-6** 已知某沿海城市 2010—2016 年的流动人口数，计算流动人口的环比发展速度（见表 4-7）。

**表 4-7 某沿海城市 2010—2016 年的流动人口数与环比发展速度**

| 年份 | 2010 | 2011 | 2012 | 2013 | 2014 | 2015 | 2016 |
|---|---|---|---|---|---|---|---|
| 流动人口（万人） | 204.4 | 218.4 | 253.6 | 279.9 | 299.6 | 302.1 | 317.4 |
| 环比发展速度 | 1.000 0 | 1.068 5 | 1.161 2 | 1.103 7 | 1.070 4 | 1.008 3 | 1.050 6 |

## （二）增长速度

增长速度是报告期增长量与基期水平的比值，表明报告期水平比基期增长（或降低了）百分之几或若干倍。计算公式为：

增长速度＝报告期增长量/基期水平 (4-12)

由于基期的选择不同，增长速度也有定基与环比之分。但需要注意的是，定基增长速度不等于相应时期内各环比增长速度的连乘积。

**例 4-7** 已知某沿海城市 2010—2016 年的流动人口数，计算流动人口的定基增长速度和环比增长速度（见表 4-8）。

**表 4-8 某沿海城市 2010—2016 年的流动人口数与增长速度**

| 年份 | 2010 | 2011 | 2012 | 2013 | 2014 | 2015 | 2016 |
|---|---|---|---|---|---|---|---|
| 流动人口（万人） | 204.4 | 218.4 | 253.6 | 279.9 | 299.6 | 302.1 | 317.4 |
| 定基增长速度 | — | 0.068 5 | 0.240 7 | 0.369 4 | 0.465 8 | 0.478 0 | 0.552 8 |
| 环比增长速度 | — | 0.068 5 | 0.161 2 | 0.103 7 | 0.070 4 | 0.008 3 | 0.050 6 |

## 二、平均发展速度和平均增长速度

平均发展速度是反映社会现象在一定时期内逐期发展变化的平均程度；平均增长速度是反映社会现象在一定时期内逐期增长的平均程度。

$$平均增长速度=平均发展速度-1 \tag{4-13}$$

由于发展速度是相对数，因此计算平均发展速度时，不能采取前述的序时平均数的计算方法。目前计算平均速度的方法主要有几何平均法和累计法。

### （一）几何平均法

几何平均法也称水平法，其基本原理是一定时期社会现象发展的总速度应等于各期环比发展速度的连乘积。隐含的假设是从时间序列的最初水平出发，以序列的平均发展速度代替各期环比发展速度，计算出的期末理论值水平应与期末实际水平相一致。以公式表示为：

$$\frac{y_n}{y_0}=\frac{y_1}{y_0}\times\frac{y_2}{y_1}\times\cdots\times\frac{y_n}{y_{n-1}}$$

$$\frac{y_n}{y_0}=b_1\times b_2\times\cdots\times b_n$$

$$\prod_{i=1}^{n} b_i=\frac{y_n}{y_0}$$

$$\bar{b}=\sqrt[n]{\frac{y_n}{y_0}} \tag{4-14}$$

**例 4-8**　依据表 4-8 数据，计算沿海城市的流动人口平均发展速度。

$$\bar{b}=\sqrt[n]{\frac{y_n}{y_0}}\approx 1.076\ 1$$

因此，计算得到沿海城市流动人口的平均发展速度是 1.076 1，平均增长率为 7.61%。

### （二）累计法

累计法是指各期发展水平等于序列初始水平与各期环比发展速度的连乘积。平均发展速度累计法的假设前提是：从时间序列的最初水平（$y_0$）出发，以序列的平均发展速度代替各期环比发展速度，计算出各期的理论值水平应与各期实际水平相一致，累计法由此得名。

$$y_i=y_0\times b_1\times b_2\times\cdots\times b_i$$

各期发展水平之和为：

$$y_0(b_1+b_1b_2+\cdots+b_1b_2\cdots b_n)=y_1+y_2+\cdots+y_n$$

将序列的平均发展速度代替上式各期环比发展速度，就有如下公式：

$$y_0(\bar{b}+\bar{b}^2+\cdots+\bar{b}^n)=\sum_{i=1}^{n} y_i \tag{4-15}$$

解以上高次方程，所得的正根就是平均发展速度。由于解高次方程比较麻烦，因此，在实际工作中都是根据事先编好的《平均增长速度查对表》，通过查表取得结果。

**例 4－9** 某企业在 2010—2015 年期间，实现产值分别为 16 565 万元、19 262 万元、17 740万元、17 723 万元、18 944 万元、18 160 万元，计算累计法平均增长速度。步骤是：

第一步，判断增减。$(a_1+a_2+a_3+a_4+a_5)/5>a_1$，若结果大于 $a_1$ 则为递增速度，应查增长速度表，若结果小于 $a_1$ 则为递减速度，应查下降速度表。

第二步，计算总发展速度，以各期发展水平之和除以基期发展水平。

第三步，根据总发展速度和 $n$ 的数值查表，查得平均增（减）速度。

该企业的平均发展速度用方程式计算应是第一步判断增减，为递增速度；计算总发展速度为 554.36%，除以 5 得 110.87%，查表可以知道，这个企业的产值平均增长速度为 6.0%，年平均发展速度为 106.0%。

### （三）计算与应用平均速度指标应注意的问题

**1. 两种方法的选择要考虑研究目的和研究对象的性质**

几何平均法侧重于考察现象最末期的发展水平。累计法侧重于考察现象的整个发展过程。对于考察最末期水平的指标，如人口、产量等，采用几何平均法较为适宜。对于要着重考察各期总和的指标，如投资额、造林面积，宜采用累计法。

**2. 几何平均法的应用要与具体的环比速度分析相结合**

几何平均法的计算过程只考虑期末和期初水平，而舍去了中间各期水平差异造成的影响。如果最末水平过高或过低，或者中间各期水平波动很大，都会影响平均速度的代表性。

# 第四节 时间序列的构成

时间序列是反映社会现象发展变化的，由于社会现象的复杂性，其发展变化也具有复杂性特征，即社会现象的发展变化不是总呈线性趋势的，其变化有总体趋势，但也会有周期性变化，甚至还有不规则的随机性变化。因而时间序列应是多种变化的合力反映。时间序列的构成要素有四种，它们是趋势变动或长期趋势（T）、季节变动（S）、周期性波动或循环变动（C）和随机变动或不规则变动（I）。

## 一、趋势变动

趋势变动（secular trend，T）也称为长期趋势，是指时间序列在长时期内呈现出来的某种持续向上或持续下降的变动。它是由某种固定性的因素作用于序列而形成的。它可以是线性的，也可以是非线性的。图 4-3 是 90 年来的房价变动趋势，长期来看，呈现较强的上升趋势。

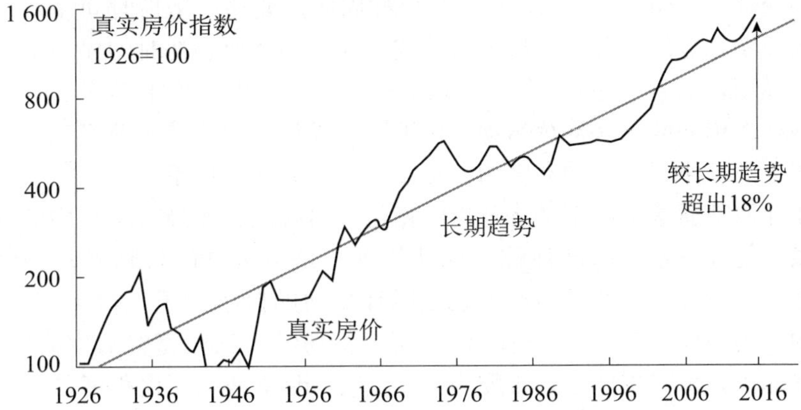


**图 4-3 1926—2016 年房价的长期趋势**

## 二、季节变动

季节变动（seasonal variation，S）是指时间序列在一年内重复出现的周期性波动。它通常是指由于自然季节因素（气候条件）或人文习惯季节因素（节假日）的影响，时间序列随季节更替而呈现的周期性变动。季节变动有比较固定的规律，一般季节变动周期为 12 个月。通常农产品表现出较为显著的季节性特征。图 4-4 是汽车销量的状况，总体来看，四年间呈上升态势，但存在较强的季节变动，每年 4 月是销售的旺季，1 月是销售的淡季。

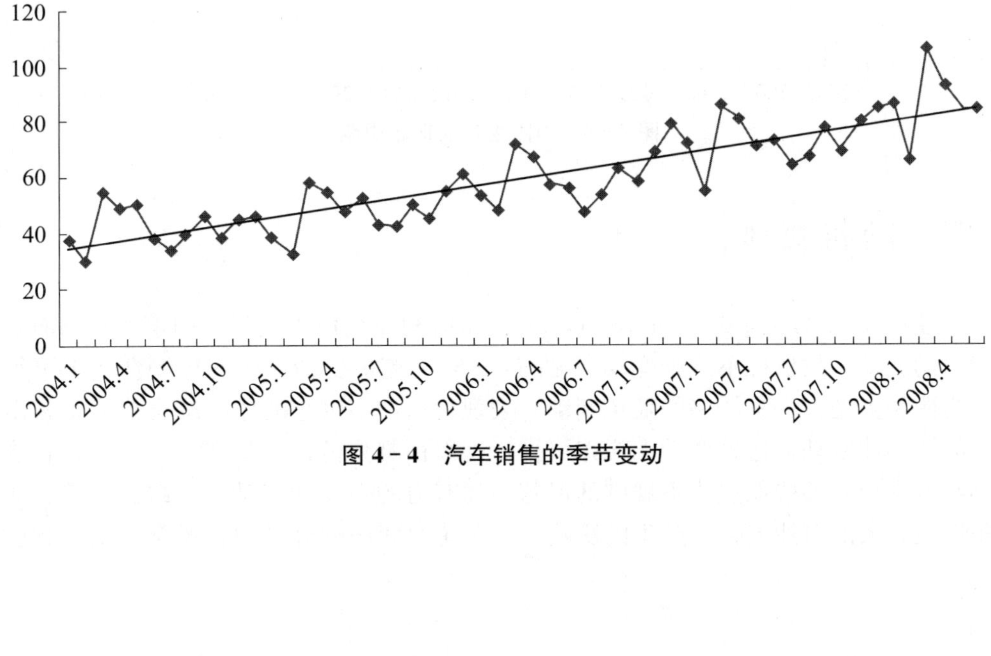


**图 4-4 汽车销售的季节变动**

## 三、循环变动

循环变动（cyclical variation，C）也称周期性波动，是指时间序列中呈现出来的围绕长期趋势的一种波浪形或振荡式变动。循环变动在时间序列中表现为以若干年为周期，上升与下降交替出现的循环往复运动。循环变动不同于趋势变动，不是朝着单一的方向持续运动，也不同于以年为周期的季节变动。循环变动呈现无固定的规律，变动周期多为一年以上，且周期长短不一。

周期性波动通常是由于经济环境的变化而引起的。如经济增长中的繁荣—衰退—萧条—复苏—繁荣的循环称为商业周期，是最常见的循环变动。耐用消费品、固定资产投资、农产品生产等也是循环变动的典型例子。图 4－5 是中国生猪价格的市场周期，自 2006 年至 2017 年，市场经历三轮完整的生猪价格周期，一轮完整的生猪价格周期运行长度为 3～4 年。即便是规模化程度已经很高的美国（美国生猪养殖规模化占比 90%以上），也存在生猪价格周期，大致 4 年一周期，高点低点相差超一倍。

**图 4－5　中国生猪的市场周期**

## 四、随机变动

随机变动（irregular variation，I）是指时间序列由于偶然性因素的影响而表现出的波动，故也称不规则变动（见图 4－6）。随机变动在时间序列曲线上可细分为两种类型：一是严格的随机变动，表现为由许多细小的原因综合形成很多微小的波动性变动，这种变动无规律可循，难以预测分析；二是偶然性变动，它是不经常出现的某些孤立或不规则的但却是强有力的突发性变动，如政治动荡、战争爆发、大的自然灾害等产生的影响。在传统时间序列分析中，通常是把二者区分开来进行数据处理的。对于时间序列的随机波动数据，通常是采用移动平均法或指数平滑法，以消除被动的干扰。

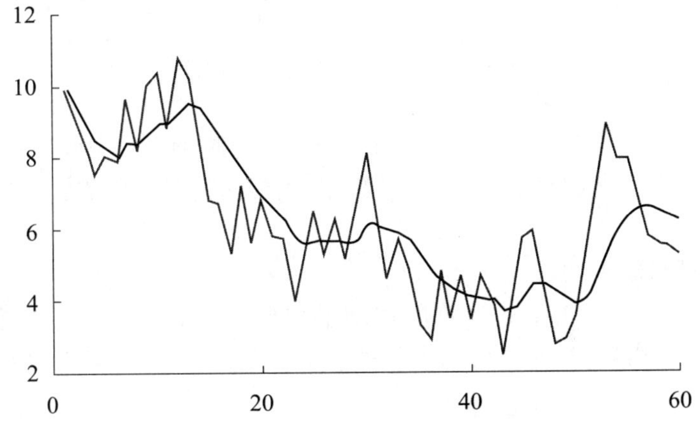


**图 4-6　移动平均线**

# 第五节
# 时间序列的趋势分析模型

## 一、移动平均模型

移动平均模型是测定时间序列趋势变动的基本方法。它在时间序列中按一定项数逐项移动计算平均数，达到对原始序列进行修匀的目的。修匀的结果是要体现出时间序列的基本趋势，因为从较长时期来看，短期数据由于偶然因素的影响而形成的差异，在加总过程中会相互抵消，因而经过修匀的数据能够体现数据的长期趋势。移动平均模型的主要作用是消除干扰，显示时间序列的趋势性变化，并用于趋势预测。

### （一）简单移动平均模型

$$\hat{y}_{t-1}=\frac{y_t+y_{t-1}+\cdots+y_{t-N+1}}{N} \tag{4-16}$$

$\hat{y}_t$为第 $t$ 期的一次移动平均数。

**1. 奇数项移动平均法**

假如 $N=3$，由公式 4-16 可计算出逐期移动平均数为：

$$\hat{y}_2=\frac{y_1+y_2+y_3}{3}$$

$$\hat{y}_3=\frac{y_2+y_3+y_4}{3}$$

$$\hat{y}_{n-1}=\frac{y_{n-2}+y_{n-1}+y_n}{3} \tag{4-17}$$

其中，$\hat{y}_2$是 $y_1$，$y_2$，$y_3$的平均数，应作为其中项（即时间序列第二项）的长期趋势项。$\hat{y}_3$，…，$\hat{y}_{n-1}$则分别为第三项至第 $n-1$ 项的长期趋势值。$N=5$，7……的情形可类推。

**2. 偶数项移动平均法**

假如 $N=4$，此时由上式计算的移动平均数对应的中项是在两个时期中间，如第一个移动平均数为$\hat{y}_{2.5}$，第二个移动平均数为$\hat{y}_{3.5}$，计算值分别为：

$$\hat{y}_{2.5}=\frac{y_1+y_2+y_3+y_4}{4}$$

$$\hat{y}_{3.5}=\frac{y_2+y_3+y_4+y_5}{4}$$

其余可依此类推。这些移动平均数尚不能作为趋势值，因为它们代表的时期不明确，解决的办法是对这两个移动平均数再做一次移动平均计算，也即计算二次移动平均值来计算第 3 期的长期趋势。

$$\hat{y}_3^{(2)}=\frac{1}{2}(\hat{y}_{2.5}+\hat{y}_{3.5})$$

如表 4－9 所示，3 期移动平均数在很大程度上能够消除各种偶然因素对国内生产总值的影响，但 4 期移动平均数更明显地揭示了国内生产总值的增长趋势。

应用移动平均法时需要注意几个问题：

第一，移动平均项数的确定。利用移动平均法测定趋势变动的基本原理就是修匀序列，消除随机变动。如果 $N$ 取值很大，则修匀作用较强，但对趋势变动的反映能力较差；反之，如果 $N$ 取值较小，则移动平均数的敏感度高，适应新水平的时间短，但修匀作用相对减弱。因此，$N$ 的大小应根据时间序列的特点来定。对于包括季节变动和循环变动的时间序列，则取 $N$ 等于波动周期长度，这样可以消除周期性波动的影响。

第二，时间序列经过移动平均后会造成信息量的损失。奇数项移动平均所形成的新序列，头尾各减少（$N-1$）/2 项；偶数项移动平均所形成的新序列，头尾各减少 $N/2$ 项。因此这里的移动平均法只适于数据修匀，若考虑其预测功能，则需要进行趋势外推，如将第一个 3 期移动平均的计算值作为第 4 期的预测值，将第二个 3 期移动平均的计算值作为第 5 期的预测值。

第三，简单移动平均法适用于线性趋势的测定。如果社会经济现象的发展呈非线性趋势的变动，则要考虑加权移动平均法进行修匀。

**表 4-9　1997—2016 年国内生产总值的移动平均计算**

| 年份 | 国内生产总值 | 3 年移动平均 | 4 年移动平均 |
|---|---|---|---|
| 1997 | 79 715 | | |
| 1998 | 85 195.5 | 85 158.3 | |
| 1999 | 90 564.4 | 92 013.3 | 92 832.26 |
| 2000 | 100 280.1 | 100 569.2 | 101 291.01 |
| 2001 | 110 863.1 | 110 953.5 | 111 713.45 |
| 2002 | 121 717.4 | 123 334.2 | 125 265.66 |
| 2003 | 137 422 | 140 326.5 | 142 517.65 |
| 2004 | 161 840.2 | 162 193.7 | 164 289.76 |
| 2005 | 187 318.9 | 189 532.5 | 193 106.19 |
| 2006 | 219 438.5 | 225 663.2 | 229 416.89 |
| 2007 | 270 232.3 | 269 728.8 | 269 346.61 |
| 2008 | 319 515.5 | 312 943.1 | 313 765.90 |
| 2009 | 349 081.4 | 360 542.4 | 365 348.41 |
| 2010 | 413 030.3 | 417 137.4 | 420 338.44 |
| 2011 | 489 300.6 | 480 899.4 | 478 715.30 |
| 2012 | 540 367.4 | 541 637.5 | 538 353.64 |
| 2013 | 595 244.4 | 593 195.3 | 592 190.54 |
| 2014 | 643 974 | 642 756.8 | 642 629.45 |
| 2015 | 689 052.1 | 692 384.4 | |
| 2016 | 744 127.2 | | |

## (二) 加权移动平均模型

加权移动平均法是对各期指标值进行加权后计算移动平均数，一般计算奇数项加权移动平均数，各期权数以二项展开式为计算基础，使得中项时期指标值的权重最大，两边对称，逐期减少。

设奇数项加权移动平均的项数为 $N$，则取 $N-1$ 次二项展开式的系数作为权数，计算时间序列中对应指标值的加权平均数。例如，对于 $N=3$，应以 $(a+b)^2=a^2+2ab+b^2$ 的系数 1，2，1 进行加权，例如：

$$\hat{y}_{n-1}=\frac{y_{n-2}+2y_{n-1}+y_n}{4} \tag{4-18}$$

表示是时间序列第 $n-1$ 期的三项加权移动平均数，代表相应时期的长期趋势值。

又如对于 $N=5$，应以 $(a+b)^4=a^4+4a^3b+6a^2b^2+4ab^3+b^4$ 的系数 1，4，6，4，1 进行加权，可得：

$$\hat{y}_{n-1}=\frac{y_{n-2}+4y_{n-1}+6y_n+4y_{n+1}+y_{n+2}}{16} \tag{4-19}$$

加权因子需满足：

$$\frac{\sum_{i=0}^{N-1} a_i}{N} = 1 \tag{4-20}$$

## 二、指数平滑模型

### （一）基本思想

指数平滑法是一种特殊的加权移动平均法。其特点如下：第一，指数平滑法进一步加强了对观察期内的不同观察值距离现在远近的重视，强调近期观察值的信息对预测值的重要作用，因而对不同时间的观察值赋予不同的权数，加大近期观察值的权重，降低远期观察值的权重，使预测值能够迅速反映实际的现状与变化。第二，指数平滑法对于观察值所赋予的权数是有伸缩性的，可以取不同的 $a$ 值以改变权数的变化速率，进而确定一个最适当的速率。当近期权重 $a$ 取较大值时，观察值的新近变化趋势较能迅速反映于指数移动平均值中。因此，运用指数平滑法可以通过选择不同的 $a$ 值来调节时间序列观察值的均匀程度（即趋势变化的平稳程度）。

指数平滑法在社会经济预测中被广泛运用，特别适用于中短期社会经济发展趋势预测。之前所学到的全期平均法是对时间序列的过去数据一个不漏地加以同等利用求平均数；而移动平均法则不考虑远期与近期数据信息重要性程度的不同；加权移动平均法即使考虑了权重，但权重的计算是以二项展开式的系数为依据的。指数平滑法则兼容了全期平均法和移动平均法所长，不舍弃过去的数据，但是在权重上仅给予逐渐减弱的重视程度，即随着数据距离现在逐渐久远，赋予逐渐收敛为零的权数。指数平滑法是在移动平均法基础上发展起来的一种时间序列分析预测法，它是通过计算指数平滑值，配合一定的时间序列预测模型对现象的未来进行预测。其原理是任一期的指数平滑值都是前一期实际观察值与前一期指数平滑值的加权平均。

依据平滑次数不同，指数平滑法分为一次指数平滑法、二次指数平滑法和三次指数平滑法等。

### （二）一次指数平滑模型

当时间序列无明显的趋势变化时，可用一次指数平滑预测。计算公式如下：

$$\hat{y}_t = \hat{y}_{t-1} + \alpha(y_{t-1} - \hat{y}_{t-1}) \tag{4-21}$$

其中，$\alpha$ 称为平滑常数，$0<\alpha<1$。也可以写成：

$$\hat{y}_t = \alpha y_{t-1} + (1-\alpha)\hat{y}_{t-1} \tag{4-22}$$

该预测值是前一期的实际值与预测值的加权和。

### （三）二次指数平滑模型

在一次指数平滑模型的基础上再进行指数平滑计算，即构成二次指数平滑模型。同样，还可以构成三次指数平滑模型。

表 4－10 是 2005—2016 年的粮食播种面积，试用移动平均法和指数平滑法预测 2017 年的播种面积。

**表 4－10 粮食播种面积的移动平均和指数平滑**

| 年份 | 粮食播种面积 | 三项移动平均 | 三项加权移动平均 | 一次指数平滑 |
|---|---|---|---|---|
| 2005 | 110 933 | | | |
| 2006 | 111 268 | | | |
| 2007 | 110 123 | | | |
| 2008 | 112 205 | 110 774.7 | 110 898 | 110 709.5 |
| 2009 | 113 466 | 111 198.7 | 110 929.8 | 111 299.3 |
| 2010 | 112 314 | 111 931.3 | 111 999.8 | 112 084.8 |
| 2011 | 110 560 | 112 661.7 | 112 862.8 | 112 626.9 |
| 2012 | 110 509 | 112 113.3 | 112 163.5 | 111 958 |
| 2013 | 109 544 | 111 127.7 | 110 985.8 | 111 065.8 |
| 2014 | 110 060 | 110 204.3 | 110 280.5 | 110 138.3 |
| 2015 | 112 548 | 110 037.7 | 109 914.3 | 110 039.9 |
| 2016 | 112 912 | 110 717.3 | 110 553 | 110 900.4 |
| 2017 | | 111 840 | 112 017 | 111 947.2 |

**1. 简单移动平均**

取 $N=3$，$Y2008=(110\ 933+111\ 268+110\ 123)/3=110\ 774.7$，

同理，$Y2017=(110\ 060+112\ 548+112\ 912)/3=111\ 840$。

**2. 加权移动平均**

取 $W_1=1$，$W_2=2$，$W_3=1$，$Y2008=(1\times110\ 933+2\times111\ 268+1\times110\ 123)/4=110\ 898$，

同理，$Y2017=(1\times110\ 060+2\times112\ 548+1\times112\ 912)/4=112\ 017$。

**3. 指数平滑法**

取平滑系数 $a=0.4$，平滑初始值 $S=(Y2005+Y2006)/2=(110\ 933+111\ 268)/2=111\ 100.5$，$Y2008=0.4\times110\ 123+0.6\times111\ 100.5=110\ 709.5$，

同理，$Y2017=0.4\times112\ 912+0.6\times111\ 304=111\ 947.2$。

## （四）趋势模型法

趋势模型法也称曲线配合法，它是根据时间序列的数据特征，建立一个合适的趋势方程来描述时间序列的趋势变动，推算各时期的趋势值。建立趋势模型的主要步骤如下：

**1. 选取合适的模型**

时间序列中长期趋势的表现形态是多种多样的，有线性形态也有非线性形态；可选取的趋势方程也多种多样，有多项式方程、成长曲线方程等。判断方法

主要有两种：其一是直接观察法，也称散点图法，它以时间 $t$ 为横轴，以时间序列指标值为纵轴，绘出散点图，根据散点的分布来选择趋势方程。其二是增长特征法，它需计算出时间序列某些动态分析指标如增长量、增长率的数值，根据这些分析指标数值的特征选择模型。比较常用的趋势方程如下：

（1）线性趋势方程。

以时间变量作为自变量建立回归模型：

$$Y=\alpha+\beta T+\varepsilon \tag{4-23}$$

其中，$T$ 为时间变量，$\alpha$ 是回归方程的截距项，$\beta$ 是斜率项，$\varepsilon$ 是残差项；$\alpha$ 和 $\beta$ 的估计依据最小二乘法。

据表 4-11 的数据，以年份作为自变量建立回归模型预测国内生产总值：

$$Y=36\ 820.089T-73\ 562\ 094$$

$T$ 为年份，$R^2=0.931$。

**表 4-11　1997—2016 年国内生产总值及第一、第二、第三产业的生产总值**

（当年价格计算，单位：亿元）

| 年份 | 国内生产总值 | 第一产业 | 第二产业 | 第三产业 |
|---|---|---|---|---|
| 1997 | 79 715.0 | 14 265.2 | 37 546.0 | 27 903.8 |
| 1998 | 85 195.5 | 14 618.7 | 39 018.5 | 31 558.3 |
| 1999 | 90 564.4 | 14 549.0 | 41 080.9 | 34 934.5 |
| 2000 | 100 280.1 | 14 717.4 | 45 664.8 | 39 897.9 |
| 2001 | 110 863.1 | 15 502.5 | 49 660.7 | 45 700.0 |
| 2002 | 121 717.4 | 16 190.2 | 54 105.5 | 51 421.7 |
| 2003 | 137 422.0 | 16 970.2 | 62 697.4 | 57 754.4 |
| 2004 | 161 840.2 | 20 904.3 | 74 286.9 | 66 648.9 |
| 2005 | 187 318.9 | 21 806.7 | 88 084.4 | 77 427.8 |
| 2006 | 219 438.5 | 23 317.0 | 104 361.8 | 91 759.7 |
| 2007 | 270 232.3 | 27 788.0 | 126 633.6 | 115 810.7 |
| 2008 | 319 515.5 | 32 753.2 | 149 956.6 | 136 805.8 |
| 2009 | 349 081.4 | 34 161.8 | 160 171.7 | 154 747.9 |
| 2010 | 413 030.3 | 39 362.6 | 191 629.8 | 182 038.0 |
| 2011 | 489 300.6 | 46 163.1 | 227 038.8 | 216 098.6 |
| 2012 | 540 367.4 | 50 902.3 | 244 643.3 | 244 821.9 |
| 2013 | 595 244.4 | 55 329.1 | 261 956.1 | 277 959.3 |
| 2014 | 643 974.0 | 58 343.5 | 277 571.8 | 308 058.6 |
| 2015 | 689 052.1 | 60 862.1 | 282 040.3 | 346 149.7 |
| 2016 | 744 127.2 | 63 670.7 | 296 236.0 | 384 220.5 |

资料来源：国家统计局．中国统计年鉴（2017）．北京：中国统计出版社，2017.

（2）一元回归模型。

以两组时间序列建立回归模型：

$Yt = \alpha + \beta Xt + \varepsilon$

以第一产业生产总值建立回归模型预测国内生产总值：

$Yt = 12.714Xt - 90\ 802.937$

$Xt$ 为第一产业生产总值，$R^2 = 0.998$。

以第二产业生产总值建立回归模型预测国内生产总值：

$Yt = 2.381Xt - 17\ 601.072$

$Xt$ 为第二产业生产总值，$R^2 = 0.991$。

以第三产业生产总值建立回归模型预测国内生产总值：

$Yt = 1.967Xt + 33\ 083.737$

$Xt$ 为第三产业生产总值，$R^2 = 0.993$。

（3）自回归模型。

自回归模型（autoregressive model，简称 AR 模型），是统计上一种处理时间序列的方法，用同一变数例如 $x$ 之前的各期，亦即 $x_1$ 至 $x_{t-1}$ 来预测本期 $x_t$ 的表现，并假设它们为一线性关系。因为这是从回归分析中的线性回归发展而来的，只是不用 $x$ 预测 $y$，而是用 $x$ 预测 $x$（自己），所以叫作自回归。自回归模型被广泛运用在经济学、信息学以及自然现象的预测上。

自回归模型是用前期自身变量做解释变量所建立的回归模型，它的表现形式为：

$$X_t = c + \sum_{i=1}^{p} \varphi_i X_{t-i} + \varepsilon_t \tag{4-24}$$

用文字表示为：$X$ 的当期值等于一个或数个落后期的线性组合，加常数项，加随机误差。自回归方法的优点是所需资料不多，可用自身变数数列来进行预测。但是这种方法受到一定的限制，即自相关问题，如果自相关系数小于 0.5，则不宜采用，否则预测结果极不准确。据表 4－11 建立国内生产总值的自回归模型如下：

$Y_t = 114\ 99.1 + 1.080Y_{t-1}$

$Y_{t-1}$ 为前一年国内生产总值，$R^2 = 0.996$。

由 $R^2$ 可见，以年份为自变量预测国内生产总值效果稍差，其余几种模型对国内生产总值的预测效果均较好。

（4）时间序列的自相关。

自相关是时间序列诸项之间的单重相关，它是两次观察之间的相似度对它们之间的时间差的函数。如 $X_t$ 与 $X_S$ 的相关。时间序列的自相关程度用 $R$（$s$，$t$）来度量。其计算公式为：

$$R(s,t) = \frac{E[(X_s - \mu_s)(X_t - \mu_t)]}{\sigma_s \sigma_t} \tag{4-25}$$

由于时间序列的相关性是与之前的相同系列的值进行了计算，这被称为序列相关或自相关。一个时间序列的自相关系数被称为自相关函数，或简称 ACF。

# 第六节
# 时间序列的季节调整

## 一、季节调整的概念

所谓季节调整，就是一个从时间序列中估计和剔除季节影响的过程，目的是更好地揭示季度或月度序列的特征或基本趋势。

一个季度或月度的时间序列往往会受到年内季节变动的影响，这种季节变动是由气候条件、生产周期、假期和销售等季节因素造成的。由于这些因素造成的影响有时大得足以遮盖时间序列短期的基本变动趋势，若要掌握社会经济运行的季度或月度变化，就必须进行季节调整。通过从目前的变化中扣除过去数年的平均变动，来说明此上涨或下跌是否是不寻常的，或纯粹只是季节性现象。

与原始数据相比，消除季节因素影响后的数据具有下述 5 个优点：一是更加准确地反映数据本身的基本趋势。利用科学的方法将季节因素从实际的时间序列数据中测定、分离、抵消和调整后，能使该序列更准确地反映指标的基本发展趋势。二是数据具有可比性。由于季节调整后的数据消除了季节因素的影响，使得不同季度或月度之间的数据可以直接比较。三是可以及时反映社会经济的短期变化，特别是可以反映社会经济变化的转折点，这对社会经济分析非常有价值，同时也是季节调整最大的优点。四是可以对季节调整后的数据进行年化率折算。五是经季节调整后的数据可用于短期预测。

## 二、季节调整的方法

早在 20 世纪的上半叶人们就开始了从时间序列中分离季节因素、调整季节变动的尝试。季节调整的问题首先是由美国经济学家 1919 年提出的，此后，有关季节调整的方法不断地出现和改进。1931 年麦考利（Macauley）提出了用移动平均比率法进行季节调整，成为季节调整方法的基础。1954 年希斯金（Shiskin）在美国普查局首先开发了运用计算机程序对时间序列进行季节调整的方法，称为 X-1 法，此后，季节调整的方法每改进一次都以 X 加上序号表示。如 1961 年提出的 X-10 法，是根据不规则变动和季节变动的相对大小来选择计算季节要素的移动平均项数，之后美国劳工局推出了 BLS 法（X-11）。1965 年，美国普查局推出了比较完整的季节调整 X-11 法。至此，季节调整方法走向成熟并被广泛使用。

在 X-11 法中，使用移动平均法将季节因素、趋势因素和非规则因素分离出来。在移动平均法中，用相邻若干月的均值作为某个月的数值，这样得到的新的时间序列对原始时间序列做了平滑，这个平滑过的新序列被认为是趋势因素，而原始序列和新序列的残差，则只包括季节因素和非规则因素。由于季节因素是以一年为周期的，所以对于月度数据应进行十二项移动平均，也就是说，平滑序列的某一个数值代表十二个月的平均值，因此任何一个平滑数值都同时均摊了十二个月季节因素的影响，为了分离残差中季节因素和非规则因素，则根据实际情况可以选择不同额移动平均次数。

如何剔除非规则因素呢？在分离方法中，选择移动平均的项数非常重要。项数越高，越能剔除非规则因素，但是随着项数的提高，损失的信息也越多。进行 $N$ 项移动平均时，在序列的期初和末尾分别失去（$N-1)/2$ 的数据，序列起初的数据还不算重要，但末尾的数据却是非常重要的，因为末尾是最新信息，特别是在预测时，利用越接近未来的数据预测，就越能提高预测的准确性。为了克服移动项数越高，损失信息越多的缺陷，就要尽量降低移动平均的项数，既要准确分离出非规则因素，又要降低数据的损失，这就使得选择移动平均项数至关重要。在 X－11 法中，选择哪种方法要根据非规则因素的大小和研究目的来确定。

## (一) 同期平均法

按月（季）平均法是根据序列月度或季度数据，先求得若干年内同月（或季节）平均数，再求出若干年内总的月（季）平均数，然后将二者相比，求得各月或季的季节比率。季节比率，也称季节指数，计算公式为：

$F_t$＝同月（季）平均数/总平均数

它反映序列在某月（季）内由于受季节变动影响高于或低于总平均数的百分比。这种方法仅适用于没有明显趋势变动只有季节变动的时间序列，如表 4－12 所示。

**表 4－12 某旅游景区接待游客人数** 单位：万人

| 月份 | 2014 | 2015 | 2016 | 2017 | 合计 | 同月平均 | 季节指数% |
|---|---|---|---|---|---|---|---|
| 1 | 23 | 30 | 18 | 22 | 93 | 23.25 | 19.10 |
| 2 | 33 | 37 | 20 | 32 | 122 | 30.50 | 25.06 |
| 3 | 69 | 59 | 92 | 102 | 322 | 80.50 | 66.14 |
| 4 | 91 | 120 | 139 | 155 | 505 | 126.25 | 103.73 |
| 5 | 192 | 311 | 324 | 372 | 1 199 | 299.75 | 246.29 |
| 6 | 348 | 334 | 343 | 324 | 1 349 | 337.25 | 277.10 |
| 7 | 254 | 270 | 271 | 290 | 1 085 | 271.25 | 222.87 |
| 8 | 122 | 122 | 193 | 153 | 590 | 147.50 | 121.19 |
| 9 | 59 | 70 | 62 | 77 | 268 | 67.00 | 55.05 |
| 10 | 34 | 33 | 27 | 17 | 111 | 27.75 | 22.80 |
| 11 | 19 | 23 | 17 | 37 | 96 | 24.00 | 19.72 |
| 12 | 27 | 16 | 13 | 46 | 102 | 25.50 | 20.95 |
| 合计 | 1 271 | 1 425 | 1 519 | 1 627 | 5 842 | | |
| 平均 | 105.92 | 118.75 | 126.58 | 135.58 | | 121.71 | 100.00 |

从图 4-7 中可以看出，这些年来，该旅游景区接待旅客人数没有明显的趋势变动，但季节变动明显，每年夏季游客较多，冬季较少。故采用同期平均法，按月平均法测定季节变动，计算出 2014 年至 2017 年同月的平均数，列入表 4-12 的第 7 列中，再计算 2014 年至 2017 年各年的人数，列入表 4-12 的倒数第 2 行，然后计算这几年总的月平均数。最后根据前面介绍的季节指数 $F$ 的计算公式，计算出各月的季节指数，列入表 4-12 的最后一列。

季节指数可以简明地表示季节变动的数量。上例中，一月份季节指数为 19.10%，表示一月份游客数量为年平均月游客量的 19.10%。各月的季节指数说明各月游客比平均水平高或低的程度，反映了季节变化的一般程度。

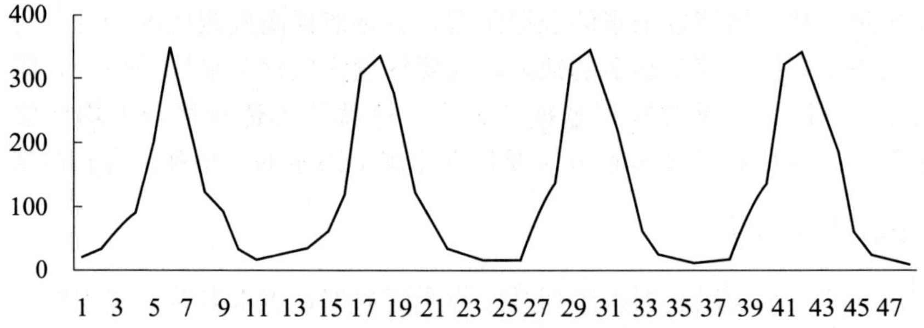


图 4-7　某旅游景区接待游客人数趋势图

## （二）移动平均趋势剔除法

当时间序列的趋势变动和季节变动同时存在时，应先将时间序列的趋势变动剔除，再来测定季节变动。趋势剔除法就是解决这一问题的方法，计算步骤如下：

（1）对原始时间序列求出移动平均数 $V_t$ 作为相应时期的趋势值。

（2）将时间序列的实际观测值 $Y_t$ 除以趋势值 $V_t$，得到各期的季节指数 $f_t$。

（3）将计算得到的各期季节指数进行简单算数平均后可得到理论季节指数 $f_i$。

上面的步骤可以通过以下计算式表示：

$$\frac{Y_t}{V_t} = f_t$$

$$f_i = \frac{f_t + f_{t+1} + \cdots + f_{t+i}}{m} \tag{4-26}$$

式中，$f_t$ 是样本季节指数，$f_i$ 是理论季节指数，$m$ 是样本季节指数形成的时间序列数据包含的期数。

根据表 4-13 和表 4-14，计算出 1—4 季度的平均季节比率 $\overline{f}_t$ 分别为 36.91%、103.36%、188.70%和 64.88%。由于四个季度季节比率之和不等于 400%，需要进行调整，调整系数为 101.56%，调整后的 1—4 季度季节比率 $f_i$ 为 37.49%、104.97%、191.65%和 65.89%。

**表 4-13　1999—2003 年某省痢疾 1—4 季度的发病数及移动平均计算表**①

| 年份 | 季度 | 序号 | 发病数 | 季移动平均数 $V_t^1$ | 二次移动平均数 $V_t^2$ | 季节指数 $f_t$ |
|---|---|---|---|---|---|---|
| 1999 | 1 | 1 | 3 937 | | | |
| | 2 | 2 | 10 959 | | | |
| | 3 | 3 | 17 440 | 9 726 | 9 665 | 180.44 |
| | 4 | 4 | 6 569 | 9 604 | 9 455 | 69.48 |
| 2000 | 1 | 5 | 3 447 | 9 305 | 9 506 | 36.26 |
| | 2 | 6 | 9 765 | 9 706 | 9 660 | 101.09 |
| | 3 | 7 | 19 044 | 9 614 | 9 654 | 197.27 |
| | 4 | 8 | 6 199 | 9 693 | 10 179 | 60.90 |
| 2001 | 1 | 9 | 3 765 | 10 665 | 10 730 | 35.09 |
| | 2 | 10 | 13 650 | 10 794 | 10 830 | 126.04 |
| | 3 | 11 | 19 560 | 10 865 | 10 816 | 180.84 |
| | 4 | 12 | 6 485 | 10 766 | 10 152 | 63.88 |
| 2002 | 1 | 13 | 3 370 | 9 537 | 9 316 | 36.17 |
| | 2 | 14 | 8 733 | 9 095 | 9 030 | 96.71 |
| | 3 | 15 | 17 790 | 8 964 | 9 028 | 197.05 |
| | 4 | 16 | 5 963 | 9 091 | 9 138 | 65.25 |
| 2003 | 1 | 17 | 3 878 | 9 185 | 9 663 | 40.13 |
| | 2 | 18 | 9 110 | 10 141 | 10 170 | 89.58 |
| | 3 | 19 | 21 614 | 10 198 | | |
| | 4 | 20 | 6 189 | | | |

**表 4-14　1999—2003 年某省痢疾各季节比率及调整季节比率（%）**②

| 年份 | 一季度 $f_t$ | 二季度 $f_t$ | 三季度 $f_t$ | 四季度 $f_t$ | 合计 |
|---|---|---|---|---|---|
| 1999 | | | 180.44 | 69.48 | 249.92 |
| 2000 | 36.26 | 101.09 | 197.27 | 60.90 | 395.52 |
| 2001 | 35.09 | 126.04 | 180.04 | 63.88 | 405.05 |
| 2002 | 36.17 | 96.71 | 197.05 | 65.25 | 395.18 |
| 2003 | 40.13 | 89.58 | | | 129.71 |
| 合计 | 147.65 | 413.42 | 754.80 | 259.51 | 1 575.38 |
| $\overline{f}_t$ | 36.91 | 103.36 | 188.70 | 64.88 | 393.85 |
| $f_i$ | 37.49 | 104.97 | 191.65 | 65.89 | 400.00 |

对计算结果的讨论：疾病的季节性是流行病学的重要特征，计算结果发现，痢疾在第二季度和第三季度的季节比率均大于 100%，尤其是第三季度，其季节

---

① 陈正利，申振元，陈益洲，等．月平均和移动平均趋势剔除法在痢疾发病季节变动中的应用．中国预防医学杂志，2005（6）：535-536.

② 同①.

比率最高，说明第三季度是痢疾发病的高峰季节。运用移动平均趋势剔除法能够考虑长期趋势影响，先剔除长期趋势，削弱短期的偶然因素影响，使基本的发展趋势得以呈现。在此基础上所测定的季节变动，结果更为准确、真实和可靠，这种方法对疾病季节分布的研究中具有较好的应用价值。

## 本章小结、软件操作与思考练习

### 一、本章小结

1. 时间序列：时间序列是指将某一指标在各个不同时间上的数值按时间先后顺序编制所形成的序列，因而时间序列也称动态数列。时间序列的两个构成要素：一个是研究现象所属的时间，另一个是反映该现象一定时间条件下数量特征的指标值。时间序列分析的内容：第一，计算各种水平指标和速度指标；第二，建立数学模型，揭示规律并对未来进行预测。

2. 序时平均数：序时平均数也称动态平均数或平均发展水平，是对时间序列中各时期发展水平计算的平均数。计算序时平均数包括两种情形：一是由时期序列计算序时平均数；二是由时点序列计算序时平均数。

3. 移动平均法：移动平均法是测定时间序列趋势变动的基本方法。它在时间序列中按一定项数逐项移动计算平均数，达到对原始序列进行修匀的目的。

4. 指数平滑法：指数平滑法是一种特殊的加权移动平均法。一方面，指数平滑法重视观察期内的不同观察值距离现在的时间远近，强调近期观察值的信息对预测值的重要作用，因而对不同时间的观察值赋予不同的权数，加大近期观察值的权重，降低远期观察值的权重，使预测值能够迅速反映实际的现状与变化。另一方面，指数平滑法对于观察值所赋予的权数是有伸缩性的，可以取不同的 $a$ 值以改变权数的变化速率，进而确定一个最适当的速率。运用指数平滑法可以通过选择不同的 $a$ 值来调节时间序列观察值的均匀程度（即趋势变化的平稳程度）。

5. 季节变动的调整：季节变动的调整就是一个从时间序列中估计和剔除季节影响的过程，目的是更好地揭示季度或月度序列的特征或基本趋势。目前主要运用 X-11 法进行调整，具体包括同期平均法、移动平均趋势剔除法。移动平均趋势剔除法是指当时间序列的趋势变动和季节变动同时存在时，应先将时间序列的趋势变动剔除，再来测定季节变动。

6. 自相关。自相关是时间序列诸项之间的单重相关，它是两次观察之间的相似度对它们之间的时间差的函数。

### 二、推荐阅读书目

陈方樱，沈思．数据分析方法及 SPSS 应用．北京：科学出版社，2016.

黄良文．统计学原理．北京：中国统计出版社，2000.

贾俊平，何晓群，金勇进．统计学．7 版．北京：中国人民大学出版社，2018.

尹海洁，李树林．社会统计学．2版．北京：中国人民大学出版社，2018.

## 三、SPSS统计软件操作

（一）SPSS时间序列的输入

SPSS不能自动识别时间序列数据，因此在SPSS中进行时间序列分析或建模之前，首先必须根据数据的时间格式进行时间变量定义，否则SPSS不会将数据识别为时间序列数据，而是作为普通数据处理。

在Define Dates对话框的Cases Are列表中提供了19种不同的日期格式，包括"Years"（分年份的数据）、"Years，quarters"（分年份且分季度的数据）、"Years，months"（分年且分月份的数据）等，这些代表了已知的数据之间的时间间隔。

（二）具体操作步骤

1. 输入数据

（1）第1个Variable输入1997—2018中国GDP的时间序列值，第2～4个Variables输入三次产业的时间序列值。

（2）定义时间变量：选择菜单Date下的Define Dates，出现Define Dates对话框；在出现的Cases Are列表框中，选择要定义的时间格式，本例是每年的数据，选择Years选项；在输出的列表框中，输入数据的时间点，例如输入2000，点击OK完成时间变量的定义。

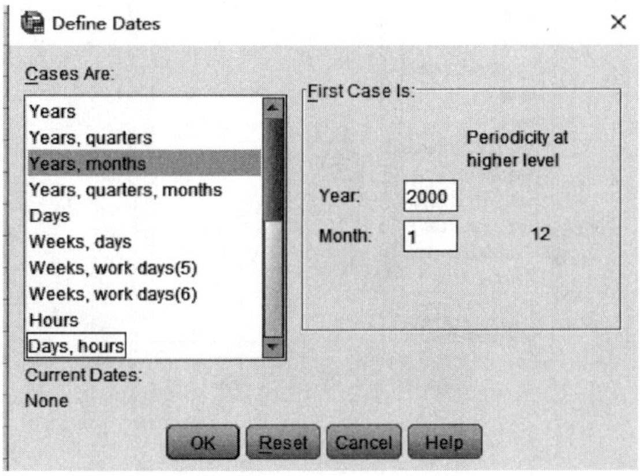


2. 做时间序列图

选择菜单Analyze下的Forecasting，在对话框中选择Sequence Charts，在该对话框中，将GDP变量的Year移入，并点击OK，输出原始数据的时间序列图。

3. 计算环比发展速度和几何发展速度

（1）计算环比发展速度：利用Compute选项，将本期的GDP除以上一期的GDP，即GDP/Lag（GDP），其中上一期的GDP为Lag（GDP），即可生成新的一组反映增长率的时间序列，假定命名为Growth命令。

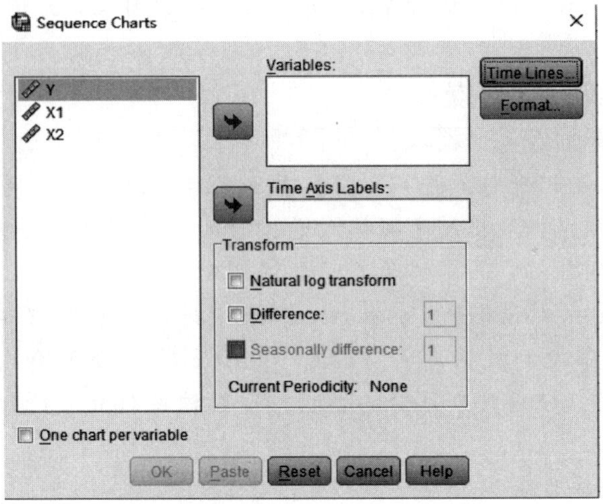


(2) 计算几何发展速度：利用 Analyze 选项下的 Reports，在出现的下拉菜单中选择 Case Summary，在该对话框中，将 Growth 变量拉入右侧的对话框，在 Statistics 选项中选择 Geometric Mean，即可计算出几何发展速度。

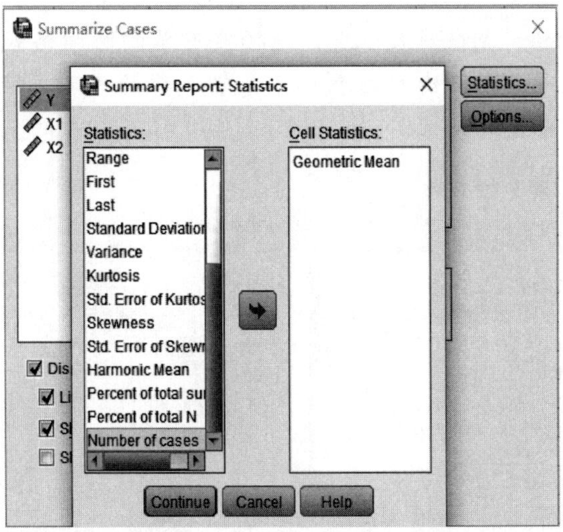


4. 趋势预测

(1) 线性趋势预测：利用 Analyze 选项下的 Regression，在出现的下拉菜单中点击 Linear，在出现的对话框中，将 GDP 拉入右侧的 Dependent Variables 框中，将 Year 拉入右侧的 Independent Variables 框中，点击 OK。

(2) 线性回归预测：利用 Analyze 选项下的 Regression，在出现的下拉菜单中点击 Linear，在出现的对话框中，将 GDP 拉入右侧的 Dependent Variables 框中，将第三产业 GDP 拉入右侧的 Independent Variables 框中，点击 OK。

(3) 移动平均预测：利用 Compute 选项，计算［Lag（GDP）＋Lag（GDP，2）＋Lag（GDP，3）］/3，即可生成新的一组反映移动平均特征的时间序列，假定命名为 Move 命令。

5. 自相关计算

选择菜单 Analyze 下的 Forecasting，再选择 Autocorrelations，进入 Autocorrelations 对话框，选择要分析的变量，计算自相关，输出的结果包括 $n-1$ 阶自相关系数。也可选择 Partial autocorrelations 计算偏自相关系数，还可绘制自相关图和偏自相关图。

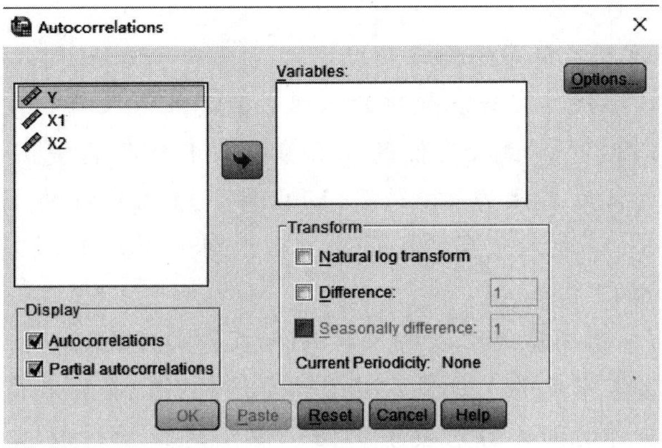


6. 季节调整

选择菜单 Analyze 下的 Forecasting，在对话框中选择 Seasonal Decomposition 进行调整。

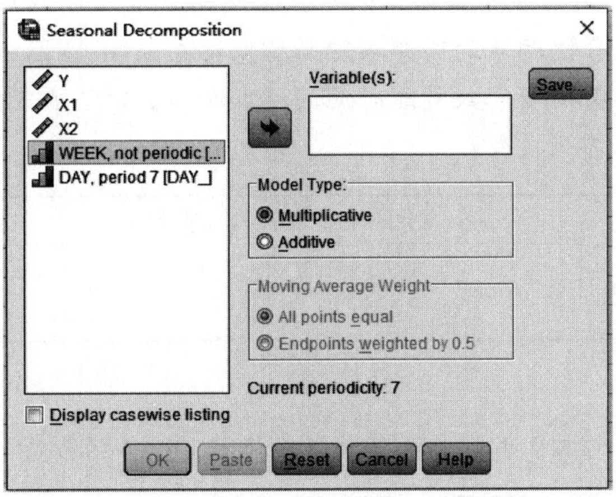


## 四、思考与练习

(一) 思考题

1. 若你准备研究一组时间序列，如何将其主要构成要素测定出来，方法是什么?

2. 平均发展速度和平均增长速度的关系是什么?

3. 试比较算术平均数、调和平均数和几何平均数。

4. 移动平均法和指数平滑法之间具有怎样的关系？

5. 试讨论时间序列季节调整的意义。

6. 结合第三章相关的测量方法，谈谈自相关的特点。

7. 生活标准低于官方贫困标准的美国人的数量，在1976—2009年的34年间从24 975 000人增加到43 569 000人，你能否根据这个数据得出美国贫困状况随着时间的变化越来越严重？

8. 思考以下收入不平等的变动状况：

在20世纪80年代美国经济起飞的时候，最高收入人群和最低收入人群的贫富差距拉大了。1980年，收入最低的1/5家庭，其所得占美国总收入的4.3%，而收入最高的1/5家庭占比为43.7%。1998年，收入最低的1/5家庭，其所得占比下降为3.6%，而收入最高的1/5家庭占比则上升为49.2%。最高收入家庭是最低收入家庭的14倍。

《福布斯》杂志的一篇文章以个人收入而不是家庭收入重新测算了收入不平等的变化。由于富裕家庭的人口多、要缴纳更多的税，而穷人有食品券和其他补助，收入高的人工作时间比穷人要多，因而以小时工资对收入进行了调整。这样重新计算后，1/5最高收入家庭只有1/5最低收入家庭的3倍。如果《福布斯》杂志这篇文章的潜在动机是要说明收入不平等的变化没有那么严重，你是否同意？

9. 已过世的英国心理学家伯特以研究分隔两地成长的双胞胎的智商而著称。在伯特的研究中，分隔两地的同卵双胞胎智商存在强相关性，表明智商主要受遗传因素的影响。伯特的研究数量随时间的增加而增加，下表是他两个时期的研究结果，是否有令人怀疑之处？

| 发表日期 | 分隔两地成长的双胞胎 | 一起成长的双胞胎 |
| --- | --- | --- |
| 1955 | 0.771（21对） | 0.994（83对） |
| 1966 | 0.771（53对） | 0.994（95对） |

（二）练习题

1. 某市2010—2016年社会商品零售额资料，如下表所示。

| 年份 | 2010 | 2011 | 2012 | 2013 | 2014 | 2015 | 2016 |
| --- | --- | --- | --- | --- | --- | --- | --- |
| 社会商品零售额（万元） | 8 245.7 | 9 704.8 | 12 462.1 | 16 264.7 | 20 620 | 24 774.1 | 27 298.9 |

试计算该市：

（1）该时期的平均社会商品零售额。

（2）环比发展速度和定基发展速度。

（3）用几何平均法计算平均增长速度。

2. 某医院 2010—2016 年各月产妇分娩数（人），如下表所示。

| 年份 | 月份 | | | | | | | | | | | |
|---|---|---|---|---|---|---|---|---|---|---|---|---|
| | 1 | 2 | 3 | 4 | 5 | 6 | 7 | 8 | 9 | 10 | 11 | 12 |
| 2010 | 379 | 303 | 326 | 356 | 330 | 361 | 343 | 395 | 418 | 425 | 438 | 400 |
| 2011 | 370 | 322 | 340 | 342 | 342 | 341 | 429 | 442 | 439 | 470 | 523 | 473 |
| 2012 | 440 | 394 | 375 | 401 | 410 | 401 | 403 | 420 | 479 | 488 | 438 | 408 |
| 2013 | 433 | 445 | 473 | 481 | 463 | 514 | 598 | 582 | 623 | 701 | 681 | 658 |
| 2014 | 578 | 491 | 525 | 543 | 510 | 554 | 549 | 625 | 625 | 680 | 689 | 621 |
| 2015 | 611 | 574 | 678 | 660 | 625 | 681 | 687 | 753 | 747 | 824 | 761 | 792 |
| 2016 | 806 | 659 | 825 | 756 | 757 | 769 | 808 | 919 | 978 | 1 090 | 1 025 | 1 012 |

（1）试绘制该医院 2010—2016 产妇分娩数的趋势图，对趋势变动和季节变动进行描述。

（2）用移动平均法预测下一年的分娩数量。

（3）用线性回归法预测下一年的分娩数量。

（4）用移动平均趋势剔除法剔除季节变动后，预测下一年的分娩数量。

3. 某机器连续 30 天内生产产品的日次品率数据如下（单位：%），试计算日次品率的自相关系数，并绘制自相关图，描述次品率的特征。

5.3　2.1　12.2　0.4　9.5　3.4　9.5　6.3　7.4　5.2　5.9　5.4　6.6　6.9　6.7　7.3　5.0　6.0　5.4　6.6　7.2　4.5　6.0　5.5　6.9　4.9　5.3　5.8　6.0　5.5

4. 从《中国统计年鉴（2019）》中选择一组自己熟悉或感兴趣的时间序列数据，包括总量与内部结构数据（例如国内生产总值，以及第一产业、第二产业、第三产业数值为一组数据），时间长度至少 20 年。

（1）计算序时平均数，进行前后四个五年的对比。

（2）计算结构相对数，进行四个五年的平均结构相对数的对比。

（3）计算发展速度和平均发展速度，进行四个五年的对比。

（4）运用移动平均法对下一年进行预测。

（5）运用时间序列一元回归分析方法进行预测和分析。

（6）对以上计算结果用文字进行描述和分析。

# 第五章 概率与概率分布

前面章节讨论了描述样本统计特征的一些概念和方法，包括单变量的集中趋势和离散趋势的描述方法，以及两个变量之间相关关系的描述方法。然而社会科学的研究不仅仅要进行样本数据的研究，更主要的是要通过对样本数据的特征来推断总体数据的特征，并对推断的正确性进行概率检验。如何从样本数据的特征推断总体呢？这就需要借助于统计学的另一个重要分支——推断统计学。推断统计学是研究如何从样本数据出发推断总体分布的方法与理论。进行总体推断有推断的可靠性问题，即在推断中就可能存在推断正确和推断错误的情形，概率是计算推断可靠性程度的重要手段，是我们接受还是拒绝由样本数据计算出的各种社会经济特征的依据。因而了解掌握有关概率的基本知识，理解常用概率分布的基本特征，就成为统计推断的首要任务。

## 第一节 概　率

推断统计学的数学基础是概率论，从局部推断总体，推论不具百分之百的可靠性，可能还会出现其他结果，概率是研究统计推断可靠性大小的工具。

### 一、概率的相关概念

#### （一）随机现象

在自然和社会生活中，存在着两种不同类型的现象，一种为确定性现象，另一种为随机现象。确定性现象是指在一定条件下，事先可以断言必然会发生某种结果的现象。例如同性电荷必定互相排斥，太阳不会从西边升起，水往低处流，标准大气压下水在100℃时必然沸腾等反映的就是这类现象。确定性现象服从的规律叫作必然规律或肯定性规律，可以根据已知的事实推算或预言它的结果。

随机现象是指事先不能断言会出现哪种结果的现象，随机现象的发生只具有可能性而不具有必然性。例如掷硬币，可能出现正面朝上也可能出现反面朝上，天气预报、考前预测考试结果、体检前的身体状况等等均属于随机现象。对于随机现象，由于人们事先不能断定它将出现什么结果，似乎是偶然性在起作用，但在大量同类的随机现象后通常会反映出一种比较确定的规律性，这就是所谓的统计规律。

## （二）随机事件

随机现象出现的各种可能结果称作随机事件。如对某生明年高考状况的评价有考上和考不上，某人婚姻状况的可能结果有已婚和未婚，天气预报的结果有晴、阴、雨、雪、雾等，身体状况有好、一般和不好等。

就个别试验和观察而言，某种事件的出现与否看似是偶然的，难以体现出其中的规律性；但如果进行多次试验和观察，事件的出现情况就能体现出一定的规律性，这种规律性就是频率的稳定性。频率的稳定性说明随机事件发生的可能性的大小是随机事件本身所固有的，不随人们意志改变的一种客观属性，因此是可以度量的，概率是度量随机事件的科学方法。

## （三）事件的相互关系

**1. 事件的包含和相等**

设有事件 $A$、$B$，如果 $A$ 发生，则 $B$ 必发生，称事件 $B$ 包含 $A$，记作 $A\subseteq B$，如果 $A$ 包含 $B$，同时 $B$ 包含 $A$，称 $A$、$B$ 相等，记作 $A=B$。

**2. 事件的并与差**

“$A$ 与 $B$ 至少有一个发生”的事件称为事件 $A$ 与 $B$ 的并或和，记作 $A+B$ 或者是 $A\cup B$；$A$ 发生但 $B$ 不发生的事件称为 $A$ 与 $B$ 的差，记为 $A-B$。

**3. 事件的交**

“$A$ 与 $B$ 同时发生”的事件，称为 $A$ 与 $B$ 的交或积，记作 $A\cdot B$ 或 $AB$ 或 $A\cap B$。交的概念也可推广到多个有限事件上，如 $A=A_1A_2\cdots A_n$，指 $A_1$，$A_2$，…，$A_n$ 同时发生。

**4. 事件的互斥性与互不相容性**

如果事件 $A$ 与 $B$ 不能同时发生，即 $AB=V$，$V$ 为不可能事件，则 $A$ 与 $B$ 是互不相容事件或互斥事件。互斥事件必为互不相容事件，但互不相容事件不一定是互斥事件。如果事件总体集合为（$A$，$B$，$C$），那么 $A$ 与 $B$ 为互不相容事件，而不是互斥事件。如果事件总体集合为（$A$，$B$），那么 $A$ 与 $B$ 既为互不相容事件，又是互斥事件。

生物学家做昆虫试验，在试验容器里放入两只昆虫，一个小时后打开容器，会发现三种结果：（1）两只昆虫都死；（2）两只昆虫一死一活；（3）两只昆虫都活。那么可以显而易见地看出来，两只昆虫都死的反面并不是两只昆虫都活，而是两只昆虫不都死。两只昆虫都死和两只昆虫都活虽然不会同时出现，但因为有第三种情况（一死一活）的存在，所以并不是互斥的矛盾事件，只是互不相容事件。

**5. 对立事件**

如果两个事件同时满足对立事件的条件是 $A+B=U$，$AB=V$，其中，$U$ 为必然事件，$V$ 为不可能事件，$A$ 发生 $B$ 就一定不发生，$A$ 与 $B$ 便是对立事件或互逆事件。

## （四）概率的定义

**1. 概率的统计定义**

在大量重复 $N$ 次试验中，当 $N$ 无限增大时，事件 $A$ 发生的频率 $n/N$ 稳定在一个确定的常数附近，我们就用这个频率来表示事件发生的概率，记作 $P(A)$。

$$P(A)=\lim_{N\to\infty}\frac{n}{N} \tag{5-1}$$

**2. 概率需要的条件**

条件 1：每次试验中某一事件发生的可能性不变。

条件 2：试验能大量重复，且每次试验相互独立。

**3. 概率具有的性质**

性质 1：$0\leqslant P(A)\leqslant 1$

性质 2：对于必然事件，$P(A)=1$；对于不可能事件 $P(A)=0$。

**例 5-1** 掷硬币试验，如表 5-1 所示。

**表 5-1 掷硬币正面朝上的结果**

| 试验者 | 掷币次数 | 出现正面的频数 | 出现正面的频率 |
|---|---|---|---|
| 德摩根 | 2 048 | 1 061 | 0.518 1 |
| 蒲丰 | 4 040 | 2 048 | 0.506 9 |
| 皮尔逊 | 12 000 | 6 019 | 0.501 6 |
| 皮尔逊 | 24 000 | 12 012 | 0.500 5 |

掷一枚质地均匀的硬币，正面朝上（随机事件 A）可能出现，也可能不出现。但是随着抛掷次数的增加，正面朝上出现的频率就在 0.5 附近摆动，抛掷次数越多，摆动范围越小，越接近 0.5，这一点由历史上多位统计学家的试验所验证。

## （五）概率的计算方法

**1. 频率法**

在相同条件下进行 $N$ 次试验，随机事件出现的次数 $n$ 称作频数。$n/N$ 称作频率。当观察次数 $N$ 充分大时，频率可作为概率的近似值。

例如当我们观察 14 个幼儿园儿童的性别时，会发现男女的比例差别很大，有的男多女少，有的女多男少。可是随着所观察的幼儿园儿童数量的增加，会发现男女比例逐步趋向平衡，或者说，随着观察次数的增多，男女之间的频率出现了稳定性，逐步趋近于 1∶1。

**例 5－2**　幼儿园女性儿童性别比例，如表 5－2 和图 5－1 所示。

**表 5－2　幼儿园女性儿童比例统计表**

| 幼儿园 | 儿童总数 $N$ | 女性儿童 $n$ | 女性儿童频率 $n/N$ |
|---|---|---|---|
| 1 | 10 | 7 | 0.70 |
| 2 | 20 | 9 | 0.45 |
| 3 | 30 | 12 | 0.40 |
| 4 | 40 | 17 | 0.43 |
| 5 | 50 | 27 | 0.54 |
| 6 | 60 | 31 | 0.52 |
| 7 | 70 | 39 | 0.56 |
| 8 | 80 | 40 | 0.50 |
| 9 | 90 | 46 | 0.51 |
| 10 | 100 | 50 | 0.50 |
| 11 | 110 | 54 | 0.49 |
| 12 | 120 | 60 | 0.50 |
| 13 | 130 | 64 | 0.49 |
| 14 | 140 | 70 | 0.50 |

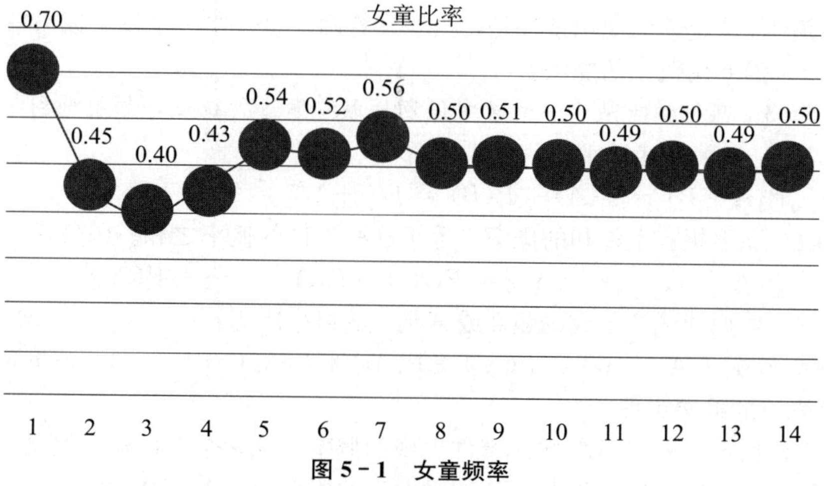


**图 5－1　女童频率**

**2. 等可能事件概率法**

等可能事件是指如果一次试验由 $n$ 个基本事件组成，而且所有结果出现的可能性都是相等的，那么每一个基本事件互为等可能事件。例如有一个圆盘等分成七块，指针绕着中心旋转，那么指针落在每一块区域内的可能性是完全一样的。在这个等可能事件中，指针落在圆盘内任意一块的概率 $P=1/7$。再如一个骰子有六面，每一面出现的概率是 1/6，一副牌有 52 张，有 13 张梅花，随机抽出一个梅花的概率是 13/52。

**3. 主观概率法**

主观概率法是指人们利用自己的经验知识、现有资料对事件出现的可能性大小作出主观估测的方法，主观估计的可能程度称为主观概率。人们对某一事件发生的信念程度可以用数字（0～1）来衡量。在相同情况下，人们对于同一事件可能提出不同的概率，甚至于对成功或失败的机会持完全相反的态度。

主观概率必须符合概率论的基本定理。（1）所有可能出现的结果中每一结果发生的概率值应小于或等于1，大于或等于0；（2）各种可能结果发生概率的总和必须等于1。当事件不能重复度量时，人们没有办法知道一个特定事件发生的比例是多少，但用主观概率的方法也是有效的。

例如王女士计划明天旅行，尽管她不知道安全到达目的地的准确概率是多少，但她研究了相关资料，在此基础上对旅行的不确定性进行了分析，得到了一个主观概率。利用主观概率可以估计未来事件发生的概率，或者估计某一事件发生时对目标影响程度的概率，是帮助决策者作出决策的有效工具。

## （六）概率的两个基本定理

**1. 概率的加法定理**

在一次试验中不可能同时出现的事件称为互不相容事件。若A、B是两个互不相容的事件，则A和B至少一个发生的概率为：

$$P(A+B)=P(A)+P(B) \tag{5-2}$$

概率的加法定理的使用条件是，当要计算两个事件中一个发生或另一个发生的概率时，需要用概率的加法。

**例 5-3** 某一学生从5个试题中任意抽取一题进行口试，如果抽到每一题的概率为1/5，则抽到试题1或试题2的概率为：

$$P(A+B)=P(A)+P(B)=1/5+1/5=2/5$$

有限个互不相容事件和的概率，等于这些事件的概率之和。用公式表示为：

$$P(A_1+A_2+\cdots+A_n)=P(A_1)+P(A_2)+\cdots+P(A_n) \tag{5-3}$$

上例学生抽到试题1或试题2或试题4的概率应为：

$$P(A_1+A_2+A_4)=P(A_1)+P(A_2)+P(A_4)=1/5+1/5+1/5=3/5$$

**2. 概率的乘法定理**

$A$ 事件出现的概率不影响 $B$ 事件出现的概率，这两个事件称为独立事件。若 $A$、$B$ 是两个独立事件，则 $A$ 和 $B$ 同时发生的概率 $P$（$A*B$）为：

$$P(A*B)=P(A)*P(B) \tag{5-4}$$

概率的乘法定理的使用条件是，当要计算一个事件与另一个事件同时发生的概率，需要用概率的乘法。在上例中，如果第一个学生把抽过的试题还回后，第二个学生再抽，则两个学生都抽到试题1的概率为：

$$P(A*B)=P(A)P(B)=1/5\times1/5=1/25$$

有限个独立事件的概率，等于这些事件的乘积，用公式表示为：

$$P(A_1*A_2*\cdots*A_n)=P(A_1)*P(A_2)*\cdots*P(A_n) \tag{5-5}$$

在上例中，如果前一个学生把抽过的试题还回后，后面分别有 3 个学生再抽，则 4 个学生都抽到试题的概率为：

$$P(A_1 * A_2 * A_3 * A_4) = P(A_1) * P(A_2) * P(A_3) * P(A_4)$$
$$= 1/5 \times 1/5 \times 1/5 \times 1/5 = 1/625$$

**例 5-4**　电视竞猜节目采取猜测的方式，每道题只有对或错两种可能的结果，即每题对的概率为 1/2，错的概率也为 1/2。共有 3 道题，其概率分布如图 5-2 所示。

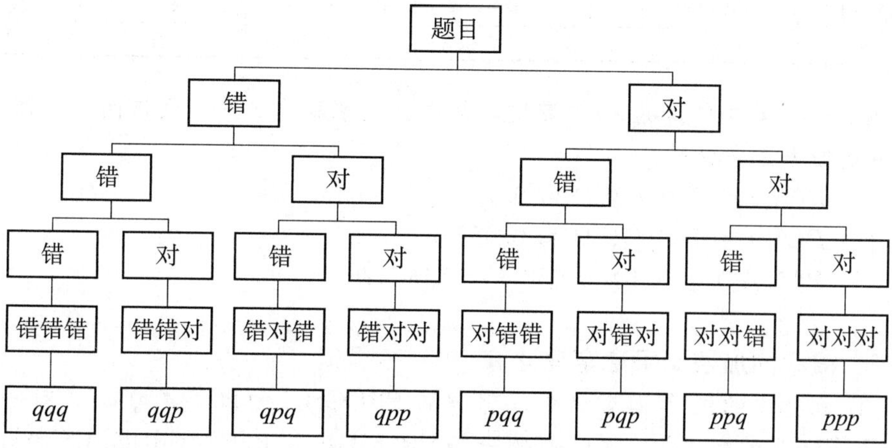


**图 5-2　电视节目结果**

3 道题全部错的概率 $qqq = 1/2 \times 1/2 \times 1/2 = 1/8$

3 道题全部对的概率 $ppp = 1/2 \times 1/2 \times 1/2 = 1/8$

2 道题错 1 道题对的概率 $qqp = 3 \times 1/2 \times 1/2 \times 1/2 = 3/8$

2 道题对 1 道题错的概率 $ppq = 3 \times 1/2 \times 1/2 \times 1/2 = 3/8$

各项概率之和 $= 1/8 + 1/8 + 3/8 + 3/8 = 1$

因为每道题对与错是相互独立的，每一种可能结果的概率都等于每道题做对与做错不同组合概率的乘积。根据概率加法定理，可以将做错 2 题做对 1 题的三种情形加总为 $3q^2p$，将 1 题做错 2 题做对的三种情形加总为 $3qp^2$。将 8 种可能结果的概率分成 4 类，即 $q^3$、$3q^2p$、$3qp^2$、$p^3$。可见这一情形可用三次二项式 $(p+q)^3$ 的展开式来表达。1 道题都没有做对的概率 $q^3 = 0.125$；做对 1 道题的概率为 $3qp^2 = 0.375$……

如果把做一道题看作做 1 次试验，一个参与者做三道题看作做 3 次试验，而把做对 1 道题看作成功事件出现了 1 次，那么在 $n$ 次试验中成功事件出现不同次数的概率，可以用 $(p+q)^n$ 的展开式来表达。

**例 5-5**　生女孩的概率是 0.49，一个家庭有四个孩子：(1) 求有三个女儿和一个男孩的概率；(2) 求有三个或四个女孩的概率。

三个女孩一个男孩的概率：

$GGGB$　$0.49 \times 0.49 \times 0.49 \times 0.51 \approx 0.06$

$GGBG$　$0.49 \times 0.49 \times 0.51 \times 0.49 \approx 0.06$

$GBGG$　$0.49 \times 0.51 \times 0.49 \times 0.49 \approx 0.06$

$BGGG$　$0.51\times0.49\times0.49\times0.49\approx0.06$

因此，(1) 三个女孩的概率为 0.24，(2) 三个或四个女孩的概率，在之前的计算结果上加上第四个女孩的概率为 0.30。

如上例，生女孩的概率为 0.49，那么四个孩子的家庭中女孩个数的概率如表 5－3 所示。

**表 5－3　四个孩子的家庭中女孩个数的二项分布**

| 女孩个数 | 0 | 1 | 2 | 3 | 4 | 总数 |
|---|---|---|---|---|---|---|
| 概率 | 0.07 | 0.26 | 0.37 | 0.24 | 0.06 | 1.00 |

**例 5－6**　某居民楼共 20 户家庭，其中三代家庭为 2 户，问访问 2 户都是三代家庭的概率是多少？

$P(A_1)=2$ 户 /20 户 $=0.1$

$P(A_2)=1$ 户 /19 户 $\approx0.052\,6$

$P(A_1A_2)=0.1\times0.052\,6\approx0.005\,26$

**练习：概率的加法和乘法定理计算**

1. 在德国的汽车拥有者中，有一辆 PROCHE 的概率是 0.07，有一辆 MERCEDES 的概率是 0.29。问有一辆 PROCHE 或一辆 MERCEDES 的概率是多少？有一辆 PROCHE 和一辆 MERCEDES 的概率是多少？

2. 某年级共有学生 100 名，其中籍贯是山东省的 25 名，山西省的 10 名，问任抽一名，来自山东省或山西省的概率是多少？

3. 根据某市职业代际流动统计，服务业和制造业职工代际向下流动的概率为 0.07，静止不动的为 0.85，求两个群体向上流动的概率？

4. 某社区共有住户 1 000 户，其中本地人口占 60%，问访问 3 户都是本地人口的概率？

5. 根据统计结果，男婴出生的概率为 22/43，女婴出生的概率为 21/43。某社区有两名孕妇，问两名孕妇都生男婴的概率是多少？都生女婴的概率是多少？一男一女的概率是多少？

答案：第 1 题，0.36，0.020 3。第 2 题，0.35。第 3 题，0.08。第 4 题，0.216。第 5 题，0.261 8，0.238 5，0.499 7。

## 第二节
## 离散型变量的概率分布

随机变量分为离散型变量与连续型变量两种。离散型变量是指某些随机变量全部可能取到的值是有限个或可列无限多个，其概率之和为 1，且以一定的规律分布在各个可能值上，这种随机变量我们称之为“离散型随机变量”。例如骰子的点数、次品的个数、得病的人数、民族的分布等等。

## 一、二项分布

### （一）二项分布的概念

对某随机变量进行 $n$ 次独立试验，若每次试验结果只能出现对立事件 $A$ 与 $\overline{A}$ 之一，在每次试验中出现 $A$ 的概率是 $p$，则出现 $\overline{A}$ 的概率为 $1-p$，求在 $n$ 次独立试验下，$A$ 出现次数为 $x$ 的概率分布（$x=0$，1，2，…，$n$）。用公式表示为：

$$P(X=x)=C_n^x p^x q^{n-x} \quad (x=0,1,2,\cdots,n) \tag{5-6}$$

二项分布可以概括为：第一，在每次试验中只有两种可能的结果，而且是互相对立的；第二，每次试验是独立的，与其他各次试验结果无关；第三，事件发生的概率在整个系列试验中保持不变；第四，一次试验称为伯努利试验，独立重复 $n$ 次的伯努利试验为二项分布。

例如，选民有支持或不支持某位候选人的两种选择，产妇有诞出男婴或女婴的两种可能，消费者有购买或不购买某种商品的两种可能。

### （二）二项分布的实例

**例 5-7** 求硬币连续两次正面着地的概率。

如果（1）一次正面着地的概率是 0.5，（2）只有两种可能（正面和反面），（3）每一次掷硬币都是独立的，则通过二项分布就可以计算得到：

$0.5\times0.5=0.25$

**例 5-8** 从研发人员占 2/5 的企业中随机抽取 6 个员工，问正好抽到 4 个研发人员的概率是多少？至多抽到两个研发人员的概率是多少？

将 $n=6$，$p=2/5$，$q=1-p=1-2/5=3/5$，$X=4$，代入公式 5-6，则恰好抽到 4 个研发人员的概率为：

$$P(X=4)=C_6^4 p^4 q^2=\left(\frac{6\times5\times4\times3}{4\times3\times2\times1}\right)\left(\frac{2}{5}\right)^4\left(\frac{3}{5}\right)^2\approx0.138\ 2$$

至多抽到 2 个研发人员的概率，等于 1 个也没抽到、抽到 1 个和抽到 2 个研发人员的概率之和。即 X=0，1，2 的概率之和。

$$P(X=0)+P(X=1)+P(X=2)=C_6^0 p^0 q^6+C_6^1 p^1 q^5+C_6^2 p^2 q^4$$
$$=\left(\frac{3}{5}\right)^6+6\times\frac{2}{5}\times\left(\frac{3}{5}\right)^5+15\times\left(\frac{2}{5}\right)^2\times\left(\frac{3}{5}\right)^4\approx0.544\ 3$$

**例 5-9** 考生猜题的概率计算。考生要完成 10 道统计学考试中的选择题，选项为是与不是。若一名考生完全不懂，全凭猜测回答问题，求（1）分别猜对

5 题、6 题、7 题、8 题、9 题、10 题的概率，(2) 至少猜对 5 题的概率。

把考生回答一题看作一次试验，则回答 10 题是 10 次相互独立的试验，每次试验只有两个结果，记答对为 $p$，答错为 $q$ ($q=1-p$)，$p=q=1/2$，用随机变量 $X$ 表示 10 次试验中答对的题数，由公式 5-6 得到猜中 5 道题的概率为：

$$P(X=5)=C_{10}^{5}\,p^{5}\,q^{5}=\frac{10\times 9\times 8\times 7\times 6}{5!}\left(\frac{1}{2}\right)^{5}\left(\frac{1}{2}\right)^{5}\approx 0.246\ 09$$

猜中 6 道题的概率为：

$$P(X=6)=C_{10}^{6}\,p^{6}\,q^{4}=\frac{10\times 9\times 8\times 7\times 6\times 5}{6!}\left(\frac{1}{2}\right)^{6}\left(\frac{1}{2}\right)^{4}\approx 0.205\ 08$$

猜中 7 道题的概率为：

$$P(X=7)=C_{10}^{7}\,p^{7}\,q^{3}=\frac{10\times 9\times 8\times 7\times 6\times 5\times 4}{7!}\left(\frac{1}{2}\right)^{7}\left(\frac{1}{2}\right)^{3}$$

$$\approx 0.117\ 19$$

猜中 8 道题的概率为：

$$P(X=8)=C_{10}^{8}\,p^{8}\,q^{2}\approx 0.043\ 95$$

猜中 9 道题的概率为：

$$P(X=9)=C_{10}^{9}\,p^{9}\,q^{1}\approx 0.009\ 77$$

猜中 10 道题的概率为：

$$P(X=10)=C_{10}^{10}\,p^{10}\,q^{0}\approx 0.000\ 98$$

至少猜中 5 道题的概率为：

$$P=C_{10}^{5}p^{5}q^{5}+C_{10}^{6}p^{6}q^{4}+C_{10}^{7}p^{7}q^{3}+C_{10}^{8}p^{8}q^{2}+C_{10}^{9}p^{9}q^{1}+C_{10}^{10}p^{10}q^{0}$$

$$\approx 0.623\ 05$$

## (三) 二项分布的均值、方差和标准差

均值、方差和标准差都是随机变量的数字特征。均值反映变量取值的集中程度，方差、标准差则反映变量取值的离散程度。由于二项分布的概率计算公式为：

$$P(X=x)=C_{n}^{x}p^{x}q^{n-x}\quad (x=0,1,2,\cdots,n)$$

对二项分布来说，数学证明当 $p=q$ 时，不管 $n$ 多大，二项分布呈对称形；当 $n$ 很大时，二项分布接近正态分布；当 $n$ 趋于无限大时，正态分布是二项分布的极限。

当二项分布接近正态分布时，在 $n$ 次二项试验中成功事件出现次数的均值为 $\mu=np$；方差为 $\sigma^2=np\ (1-p)$；标准差为 $\sigma=\sqrt{np\ (1-p)}$。

证明过程如下：

(1) 对于伯努利试验：

$$E(X)=0*(1-p)+1*p=p$$

$$D(X)=[0-E(X)]^{2}(1-p)+[1-E(X)]^{2}p=p^{2}(1-p)+(1-p)^{2}p$$

$$=p^{2}-p^{3}+p^{3}-2p^{2}+p=p-p^{2}=p(1-p)$$

（2）对于二项分布 X～B（$n$，$p$），是独立重复 $n$ 次的伯努利试验，因此：

$$E(X)=E(X_1)+E(X_2)+\cdots+E(X_i)+\cdots+E(X_n)$$
$$=p+p+\cdots+p=np$$
$$D(X)=D(X_1)+D(X_2)+\cdots+D(X_i)+\cdots+D(X_n)$$
$$=p(1-p)+p(1-p)+\cdots+p(1-p)=np(1-p)$$

**练习：使用二项分布计算下列概率**

1. 某中学平均升学率为70%，随机抽查6名学生，问（1）其中有4名升学的概率是多少？（2）至少有4名升学的概率是多少？

2. 根据生命表，年龄为60岁的人可望活到下年的概率为 $p=0.95$，设某社区年龄为60岁的人共有10人，问（1）其中有9人活到下年的概率为多少？（2）至少有9人活到下年的概率是多少？

答案：第1题，0.324，0.745。第2题，0.315，0.914。

## 二、泊松分布

泊松分布即泊松概率分布，是以法国数学家泊松（S. D. Poisson）命名的。泊松统计了普鲁士军队的10个骑兵连在连续20年中被马踢死的人数。因此，泊松概率分布主要是计算发生在时间、面积、体积等单位内稀有事件个数的相对频率的模型。例如1分钟内计算机接到的新任务个数、生产车间每月的事故数，它们的相对频率分布可以用泊松分布很好地近似呈现。

### （一）泊松随机变量的特征

（1）在给定时间单位或给定面积、体积单位（或重量、距离或其他任何度量单位）内发生某个事件的次数 $Y$。

（2）事件发生在给定时间、面积或体积单位内的概率对所有单位全部相同。

（3）发生在一个时间、面积或体积单位内的事件数与发生在其他单位内的事件数是独立的。

### （二）泊松随机变量 X 的概率分布

$$P(X=k)=\frac{e^{-\lambda}\lambda^k}{k!} \tag{5-7}$$

其中，$\lambda$ 为给定的单位时间、面积或体积内事件的平均数，e=2.718 28…。

泊松随机变量的均值和方差分别是：

$\mu=\lambda$ 和 $\sigma^2=\lambda$

均值和方差证明如下：

证明：由于 $X\sim P$（$X=k$）$=\dfrac{\lambda^k}{k!}e^{-\lambda}$

当 $k=0$ 时，$E(X)=0$，所以首先去掉首项为零，依据泰勒展开式 $e^x=\sum_{n=0}^{\infty}\frac{x^n}{n!}$，证明：

$$E(X)=\sum_{k=0}^{\infty}k\frac{\lambda^k}{k!}e^{-\lambda}=\lambda e^{-\lambda}\sum_{k=1}^{\infty}\frac{\lambda^{k-1}}{(k-1)!}=\lambda$$

$$\begin{aligned}E(X^2)&=\sum_{k=0}^{\infty}k^2\frac{\lambda^k}{k!}e^{-\lambda}=\sum_{k=1}^{\infty}\frac{k\lambda^k e^{-\lambda}}{(k-1)!}=\lambda e^{-\lambda}\sum_{k=1}^{\infty}\frac{k\lambda^{k-1}}{(k-1)!}\\&=\lambda e^{-\lambda}\sum_{k=1}^{\infty}\frac{(\lambda^k)'}{(k-1)!}=\lambda e^{-\lambda}(\lambda\sum_{k=1}^{\infty}\frac{\lambda^k}{k!})'=\lambda e^{-\lambda}(\lambda e^{\lambda})'\\&=\lambda e^{-\lambda}(\lambda e^{\lambda}+e^{\lambda})=\lambda^2+\lambda\end{aligned}$$

故：$D(X)=E(X^2)-[E(X)]^2=\lambda^2+\lambda-\lambda^2=\lambda$

泊松分布可看作二项分布的近似，条件是当二项分布的 $n$ 很大而 $p$ 很小时，其中 $\lambda$ 为 $np$。通常当 $n\geqslant 10$，$p\leqslant 0.1$ 时，就可以用泊松公式近似计算。

图 5-3 为 $\lambda=1$、4、10 的泊松分布在 $n=0$，1，2，…，20 处的概率图，纵轴为概率。可以看出，在 $n$ 很小而 $p$ 较大时，泊松分布不是对称的，它在右边有长长的尾巴，随着 $n$ 的增大和 $p$ 的降低，泊松分布逐渐趋于对称。

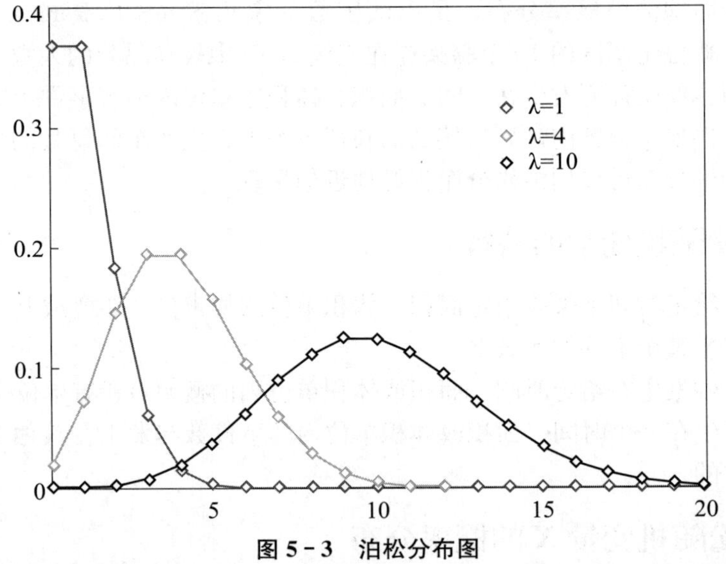


**图 5-3 泊松分布图**

泊松分布适合事件发生稀少问题的研究，常与单位时间（或单位面积、单位产品等）上的计算过程相联系，例如在单位时间内航空事故发生频率，单位面积的人员死亡频率，单位面积上的环境空气质量，单位面积上的放射性物质的粒子数等往往被认为近似地服从泊松分布。为了方便计算，统计学家总结出泊松分布函数表（见表 5-5），以便快速得到泊松分布概率的计算值。

**例 5-10** 泊松统计普鲁士军队的 10 个骑兵团在连续 20 年被马踢死的人数，每团每年被马踢死的人数用 $r$ 表示，共有 $10\times 20=200$ 个观察数据，它们的统计情况如表 5－4 所示。

**表 5－4　普鲁士军队被马踢死的人数**

| $r$ | 0 | 1 | 2 | 3 | 4 |
|---|---|---|---|---|---|
| 次数 | 109 | 65 | 22 | 3 | 1 |

根据上述统计表，估计：

（1）一个骑兵团在一年内没有人被马踢死的概率；

（2）一个骑兵团在一年内恰有 2 人被马踢死的概率。

【解】设 $r=$“每团每年死亡人数”

根据实测结果，λ 可近似地计算为：

$$\lambda=(0\times109+1\times65+2\times22+3\times3+4\times1)/(109+65+22+3+1)$$
$$\approx0.6$$

查泊松分布表得到：没有被马踢死的概率为 0.548 8，恰有 1 人被马踢死的概率为 0.329 3（0.878 1－0.548 8），恰有 2 人被马踢死的概率为 0.098 8（0.976 9－0.878 1）。

**表 5－5　常见泊松分布表**

| $k$ \ $\lambda$ | 0.1 | 0.2 | 0.3 | 0.4 | 0.5 | 0.6 | 0.7 | 0.8 | 0.9 | 1.0 | 1.5 | 2.0 | 2.5 | 3.0 |
|---|---|---|---|---|---|---|---|---|---|---|---|---|---|---|
| 0 | 0.904 8 | 0.818 7 | 0.740 8 | 0.670 3 | 0.606 5 | 0.548 8 | 0.496 6 | 0.449 3 | 0.406 6 | 0.367 9 | 0.223 1 | 0.135 3 | 0.082 1 | 0.049 8 |
| 1 | 0.995 3 | 0.982 5 | 0.963 1 | 0.938 4 | 0.909 8 | 0.878 1 | 0.844 2 | 0.808 8 | 0.772 5 | 0.735 8 | 0.557 8 | 0.406 0 | 0.287 3 | 0.199 1 |
| 2 | 0.999 8 | 0.998 9 | 0.996 4 | 0.992 1 | 0.985 6 | 0.976 9 | 0.965 9 | 0.952 6 | 0.937 1 | 0.919 7 | 0.808 8 | 0.676 7 | 0.543 8 | 0.423 2 |
| 3 | 1.000 0 | 0.999 9 | 0.999 7 | 0.999 2 | 0.998 2 | 0.996 6 | 0.994 2 | 0.990 9 | 0.986 5 | 0.981 0 | 0.934 4 | 0.857 1 | 0.757 6 | 0.647 2 |
| 4 | | 1.000 0 | 1.000 0 | 0.999 9 | 0.999 8 | 0.999 6 | 0.999 2 | 0.998 6 | 0.997 7 | 0.996 3 | 0.981 4 | 0.947 3 | 0.891 2 | 0.815 3 |
| 5 | | | | 1.000 0 | 1.000 0 | 1.000 0 | 0.999 9 | 0.999 8 | 0.999 7 | 0.999 4 | 0.995 5 | 0.983 4 | 0.958 0 | 0.916 1 |
| 6 | | | | | | | 1.000 0 | 1.000 0 | 1.000 0 | 0.999 9 | 0.999 1 | 0.995 5 | 0.985 8 | 0.966 5 |
| 7 | | | | | | | | | | 1.000 0 | 0.999 8 | 0.998 9 | 0.995 8 | 0.988 1 |
| 8 | | | | | | | | | | | 1.000 0 | 0.999 8 | 0.998 9 | 0.996 2 |
| 9 | | | | | | | | | | | | 1.000 0 | 0.999 7 | 0.998 9 |
| 10 | | | | | | | | | | | | | 0.999 9 | 0.999 7 |
| 11 | | | | | | | | | | | | | 1.000 0 | 0.999 9 |
| 12 | | | | | | | | | | | | | | 1.000 0 |

以此概率计算理论次数为 109.8 次和 19.8 次，与实测结果的 109 次和 22 次相比较，数据非常接近（见表 5－6），这说明该事件频率分布确实符合泊松分布。

**表 5－6　普鲁士军队被马踢死的概率**

| 死亡人数 | 0 | 1 | 2 | 3 | 4 |
|---|---|---|---|---|---|
| $P_i$ | 0.548 8 | 0.329 3 | 0.098 8 | 0.019 7 | 0.003 0 |
| 计算次数（$200*P_i$） | 109.8 | 65.9 | 19.8 | 4.0 | 0.6 |

**例 5-11** 有 10 000 名同年龄段的人参加了某保险公司的一项人寿保险。每个投保人在每年初需交纳 200 元保费，而在这一年若投保人死亡，则受益人可以从保险公司获得 100 000 元的赔偿费，据生命表这类人的年死亡率为 0.001，试求保险公司在这项业务上，(1) 亏本的概率，(2) 至少获利 500 000 元的概率。

【解】设 $X$ 为 10 000 名投保人在一年中死亡的人数，因为 $n=10\ 000$ 很大，$p=0.001$ 很小，所以用 $\lambda=np=10$ 的泊松分布进行近似计算。保险公司在这项业务上的总收入为 200 * 10 000=2 000 000 元。

(1) 保险公司在这项业务上的亏本是相当于死亡人数 $X>20$，因此所求概率为：

$$P(X>20)=1-P(X\leqslant 20)\approx 1-\sum_{k=0}^{20}\frac{10^k}{k!}e^{-10}=1-0.998=0.002$$

由此可以看出，保险公司在这项业务上亏本的可能性是微小的。

(2) 保险公司在这项业务上"至少获利 500 000 元"相当于死亡人数 $X\leqslant 15$，因此所求概率为：

$$P(X\leqslant 15)\approx\sum_{k=0}^{15}\frac{10^k}{k!}e^{-10}=0.951$$

因此，保险公司在这项业务上至少获利 500 000 元的可能性很大。

**练习：使用泊松分布计算下列概率**

1. 某学校留学生的比例为 0.5%，某学院有 300 人，求以下概率：

(1) 没有留学生；

(2) 1 个留学生；

(3) 2 个留学生；

(4) 3 个留学生。

答案：0.223；0.335；0.251；0.125。

2. 有人对 1 000 篇微博进行研究，发现有错字 300 个，问每篇微博出现错字的概率分布如何？

答案：$P(X=0)=0.740\ 8$；$P(X=1)=0.222\ 3$；$P(X=2)=0.033\ 3$，$P(X=3)=0.003\ 3$，$P(X=4)=0.000\ 3$；$P(X=5)=0.000\ 0$。

## 三、超几何分布

### (一) 有放回抽样与无放回抽样

当我们从一个有限总体中抽取样本时，如果观测每次实验结果，然后在下一次观测之前将样本放回总体，严格地满足二项试验，这种抽样的方法称为有放回抽样。然而在现实中，我们通常是无放回抽样。假定有 100 个产品，其中有 10 个次品，质检人员随机抽取 20 个产品进行检查，如果抽取到的 20 个产品中含有 2 个或更多个不合格产品，则整个 100 个产品将会被退回。

具体实施检验时，每检查一个产品后并不放回，这样每一个产品都不会被重复检查。如果是有放回抽样，再抽取时，检查过的物品还有可能又被抽上。从一个有限总体中进行不放回抽样常常服从超几何分布，超几何分布和有限总体的不放回抽样的实践有着密切关系。

## (二) 超几何分布的特征

(1) 试验是从 $N$ 个元素，其中有 $r$ 个 S（成功）和 $N-r$ 个 F（失败）集合中无放回地随机抽取 $n$ 个元素。

(2) 样本容量 $n$ 相对于总体元素的个数 $N$ 是大的，即 $n/N>0.05$。

(3) 超几何随机变量 $Y$ 是抽出的 $n$ 个元素中 S 的个数。

超几何分布由下式给出：

$$P(y)=\frac{C_r^y C_{N-r}^{n-y}}{C_N^n} \tag{5-8}$$

其中：$N$=元素的总个数；$r$=$N$ 个元素成功的个数；$n$=抽出的元素个数；$y$=抽出的 $n$ 个元素中成功的个数。超几何随机变量的均值和方差分别是：

$$\mu=\frac{nr}{N},\quad \sigma^2=\frac{r(N-r)n(N-n)}{N^2(N-1)} \tag{5-9}$$

**例 5-12**　设某公司有 10 名员工，其中大学及以上学历有 7 名。现从中任抽 3 名，问其中大学及以上学历人数的概率分布如何？

根据题意，总数 $N=10$ 人，大学及以上学历 7 人，大学以下学历人数 3 人；任抽 3 名中含大学及以上学历 $y$ 共有以下四种情况：

$y=0$（0 人大学及以上；3 人大学以下）；

$y=1$（1 人大学及以上；2 人大学以下）；

$y=2$（2 人大学及以上；1 人大学以下）；

$y=3$（3 人大学及以上；0 人大学以下）。

由于总体 $N=10$，抽样人数 $n=3$，$n/N=0.3>0.05$，故适合用超几何分布。

$$P(y=x)=\frac{C_7^x C_3^{3-x}}{C_{10}^3}(x=0,1,2,3)$$

$$P(y=0)=\frac{C_7^0 C_3^3}{C_{10}^3}=\frac{1}{120}\approx 0.008$$

$$P(y=1)=\frac{C_7^1 C_3^2}{C_{10}^3}=\frac{21}{120}=0.175$$

$$P(y=2)=\frac{C_7^2 C_3^1}{C_{10}^3}=\frac{63}{120}=0.525$$

$$P(y=3)=\frac{C_7^3 C_3^0}{C_{10}^3}=\frac{35}{120}\approx 0.292$$

计算得到任抽 3 人，没有大学及以上学历人员的概率为 0.008；有 1 人具有大学及以上学历的概率为 0.175；有 2 人具有大学及以上学历的概率为 0.525；有 3 人具有大学及以上学历的概率为 0.292。

**练习：运用超几何分布计算和思考**

练习：某班共有 40 名学生，其中女同学有 10 名，今任抽 5 名进行口试，问被抽中至少有 4 名女同学的概率是多少？

答案：0.01。

思考：某社区有 500 个家庭，其中有 5 个外国人家庭。物业管理人员随机抽取 20 个家庭调查居民对物业管理的满意度，问有放回抽样和不放回抽样抽到 2 个外国人家庭的概率有什么不同？各自服从什么分布？

答案：对于一个仅有 1/100 外国家庭居住的大规模社区，采取有放回抽样和无放回抽样抽到 2 个外国人的概率都非常小，二者相差不大。当从一个小总体进行不放回抽样时，服从超几何分布；而采取有放回抽样时，则服从二项分布。

# 第三节 连续型变量的概率分布

## 一、连续型变量

许多变量通过取连续值，如高度、长度、重量、时间、距离等值传递信息，这些变量被称为连续变量（continuous variable）。换言之，一个随机变量如果能够在一个区间（无论这个区间多么小）内取任何值，则称之为在此区间内的连续变量。对于连续变量来说，它们的概率分布很难准确地用描述离散变量概率的条形图来表示，而是需要用直方图来表示。如果我们把直方图的区间越分越细，而纵轴不是用频率，而是用频率密度＝频率/组距，于是频率直方图就转化为分布密度曲线或概率密度曲线（见图 5－4）。

连续变量落入某个区间的概率就是概率密度函数的曲线在这个区间上所覆盖的面积。因此，理论上，这个概率就是密度函数在这个区间上的积分。和离散变量所有取值的概率和为 1 类似，连续变量密度函数曲线下面覆盖的总面积为 1。

$$\int_{-\infty}^{+\infty} f(x)dx = 1$$

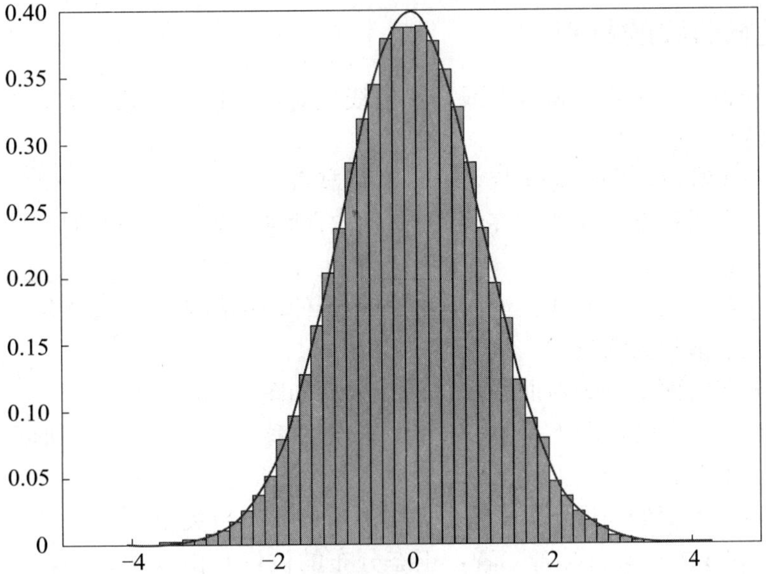


**图 5-4 直方图与概率密度曲线**

## 二、正态分布

### (一) 正态分布函数

正态分布，顾名思义是正常状态下的分布，是社会科学领域最常见、应用最广的一种重要的连续型分布，例如初婚年龄、学业成绩、身高、体重等均服从正态分布。正态分布（又称高斯分布）是由德国数学家高斯提出的，正态分布的函数表达式为：

$$f(x)=\frac{1}{\sqrt{2\pi\sigma}}e^{-\frac{(x-\mu)^2}{2\sigma^2}}(\sigma>0,-\infty<x<+\infty) \tag{5-10}$$

其中：$\pi$ 是 3.14；$e$ 是自然对数的底，为 2.72；$x$ 是随机变量的取值；$\mu$ 为正态分布的均值；$\sigma^2$ 为正态分布的方差。

正态分布一般记作 $x \sim N$（$\mu$，$\sigma^2$），其图形如图 5-5 所示。

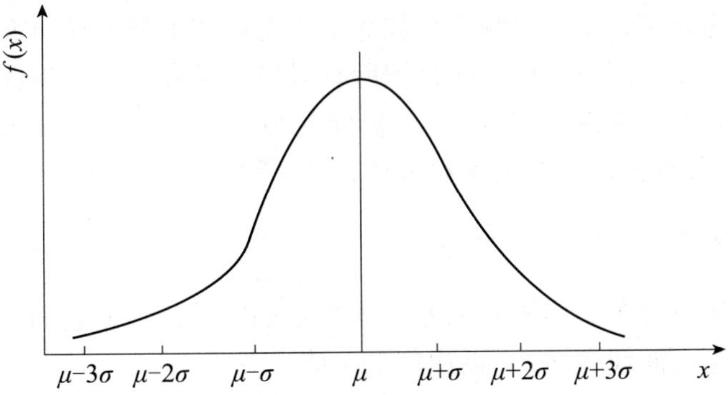


**图 5-5 正态分布图形**

## （二）正态曲线的特点

正态分布是一条概率密度曲线，该曲线呈对称起伏的形状，形如钟形，具有如下三个特征：

（1）一个高峰：曲线是单峰，有一个最高点。

（2）一个对称轴：曲线在高峰处有一个对称轴，轴的两边是对称的。对称轴是直线 $x=\mu$。

（3）一条渐近线：曲线无论向左或向右延伸，都越来越接近横轴，但不会和横轴相交，以横轴为渐近线。

正态分布的两个参数对曲线形状的影响，如图 5－6 所示。

（1）在 $\sigma$ 一定的情况下，若 $\mu$ 增大，图形右移，若 $\mu$ 减小，图形左移，但整个图形形状不变。

（2）当 $\mu$ 不变的情况下，$\sigma$ 越小，则对应的图形越尖瘦。

（3）$\mu$ 和 $\sigma$ 的意义：综合二者，正态分布的位置是由 $\mu$ 决定的，而正态分布的形状"高、矮、胖、瘦"则是由 $\sigma$ 决定的。

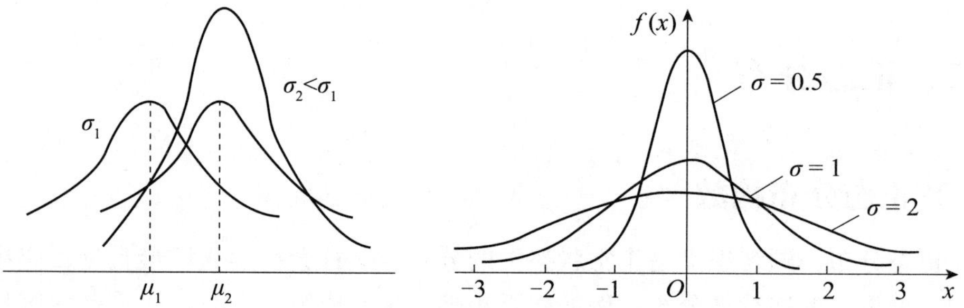


**图 5－6　不同均值和方差条件下的正态分布**

## （三）标准正态分布

正态分布式中的 $\mu$、$\sigma$ 和 $N$ 都是绝对数量，由于每个正态分布的 $\mu$、$\sigma$ 和 $N$ 的不同，正态曲线也就不同。例如几个平均数相同的正态分布，标准差大的正态分布形态低阔，标准差小的正态分布形态高狭。

如果把 $X$ 轴的记分由原始分数 $X$ 改为标准分数 $Z=(X-\mu)/\sigma$，把 $Y$ 轴的尺度由频数改为频率，于是由频率总和等于 1 就代替了频数总和等于 $N$，这样不仅不影响正态分布的固有特征，而且把所有以绝对量表示总体参数 $\mu$ 和 $\sigma$ 的正态分布曲线函数，都变成以平均数为 0，标准差为 1 的标准正态分布曲线函数，记作 $N(0,1)$，标准正态分布的函数表达式 $f(Z)$ 为：

$$f(Z)=\frac{1}{\sqrt{2\pi}}e^{-\frac{x^2}{2}}(-\infty<Z<+\infty) \tag{5-11}$$

由于标准正态分布的均值 $\mu$ 和方差 $\sigma^2$ 都是确定的值，故它的位置和形状也是确定的。标准正态曲线在 $Z=0$ 点达到最大值。

统计学家根据积分理论和方法编制了标准正态分布表（部分见表 5-7）。

正态分布表包括以下三列：第一列表示曲线底部即横轴上的位置，用 $Z$ 表示，$Z$ 值的计算公式如下：

$$Z=\frac{x-\mu}{\sigma}$$

第二列是纵高 $Y$，即曲线的高度，对于某 $Z_0$ 值，其纵高 $Y$ 由公式 5-11 计算。例如当 $Z=0$ 时，

$$y=\frac{1}{\sqrt{2\pi}}=0.398\,9$$

第三列是图中的面积，用 $P$ 来表示，即概率 $P\ (0<Z<Z_0)$，见表 5-7。当 $Z=0.05$ 时，$P=0.019\,4$；当 $Z=0.1$ 时，$P=0.039\,8$；当 $Z=0.2$ 时，$P=0.079\,3$；当 $Z=0.5$ 时，$P=0.191\,5$。

需要注意的是，正态分布表只列出 $Z\geqslant 0$ 所对应的纵高和面积。当 $Z\leqslant 0$ 时，可根据正态曲线的对称性，在正态分布表中查出 $-Z$ 所对应的面积和纵高即可。

$$P(Z_0<Z\leqslant 0)=P(0<Z\leqslant -Z_0),\text{如 }P(-1<Z<0)=P(0<Z<1)$$

## (四) 正态分布的概率计算

对于正态分布中的概率计算，可以先将其通过公式 $Z=\frac{x-\mu}{\sigma}$ 转换成为标准正态分布后，然后利用查正态分布表的方式得到其相应的概率。

**例 5-13** 通过具体的例子来看图 5-7 中 68.26%、95.46% 和 99.74% 的来历。

$$\begin{aligned}P(\mu-\sigma<x\leqslant\mu+\sigma)&=P(-\sigma<x-\mu\leqslant\sigma)\\&=P\left(-1<\frac{x-\mu}{\sigma}\leqslant 1\right)\\&=P(-1<Z\leqslant 1)\\&=2P(0<Z\leqslant 1)\\&=2\times 0.341\,3\\&=0.682\,6\end{aligned}$$

$$\begin{aligned}\text{同理},P(\mu-2\sigma<x\leqslant\mu+2\sigma)&=P(-2<Z\leqslant 2)\\&=2\,P(0<Z\leqslant 2)\\&=2\times 0.477\,3\\&=0.954\,6\end{aligned}$$

$$\begin{aligned}\text{同理},P(\mu-3\sigma<x\leqslant\mu+3\sigma)&=P(-3<Z\leqslant 3)\\&=2\,P(0<Z\leqslant 3)\\&=2\times 0.498\,7\\&=0.997\,4\end{aligned}$$

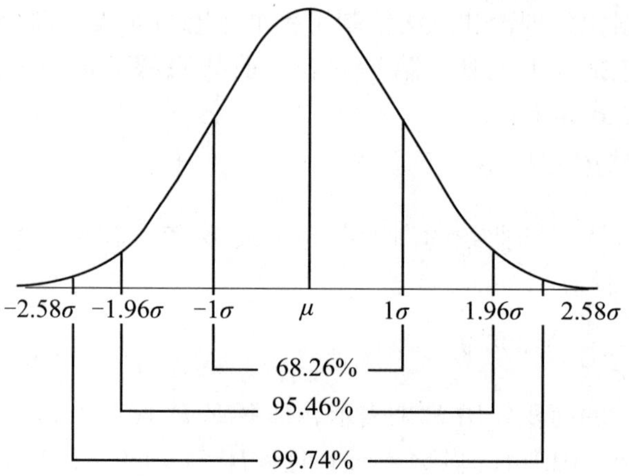


图 5-7 标准正态分布

表 5-7 正态分布概率积分表（部分）

| μ | 面积 | μ | 面积 | μ | 面积 |
|---|---|---|---|---|---|
| 0.0 | 0.000 0 | 1.0 | 0.341 3 | 2.0 | 0.477 3 |
| 0.1 | 0.039 8 | 1.1 | 0.364 3 | 2.1 | 0.482 1 |
| 0.2 | 0.079 3 | 1.2 | 0.384 9 | 2.2 | 0.486 1 |
| 0.3 | 0.117 9 | 1.3 | 0.403 2 | 2.3 | 0.489 3 |
| 0.4 | 0.155 4 | 1.4 | 0.419 2 | 2.4 | 0.491 8 |
| 0.5 | 0.191 5 | 1.5 | 0.433 2 | 2.5 | 0.493 8 |
| 0.6 | 0.225 8 | 1.6 | 0.445 2 | 2.6 | 0.495 3 |
| 0.7 | 0.258 0 | 1.7 | 0.455 4 | 2.7 | 0.496 5 |
| 0.8 | 0.288 1 | 1.8 | 0.464 1 | 2.8 | 0.497 4 |
| 0.9 | 0.315 9 | 1.9 | 0.471 3 | 3.0 | 0.498 7 |

**例 5-14** 求正态分布 $N(3, 1.5^2)$ 变量在区间（2，4）中的概率 $P(2<X<4)$。

$$\begin{aligned}P(2<X<4) &= P(X<4)-P(X<2)\\ &= P\Big(\frac{X-\mu}{\sigma}<\frac{4-\mu}{\sigma}\Big)-P(\frac{X-\mu}{\sigma}<\frac{2-\mu}{\sigma})\\ &= P\Big(Z<\frac{4-3}{1.5}\Big)-P\Big(Z<\frac{2-3}{1.5}\Big)\\ &= P(Z<0.666\,7)-P(Z<-0.666\,7)\\ &= 0.747\,5-0.252\,5=0.495\,0\end{aligned}$$

## （五）标准正态分布的下侧分位数、上侧分位数以及尾概率

对于正态分布随机变量 $X$，$\alpha$ 下侧分位数（又称为 $\alpha$ 分位数，α - quantile）定义为满足关系 $P(X\leqslant x_\alpha)=\alpha$ 的数 $x_\alpha$，这里的 $\alpha$ 称为下（左）侧尾率（lower/left tail probability）。而 $\alpha$ 上侧分位数（又称 $\alpha$ 上分位数，α - upper quantile）定义为满足关系 $P(X>x_\alpha)=\alpha$ 的数 $x_\alpha$，这里的 $\alpha$ 称为上（右）侧尾率（upper/right tail probability）。通常用 $Z_\alpha$ 表示正态分布的 $\alpha$ 上侧分位数，即对于标

准正态分布变量 $Z$，有 $P(Z>Z_\alpha)=\alpha$。图 5－8 给出了 0.025 上侧分位数 $Z_\alpha=Z_{0.025}$ 及相应的尾概率（$\alpha=0.025$）。

在统计推断过程中，往往需要借助于下侧分位数、上侧分位数以及尾概率来检验以样本统计量推断总体参数的代表性和显著性特征。

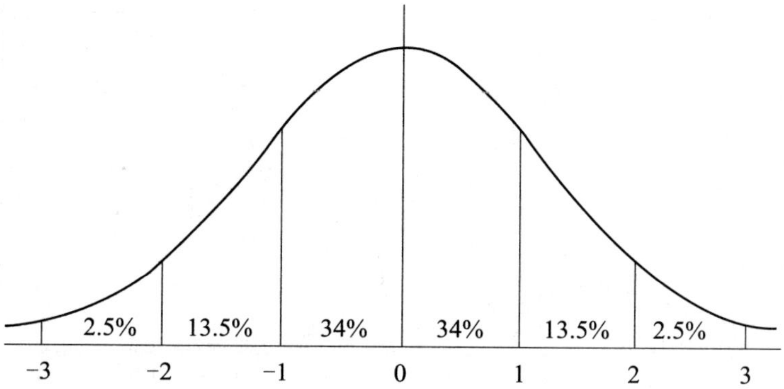


**图 5－8　标准正态分布的分位数**

## 三、$\chi^2$ 分布

### （一）$\chi^2$ 分布的定义

若 $n$ 个相互独立的随机变量 $X_1$，$X_2$，…，$X_n$，均服从标准正态分布（也称独立同分布于标准正态分布），则这 $n$ 个服从标准正态分布的随机变量的平方和构成一新的随机变量，其分布规律称为卡方分布（chi-square distribution），记为 $\chi^2(k)$。其数学表达式为：

$$\chi^2=\left(\frac{X_1-\mu}{\sigma}\right)^2+\left(\frac{X_2-\mu}{\sigma}\right)^2+\cdots+\left(\frac{X_i-\mu}{\sigma}\right)^2$$

$$=\frac{\sum_{i}^{k}(X_i-\mu)^2}{\sigma^2}$$

$$=\sum_{i=1}^{k}Z_i^2 \tag{5-12}$$

我们把随机变量 $\chi^2$ 的概率分布称为 $\chi^2$ 分布。

由正态变量所导出的 $n$ 个独立标准正态变量的平方和称为有 $n$ 个自由度的 $\chi^2$ 分布。更一般地，若干个独立的 $\chi^2$ 分布变量的和也服从 $\chi^2$ 分布，其自由度等于那些 $\chi^2$ 分布自由度之和。$\chi^2$ 分布是一族分布，由该族成员的不同自由度来区分，由于 $\chi^2$ 分布变量为正态变量的平方和，因此它不会取负值。图 5－9 是五个不同自由度 $k$ 的 $\chi^2$ 分布密度图。卡方分布是由正态分布构造而成的一个新的分布，不同的自由度决定不同的卡方分布，自由度越小，分布越偏斜。当自由度 $k$ 很大时，$\chi^2$ 分布近似于正态分布。

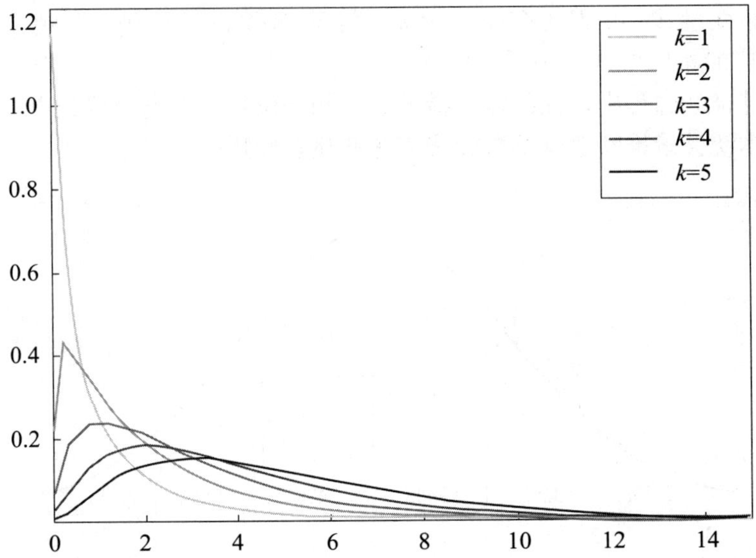


**图 5-9　卡方分布图**

## (二) $\chi^2$分布的特征

(1) $\chi^2$分布的均值为自由度，记为 $E(\chi^2)=k$。

(2) $\chi^2$分布的方差为2倍的自由度，记为 $D(\chi^2)=2k$。

(3) $\chi^2$分布具有可加性，若$\chi^2(\mathrm{k}_1)$与$\chi^2(k_2)$相互独立，则：

$$\chi^2(k_1)+\chi^2(k_2)=\chi^2(k_1+k_2)$$

(4) 当$k\geqslant 30$时，$\chi^2$分布可以用正态分布作近似计算，计算公式如下：

$$\chi^2_\alpha=\frac{1}{2}(Z_\alpha+\sqrt{2k-1})^2$$

**例 5-15**　用正态近似法，求下列各值：$\chi^2_{0.05}(50)$，$\chi^2_{0.05}(100)$。

$$\chi^2_{0.05}(50)=\frac{1}{2}(Z_{0.05}+\sqrt{2\times 50-1})^2=\frac{1}{2}(1.65+\sqrt{99})^2\approx 67.3$$

$$\chi^2_{0.05}(100)=\frac{1}{2}(Z_{0.05}+\sqrt{2\times 100-1})^2=\frac{1}{2}(1.65+\sqrt{199})^2\approx 124.1$$

## (三) $\chi^2$分布查表

查$\chi^2$分布概率表时，按自由度及相应的概率去找到对应的$\chi^2$值。如表5-8所示的单侧概率0.9(7)=2.833的查表方法就是，在第一列找到自由度7这一行，在第一行中找到概率0.9这一列，行列的交叉处即是2.833。

**表 5-8　$\chi^2$分布概率表（部分）**

| $n$ \ $\alpha$ | 0.995 | 0.99 | 0.975 | 0.95 | 0.9 |
|---|---|---|---|---|---|
| 1 | 0.000 | 0.000 | 0.001 | 0.004 | 0.016 |
| 2 | 0.010 | 0.020 | 0.051 | 0.103 | 0.211 |

续前表

| n \ α | 0.995 | 0.99 | 0.975 | 0.95 | 0.9 |
|---|---|---|---|---|---|
| 3 | 0.072 | 0.115 | 0.216 | 0.352 | 0.584 |
| 4 | 0.207 | 0.297 | 0.484 | 0.711 | 1.064 |
| 5 | 0.412 | 0.554 | 0.831 | 1.145 | 1.610 |
| 6 | 0.676 | 0.872 | 1.237 | 1.635 | 2.204 |
| 7 | 0.989 | 1.239 | 1.690 | 2.167 | 2.833 |
| 8 | 1.344 | 1.646 | 2.180 | 2.733 | 3.490 |
| 9 | 1.735 | 2.088 | 2.700 | 3.325 | 4.168 |
| 10 | 2.156 | 2.558 | 3.247 | 3.940 | 4.865 |
| 11 | 2.603 | 3.053 | 3.816 | 4.575 | 5.578 |
| 12 | 3.074 | 3.571 | 4.404 | 5.226 | 6.304 |
| 13 | 3.565 | 4.107 | 5.009 | 5.892 | 7.042 |
| 14 | 4.075 | 4.660 | 5.629 | 6.571 | 7.790 |
| 15 | 4.601 | 5.229 | 6.262 | 7.261 | 8.547 |
| 16 | 5.142 | 5.812 | 6.908 | 7.962 | 9.312 |
| 17 | 5.697 | 6.408 | 7.564 | 8.672 | 10.085 |
| 18 | 6.265 | 7.015 | 8.231 | 9.390 | 10.865 |
| 19 | 6.844 | 7.633 | 8.907 | 10.117 | 11.651 |
| 20 | 7.434 | 8.260 | 9.591 | 10.851 | 12.443 |
| 21 | 8.034 | 8.897 | 10.283 | 11.591 | 13.240 |
| 22 | 8.643 | 9.542 | 10.982 | 12.338 | 14.041 |

## 四、$t$ 分布

在概率论和统计学中，$t$ 分布（t-distribution）用于根据小样本来估计呈正态分布且方差未知的总体的均值。如果总体方差已知（例如在样本数量足够多时），则应该用正态分布来估计总体均值。

$t$ 分布也称为学生 $t$ 分布。其推导是由威廉·戈塞于 1908 年首先发表的，当时他在都柏林的健力士酿酒厂工作，因此不能以他本人的名义发表，所以论文使用了学生（Student）这一笔名。之后罗纳德·费雪将 $t$ 检验在理论及经验层面做了进一步的深入研究，他将此分布称为学生分布。$t$ 分布的特征如下：

（1）以 0 为中心，左右对称的单峰分布。

（2）$t$ 分布是一簇曲线，其形态变化与自由度 $n$ 的大小有关。自由度 $n$ 越小，$t$ 分布曲线越低平；自由度 $n$ 越大，$t$ 分布曲线越接近标准正态分布曲线。随着自由度趋于无穷大，$t$ 分布逐渐成为标准正态分布，如图 5－10 所示。

（3）对应于每一个自由度 $n$，就有一条 $t$ 分布曲线，每条曲线都有其曲线下统计量 $t$ 的分布规律，因此 $t$ 分布计算较复杂。$t$ 分布在置信区间估计、显著性检验等问题的计算中发挥着重要作用。

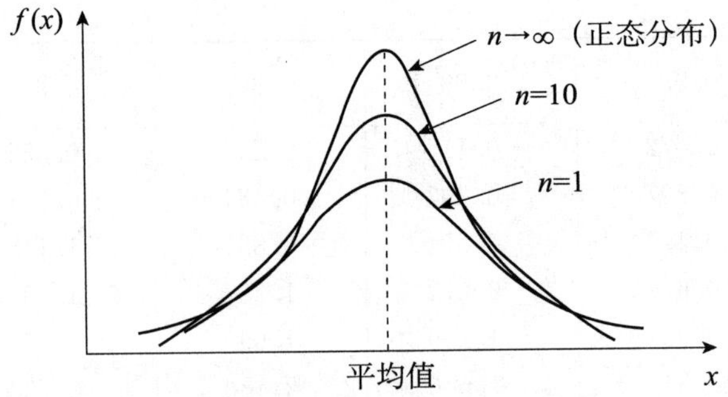


图 5-10　$t$ 分布图

统计学中的自由度是反映信息量大小的一个度量，具体到 $t$ 分布中，如果自由度趋于无穷，那么 $t$ 分布就是正态分布了。事实上，当自由度大于 30 时，它们的分布曲线就差不多是相同的了。通常用 $t_\alpha$ 表示 $t$ 分布的右侧尾端概率 $\alpha$，即 $t$ 变量的 $\alpha$ 上侧分位数，可表示为 $P(t>t_\alpha)=\alpha$，如图 5-11 所示。

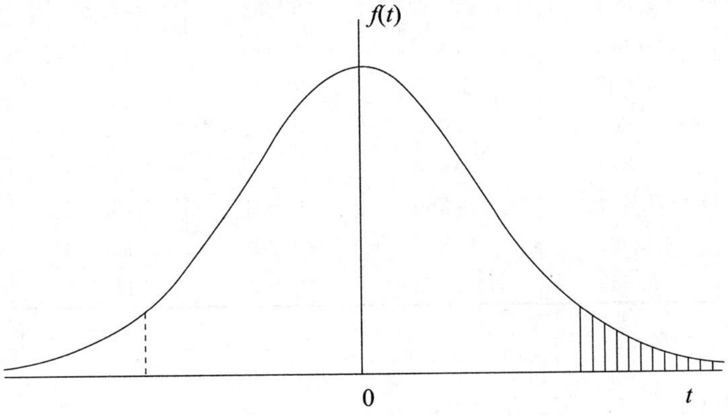


图 5-11　$t$ 分布的面积或概率

对于 $t$ 分布的双侧检验，可见表 5-9。例如当自由度为 10，显著性水平为 0.10 时，上侧的面积为 0.05，$t_{0.05}=1.812$，下侧的面积也为 0.05，$-t_{0.05}=-1.812$。

表 5-9　$t$ 分布表（部分）

$t$—分布表
$P(|t|>t_\alpha)=\alpha$

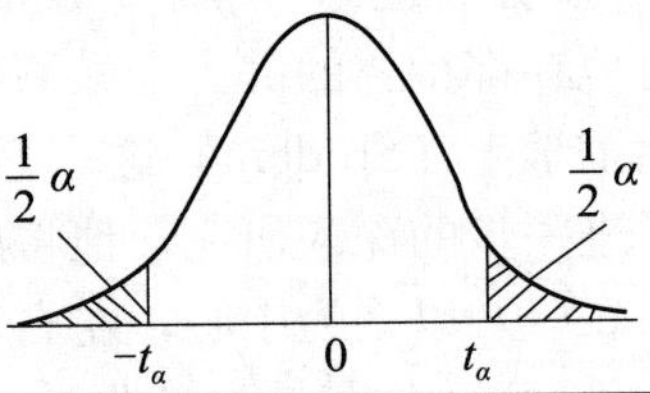


| $f$ | $P$ / $\alpha$ | 90% / 0.10 | 95% / 0.05 | 98% / 0.02 | 99% / 0.01 | 99.9% / 0.001 |
|---|---|---|---|---|---|---|
| 1 | | 6.31 | 12.71 | 31.82 | 63.66 | 636.62 |
| 2 | | 2.92 | 4.30 | 6.97 | 9.93 | 31.6 |
| 3 | | 2.35 | 3.18 | 4.54 | 5.84 | 12.92 |
| 4 | | 2.13 | 2.78 | 2.25 | 4.60 | 8.61 |

续前表

| | | | | | |
|---|---|---|---|---|---|
| 5 | 2.02 | 2.57 | 3.67 | 4.03 | 6.86 |
| 6 | 1.94 | 2.45 | 3.14 | 3.71 | 5.96 |
| 7 | 1.90 | 2.37 | 3.00 | 3.50 | 5.41 |
| 8 | 1.86 | 2.31 | 2.90 | 3.36 | 5.04 |
| 9 | 1.83 | 2.26 | 2.82 | 3.25 | 4.78 |
| 10 | 1.81 | 2.23 | 2.76 | 3.17 | 4.59 |

## 五、*F* 分布

### （一）*F* 分布的概念

*F* 分布是 1924 年英国统计学家费雪（R. A. Fisher）提出的，并以其姓氏的第一个字母命名。两个独立的 $\chi^2$ 分布变量分别除以各自的自由度后的比则称为 *F* 分布，其中，两个 $\chi^2$ 分布的自由度则为 *F* 分布的自由度，因此 *F* 分布有两个自由度：第一个自由度是在分子上的 $\chi^2$ 分布的自由度，第二个自由度是在分母上的 $\chi^2$ 分布的自由度。*F* 分布为非对称分布，两个自由度的位置不可互换。*F* 分布的分布曲线如图 5－12 所示。

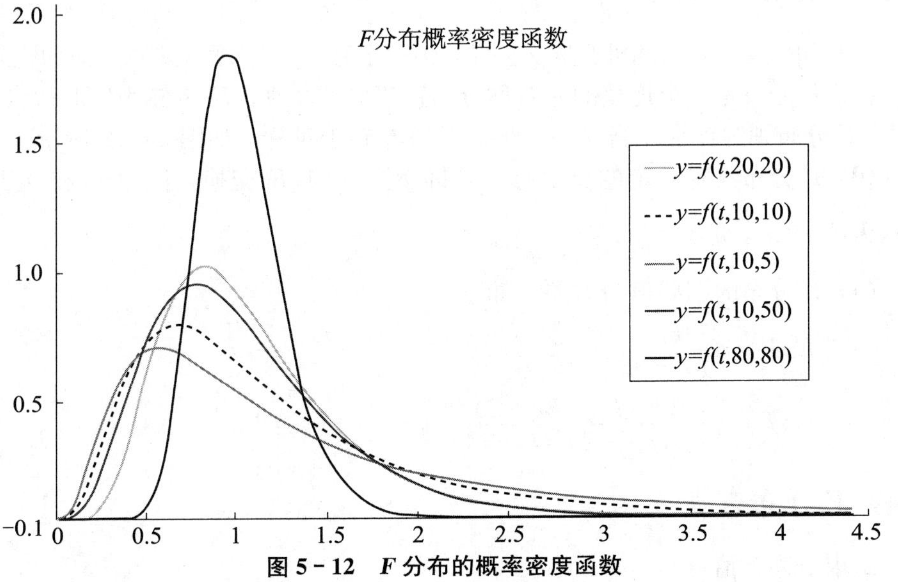


**图 5－12　*F* 分布的概率密度函数**

### （二）*F* 分布的数学形式

设 $\chi_1^2$（$n_1$）和 $\chi_2^2$（$n_2$）相互独立，那么随机变量

$$F(n_1, n_2)=\frac{\chi_1^2/n_1}{\chi_2^2/n_2}$$

服从自由度为（$n_1$，$n_2$）的 $F$ 分布，其中分子上的自由度 $n_1$ 称为第一自由度，分母上的自由度 $n_2$ 称为第二自由度。我们把随机变量 $F$ 的分布称为 $F$ 分布，其概率密度记为 $\varphi_r$（$x$；$n_1$，$n_2$），表 5－10 对不同自由度 $n_1$、$n_2$ 及不同的临界值 $\alpha$（$0<\alpha<1$），给出满足下列概率式的 $F_\alpha(n_1, n_2)$ 的值（见图 5－13）。

$$P(F \geqslant F_\alpha; n_1, n_2) = \int_{F_\alpha}^{\infty} \varphi_r(x; n_1, n_2) dx = \alpha$$

上式表示自由度为（$n_1$，$n_2$）的 $F$ 分布，当其分布函数 $P(F \geqslant F_\alpha)$ 时，是随机变量 $F$ 的临界值。具体来说，在假设检验中，它表示在显著性水平 $\alpha$ 上 $F$ 分布中随机变量 $F$ 的临界值。

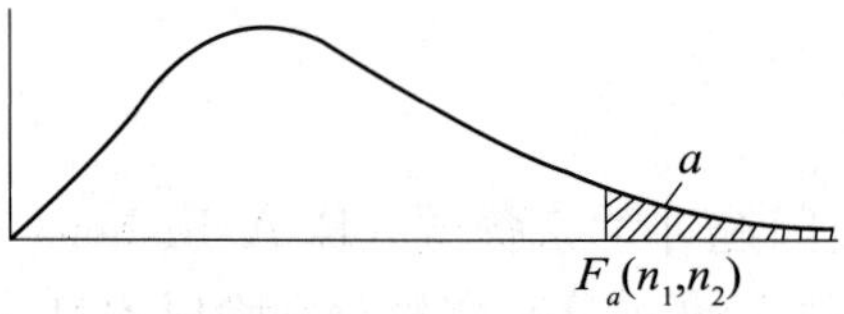


图 5－13 F 检验的否定域

$F$ 分布在统计学中有着广泛的应用，如在方差分析、回归方程的显著性检验中都有着重要的地位。

## （三）F 分布的性质

（1）随机变量 $F$ 与随机变量 $\chi^2$ 一样，恒取正值，$F$ 分布密度曲线下总面积为 1。

（2）$F$ 分布是一个连续的非对称分布；当 $n_1 \leqslant 2$ 时，$F$ 分布呈 $L$ 形；当 $n_2>2$ 时，$F$ 分布则为钟形；当 $n_1 \to \infty$ 时，$F$ 分布趋于对称，如图 5－12 所示。

（3）$F$ 分布具有一定的反对称性，即 $F_{1-\alpha}$ 和 $1/F_\alpha$ 交换，同时 $n_1$ 和 $n_2$ 互换，表示为 $F_{1-\alpha}(n_1, n_2) = \frac{1}{F_\alpha(n_2, n_1)}$。

（4）$F$ 分布的期望值与方差，如下：

$$E(F) = \frac{n_1}{n_2 - 2}, (n_2 > 2)$$

$$D(F) = \frac{2k_2(k_1 + k_2 - 2)}{k_1(k_2 - 2)^2(k_2 - 4)}, (n_2 > 4)$$

## （四）F 分布查表

试求下列各值：

（1）$F_{0.10}$（6，10）；（2）$F_{0.90}$（6，10）；（3）$F_{0.10}$（7，12）；（4）$F_{0.90}$（7，12）。

查 $F$ 分布表，得到：

（1）$F_{0.10}$（6，10）$=2.46$

（2）$F_{0.90}$（6，10）$=1/F_{0.10}$（10，6）$=1/2.94 \approx 0.340\,1$

（3）$F_{0.10}$（7，12）$=2.28$

（4）$F_{0.90}$（7，12）$=1/F_{0.10}$（12，7）$=1/2.67 \approx 0.374\,5$

**表 5-10 F 分布表（部分）**

$\alpha=0.10$

| $n_2$ \ $n_1$ | 1 | 2 | 3 | 4 | 5 | 6 | 7 | 8 | 9 | 10 | 12 | 15 | 20 | 24 | 30 | 40 | 60 | 120 | ∞ |
|---|---|---|---|---|---|---|---|---|---|---|---|---|---|---|---|---|---|---|---|
| 1 | 39.86 | 49.50 | 53.59 | 55.83 | 57.24 | 58.20 | 58.91 | 59.44 | 59.86 | 60.19 | 60.71 | 61.22 | 61.74 | 62.00 | 62.26 | 62.53 | 62.79 | 63.06 | 63.33 |
| 2 | 8.53 | 9.00 | 9.16 | 9.24 | 9.29 | 9.33 | 9.35 | 9.37 | 9.38 | 9.39 | 9.41 | 9.42 | 9.44 | 9.45 | 9.46 | 9.47 | 9.47 | 9.48 | 9.49 |
| 3 | 5.54 | 5.46 | 5.39 | 5.34 | 5.31 | 5.28 | 5.27 | 5.25 | 5.24 | 5.23 | 5.22 | 5.20 | 5.18 | 5.18 | 5.17 | 5.16 | 5.15 | 5.14 | 5.13 |
| 4 | 4.54 | 4.32 | 4.19 | 4.11 | 4.05 | 4.01 | 3.98 | 3.95 | 3.94 | 3.92 | 3.90 | 3.87 | 3.84 | 3.83 | 3.82 | 3.80 | 3.79 | 3.78 | 3.76 |
| 5 | 4.06 | 3.78 | 3.62 | 3.52 | 3.45 | 3.40 | 3.37 | 3.34 | 3.32 | 3.30 | 3.27 | 3.24 | 3.21 | 3.19 | 3.17 | 3.16 | 3.14 | 3.12 | 3.10 |
| 6 | 3.78 | 3.46 | 3.29 | 3.18 | 3.11 | 3.05 | 3.01 | 2.98 | 2.96 | 2.94 | 2.90 | 2.87 | 2.84 | 2.82 | 2.80 | 2.78 | 2.76 | 2.74 | 2.72 |
| 7 | 3.59 | 3.26 | 3.07 | 2.96 | 2.88 | 2.83 | 2.78 | 2.75 | 2.72 | 2.70 | 2.67 | 2.63 | 2.59 | 2.58 | 2.56 | 2.54 | 2.51 | 2.49 | 2.47 |
| 8 | 3.46 | 3.11 | 2.92 | 2.81 | 2.73 | 2.67 | 2.62 | 2.59 | 2.56 | 2.54 | 2.50 | 2.46 | 2.42 | 2.40 | 2.38 | 2.36 | 2.34 | 2.32 | 2.29 |
| 9 | 3.36 | 3.01 | 2.81 | 2.69 | 2.61 | 2.55 | 2.51 | 2.47 | 2.44 | 2.42 | 2.38 | 2.34 | 2.30 | 2.28 | 2.25 | 2.23 | 2.21 | 2.18 | 2.16 |
| 10 | 3.29 | 2.92 | 2.73 | 2.61 | 2.52 | 2.46 | 2.41 | 2.38 | 2.35 | 2.32 | 2.28 | 2.24 | 2.20 | 2.18 | 2.16 | 2.13 | 2.11 | 2.08 | 2.06 |
| 11 | 3.23 | 2.86 | 2.66 | 2.54 | 2.45 | 2.39 | 2.34 | 2.30 | 2.27 | 2.25 | 2.21 | 2.17 | 2.12 | 2.10 | 2.08 | 2.05 | 2.03 | 2.00 | 1.97 |
| 12 | 3.18 | 2.81 | 2.61 | 2.48 | 2.39 | 2.33 | 2.28 | 2.24 | 2.21 | 2.19 | 2.15 | 2.10 | 2.06 | 2.04 | 2.01 | 1.99 | 1.96 | 1.93 | 1.90 |
| 13 | 3.14 | 2.76 | 2.56 | 2.43 | 2.35 | 2.28 | 2.23 | 2.20 | 2.16 | 2.14 | 2.10 | 2.05 | 2.01 | 1.98 | 1.96 | 1.93 | 1.90 | 1.88 | 1.85 |
| 14 | 3.10 | 2.73 | 2.52 | 2.39 | 2.31 | 2.24 | 2.19 | 2.15 | 2.12 | 2.10 | 2.05 | 2.01 | 1.96 | 1.94 | 1.91 | 1.89 | 1.86 | 1.83 | 1.80 |
| 15 | 3.07 | 2.70 | 2.49 | 2.36 | 2.27 | 2.21 | 2.16 | 2.12 | 2.09 | 2.06 | 2.02 | 1.97 | 1.92 | 1.90 | 1.87 | 1.85 | 1.82 | 1.79 | 1.76 |
| 16 | 3.05 | 2.67 | 2.46 | 2.33 | 2.24 | 2.18 | 2.13 | 2.09 | 2.06 | 2.03 | 1.99 | 1.94 | 1.89 | 1.87 | 1.84 | 1.81 | 1.78 | 1.75 | 1.72 |
| 17 | 3.03 | 2.64 | 2.44 | 2.31 | 2.22 | 2.15 | 2.10 | 2.06 | 2.03 | 2.00 | 1.96 | 1.91 | 1.86 | 1.84 | 1.81 | 1.78 | 1.75 | 1.72 | 1.69 |
| 18 | 3.01 | 2.62 | 2.42 | 2.29 | 2.20 | 2.13 | 2.08 | 2.04 | 2.00 | 1.98 | 1.93 | 1.89 | 1.84 | 1.81 | 1.78 | 1.75 | 1.72 | 1.69 | 1.66 |
| 19 | 2.99 | 2.61 | 2.40 | 2.27 | 2.18 | 2.11 | 2.06 | 2.02 | 1.98 | 1.96 | 1.91 | 1.86 | 1.81 | 1.79 | 1.76 | 1.73 | 1.70 | 1.67 | 1.63 |

# 本章小结与思考练习

## 一、本章小结

1. 概率：概率是随着样本量越来越大时相对频率的极限值或稳定值。

2. 概率分布：概率分布是指随机变量一切可能取值或范围的概率的分布，离散型变量的概率分布由其可能取值 $x_k$ 的概率 $P(x_k)=P(X=x_k)$ 来描述；而连续型变量的概率分布由其取值范围内的点 $x$ 的概率密度函数 $f(x)$ 来描述：

$$P(a < X < b) = \int_a^b f(x)dx$$

3. 离散型变量的概率分布，包括二项分布、泊松分布、超几何分布等。

(1) 二项分布：二项分布可以概括为在每次试验中只有两种互相对立的可能结果，每次试验是独立的，与其他各次试验结果无关，即独立重复 $n$ 次的伯努利试验，事件发生的概率在整个系列试验中保持不变。

(2) 泊松分布：泊松分布主要是计算发生在时间、面积、体积等单位内稀有事件个数的相对频率的模型。

(3) 超几何分布：超几何分布是从一个有限总体中进行不放回抽样常常服从的分布，超几何分布和有限总体的不放回抽样的实践有着密切关系。超几何分布的样本容量 $n$ 相对于总体元素的个数 $N$ 是大的，即 $n/N>0.05$。

4. 连续型变量的概率分布，包括正态分布、$t$ 分布、卡方分布、$F$ 分布等。

(1) 正态分布：正态分布是一条概率密度曲线，该曲线具有对称起伏的形状，形如钟形，即一个高峰、一个对称轴和一个渐近线。以平均数为 0，标准差为 1 的正态分布曲线函数，称为标准正态分布，记作 $N(0, 1)$。

(2) $\chi^2$ 分布：$n$ 个独立标准正态变量的平方和称为有 $n$ 个自由度的 $\chi^2$ 分布，记为 $\chi^2(n)$。

(3) $t$ 分布：用均值的样本标准差来代替其未知的总体标准差，所得到的分布不再是标准正态分布，它的密度曲线看上去像标准正态分布，但是中间瘦一些，而且尾巴长一些。这种分布称为 $t$ 分布。

(4) $F$ 分布：两个独立 $\chi^2$ 分布变量分别除以各自的自由度后的比称为 $F$ 分布，其中，两个 $\chi^2$ 分布的自由度则为 $F$ 分布的自由度。$F$ 分布有两个自由度：第一个是在分子上的 $\chi^2$ 分布的自由度，第二个是在分母上的 $\chi^2$ 分布的自由度。

## 二、推荐阅读书目

茆诗松，等．概率论与数理统计教程．北京：高等教育出版社，2004.

翁定军．社会统计．上海：上海大学出版社，2006.

卢淑华．社会统计学．4 版．北京：北京大学出版社，2009.

布莱洛克．社会统计学．重庆：重庆大学出版社，2010.

贾俊平，何晓群，金勇进．统计学．7 版．北京：中国人民大学出版社，2018.

萨尔斯伯格．女士品茶：统计学如何变革了科学和生活．南昌：江西人民出版社，2016.

## 三、思考与练习

（一）思考题

1. 试述样本空间（基本事件空间）、随机事件及其事件的关系。

2. 概率与条件概率具有怎样的关系？

3. 试述概率的加法公式、减法公式、乘法公式、全概率公式。

4. 试述独立重复试验与事件独立性的关系，如何利用事件独立性进行概率计算？

5. 试述主观概率的基本思想。

6. 试述随机变量与分布函数的基本思想。

7. 离散型随机变量主要包括哪些？

8. 试述伯努利试验、二项分布、几何分布、超几何分布、泊松分布。

9. 泊松分布的应用条件是什么？泊松分布如何近似地表示二项分布？

10. 试述各类连续型随机变量及其概率密度。

11. 试述正态分布、$t$ 分布、卡方分布、$F$ 分布的特点及其应用条件。

12. 试述 $t$ 分布与正态分布的关系。

13. 巧合吗？2002 年 10 月 6 日，ABC 新闻头条报道美国遭遇“9・11”恐怖袭击一周年时纽约州彩票的中奖号码是 911，这件事令你惊讶吗？说明你的理由。

14. 1950 年，苏联数学家格涅坚科写了一本《概率论》，畅销全球。在引言里有一段神奇的话：我们注意到整个概率论的发展表明，其概念和思想一直在唯物主义和唯心主义之间做着激烈的斗争。你同意他的观点吗？

（二）练习题

1. 设某种动物由出生到存活 22 岁的概率为 0.8，活到 25 岁的概率为 0.4，现在年龄为 22 岁的该种动物活到 25 岁的概率是多少？

2. 有一个由 100 个老年人、400 个中年人、200 个青年人、300 个儿童组成的总体，对这个总体作一次简单随机抽样，每一个人被抽中的概率都相等，抽到老年人或中年人或青年人的概率是多少？

3. 某高校学生看网络电视的习惯按“经常看”“偶尔看”和“不看”分类，所占比例分别为 60%、30%、10%。如果随机抽取 8 名学生（有放回抽取）进行调查，问出现以下情况的概率是多少？

（1）样本中至少有一半是“经常看”的；

（2）样本中恰好有 3 个人是“偶尔看”的。

4. 某婚恋网站根据几年的工作资料统计，介绍结婚的成功率约为 30%。如果某一天介绍了 10 对男女相识，求一年后以下问题的概率：

（1）恰好有两对结婚的概率；

（2）至少有两对结婚的概率；

（3）没有一对结婚的概率。

5. 某市有770 000人，其中60%为当地城镇户口，39%为外地农村户口，1%为外地城镇户口。如果抽取一个由7个人组成的居民样本，那么请回答以下问题：

（1）样本中全部是城镇户口的概率；

（2）样本中一个外地城镇户口也没有的概率；

（3）计算样本中当地城镇户口的概率分布；

（4）计算样本中当地城镇户口的期望值和标准差。

6. 智商（IQ）分数是近似地服从正态分布的，其均值为100，标准差为15。求：

（1）IQ分高于120的比例是多少？

（2）假定A同学的IQ分为120，问这是第几百分数？

（3）假定B同学的IQ分为135，问这又是第几百分数？

7. 设随机变量$X$服从正态分布$N$（50，$10^2$），试求$P$（$50\leqslant X\leqslant 65$）。

8. 设随机变量$X$服从正态分布$N$（168，$12^2$），试求$P$（$X\leqslant 143$）。

9. 航空公司预计在有机票的旅客中有5%赶不上航班，该航班有座位600个，但却售出了620张票，试求每位旅客有座位的概率。

10. 应用泊松分布，计算500人中至多有一人在国庆节出生的概率（假定一年是365天）。

11. 某城市50天交通事故的频数分布如下表，试求泊松理论分布。

| 一天交通事故件数 $X$ | 0 | 1 | 2 | 3 | 合计 |
|---|---|---|---|---|---|
| 天数 $f$ | 23 | 17 | 7 | 3 | 50 |

第六章

# 抽样分布与抽样技术

2018 年中国睡眠研究会的调查显示，中国成年人失眠的发生率高达 38.2%。由于这个调查并不是针对所有的中国成年人而做的，而是基于抽样调查，因而对于这个调查结果，人们可能就会有所质疑。要想让人们信服这一调查结果，需要用到统计抽样分布和抽样技术知识。通俗地讲，从成年人中抽样，可以抽出很多样本，不同样本回答失眠的比例有很大的差异，尽管如此，所有样本回答失眠比例的均值应该就是总体的失眠比例。由所有样本失眠比例绘制的频数分布，在统计学中称为抽样分布。抽样分布是推断统计学的基本问题，没有抽样分布，统计估计和假设检验就无法进行。抽样分布是连接观察数据和统计推断的桥梁，可以帮助计算样本统计量的代表性程度。抽样分布使我们能够重新思考样本问题，即样本不是一个固定的量，应该将其看成是随机变量。

本章的内容包括：(1) 抽样分布与抽样标准误的理论意义；(2) 大数定律与中心极限定理；(3) 抽样技术与方法、不同抽样技术下的抽样标准误的计算方法、抽样设计效果的计算等。

## 第一节 推断统计学

### 一、概念

统计总体是研究目标人群或目标事物的全体（数据集通常很大，有时只是理论上的）。统计总体（population elements，$N$）可以分为有限总体（finite population）和无限总体（infinite population）。

样本（sample elements，$n$）是从总体里随机抽出来的部分用来估计总体的，由于样本的代表性有好坏问题，用某一样本来估计总体带有不确定性。

现实中，总体的分布状况通常是未知的，我们要想知道总体分布，需要用样本分布进行推断，推断统计学是研究如何根据样本数据去推断总体数量特征的方法，它是在对样本数据进行描述的基础上，对统计总体的未知数量特征做出以概率形式表述的推断。

对总体进行全面调查通常耗费时间、代价昂贵，而且许多情形无法通过全面调查实现，例如产品质量检验，通常是破坏性检验。在这种情况下，需要通过一个数据的子集（称为样本）来推断总体的性质。

在统计学中，总体是表示所要研究对象的全体。总体是由许多个数据子集构成的，为了确保所选择的数据子集对总体的代表性，需要一套科学的抽样调查方法。例如，中国人口普查每十年进行一次，位数逢 0 的年份为普查年度，在两次人口普查之间开展一次 1%人口抽样调查，调查的样本量约占全国总人口的 1%，调查是以全国为总体，各地级市为子总体，以社区表作为抽样框，采取分层、二阶段、概率比例、整群抽样方法。

## 二、推断统计的要素

推断统计与描述统计相比，关注的是总体中的一个或多个变量，实现的方式是通过科学地抽取样本，计算和分析样本的变量信息，然后对总体的相关变量进行推断。

推断时由于信息来源于众多样本中的某一个，因而样本的代表性非常重要，决定着推断的可靠程度。由样本特征推断总体特征，推断不具百分之百的可靠性，可能还会出现其他结果，因此推断的可靠性依赖于样本的代表性。由样本推断总体的准确程度需要测量，往往通过概率计算可靠性程度。

推断统计包括五个要素：(1) 研究问题的总体；(2) 所要研究的一个或多个变量；(3) 抽取样本的方式；(4) 基于包含在样本中的信息对总体进行推断；(5) 推断可靠性程度的评价。

在理解抽样分布时，还要区分以下三种不同性质的分布：(1) 总体分布，总体内某个变量的频数分布；(2) 样本分布，样本内某个变量的频数分布；(3) 抽样分布，所有可能样本在某一种统计量上的分布。本章的重点是理解抽样分布的概念和意义，了解形成抽样分布的技术手段。

# 第二节 抽样分布

## 一、抽样分布概念

### (一) 什么是抽样分布

抽样分布（sampling distribution）也称统计量分布或随机变量函数分布，是指样本估计量的分布。样本估计量是样本的一个函数，在统计学中称作统计量，因此抽样分布也是指统计量的分布。当我们要对某一总体的参数进行估计时，就要研究来自该总体的所有可能的样本统计量的分布，比如样本均值的分布、样本比例的分布，从而概括有关统计量抽样分布的一般规律。因而抽样分布也是随机变量函数分布。

我们希望利用样本，特别是通过作为样本函数的样本统计量来了解总体，对总体进行推断，这些样本统计量包括前文提到的样本均值、样本中位数、样本标准差以及样本相关系数等组成的函数。这些样本统计量对于不同的样本会计算出不同的值，也就是说，具有相同样本量的样本统计量作为随机样本的函数也是随机的，也有自己的分布，这些分布就成为抽样分布。

以样本均值分布为例，它是总体平均数的一个估计量，如果按照相同的样本容量、相同的抽样方式，反复地抽取样本，每次可以计算一个平均数，所有可能样本的平均数所形成的分布，就是样本平均数的抽样分布。例如，某高二学生有500 人，为了研究这 500 人的平均考分，欲从中随机抽取 50 人组成样本进行观察。若逐一抽取全部可能样本，共有$C_{500}^{50}$个可能样本，对所有可能样本计算出每个样本的平均考分，将会得出很多不完全相同的样本均值，全部可能样本均值的发生频率就构成一个相应的概率分布，即为样本均值的抽样分布。

我们知道，从总体的 $N$ 个单位中抽取一个容量为 $n$ 的随机样本，在重复抽样条件下，共有 $N^n$ 个可能的样本；在不重复抽样条件下，共有$C_N^n=\frac{N!}{n!\,(N-n)!}$个可能的样本，因此样本均值是一个随机变量。

假定从总体 $N=6$ M&Ms（男生为 4 人和女生为 2 人）用无放回的简单随机抽样（selected without replacement）抽取 $n=2$ 个样本，共有 $S=15$ 个可能样本(possible samples)，如图 6－1 所示。我们要描述这 15 个样本的分布状况，即每个样本容量由 2 个学生的平均成绩构成，因而共有 15 个样本平均成绩的分布。具体来说，首先需计算每两人一组的平均成绩，这样得到 15 个平均成绩，再将这 15 个平均成绩进行分布状况的描述，这就是样本平均数的抽样分布。同样的道理，我们可以进行方差分布的描述。

又如，从某市中考分数中，以无放回的方式随机抽取 100 名学生的语文和英语分数，计算这两门课的相关系数之后，再随机抽取 100 名学生的语文和英语分数计算其相关系数，这样反复抽下去，所获得的 $n=100$ 的一切可能样本相关系数的频数分布就形成一个相关系数的抽样分布。不断抽样形成的抽样分布是一个理论上的概率分布，它是统计推断的理论基础。

## （二）抽样分布的相关概念

### 1. 样本实现

使用概率抽样的方式对总体进行抽样时，样本并不是唯一的，而是有许多个样本，将这些所有可能的样本都抽出来称为所有的样本实现（sample realization）。

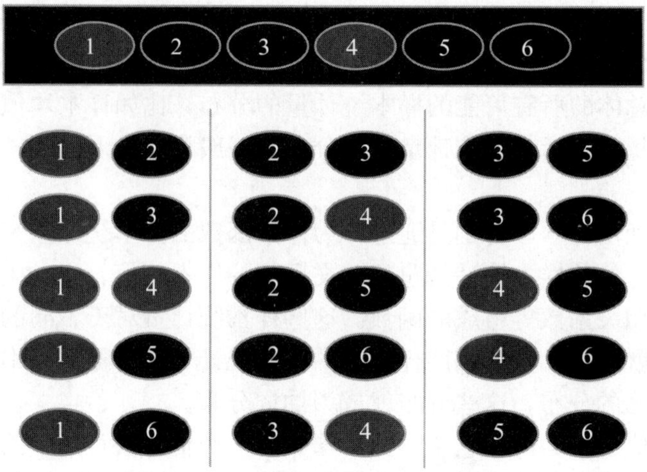


**图 6-1 无放回的简单随机抽样**

上例中从 6 个学生中用无放回的方式抽取 2 个，共有 15 个样本实现。

**2. 样本统计量的分布**

对所有样本实现中的某个变量计算统计量，再对所有样本实现的该变量的统计量做分布描述，称为样本统计量的分布。统计量可以是均值、方差、相关系数等，上例中要求计算的统计量是均值，因而对 15 个样本计算出 15 个均值。

**3. 抽样方差的分布**

理论上统计量的抽样方差应该是在知道所有的可能样本情形下，对所有可能样本的统计量计算方差，如计算每一样本平均数与总平均数的偏离，这称为平均数的抽样方差。对所有样本实现的某个变量进行方差计算，再把所有样本实现的方差做分布描述，称为样本的方差分布。上例是对 15 个样本计算出 15 个样本均值，在此基础上还可计算总体均值，15 个样本均值与总体均值的偏离得到 15 个样本方差。

在实际中不是通过抽取一切可能的样本来求总体参数的，而是抽取一个随机样本根据一定的概率来推断总体参数的，即借助于概率来估计总体特性。由样本计算出某种统计量的值与总体相应参数的真值相比，往往是不相同的，这是由于抽样误差的缘故。

**4. 抽样标准误**

对均值的抽样方差开根号，称为抽样标准误（standard error of the mean）。这也是进行统计推断、评价样本代表性的基础。在统计建模中，例如相关分析和回归分析，就输出估计的参数和抽样标准误，$t$ 检验就是参数与抽样标准误的比值。

抽样误差是在抽样分布基础上的标准差，准确地讲，某种统计量在抽样分布上的标准差称为该种统计量的标准误。如平均数抽样分布的标准差称为平均数的标准误，标准差抽样分布的标准差称为标准差的标准误，相关系数抽样分布的标准差称为相关系数的标准误。标准误越小，表明样本统计量与总体参数的值越接近，样本对总体越有代表性，用样本统计量推断总体参数的可靠性越大，所以标准误是统计推断可靠性的指标。

总之，抽样分布是一个和所有可能样本有关的概念，然而在现实中要想抽取所有的可能样本，并对所有可能样本进行调查是很难实施的，因此实际中人们往往是通过科学的抽样设计，只进行一次抽样调查。然后根据所采取的抽样方式运用公式对一个样本的代表性进行测算，例如计算样本均值的抽样方差的公式。后文将介绍不同抽样方式下抽样方差的计算公式。

## 二、实例理解抽样分布

**例 6-1**　以 8 个学生为总体，其学习成绩为 72、74、76、77、81、84、85、91。求：(1) 总体的均值和方差；(2) 以简单随机抽样方式抽取样本规模为 2 的样本，进行样本均值分布的描述；(3) 以简单随机抽样方式抽取样本规模为 6 的可能样本，进行样本均值分布的描述；(4) 以分层抽样方式，分别用简单随机抽样方法，对低分层 72、74、76、77 和高分层 81、84、85、91 各抽三个样本，构成样本规模为 6 的可能样本，计算样本均值并做分布描述；(5) 比较上述均值分布的特征。

(1) 总体的均值与方差。

$$\overline{X}=\frac{72+74+76+77+81+84+85+91}{8}=80$$

$$S^2=\frac{(-8)^2+(-6)^2+(-4)^2+(-3)^2+1^2+4^2+5^2+11^2}{8}=36$$

(2) 以简单随机抽样方式抽取样本规模为 2 的可能样本，计算样本平均数（见表 6-1）。

A. 计算样本规模为 2 的可能样本 $C_8^2=28$；

B. 计算每一个样本的平均数，共有 28 个平均数；

C. 计算所有样本均值的均值，为 80；

D. 计算每一个样本的方差（组内方差），共有 28 个方差；

E. 计算所有样本均值的方差（均值的抽样方差），仅有 1 个方差，为 16；

F. 计算所有样本方差的均值，为 20；

G. 样本方差的均值与样本均值的方差合计为 36，等于总体方差。

**表 6-1　样本规模为 2 的可能样本的均值和方差**

| 样本序号 | 分数 | | 均值 | 方差 |
|---|---|---|---|---|
| 1 | 72 | 74 | 73 | 1 |
| 2 | 72 | 76 | 74 | 4 |
| 3 | 72 | 77 | 75 | 6 |
| 4 | 72 | 81 | 77 | 20 |
| 5 | 72 | 84 | 78 | 36 |
| 6 | 72 | 85 | 79 | 42 |
| 7 | 72 | 91 | 82 | 90 |
| 8 | 74 | 76 | 75 | 1 |

续前表

| 样本序号 | 分数 | | 均值 | 方差 |
|---|---|---|---|---|
| 9 | 74 | 77 | 76 | 2 |
| 10 | 74 | 81 | 78 | 12 |
| 11 | 74 | 84 | 79 | 25 |
| 12 | 74 | 85 | 80 | 30 |
| 13 | 74 | 91 | 83 | 72 |
| 14 | 76 | 77 | 77 | 0 |
| 15 | 76 | 81 | 79 | 6 |
| 16 | 76 | 84 | 80 | 16 |
| 17 | 76 | 85 | 81 | 20 |
| 18 | 76 | 91 | 84 | 56 |
| 19 | 77 | 81 | 79 | 4 |
| 20 | 77 | 84 | 81 | 12 |
| 21 | 77 | 85 | 81 | 16 |
| 22 | 77 | 91 | 84 | 49 |
| 23 | 81 | 84 | 83 | 2 |
| 24 | 81 | 85 | 83 | 4 |
| 25 | 81 | 91 | 86 | 25 |
| 26 | 84 | 85 | 85 | 0 |
| 27 | 84 | 91 | 88 | 12 |
| 28 | 85 | 91 | 88 | 9 |
| 均值 | — | — | 80 | 20 |

对该表进行统计分布的描述，我们以样本均值的统计分布为例，得到均值的抽样分布（见表 6 - 2 和图 6 - 2）。

**表 6 - 2　样本均值的统计分布描述（$n=2$）**

| 均值 | 频数 | 频率% |
|---|---|---|
| 73 | 1 | 3.6 |
| 74 | 1 | 3.6 |
| 75 | 2 | 7.1 |
| 76 | 1 | 3.6 |
| 77 | 2 | 7.1 |
| 78 | 2 | 7.1 |
| 79 | 4 | 14.3 |
| 80 | 2 | 7.1 |
| 81 | 3 | 10.7 |
| 82 | 1 | 3.6 |
| 83 | 3 | 10.7 |
| 84 | 2 | 7.1 |
| 85 | 1 | 3.6 |
| 86 | 1 | 3.6 |
| 87 | 0 | 0 |
| 88 | 2 | 7.1 |
| Total | 28 | 100.0 |

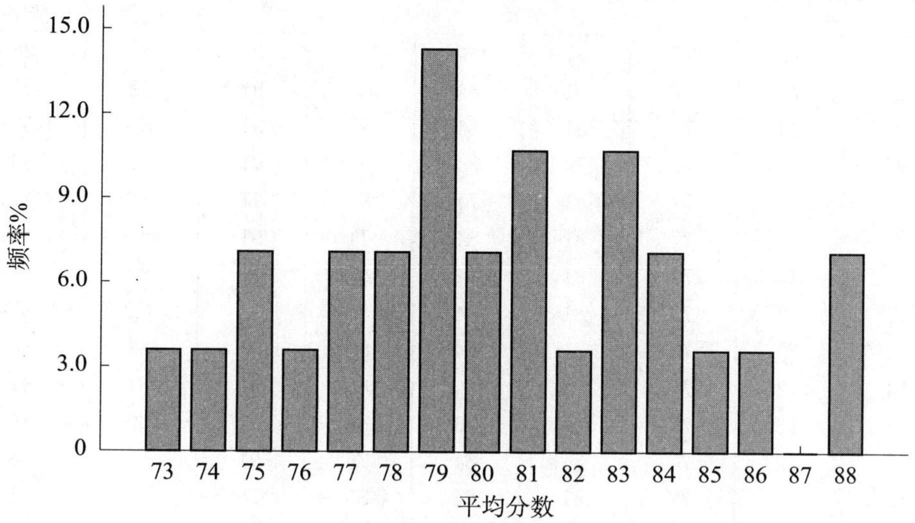


**图 6-2　样本规模为 2 的均值的频率分布图**

由于样本规模为 2，因而相对来说是小样本，其抽样分布表现的特征可以用直方图反映出来，尽管 28 个样本的均值有高有低，但样本均值的均值为 80，每个样本的均值围绕着总体均值上下波动，大致呈现中间高、两头低的钟形分布特点。因此，对随机事件只进行少数几次观察时，是无法看出其内在联系的，只有进行大量观察才能发现其明显的规律性。

上例中，由于每个样本均是小样本，样本均值的方差为 16，表明样本间离散程度较大，因而钟形分布的分散程度较大。样本方差的均值为 20，与样本均值的方差 16，合计等于总体方差 36。因此在全部样本计算的方差结构中，样本均值的方差占到 44%，表明样本间均值的差异程度较大，任意抽到一个有代表性样本的可能性不是很高。

(3) 以简单随机抽样方式抽取样本规模为 6 的可能样本，计算平均数（见表 6-3)。

为了进一步理解样本量的作用，我们将样本规模扩大为 6，相对于样本规模为 2 的状况，前者为大样本，后者为小样本。我们观察大样本情形下的均值分布与小样本有何不同。

A. 计算样本规模为 6 的可能样本 $C_8^6=28$；

B. 计算每一个样本的均值，共有 28 个均值；

C. 计算所有样本均值的均值，为 80；

D. 计算每一个样本的方差（组内方差），共有 28 个方差；

E. 计算所有样本均值的方差（均值的抽样方差），为 2；

F. 计算所有样本方差的均值，为 34；

G. 样本方差的均值与样本均值的方差合计为 36，等于总体方差。

表 6-3　样本规模为 6 的可能样本的均值和方差

| | 分数 | | | | | | 均值 | 方差 |
|---|---|---|---|---|---|---|---|---|
| 1 | 76 | 77 | 81 | 84 | 85 | 91 | 82 | 26 |
| 2 | 74 | 77 | 81 | 84 | 85 | 91 | 82 | 31 |
| 3 | 76 | 74 | 81 | 84 | 85 | 91 | 82 | 32 |
| 4 | 76 | 77 | 74 | 84 | 85 | 91 | 81 | 36 |
| 5 | 76 | 77 | 81 | 74 | 85 | 91 | 81 | 34 |
| 6 | 76 | 77 | 81 | 84 | 74 | 91 | 81 | 33 |
| 7 | 76 | 77 | 81 | 84 | 85 | 74 | 80 | 17 |
| 8 | 72 | 77 | 81 | 84 | 85 | 91 | 82 | 37 |
| 9 | 72 | 76 | 81 | 84 | 85 | 91 | 82 | 38 |
| 10 | 72 | 77 | 76 | 84 | 85 | 91 | 81 | 41 |
| 11 | 72 | 77 | 81 | 76 | 85 | 91 | 80 | 39 |
| 12 | 72 | 77 | 81 | 84 | 76 | 91 | 80 | 38 |
| 13 | 72 | 77 | 81 | 84 | 85 | 76 | 79 | 21 |
| 14 | 72 | 74 | 81 | 84 | 85 | 91 | 81 | 42 |
| 15 | 72 | 74 | 77 | 84 | 85 | 91 | 81 | 45 |
| 16 | 72 | 74 | 81 | 77 | 85 | 91 | 80 | 43 |
| 17 | 72 | 74 | 81 | 84 | 77 | 91 | 80 | 41 |
| 18 | 72 | 74 | 81 | 84 | 85 | 77 | 79 | 24 |
| 19 | 72 | 74 | 76 | 84 | 85 | 91 | 80 | 46 |
| 20 | 72 | 74 | 76 | 81 | 85 | 91 | 80 | 44 |
| 21 | 72 | 74 | 76 | 84 | 81 | 91 | 80 | 42 |
| 22 | 72 | 74 | 76 | 84 | 85 | 81 | 79 | 25 |
| 23 | 72 | 74 | 76 | 77 | 85 | 91 | 79 | 44 |
| 24 | 72 | 74 | 76 | 77 | 84 | 91 | 79 | 43 |
| 25 | 72 | 74 | 76 | 77 | 85 | 84 | 78 | 24 |
| 26 | 72 | 74 | 76 | 77 | 81 | 91 | 79 | 39 |
| 27 | 72 | 74 | 76 | 77 | 81 | 85 | 78 | 19 |
| 28 | 72 | 74 | 76 | 77 | 81 | 84 | 77 | 17 |
| 均值 | — | — | — | — | — | — | 80 | 34 |

将样本规模为 6 的所有可能样本均值进行频率分布的描述（见表 6-4 和图 6-3），不难发现大样本情形下（样本规模为 6）的均值分布更加集中，样本均值围绕总体均值 80 上下波动，样本均值的最小值为 77，最高值为 82；而小样本（样本规模为 2）的最小均值为 73，最大均值为 88，因而任意抽取一个大样本对总体的代表性更强。这就是所谓的大数定律在发挥作用。

上例中，由于每个样本均是大样本，样本均值的方差仅为 2，这说明大样本对总体的代表性要优于小样本。样本方差的均值为 34，较总体方差为 36 这一数值存在 2 个单位的差距，这正好是样本均值的方差，这 2 个单位的差距是由抽样误差导致的。总之，大样本下的均值的方差要小于小样本很多，反映出任意抽到一个有代表性样本的可能性提高，样本的代表性在增强。

表 6-4　样本均值的统计分布描述（$n=6$）

| 均值 | 频数 | 频率% |
|---|---|---|
| 77 | 1 | 3.6 |
| 78 | 2 | 7.1 |
| 79 | 6 | 21.4 |
| 80 | 8 | 28.6 |
| 81 | 6 | 21.4 |
| 82 | 5 | 17.9 |
| Total | 28 | 100.0 |

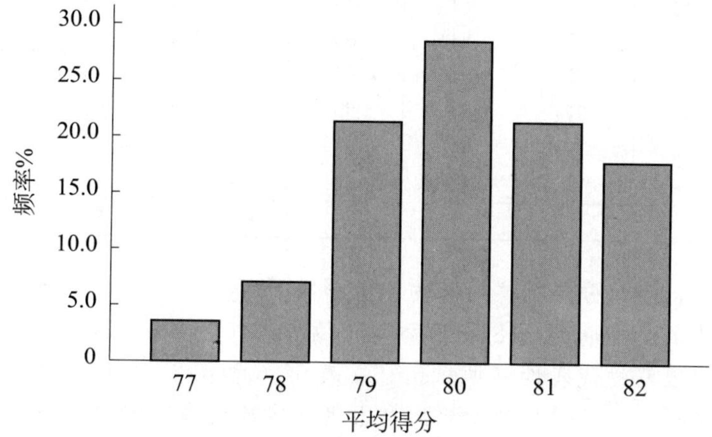


图 6-3　样本规模为 6 的简单随机抽样的均值频率分布图

（4）以分层抽样方式，分别用简单随机抽样方法，对低分层 72、74、76、77 和高分层 81、84、85、91 各抽三个样本，构成样本规模为 6 的可能样本，计算平均数（见表 6-5）。

（1）低分层抽三个，共有 4 组样本；高分层抽三个，共有 4 组样本。合计有 $C_4^3 \times C_4^3 = 16$。

（2）计算每一个样本的平均数，共有 16 个平均数。

（3）计算所有样本均值的均值，为 80。

（4）计算每一个样本的方差（组内方差），共有 16 个方差。

（5）计算所有样本均值的方差（均值的抽样方差），为 0.5。

（6）计算所有样本方差的均值，为 35.5。

（7）样本方差的均值与样本均值的方差合计为 36，等于总体方差。

表 6-5　分层抽样下的样本规模为 6 的可能样本的均值和方差

| 分数 | | | | | | 均值 | 方差 |
|---|---|---|---|---|---|---|---|
| 低分层 | | | 高分层 | | | | |
| 72 | 74 | 76 | 81 | 84 | 85 | 79 | 24.6 |
| 72 | 74 | 77 | 81 | 84 | 85 | 79 | 23.8 |
| 72 | 76 | 77 | 81 | 84 | 85 | 79 | 21.1 |

续前表

| 分数 | | | | | | 均值 | 方差 |
| --- | --- | --- | --- | --- | --- | --- | --- |
| 低分层 | | | 高分层 | | | | |
| 74 | 76 | 77 | 81 | 84 | 85 | 80 | 16.9 |
| 72 | 74 | 76 | 81 | 84 | 91 | 80 | 42.2 |
| 72 | 74 | 77 | 81 | 84 | 91 | 80 | 41.1 |
| 72 | 76 | 77 | 81 | 84 | 91 | 80 | 37.8 |
| 74 | 76 | 77 | 81 | 84 | 91 | 81 | 32.9 |
| 72 | 74 | 76 | 81 | 85 | 91 | 80 | 43.8 |
| 72 | 74 | 77 | 81 | 85 | 91 | 80 | 42.7 |
| 72 | 76 | 77 | 81 | 85 | 91 | 80 | 39.2 |
| 74 | 76 | 77 | 81 | 85 | 91 | 81 | 34.2 |
| 72 | 74 | 76 | 84 | 85 | 91 | 80 | 46.2 |
| 72 | 74 | 77 | 84 | 85 | 91 | 81 | 44.9 |
| 72 | 76 | 77 | 84 | 85 | 91 | 81 | 41.1 |
| 74 | 76 | 77 | 84 | 85 | 91 | 81 | 35.8 |
| 均值 | — | — | — | — | — | 80 | 35.5 |

不难发现，经过分层抽样计算的均值分布更加集中，全部样本的均值为 80，其中最小值为 79，最高值为 81，样本均值的方差仅为 0.5，即随机抽到某个样本均对总体具有很好的代表性（见表 6-5、表 6-6 和图 6-4）。在样本量一定的情形下，分层抽样较不分层抽样抽到的样本更加能够反映总体的特征。样本方差的均值为 35.5，更接近总体方差 36 这一取值。较小样本和未分层的大样本来说，它的抽样误差更小，也更加近似于所有可能样本方差的均值。

**表 6-6　样本均值的统计分布描述（$n=6$，分层抽样）**

| 均值 | 频数 | 频率% |
| --- | --- | --- |
| 79 | 3 | 18.8 |
| 80 | 8 | 50.0 |
| 81 | 5 | 31.3 |
| | 16 | 100.0 |

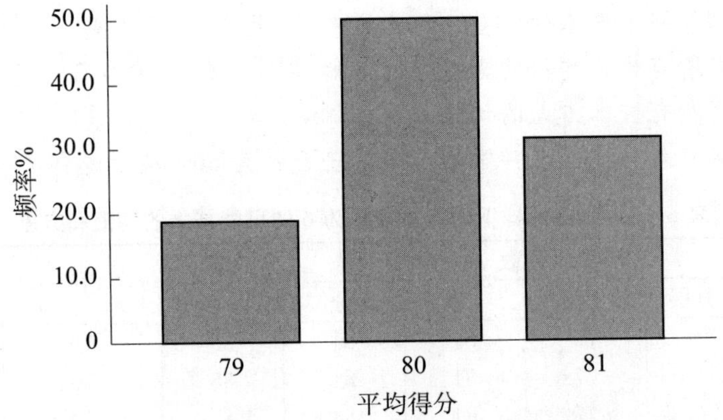


**图 6-4　样本规模为 6 的分层随机抽样的均值频率分布图**

以上例子反映出一切可能样本平均数与总体平均数之间的关系、平均数抽样分布的方差与总体方差的关系。从以上例子可以看出，试验次数越多、样本量越大，样本均值的分布越接近正态分布，如果考虑了数据的层级结构而进行分层抽样则所计算的均值更加集中。

由以上例子可以归纳为以下方面：(1) 从总体中随机抽取容量为 $n$ 的一切可能样本的平均数之平均数，等于总体的平均数；(2) 随机抽取容量为 $n$ 的所有可能样本平均数的分布呈正态分布；(3) 即使不知道总体的分布，如果样本容量较大，样本平均数的抽样分布也接近于正态分布。通俗地说，样本的平均值约等于总体的平均值；不管总体是什么分布，任意一个总体的样本平均值都会围绕在总体的整体平均值周围，并且呈正态分布。这不仅反映了平均数抽样分布的形态，也充分体现了大数定律和中心极限定理的基本思想，由此引出了下文有关大数定律和中心极限定理的基本概念和理论意义。

# 第三节
# 大数定律与中心极限定理

## 一、大数定律

大数定律（law of large numbers）是一种描述在试验条件不变的情形下重复试验多次，随着试验次数增加所呈现的概率性质的定律。大数定律体现在随机事件的大量重复出现中，样本均值和真实均值充分接近，其频率近似于其概率，这个偶然中包含着某种必然规律的定律就是大数定律。大数定律包括以下三个重要的定律。

### (一) 切比雪夫大数定律

设 $x_1$，$x_2$，…，$x_n$，是一列相互独立的随机变量（或者两两不相关），它们分别存在期望 $E(x_k)$ 和方差 $D(x_k)$。若存在常数 $C$ 使得 $D(x_k) \leqslant C$ ($k=1$，2，…，$n$)，则对任意小的正数 ε，满足下列公式：

$$\lim_{n\to\infty} P\left\{\left|\frac{1}{n}\sum_{k=1}^{n}x_k-\frac{1}{n}\sum_{k=1}^{n}Ex_k\right|<\varepsilon\right\}=1 \tag{6-1}$$

公式 6-1 表明，当试验次数 $n$ 足够大时，$n$ 个随机变量的平均值 $x_k$ 与总体平均数的差可以任意小。因此，在统计分析中，可以用样本平均数作为总体平均数的近似值。将该公式应用于抽样理论表明，随着样本容量 $n$ 的增加，样本平均数将接近于总体平均数。切比雪夫大数定律为统计推断中依据样本平均数估计总体平均数提供了理论依据。

## （二）伯努利大数定律

设 $\mu$ 是 $n$ 次独立试验中事件 $A$ 发生的次数，且事件 $A$ 在每次试验中发生的概率为 $P$，则对任意正数 $\varepsilon$，有公式 6－2：

$$\lim_{n\to\infty}P\left(\left|\frac{\mu_n}{n}-p\right|<\varepsilon\right)=1 \tag{6-2}$$

伯努利大数定律是切比雪夫大数定律的特例，其含义是当 $n$ 足够大时，事件 $A$ 出现的频率几乎接近于其发生的概率，即频率的稳定性。在抽样理论中，用样本成数去估计总体成数，其理论依据即在于此。

虽然概率的统计定义是建立在重复试验基础上的，但这并不等于说概率取决于试验。事实上，事件发生的概率是事件固有的一种属性，在试验之前就已经存在，由于精确的概率值常常无法求得，因此我们可以将试验次数充分大时的频率作为概率的近似值。

## （三）辛钦大数定律

我们知道，一个随机变量的方差存在，则其数学期望必然存在；但反之则不成立，即一个随机变量的数学期望存在，则其方差不一定存在。以上两个大数定理均假设随机变量的方差存在，而辛钦大数定律去掉了这一假设，仅设每个变量的数学期望存在，但同时要求随机变量为独立同分布的序列。

设 $\{a_i,\ i\geqslant1\}$ 为独立同分布的随机变量序列，若 $a_i$ 的数学期望存在，则服从大数定律，即对任意的 $\varepsilon>0$，存在公式 6－3：

$$\lim_{n\to\infty}P\left(\left|\frac{1}{n}\sum_{i=1}^{n}a_i-\mu\right|<\varepsilon\right)=1 \tag{6-3}$$

辛钦大数定律提供了求随机变量数学期望的近似值的方法，这样做的优点是我们可以不必去管变量的分布怎样，我们的目的只是寻求数学期望。事实上，用观察值的平均数去作为随机变量的均值在社会科学研究中是常用的方法。比如，用观察到的某地区 5 000 个人的平均寿命作为该地区的人均寿命的近似值是合适的，这种做法的依据就是辛钦大数定律。

三个大数定律揭示了要从随机现象中寻找必然规律，必须进行大量的观察和试验才能获得。例如每个家庭的子女性别可能会有男多女少或男少女多的现象，但大量家庭子女的集合，其性别比约为 1/2，这就是统计的规律性而非随机性，即概率接近于 1 的事件具有重要的意义。大数定律的本质意义在于，经过大量观察以后，研究对象个别的、偶然的差异性被相互抵消和相互补充，而必然的、集体的规律性显现出来。从哲学的角度看，这就是偶然与必然、个别与一般的对立统一规律在数量关系上的反映。大数定律研究的既是数学的基本问题，也是哲学的基本问题，从理论上和应用上表明了对社会科学问题进行抽样调查研究的科学性，为抽样调查理论奠定了数学基础。

## 二、中心极限定理

大数定律揭示了大量随机变量的平均结果，但没有涉及随机变量的分布问题。而中心极限定理说明的是在一定条件下，大量独立随机变量的平均数是以正态分布为极限的，即随机变量的分布渐近于正态分布。中心极限定理包括以下基本定理。

### （一）辛钦中心极限定理

设随机变量 $x_1$，$x_2$，…，$x_n$ 相互独立，服从同一分布且有有限的数学期望 $a$ 和方差 $\sigma^2$，则随机变量 $\bar{x}=\dfrac{\sum x_i}{n}$，在 $n$ 无限增大时，服从参数为 $a$ 和$\dfrac{\sigma^2}{n}$的正态分布即 $n\to\infty$时，

$$\bar{x}\to N\left(a,\ \frac{\sigma^2}{n}\right) \tag{6-4}$$

将该定理应用到抽样调查，就有这样一个结论：如果抽样总体的数学期望 $a$ 和方差 $\sigma^2$是有限的，无论总体服从什么分布，从中抽取容量为 $n$ 的样本时，只要 $n$ 足够大，其样本平均数的分布就趋于数学期望为 $a$ 和方差为 $\sigma^2/n$ 的正态分布。

### （二）拉普拉斯中心极限定理

设 $\mu_n$是 $n$ 次独立试验中事件 $A$ 发生的次数，事件 $A$ 在每次试验中发生的概率为 $P$，则当 $n$ 无限大时，频率设 $\mu_n/n$ 趋于服从参数为$\left(p,\ \dfrac{p(1-p)}{n}\right)$的正态分布：

$$\frac{\mu_n}{n}\to N\left(p,\frac{p(1-p)}{n}\right) \tag{6-5}$$

该定理是辛钦中心极限定理的特例。在抽样调查中，不论总体服从什么分布，只要 $n$ 充分大，那么频率就近似地服从正态分布。

$$\lim_{n\to\infty}P\left\{a<\frac{x_n-np}{\sqrt{np(1-p)}}\leqslant b\right\}=\int_a^b\frac{1}{\sqrt{2}\pi}^{e^{-\frac{t^2}{2}}dt} \tag{6-6}$$

中心极限定理可以概括为以下方面：（1）样本的平均值约等于总体的平均值；（2）不管总体是什么分布，任意一个总体的样本平均值都会围绕在总体平均值周围，并且呈正态分布。

中心极限定理表明，如果一个现实的数值是大量独立偶然因素综合的结果，且每一个偶然因素的影响又是均匀和微小的话，则可以断定这个统计量近似地服从正态分布。这就解释了为什么在社会经济领域大量存在服从正态分布的随机变量。例如身高、体重、智商等，因为影响它们的因素是大量的。由于中心极限定理对随机变量的原有分布不作要求，因此它为样本容量的确定和在大样本情形下

进行统计推断提供了理论依据。

## 三、正态总体中样本均值的抽样分布

在统计推断中，应用最多的是正态总体均值 $\overline{X}$ 分布。根据辛钦中心极限定理，设 $x_1$，$x_2$，…，$x_n$ 是独立同分布随机变量，且每个随机变量服从正态分布 $N(\mu, \sigma^2)$，则其均值 $\bar{x}=\frac{1}{n}\sum_{i=1}^{n}x_i$ 服从正态分布 $N(\mu, \frac{\sigma^2}{n})$。这个定理的含义包括三个重要性质：

（1）样本均值 $\bar{x}$ 的抽样分布的均值等于总体均值 $\mu$，即对于每一个样本计算均值，然后再计算全部样本实现的均值，结果应等于总体均值 $\mu$，用公式表示为：

$$E(\bar{x})=E(\frac{1}{n}\sum_{i=1}^{n}x_i)=\frac{1}{n}\sum_{i=1}^{n}Ex_i=\frac{n*\mu}{n}=\mu$$

其中：E 表示平均的符号；$\bar{x}$ 表示样本的平均数；$\mu$ 表示总体平均数。

（2）样本均值 $\bar{x}$ 的抽样分布的方差等于 $\sigma^2/n$，用公式表示为：

$$D(\bar{x})=D(\frac{1}{n}\sum_{i=1}^{n}x_i)=\frac{1}{n^2}\sum_{i=1}^{n}D(x_i)=\frac{n*\sigma^2}{n^2}=\frac{\sigma^2}{n}$$

其中：D 表示方差的符号；$\bar{x}$ 表示样本的平均数；$\sigma^2$ 表示总体方差。

（3）即使 $X$ 不是正态分布，根据中心极限定理的基本思想，当样本量增加时，$\bar{x}$ 的分布趋于正态分布 $N(\mu, \sigma/\sqrt{n})$，即不管原总体的分布如何，抽样分布的 $\overline{X}$ 总是近似地具有正态形状。

实际中，由于总体方差是未知的，需要用样本统计量去估计，因此如果我们将总体标准差公式中的 $\sigma$ 换成样本标准差 $s$，得到的 $s/\sqrt{n}$ 称为均值的抽样标准误，它是对 $\sigma/\sqrt{n}$ 的一个近似。

如何理解该定理呢？假设有一个群体如卡车司机，我们对这类人群的收入感兴趣，怎么知道这群人的收入呢？一般需要采取如下四个步骤：

第一，随机抽取 1 个样本，求该样本的平均值。例如我们抽取了 100 名卡车司机，然后对这些人的收入求平均值，这里的 100 就是该样本的大小。

第二，将第一步样本抽取的工作重复再三，不断地从卡车司机名单中随机抽取 100 个人，例如抽取了 10 个样本，并计算出每个样本的平均值，那么 10 个样本，就会有 10 个平均值。这里的 10 个样本，就是指样本数量是 10。

第三，根据中心极限定理，10 个样本的收入平均值有一些会稍高一点，有一些会稍低一点，只有极少数的样本平均值大大高于或低于群体平均值。对 10 个样本平均值再求平均值，接近总体的平均收入。

第四，中心极限定理告诉我们，不论所研究的群体是怎样分布的，这些样本平均值会在总体平均值周围呈现一个正态分布。

**例 6－2** 某地区农村居民收支调查发现，家庭年收入近似地服从正态分布，其均值为 13 000 元，标准差为 8 750 元，求：

（1）随机抽取 1 户，其收入超过 18 320 的概率；

（2）随机抽取 10 户，求其平均收入超过 18 320 元的概率；

（3）如果总体不是正态分布，那么第 2 题的答案是什么？

【解】（1）现将 $X=18\ 320$ 按 $\mu=13\ 000$ 和 $\sigma=8\ 750$ 标准化，得：

$$Z=\frac{X-\mu}{\sigma}=\frac{18\ 320-13\ 000}{8\ 750}=0.608$$

因此，$P(X>18\ 320)=P(Z>0.608)=0.270\ 9\approx27.1\%$

（2）$\overline{X}$ 近似服从正态分布，其期望中 $\mu=13\ 000$，根据中心极限定理：

标准误差 $SE=\frac{\sigma}{\sqrt{n}}=\frac{8\ 750}{\sqrt{10}}\approx2\ 767$

标准化 $Z=\frac{\overline{X}-\mu}{SE}=\frac{18\ 320-13\ 000}{2\ 767}\approx1.92$

因此，$P(X>18\ 320)=P(Z>1.92)=0.027\ 4\approx3\%$

这个例子告诉我们，对于 10 户样本计算平均数以后很难落入极端值区域。抽取 1 户农户的收入超过 18 320 元的机会比较多（27%），但要抽取 10 户家庭都超过 18 320 元的机会就很小（3%），这说明取平均以后，极端值的出现概率下降了。

（3）根据中心极限定理，不管原总体的分布如何，只要抽取样本的次数足够多，多个样本的均值 $\overline{X}$ 的分布近似服从正态分布，与第 2 题的结论一致。

# 第四节 抽样技术

在社会科学研究中，无论是调查还是实验，都面临着一个如何抽取样本的问题。在实践中，不可能也不必要将总体中的所有个体一一加以观察或测试，一般是从中抽取一部分个体作为样本，根据样本观察结果所得到的信息，对总体的相关特征进行推断。

抽样分为概率抽样和非概率抽样。非概率抽样的抽取单位原则是根据主观判断或其他操作上的方便性来实施的，如重点调查、典型调查都属于非概率抽样。典型调查尽管属于主观调查，但如果调查单位的选择有典型性或代表性，是能够得到深入和准确的结果的。例如毛泽东的湖南农民运动考察报告、费孝通的江村经济，就是很好的范例。但是非概率抽样有一个缺点，就是无法对这种抽样结果的精确程度做出定量的估计。

概率抽样在抽取调查单位时遵循的原则是随机原则，所谓随机原则就是在抽取调查对象时，规定了一定的程序和规则，以保证每一个单位都有同等入选的机会，从而避免主观因素的影响，所以概率抽样又称作随机抽样。随机抽样得到的样本不是为了研究样本本身，而是由样本推断总体，因而推断的可靠性很重要。可靠性与以下因素有关：一是数据的质量，即所获得的数据能否准确地反映所观察现象的实际情况，这又与观察的方法、问卷的质量、测量的信效度、调查实施时对无关因素的控制等有关；二是与采用的统计方法及数据处理过程的准确性有关；三是与样本对总体的代表性有关。采取怎样的抽样技术、确定多大的样本容量，是需要根据研究的目的进行科学设计和规划的。抽样设计特别是有关抽样技术既是社会科学研究的首要环节，又是关系到统计推断可靠性的重要因素。下面介绍概率抽样的各种实施方法。

## 一、简单随机抽样

### （一）有放回和无放回随机抽样

所谓简单随机抽样，就是按照随机的原则，从总体 $N$ 个单位中抽取 $n$ 个单位的样本，保证总体中每个单位被抽中的机会相等。这种抽样方法叫简单随机抽样（simple random sampling，SRS）。

简单随机抽样主要有两种形式：不放回简单随机抽样（simple random sampling without replacement，SRS WOR）和有放回简单随机抽样（simple random sampling with replacement，SRS WR）。

有放回简单随机抽样是把已经抽取出来的单位观察记录其结果后，仍放回原有的总体中，参加下一次抽取，从而保证样本中存在 $n$ 个单位，满足独立同分布的要求。前面介绍的统计推断方法都是以这种抽样方式为基础进行讨论的。

无放回简单随机抽样是不把抽取出来的单位放回原有的总体，因此连续进行 $n$ 次抽取构成一个样本。这样的样本，由于第一次抽取结果影响下一次抽选，因此每个单位中选的概率各次是不同的。它不满足独立、同分布简单重复抽样的要求。但不重复随机抽样仍然是满足抽样的随机原则的。当总体 $N$ 很大时，这种连续进行 $n$ 次抽取可近似地看作简单重复抽样。简单随机抽样，可通过计算机、摇号机、抽签、随机数目表、随机数骰子等来实现。

在社会调查中，由于总体都很大，我们很少直接使用简单随机抽样，一般是把这种方法和其他方法结合使用。原因是使用简单随机抽样必须得到包含目标人群的抽样框；此外，如果样本单位分布比较分散，则不便取样，或取样成本较大。但是简单随机抽样作为抽样理论的基础，往往成为衡量其他抽样调查优劣的标准。在抽样调查对总体的有关参数进行估计时，通常最关心的是对总体均值、总体总值以及总体比例进行估计，我们将分别叙述如下。

### （二）总体均值的估计

为了方便叙述，现将有关符号说明如下：本章用 $Y_i$ 表示（$Y_1$，$Y_2$，…，$Y_n$）

总体单位的变量，用 $y_i$ 表示样本中各单位的变量，二者的平均数用 $\overline{Y}$ 和 $\overline{y}$ 表示；估计值用 $\hat{\overline{Y}}$ 和 $\hat{\overline{y}}$ 表示。

在简单随机抽样中，样本均值为总体的无偏估计，而且随着样本容量 $n$ 的增大，样本均值的分布趋于正态分布，因此总体均值的估计公式为：

$$\hat{\overline{Y}} = \overline{y} = \frac{1}{n}\sum_{i=1}^{n} y_i$$

抽样方差为：

$$\nu(\overline{y}) = (1-\frac{n}{N})\frac{s^2}{n} \tag{6-7}$$

其中：

$$s^2 = \sum_{i=1}^{n}(y_i-\overline{y})^2/(n-1)$$

令 $1-f=1-n/N$，其中 $f=n/N$ 称作抽样比。

**例 6-3**　某公司调查每个员工平均每周的加班时间。全公司共有 750 个员工，从中抽取 50 个员工为样本进行调查，得到每个员工平均每周加班时数为 10.31 小时，且 $s^2=2.25$。试计算本次调查的抽样误差。

**【解】**以样本平均数来估计总体平均数：

$$\hat{\overline{Y}}=\overline{y}=10.31 \text{ 小时}$$

抽样方差为：

$$\nu(\overline{y})=(1-\frac{n}{N})\frac{s^2}{n}=\frac{2.25}{50}\left(1-\frac{50}{750}\right)=0.042$$

抽样标准误：

$$SE\approx 0.205$$

故本次调查的抽样误差为 0.205。

**例 6-4**　某村共有 484 户，现欲了解该村村民从事非农产业的平均月收入。随机抽取了 9 户家庭为样本，这 9 户的收入分别为 3 350 元、3 200 元、5 200 元、4 300 元、4 000 元、4 100 元、4 500 元、4 250 元、3 900 元。试计算本次调查的抽样误差。

**【解】**首先计算样本平均数作为总体平均数的估计值：

$$\hat{\overline{Y}} = \overline{y} = \frac{1}{n}\sum_{i=1}^{n} y_i = \frac{36\ 800}{9} \approx 4\ 089 \text{ 元}$$

用样本方差估计总体方差：

$$s^2 = \frac{\sum_{i=1}^{n}(y_i-\overline{y})^2}{n-1} \approx 356\ 736$$

抽样标准误：

$$SE=\sqrt{\frac{s^2}{n}(1-f)}=\sqrt{\frac{356\ 736}{9}\left(1-\frac{9}{484}\right)}\approx 197.23 \text{ 元}$$

故本次抽样调查的抽样误差为 197.23 元。

## (三) 总体总值的估计

一些抽样调查的目的是需要估计总值的，因此总体总值及其方差的公式为：

$$\hat{Y}=Ny=\frac{N}{n}\sum_{i=1}^{N}y_i$$

$$\nu(\hat{Y})=N^2\nu(y)=\frac{N^2S^2}{n}(1-f) \qquad (6-8)$$

**例 6-5** 根据例 6-3 的资料估计全公司的加班时数及抽样误差。

**【解】** 例 6-3 已经计算了平均每个员工的加班时数，又知全公司共有 750 个员工，根据公式：

$$\hat{Y}=Ny=\frac{N}{n}\sum_{i=1}^{N}y_i=750\times 10.31=7\ 732.5\text{ 小时}$$

根据公式计算抽样方差：

$$\nu(\hat{Y})=N^2\nu(y)=\frac{N^2S^2}{n}(1-f)=750^2\times 0.042\approx 23\ 625$$

抽样标准误：

$SE\approx 154$ 小时

故本次对全公司加班时数的抽样调查误差为 154 小时。

## (四) 总体比例的估计

社会科学抽样调查中经常调查总体中具有某种特征的人占总人数的比例，例如居民户中拥有汽车的户数所占的比例、拥有城市户口居民的比例等。这种抽样可以看作概率论中的伯努利试验，其每一单位的观察结果只能分成两种情况，或是属于这一类或是不属于这一类。若令总体中具有某种特征的单位$Y_i=1$，不具有某种特征的单位$Y_i=0$，当样本容量为 $n$ 时，其所占的比例为 $p$。总体比例及方差的估计公式为：

$$\hat{P}=\frac{1}{n}\sum y_i \quad (y_i\text{ 取 1 或 0})$$

$$V(\hat{P})=\frac{PQ}{n}\left(\frac{N-n}{N-1}\right) \quad (\text{其中 } Q=1-P) \qquad (6-9)$$

但通常总体比例 $P$ 是未知的，所以也要用样本比例 $p$ 来估计，样本的估计量为：

$$\nu(\hat{P})=\frac{pq}{n}(1-f)$$

**例 6-6** 某城市近郊农村共有 300 户，欲调查拥有汽车的户数所占的比例。现随机调查了 100 户，结果有 35 户拥有汽车，试估计全村拥有汽车户数所占的比例。

**【解】** 已知 $N=300$，$n=100$，$\sum y_i=35$，根据公式：

$$\hat{P}=\frac{1}{n}\sum y_i=\frac{35}{100}=0.35$$

其抽样方差估计量为：

$$\nu(\hat{P})=\frac{pq}{n}(1-f)=\frac{0.35\times 0.65}{100}\left(1-\frac{100}{300}\right)\approx 0.00152$$

抽样标准误：

$$SE\approx 0.039$$

即对全村拥有汽车户数调查的抽样误差为 3.9%。

## 二、整群抽样

### （一）整群抽样的特点

整群抽样（cluster sampling）的样本是由按一定方式以整群抽取出来的单位组成的，一旦某些群被选入样本后，群中的每一个单位都要调查。例如以社区作为调查单位时，社区中的每一个家庭都要调查。使用整群抽样的主要原因是为了节约成本，由于群内的单位都相互邻近，所以比分散的单位更便于调查。人口调查中先取户，再查户内人口，比分别调查每个人的成本小；同样，先取村，再查户，又比单独取户方便和经济。整群抽样适用于群间差异小，而群内差异大的总体。群内差异大是指群内个体不相似或异质性（heterogeneous）较强。

在单级整群抽样（single-stage cluster sampling）中，先是从所有群中随机抽取若干群，然后再在这些抽取的群中对个体进行全面调查。在两级整群抽样（two-stage cluster sampling）中，先从这些群中抽取几个群，然后再在这些抽取的群中进行简单随机抽样抽取次级群，再对抽中的次级群进行全面调查。比如对某校进行调查，首先随机抽取若干年级，然后对选中的年级抽取若干班级，然后对选中的班级进行全面调查。

总之，整群抽样省钱省力省时，只要能够将它们分成互斥的（mutually exclusive）或重叠的（overlapping）若干群就可以进行抽样调查。这种抽样的优点是当缺乏总体单位的抽样框时，整群抽样较其他抽样方式更加容易实施。整群抽样的群大致可以分为两类，一类是根据行政、地域以及自然形成的群体，如学校、村落、路东、路西；另一类是调查者根据研究的具体情况来划分，例如区域经济研究中对一大块面积的划分。如何分群应根据方差和成本达到最优进行综合考虑。分层的原则与方差分析的原理相同，即应使群内方差尽可能大，而是群间方差尽可能小。

### （二）整群抽样的均值与抽样方差

人口是按照地理特征分布在不同的省、市、县、镇、街的，一旦以简单随机抽样抽到某些居住在遥远且交通不方便地方的人时，调查和访问他们的成本是很高的，研究者往往支付不起高昂的交通费用。整群抽样能够有效地降低调查成本，而且对于一些以群为单位而非以个人为单位的抽样框，整群抽样是非常有效的随机抽样方法。

**1. 总体均值的估计**

$$\hat{\bar{y}}=\frac{1}{n}\sum_{\alpha=1}^{a}\sum_{\beta=1}^{b}y_{\alpha\beta} \tag{6-10}$$

公式中的符号：$\hat{\bar{y}}$为整群抽样样本中某一研究变量的均值，$a$ 为群数，$b$ 为群内的个体数，$y$ 为每一个体的变量取值。

**2. 抽样方差的计算**

$$\nu(\bar{y})=\frac{1-f}{\alpha}s_{\alpha}^{2} \tag{6-11}$$

其中：

$$s_{\alpha}^{2}=\sum_{\alpha=1}^{a}(\bar{y}_{\alpha}-\bar{y})^{2}/(\alpha-1)$$

公式中的符号：$\nu(\bar{y})$为整群抽样的方差，$\alpha$ 为群数，$s_{\alpha}^{2}$为群间方差，$\bar{y}_{\alpha}$为每一群的均值，$\bar{y}$ 为全部样本的均值，$f=n/N$ 为抽样比。

**例 6－7** 要研究某乡镇居民的每月食品消费，采用整群抽样，以居民小组作为群，该乡镇共有 415 个居民小组，从中抽取 25 个居民小组作为样本，调查资料见表 6－7，试计算抽样标准误。

**表 6－7 某乡镇居民的每月食品消费**

单位：元

| 群编号 $a$ | 居民户 $b$ | 总食品消费 $y$ | 平均食品消费 $\bar{y}$ | 群编号 $a$ | 居民户 $b$ | 总食品消费 $y$ | 平均食品消费 $\bar{y}$ |
|---|---|---|---|---|---|---|---|
| 1 | 8 | 9 600 | 1 200 | 14 | 10 | 4 900 | 490 |
| 2 | 12 | 12 100 | 1 008 | 15 | 9 | 5 300 | 589 |
| 3 | 4 | 4 200 | 1 050 | 16 | 3 | 5 000 | 1 667 |
| 4 | 5 | 6 500 | 1 300 | 17 | 6 | 3 200 | 533 |
| 5 | 6 | 5 200 | 867 | 18 | 5 | 2 200 | 440 |
| 6 | 6 | 4 000 | 667 | 19 | 5 | 4 500 | 900 |
| 7 | 7 | 7 500 | 1 071 | 20 | 4 | 3 700 | 925 |
| 8 | 5 | 6 500 | 1 300 | 21 | 6 | 5 100 | 850 |
| 9 | 8 | 4 500 | 563 | 22 | 8 | 3 000 | 375 |
| 10 | 3 | 5 000 | 1 667 | 23 | 7 | 3 900 | 557 |
| 11 | 2 | 8 500 | 4 250 | 24 | 3 | 4 700 | 1 567 |
| 12 | 6 | 4 300 | 717 | 25 | 8 | 4 100 | 513 |
| 13 | 5 | 5 400 | 1 080 | 合计 | 151 | 132 900 | 880 |

$$\bar{y}=\frac{1}{n}\sum_{\alpha=1}^{a}\sum_{\beta=1}^{b}y_{\alpha\beta}=\frac{132\ 900}{151}\approx 880\text{元}$$

$$s_{\alpha}^{2}=\sum_{\alpha=1}^{a}(\bar{y}_{\alpha}-\bar{y})^{2}/(\alpha-1)=\frac{14\ 865\ 326}{24}\approx 619\ 388$$

$$\nu(\bar{y})=\frac{1-f}{\alpha}s_{\alpha}^{2}=\frac{1-\frac{25}{415}}{25}\times 619\ 388\approx 23\ 283$$

$SE \approx 152.59$ 元

故采用整群抽样调查乡镇居民的每月食品消费的抽样误差为 152.59 元。

**例 6－8**　某市有 1 000 个小学五年级班级，现用简单随机抽样的方法从中抽取 10 个班调查学生参加课外补习班的情况，已知每个班级有 24 个学生，参加课外补习班的比例为 9/24、11/24、13/24、15/24、16/24、17/24、18/24、20/24、20/24、21/24。试用整群抽样的方法估计五年级学生参加补习班的比例，并对本次调查的抽样误差进行估计。

**【解】** $N=1\,000$，$a=10$，$b=24$，$n=ab=10\times24=240$

$$\hat{P}=\frac{160}{240}=\frac{2}{3}\approx0.67$$

$$s_a^2=\frac{1}{10-1}\left[\left(\frac{9}{24}-\frac{160}{240}\right)^2+\left(\frac{11}{24}-\frac{160}{240}\right)^2+\cdots\right]\approx0.028$$

$$v(p)=(1-f)s_a^2/a\approx0.002\,76$$

$$SE(p)=\sqrt{var(p)}\approx0.052\,5$$

故采用整群抽样调查某市小学五年级的课外补习班参与比例为 67%，本次调查的抽样误差为 0.052 5。

## （三）整群抽样的设计效果

抽样的设计效果最早是由著名抽样调查专家基什（L. Kish）在他的代表作《抽样调查》（*Survey Sampling*，1965）一书中提出的。基什定义设计效果为一个特定的抽样设计（包括抽样方法以及对总体目标量的估计方法）估计量的方差与相同样本量下无放回简单随机抽样估计量的方差之比。这个概念得到世界抽样调查界的广泛认同。

对于整群抽样，其设计效果的计算公式为：

$$d^2(\bar{y})=1+(b-1)\text{rho} \tag{6-12}$$

其中：$d^2(\bar{y})$称为设计效果，$d^2(\bar{y})$＝整群抽样方差/简单随机抽样方差，$b$ 为群数，rho 为群内个体在某个变量上的相关系数。

我们对例 6－8 学生参与课外补习班的例子用简单随机抽样的方法计算抽样方差，得到：

$$\nu_{SRS}(p)=(1-f)\frac{p(1-p)}{n}\approx0.000\,70$$

$$d^2(p)=\frac{v(p)}{v_{SRS}(p)}=\frac{0.002\,76}{0.000\,70}\approx3.943$$

据此计算群内相关系数 rho 系数：

$$\text{rho}=\frac{d^2(p)-1}{b-1}=\frac{3.943-1}{24-1}\approx0.128$$

通过 rho 系数，表明群内在参加课外补习班上的相关系数很小，因此整群抽样的设计效果不错。

为了更清楚地了解 rho 系数的含义，我们对例 6－8 有关 10 个班的课外班参加比例修改为 0/24、0/24、0/24、16/24、24/24、24/24、24/24、24/24、24/24、24/24，这 10 个班的比例可以明显看出群内同质性高、群间异质性高的特点。

$$s_a^2 \approx 0.2222$$

$$v(p) \approx 0.01689$$

$$d^2 = 23.90$$

$$\text{rho} = \frac{23.90 - 1}{24 - 1} = 0.996$$

不难发现，当群内同质性较高时，rho 相关系数也处于高位，因此该抽样的设计效果不佳。

## 三、分层抽样

### （一）分层抽样及其作用

分层抽样（stratified random sampling）就是将总体先分成几组，称作层（strata），再从每层独立抽取样本，综合每层的计算结果，得到对总体参数的估计。在进行分层抽样时，通常是将总体按照一个或一些辅助变量（称作分层变量）来分层，使每层内的单位具有同质或相近特征。例如，在调查居民的幸福感时，我们可以按年龄组划分为 18～29 岁、30～45 岁、46～60 岁、61 岁及以上四组，而年龄组即为辅助变量；又如按照职业分层，可以分为工人、农民、军人、科技工作者、学生、其他等，则辅助变量为职业。分层抽样的各层可以按辅助资料用不同的抽样和估计方法进行估计，层的分界和样本的分配由样本方差和成本来决定。

采用分层抽样的主要原因有以下几点：

第一，估计工作不仅要研究总体，而且要研究总体内部结构。例如既想了解全体居民的幸福感，又想了解不同年龄段居民的幸福感。

第二，偏态分布的总体常有一些极端现象，采用合理的分层可以使样本更具有代表性。

第三，数据的搜集过程很多是采用分层的搜集方式。例如全国性调查，数据的搜集可能是通过各省、市独立进行的，采用分层抽样的方法便于调查的组织和实施，以及数据的搜集和管理。

第四，对于不同的层，可以根据具体情况，采用不同的处理方法，从而提高估计的精确度。

第五，总体有周期现象时，用分层比例抽样的方法可以减少抽样方差。

第六，合理的分层可以提高每单位成本的效率。

分层抽样法的最大优点，就是能在不同层内根据辅助信息采用数据不同的抽样设计方法，所以它对辅助信息的要求高。具体实施步骤如下：

(1) 研究设计时，要求层内具有较高的同质性、层间具有较高的异质性。
(2) 根据总体比例确定每层的比例。
(3) 在每层内部单独进行简单随机抽样。
(4) 分别对每层进行参数估计。
(5) 加权每层的估计参数合计为总体参数。

## （二）总体均值和抽样方差的估计

**1. 总体均值估计**

$$\hat{\bar{Y}}=\sum_{h=1}^{H}W_h\,\bar{y}_h \tag{6-13}$$

其中，$W_h$是以总体比例结构计算的权重$W_i=\dfrac{N_i}{N}$，$\bar{y}_h$为第$h$层简单随机抽样下某变量的均值估计，$\hat{\bar{Y}}$为总体均值估计。

由于分层抽样是分层以后在各层内进行随机抽样的，因此从简单随机抽样的估计推断中可知，各层的样本平均数是各层总体平均数的无偏估计，而总体平均数则是各层平均数的加权平均数，这里应注意的是其权重应该是各层总体单位数，而不是各层样本单位数。显然，当分层抽样时，各层抽取样本的比例与总体中各层的比例相同，则二者加权的结果也是相同的，否则二者的结果是不同的。

**例 6-9**　对某开发区 600 个小微企业的月纳税情况进行抽样调查。按纳税的多少分为大、中、小三类，根据调查结果的数据整理如表 6-8 所示。

**表 6-8　某开发区的小微企业纳税额**　　单位：万元

| 企业层级 | $N_i$ | $n_i$ | $\bar{y}_i$ | $S_i^2$ |
|---|---|---|---|---|
| 大 | 60 | 30 | 20 | 16 |
| 中 | 240 | 40 | 8 | 4 |
| 小 | 300 | 40 | 1 | 0.5 |

试估计该开发区的小微企业平均月纳税额。

【解】$f_1=\dfrac{n_1}{N_1}=\dfrac{30}{60}=0.5$

$$f_2=\frac{n_2}{N_2}=\frac{40}{240}\approx 0.17$$

$$f_3=\frac{n_3}{N_3}=\frac{40}{300}\approx 0.13$$

这是一个不等比例的抽样，这种抽样方法在实际调查工作中是常用的，因为规模大的企业虽然数量少，但纳税比重大，因此多调查几个大户，使这一层的精确度提高，就能提高整个调查的精确度。

$$\hat{\bar{Y}}=\sum_{h=1}^{H}W_h\,\bar{y}_h=\frac{1}{N}\sum N_i\,\bar{y}_i$$

$$=\frac{1}{600}(60\times 20+240\times 8+300\times 1)=5.7\text{ 万元}$$

该开发区的小微企业月纳税额为 5.7 万元。

**2. 抽样方差估计**

$$\nu(\bar{y})=\sum_{h=1}^{H} W_h^2 \nu(\bar{y}_h) \tag{6-14}$$

$$\nu(\bar{y}_h)=(1-f_h) * \frac{S_h^2}{n_h}$$

$$W_h^2=\left(\frac{N_h}{N}\right)^2$$

其中，$\nu(\bar{y}_h)$为第$h$层的以简单随机抽样方式计算的抽样方差，$W_h$是以总体比例结构计算的权重。和之前一样，当用样本方差代替总体方差时，$\nu(\bar{y})$就写成了$S^2(\bar{y})$。

根据例 6-9，进一步计算分层抽样的抽样误差：

$$W_1^2=\left(\frac{60}{600}\right)^2=0.01 \quad W_2^2=\left(\frac{240}{600}\right)^2=0.16 \quad W_3^2=\left(\frac{300}{600}\right)^2=0.25$$

$$\nu(\bar{y}_1)=(1-0.5)\times\frac{16}{30}\approx 0.266\,7 \quad \nu(\bar{y}_2)=(1-0.17)\times\frac{4}{40}=0.083 \quad \nu(\bar{y}_3)=(1-0.13)\times\frac{0.5}{40}\approx 0.010\,9$$

$$W_1^2\nu(\bar{y}_1)\approx 0.002\,7 \quad W_2^2\nu(\bar{y}_2)\approx 0.013\,3 \quad W_3^2\nu(\bar{y}_3)\approx 0.002\,7$$

$$\nu(\bar{y})=\sum_{h=1}^{H} W_h^2 \nu(\bar{y}_h)\approx 0.018\,7$$

$$SE\approx 0.136\,6$$

**3. 分层抽样的设计效果**

分层抽样的设计效果为一个分层抽样设计的估计量方差与相同样本量下无放回简单随机抽样的估计量方差之比。

$$d^2(\bar{y})=\frac{\upsilon(\bar{y})}{\upsilon_{SRS}(\bar{y})}$$

**例 6-10** 如表 6-9 所示，从层 1 抽取样本 240 人，从层 2 抽取样本 960 人，试计算抽样误差与抽样设计效果。

**表 6-9 分层抽样的计算实例**

| 总体 | 层 1 | 层 2 |
| --- | --- | --- |
| 总体规模 $N$<br>1 000 000 | 层 1 规模<br>200 000 | 层 2 规模<br>800 000 |
| 总体方差<br>1 800 000 | 层 1 方差<br>4 000 000 | 层 2 方差<br>1 000 000 |
| 均值<br>1 400 | 3 000 | 1 000 |

【解】分层抽样方差估计：

$n_1=240$，$n_2=960$，$v(\bar{y})$ 的计算如下：

$$\nu(\bar{y})=\sum_{h=1}^{2}\frac{(1-f_h)W_h^2S_h^2}{n_k}=\frac{W_1^2S_1^2}{n_1}+\frac{W_2^2S_2^2}{n_2}$$

$$=\frac{(0.2)^2(4\ 000\ 000)}{240}+\frac{(0.8)^2(1\ 000\ 000)}{960}=1\ 333$$

该分层抽样的设计效果好坏需要与简单随机抽样进行比较。

简单随机抽样的抽样误差计算如下：

$$\nu_{SRS}(\bar{y})=\frac{(1-f)S^2}{n}=\left(1-\frac{1\ 200}{1\ 000\ 000}\right)\frac{1\ 800\ 000}{1\ 200}\approx 1\ 498$$

分层抽样的设计效果计算如下：

$$d^2(\bar{y})=\frac{\nu(\bar{y})}{\nu_{SRS}(\bar{y})}=\frac{1\ 333}{1\ 498}\approx 0.89$$

计算结果表明：该分层抽样设计效果小于1，表明分层抽样效果不错。

表 6－10 归纳了简单随机抽样、整群抽样、分层抽样等三种方式的总体均值、抽样方差的估计与设计效果的计算公式。

**表 6－10　三种抽样方式总体均值、抽样方差的估计与设计效果的计算公式**

| | | | |
|---|---|---|---|
| 简单随机抽样 | $\hat{Y}=\bar{y}=\frac{1}{n}\sum_{i=1}^{n}y_i$ | $v(\bar{y})=\left(1-\frac{n}{N}\right)\frac{s^2}{n}$ | 1.0 |
| 整群抽样 | $\hat{\bar{y}}=\frac{1}{n}\sum_{\alpha=1}^{a}\sum_{\beta=1}^{b}y_{\alpha\beta}$ | $v(\bar{y})=\frac{1-f}{\alpha}s_{\alpha}^2$ | $d^2(\bar{y})=1+(b-1)\text{rho}$ |
| 分层抽样 | $\hat{\bar{Y}}=\sum_{h=1}^{H}W_h\bar{y}_h$ | $v(\bar{y})=\sum_{h=1}^{H}W_h^2v(\bar{y}_h)$ | $d^2(\bar{y})=\frac{v(\bar{y})}{v_{SRS}(\bar{y})}$ |

# 本章小结与思考练习

## 一、本章小结

1. 抽样分布：抽样分布也称随机变量函数分布，是指样本估计量的分布。样本估计量是样本的一个函数，在统计学中称作统计量，因此抽样分布也是指统计量的分布。

2. 样本实现：使用概率抽样的方式对总体进行抽样时，样本并不是唯一的，而是有许多个样本，将这些所有可能的样本都抽出来称为所有的样本实现。

3. 样本统计量的分布：对所有样本实现中的某个变量计算统计量，再对所有样本实现的该变量的统计量做分布描述，称为样本统计量的分布。统计量可以是均值、方差、相关系数等。

4. 抽样方差：理论上统计量的抽样方差应该是在知道所有的可能样本情形下，对所有可能样本的统计量计算方差，如计算每一样本平均数与总平均数的偏离，这称为平均数的抽样方差。现实中由于不能对所有可能的样本进行调查，只能对抽中的某一样本进行调查，因而，对于抽样方差需要根据公式进行计算。

5. 抽样标准误：对均值的抽样方差开根号，称为抽样标准误。这也是进行统计推断、评价样本代表性的基础。抽样标准误是在抽样分布基础上的标准差，标准误越小，表明样本统计量与总体参数的值越接近，样本对总体越有代表性，用样本统计量推断总体参数的可靠性越大，所以标准误是统计推断可靠性的指标。

6. 大数定律：大数定律是一种描述在试验条件不变的情形下重复试验多次，随着试验次数增加所呈现的概率性质的定律。大数定律体现在随机事件的大量重复出现中，样本均值和真实均值充分接近，其频率近似于其概率，这个偶然中包含着某种必然规律的定律，就是大数定律。

7. 中心极限定理：中心极限定理说明的是在一定条件下，大量独立随机变量的平均数是以正态分布为极限的，即随机变量的分布渐近于正态分布。

8. 简单随机抽样：简单随机抽样是按照随机的原则，从总体 $N$ 个单位中抽取 $n$ 个单位的样本，保证总体中每个单位被抽中的机会相等。

9. 整群抽样：整群抽样是由按一定方式以整群抽取出来的样本组成的，一旦某些群被选入样本后，群中的每一个单位都要调查。

10. 分层抽样：分层抽样就是将总体先分成几层，再从每层独立抽取样本，综合每层的计算结果，得到对总体参数的估计。

11. 抽样的设计效果：抽样的设计效果是指一个特定的抽样设计（包括抽样方法以及对总体目标量的估计方法）估计量的方差与相同样本量下无放回简单随机抽样估计量的方差之比。

## 二、推荐阅读书目

金勇进．抽样：理论与应用．2 版．北京：高等教育出版社，2016.

戈文达拉玉卢．抽样理论与方法．北京：机械工业出版社，2005.

布莱洛克．社会统计学．重庆：重庆大学出版社，2010.

萨尔斯伯格．女士品茶：统计学如何变革了科学和生活．南昌：江西人民出版社，2016.

## 三、思考与练习

（一）思考题

1. 试比较总体分布、样本分布、抽样分布。

2. 试比较标准差与抽样标准误。

3. 试比较大数定律与中心极限定理。

4. 试比较重复抽样与不重复抽样。

5. 试比较简单随机抽样、分层抽样与整群抽样。

6. 抽样的设计效果是什么？分层抽样的设计效果是否总是好于整群抽样的设计效果？

7. 某糖果公司招募试吃者来检验口香糖的口味，检验的目的是了解口香糖的口味持续时间，口香糖分为红色、黄色、绿色、粉色，其中 50%是红色的。口香糖往往是按盒销售的，如果由你设计方案，如何按照简单随机抽样解决问题？如何用整群抽样解决这个问题？如何用分层抽样解决这个问题？

8. 为了研究居民的垃圾回收意识和行为，在某个城市抽取两个社区，一个是"上流社区"，另一个是"中低社区"。实验人员将住户拿到户外的垃圾过磅称重，因为垃圾和回收物是按照住户而不是人头计算的，因此个体是两个社区的所有住户，变量是垃圾的重量。上流社区每周的垃圾重量比中低社区重，是否认为富人更严肃地对待垃圾回收这件事？

9. 登录盖洛普网站（www.gallup.com/Home.aspx）浏览其最近做的调查，包括结尾部分有关调查方法的说明。其样本是否来自随机抽样？来自哪类随机抽样？

（二）练习题

1. 根据调查，儿童智商分布为 $N$（100，$10^2$），某幼儿园共有儿童 100 人，问智商在 110～120 之间的儿童共有多少名？

2. 共有 5 000 个同龄人参加人寿保险，设年死亡率为 0.1%。参加保险的人在年初应缴纳保险费 10 元，死亡时家属可领 2 000 元，求保险公司一年内从这些被保险的人中获利不少于 30 000 元的概率？

3. 对于一个整群抽样，其某一个核心变量的群内相关系数为 0.016，群数为 10。试计算关键变量均值的设计效果。

4. 假定总体共有四个数，分别是 1、2、3、4，现从中作 $n=2$ 的简单重复抽样，要求：

（1）绘制分布图；

（2）求平均抽样误差。

5. 设总体分作两层：第一层的变量值为 1、2、3；第二层的变量值为 4、5、6、7。现从第一层中抽取样本容量为 2，从第二层中抽取样本容量为 1，求分层抽样的平均抽样误差。

6. 一个软件产生随机数字总体的平均数为 0.5，我们让这个软件不断产生 100 个随机数字的样本，以下是样本量为 100 的 50 个样本的平均值：

| | | | | | | | | | |
|---|---|---|---|---|---|---|---|---|---|
| 0.532 | 0.450 | 0.481 | 0.508 | 0.510 | 0.530 | 0.499 | 0.461 | 0.543 | 0.490 |
| 0.497 | 0.552 | 0.473 | 0.425 | 0.449 | 0.507 | 0.472 | 0.438 | 0.527 | 0.536 |
| 0.492 | 0.484 | 0.498 | 0.536 | 0.492 | 0.483 | 0.529 | 0.490 | 0.548 | 0.439 |
| 0.473 | 0.516 | 0.534 | 0.540 | 0.525 | 0.540 | 0.464 | 0.507 | 0.483 | 0.436 |
| 0.497 | 0.493 | 0.458 | 0.527 | 0.458 | 0.510 | 0.498 | 0.480 | 0.479 | 0.499 |

这个抽样分布是所有可能的样本平均数的分布，要求：

（1）用这 50 个样本观察值绘制直方图。

（2）根据中心极限定理，对于足够多和足够大的样本的分布是服从正态分布的，这个分布接近正态分布吗？

(3) 根据大数定律，这 50 个样本的平均数等于总体平均数吗？

7. 浏览美国疾病控制和预防中心的网站（apps. nccd. cdc. gov/brfss），你会发现其中有大学毕业生的酗酒人数比例，BRFSS 的调查样本是怎样的样本？

8. 在北大 CFPS 网站找一个近期做的抽样调查，对样本中的某一二分类变量计算统计量，例如对一个问题回答“是”的比例，推算其总体比例 95%的置信区间，并向不懂统计学的人解释你的答案。

# 第七章 参数估计

我们的世界充满着不确定性，因此人们时时刻刻都在做估计。出门要根据天色云量估计冷暖阴晴来决定增减衣装；医生看病要根据某些医学指标的检验或根据望闻问切的经验来估计病情；育儿要根据婴儿的哭声判断饥饿和冷暖；理财要根据上市公司的财务指标估计哪些股票价格会走高；上大学选专业要根据大学排名榜和专业排名榜进行选择；工作和职业除去某些人依据兴趣进行选择外，很多人是根据过去劳动力市场上职业供求关系做出选择的。统计中的估计与以上估计类似，它是根据样本数据做出估计并以此推断总体的。由于这种推断是在掌握信息并不完全的情况下所作的一种归纳性推理，因此必须使用有效的方法去提取样本中的有关信息，以对总体的状况做出尽可能精确和可靠的结论。参数估计方法是统计推断的重要内容。

## 第一节 参数估计的相关概念

### 一、参数估计

参数估计就是用样本统计量对总体的未知参数进行估计。

参数估计是通过样本资料对总体特征进行推断的，总体特征可以包括总体的均值、总体的方差及总体的相关系数等。参数估计有两个方面的特点：一是样本资料来源于总体，用样本估计总体参数时，往往假定样本资料对总体具有代表性；二是从总体中抽取样本时，样本不是唯一的，某一次抽样所得到的样本并不一定就是该总体中最具代表性的样本，因为总体参数不知道所以才要进行估计，因而即便得到的样本是具有代表性的样本，我们也不一定知道。特别是在现实的抽样实践中，由于调查成本的约束，抽取样本进行调查仅仅允许一次而已，因此很难说正好碰上的样本就能真实反映总体的情况。因此考虑到由样本估计总体参数犯错误的可能，需要引入概率对发生错误的情况给出一个设定。

## 二、统计量

样本的函数称为统计量，而用于估计的统计量称为估计量。

由于对于不同的样本有不同的统计量取值，所以估计量也是随机变量，并有其分布。当然如果样本已经确定，对该样本进行调查之后，估计量就有了一个数值，也就不是随机的了，这个数值称为该估计量的一个实现或取值，也称为一个估计值。

例如某年级有100名学生，男女同学各有50名。采用有放回的抽样方式抽取10次，每次抽取10名同学作为一个样本，男女比例就是一个随机变量，表7-1是抽取10个样本的男女比例的结果。

**表7-1　从100名同学中抽取10名的男女比例分布**

| 样本 | 男同学人数 | 女同学人数 | 实现（男女比例） |
|---|---|---|---|
| 1 | 6 | 4 | 6/4 |
| 2 | 6 | 4 | 6/4 |
| 3 | 5 | 5 | 5/5 |
| 4 | 4 | 6 | 4/6 |
| 5 | 4 | 6 | 4/6 |
| 6 | 4 | 6 | 4/6 |
| 7 | 5 | 5 | 5/5 |
| 8 | 6 | 4 | 6/4 |
| 9 | 6 | 4 | 6/4 |
| 10 | 5 | 5 | 5/5 |

从表7-1的10个样本的男女性别比中不难发现，真正出现5/5的只有3次，其他7次不是男多于女，就是女多于男。当然，或许也有更极端的可能会出现1/9、0/10或者9/1、10/0等多种情况，将这些样本估计量的值描述出来就会得到一个分布。

如果一次抽样正好抽中极端值，以该样本比例去估计总体参数就会犯错误。因此为了正确处理局部（抽样）和总体之间的关系，以便做到正确地从样本到总体的推断，推断的可靠性和推断的准确性就构成了统计推断的核心内容。可靠性的计算需要概率理论，推断的准确性则需要选择合适的估计方法。

本章介绍两种以样本的统计值来估计总体参数值的做法：一类是点估计（point estimation），也就是用估计量的实现值来近似代表相应的总体参数值；另一类是区间估计（interval estimation），它是包括估计量在内（有时以估计量为中心）的一个区间，在该区间内被认为很有可能包含总体参数。点估计是根据样本，猜一猜总体的参数大概是什么；而区间估计则是根据样本，猜一猜总体的参数落在什么范围。比较来看，点估计给出一个数字，用起来方便，而区间估计给出一个区间，相对留有余地。

# 第二节 参数的点估计

## 一、点估计的选择标准

用什么样的估计量来估计参数实际上没有硬性规定，任何统计量，只要人们认为合适就都可以作为估计量。然而如果没有统计量的选取标准，在推断总体上就有许多估计量，这会给人们的研究、比较和实际操作带来困惑。于是统计学家制定了一系列标准来衡量一个估计量的好坏，这些标准从不同侧面反映了估计量在某些方面的优劣。

优良点估计就是以一个最适当的样本统计值来代表总体的参数值。什么是优良的统计量呢?

**1. 无偏性**

所谓的无偏性（unbiasedness）是指，虽然每个样本产生的估计量的取值不一定等于总体参数，但当抽取大量样本时，那些样本产生的估计量的均值会接近真正要估计的假定分布的参数。严格说来，如果估计量的数学期望等于欲估计的总体参数，则该估计量被称为该参数的无偏估计量（unbiased estimator）。

假定样本均值表示为：

$$\bar{y} = \frac{1}{n}\sum_{i=1}^{n} y_i \tag{7-1}$$

计算样本均值的数学期望：

$$\begin{aligned} E(\bar{Y}) &= E\left(\frac{y_1 + y_2 + \cdots + y_n}{n}\right) \\ &= \frac{1}{n}[E(y_1) + E(y_2) + \cdots + E(y_n)] \\ &= E(y) = \mu \end{aligned} \tag{7-2}$$

对于简单随机样本，$y_1$，$y_2$，…，$y_n$ 具有与总体 $Y$ 相同的概率分布，因此它们的数学期望也是相等的，从而证明了用样本均值作为总体均值的估计值满足无偏性。

由于现实中一般仅仅抽取一个样本，并且用该样本的估计量的实现来估计对应的参数，人们并不知道这个估计值和要估计的参数差多少，因此，无偏仅仅是非常多次重复抽样时的一个渐进概念。

随机样本产生的样本均值、样本标准差和伯努利试验的成功比例分别都是相应的总体均值、总体标准差和总体成数的无偏估计量。

总体均值的点估计：$\bar{Y}=\frac{1}{n}\sum_{i=1}^{n}y_i$

总体方差的点估计：$S^2=\frac{1}{n-1}\sum_{i=1}^{n}(y_i-\bar{y})^2$

总体成数的点估计：$p=\frac{1}{n}\sum_{i=1}^{n}X_i=\frac{m}{n}$

总体成数方差的估计：$S^2=P(1-P)$

**例 7-1** 某课外培训机构为了解暑假期间需租用多少间教室来满足学生暑期补课需求，在某市 10 000 名五年级小学生中随机抽取 100 人进行调查。结果显示，其中有 20 名愿意暑期补课。设每间教室可容纳学生 50 名，问估计要预租多少间教室？

【解】$P=20/100=0.2$

可以用 $P$ 作为愿意补课总体成数的点估计，因此某区五年级小学生的估计将有 10 000×0.2=2 000 人参加暑期补习，又因为每间教室可容学生 50 人，因此有 2 000/50=40 间教室需要租用。

**2. 有效性**

如果根据无偏性来选择总体参数的估计量，往往可以找到不止一个满足要求的估计量。例如这些统计量 $(X_1+X_2)/2$、$(X_1+2X_2)/3$、$X_1$，其中 $X_1$ 和 $X_2$ 是相互独立的，且它们的期望都是 $\mu$，都是无偏估计，因而它们的标准差分别为 $\sigma/2$、$\sqrt{5/9}\sigma$ 和 $\sigma$。

因此在众多无偏估计量中，人们还希望寻找方差最小的估计量，即最小方差无偏估计量，这是因为方差最小说明反复抽样产生的许多估计值差别不大，因此更加精确（见图 7-1）。显然第一个的标准差最小，当然它就是优良统计量了。

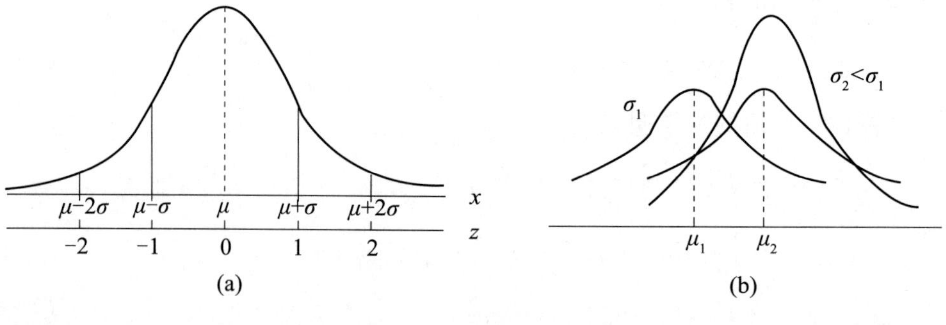


**图 7-1 正态分布图对比**

**3. 一致性**

对于估计除了要求无偏性和有效性外，一个好的估计值还应当随着样本容量 $n$ 的增大以更大的概率去接近被估计参数的值。

我们把样本容量为 $n$ 时的估计值记作 $\hat{\theta}_n$，如果 $n\to\infty$ 时，$\hat{\theta}_n$ 按概率收敛于总体参数 $\theta$，即对于任何正数 $\varepsilon$，有：

$$\lim_{n\to\infty} P(|\hat{\theta}_n - \theta| < \varepsilon) = 1$$

称 $\hat{\theta}_n$ 是 $\theta$ 的一致性估计值，这也是大数定律的具体体现。

一致性被认为是对估计量的一个最基本的要求。如果一个估计量在样本量不断增大时都不能把待估参数估计到一个高精度上，那么这个估计是值得怀疑的。

## 二、点估计的方法

求参数的点估计有许多不同的方法，其中经典的方法有矩法、极大似然法、自助估计法、最小二乘法、贝叶斯估计法等。最小二乘法将在第十章回归分析中详细介绍。

### (一) 矩法

矩法是用样本矩去估计总体相应矩的方法。它是由统计学家皮尔逊（K. Pearson）于 1894 年提出的，也是最古老的估计法之一。对于随机变量来说，矩是其最广泛、最常用的数字特征，主要有中心矩和原点矩。由大数定律可知，简单随机样本的原点矩依概率收敛到相应的总体原点矩，这种用样本矩替换总体矩进而找出未知参数的估计方法称为矩法。用矩法求得的估计称为矩法估计，简称矩估计（method of moments）。

矩法估计的核心问题是替换原理，可归纳为以下方面：

（1）用样本矩去替换总体矩，这里的矩可以是原点矩也可以是中心矩。

（2）用样本矩的函数去替换相应的总体矩的函数。

设 $y_1$，$y_2$，…，$y_n$ 是随机变量 $Y$ 的 $n$ 个观测值的随机样本，$k$ 阶总体矩和 $k$ 阶样本矩定义为 $k$ 阶总体矩 $E(Y^k)$，$k$ 阶样本矩 $m_k = \dfrac{\sum_{i=1}^{n} y_i^k}{n}$。

当 $k=1$ 时，一阶总体矩是 $E(Y)=\mu$，而一阶样本矩就是 $m_1=\bar{y}$

使 $k$ 阶总体矩等于 $k$ 阶样本矩：

$$E(Y) = \frac{1}{n}\sum y_i$$

$$E(Y^2) = \frac{1}{n}\sum y_i^2$$

$$\cdots$$

$$E(Y^k) = \frac{1}{n}\sum y_i^k$$

根据替换原理，在总体分布形式未知情形下可对各种参数做出估计。

矩法估计得到的估计量具有前面所讲的两个性质，即无偏估计和最小方差估计。最简单的矩法估计是用一阶样本原点矩来估计总体的期望，用二阶样本中心矩来估计总体的方差。

**例 7-2** 对某施工单位的 20 名建筑工人调查其对工作环境的满意度，满意度打分如下（50 分满分）：

29.8，27.6，28.3，27.9，30.1，28.7，29.9，28.0，27.9，28.7，

28.4，27.2，29.5，28.5，28.0，30.0，29.1，29.8，29.6，26.9

这是一个容量为 20 的样本观测值，对应总体是某施工单位的建筑工人，其分布形式尚不清楚，可用矩法估计其均值、方差和中位数等。本例中经计算有：

$$\bar{x}=28.695,\ s_n^2\approx 0.9185,\ m_{0.5}=28.6$$

由此给出总体均值、方差和中位数的估计分别为 28.695、0.918 5 和 28.6。

## （二）极大似然法

极大似然法是由统计学家费希尔（Ronald A. Fisher）提出的，极大似然法的基本思想如下：选取离散随机变量 $Y$ 的 $n$ 个观测值 $y_1$，$y_2$，…，$y_n$，如果概率分布 $p$（$y$）是单个参数 $\theta$ 的函数，那么观测到 $Y$ 的这 $n$ 个独立值的概率是：

$$p(y_1,y_2,\cdots,y_n)=p(y_1)p(y_2)\cdots p(y_n)$$

费希尔称样本值 $y_1$，$y_2$，…，$y_n$ 的联合概率为样本的似然函数 $L$，并建议应该选择使 $L$ 达到最大的值作为 $\theta$ 的估计值，如果样本的似然函数是两个参数 $\theta_1$ 和 $\theta_2$，那么 $\theta_1$ 和 $\theta_2$ 的极大似然估计是使 $L$ 达到最大的那个值，这个概念可以推广到似然函数 $L$ 是多个参数的函数的情形。

**例 7-3** 设产品分为合格品与不合格品两类，用一个随机变量 $X$ 来表示某个产品是否合格，$X=0$ 表示合格品，$X=1$ 表示不合格品，则 $X$ 服从二点分布，其中 $p$ 是未知的不合格品率，现抽取 $n$ 个产品看其是否合格，得到样本 $x_1$，$x_2$，…，$x_n$。由于 $p$ 是未知的，根据极大似然原理，我们应该选择 $p$ 使得 $L$（$p$）尽可能大：

$$L(p)=p^{\sum x_i}(1-p)^{n-\sum x_i}$$

两边取对数，对 $p$ 求导令其为 0，得到如下方程：

$$\frac{\partial \ln L(p)}{\partial p}=\frac{\sum x_i}{p}-\frac{n-\sum x_i}{1-p}=0$$

解之得到 $p$ 的极大似然估计为：

$$\hat{p}=\hat{p}(x_1,\cdots,x_n)=\frac{\sum x_i}{n}=\bar{x}$$

## （三）自助估计法

矩法估计和极大似然法估计都假设抽样总体是近似正态分布的，当抽样总体的分布与正态性有较大偏离时，这些估计量不再具有优良性质（如无偏性和最小方差性）。自助估计是一种适用于大部分概率分布的方法。当抽样总体是正态分布时，这种方法不亚于矩法估计和最小二乘法估计；当抽样总体是厚尾或偏斜时，这种方法要比矩法估计和最小二乘法估计好得多，这种方法被称作自助估计

法（bootstrap method，bootstrapping）。

自助估计法由埃夫朗（Efron）于 1979 年提出，也称作重复抽样的蒙特卡罗方法，即从原始样本数据中重复抽取（有放回）容量为 $n$ 的样本。埃夫朗将这种基于计算机的“依靠自己的力量把自己提出来的”方法称为自助法。自助法的最大优点是，即使在数据不满足基本假定的抽样情况下也能得到可靠的推断。

设 $y_1$，$y_2$，…，$y_n$ 为取自未知总体均值 $E(Y)=\mu$ 的样本，这些样本是大小为 $n$ 的随机样本，用自助法求 $\mu$ 的点估计步骤如下：

步骤 1，选择 $j$，其中 $j$ 是重复抽样的次数（通常 $j$ 是一个非常大的数，如 $j=1\ 000$ 或 5 000）。

步骤 2，对原始样本数据集 $y_1$，$y_2$，…，$y_n$ 进行有放回的随机抽样，即重复抽样。

步骤 3，对步骤 2 重复 $j$ 次，计算每次的样本平均值 $\bar{y}$。

步骤 4，设 $\bar{y}_1$，…，$\bar{y}_n$ 表示来自重复抽样的 $j$ 个样本均值，这些样本均值的分布近似总体均值 $\bar{Y}$ 的真实抽样分布。

例如，想要知道池塘里面鱼的数量，可以先抽取 $n$ 条鱼，做上记号，放回池塘，进行重复抽样。抽取 $m$ 次，每次抽取 $n$ 条，考察每次抽到的鱼当中有记号的比例，综合 $m$ 次的比例，就可以进行总体参数的估计。

## （四）贝叶斯估计法

经典估计方法都是基于未知参数 $\theta$ 是常数的概念，我们得到的所有关于 $\theta$ 的信息都来自相关总体的随机样本 $y_1$，$y_2$，…，$y_n$。与此不同，贝叶斯估计法认为参数 $\theta$ 是具有某个已知的先验概率分布 $g(\theta)$ 的随机变量，以样本信息修正 $\theta$ 的先验分布，从而得到后验分布 $f(\theta \mid y_1, y_2, \cdots, y_n)$，$\theta$ 的贝叶斯估计就是后验概率分布的均值。也就是说经典统计推断方法使用到两种信息即总体信息和样本信息；而贝叶斯学派认为，除了上述两种信息外，统计推断还应该使用第三种信息即先验信息。下面我们先对这三种信息加以说明。

**1. 总体信息**

总体信息，即总体分布或总体所属分布族所提供的信息。比如，若已知“总体是正态分布”，则我们就知道很多信息，如总体的密度函数是关于均值对称，总体的所有性质由其一、二阶矩决定，有许多成熟的统计推断方法可供我们使用等。总体信息是很重要的信息，为了获取总体信息所开展的普查耗资巨大，例如国家的人口普查、经济普查等。

**2. 样本信息**

样本信息，即抽取样本所得观测值提供的信息。有了样本观测值后，我们可以根据它推断总体的某些特征状况，如总体均值、总体方差等等，样本信息能够为统计推断提供素材，没有样本就没有统计学。

**3. 先验信息**

如果把抽取样本看作一次试验，则样本信息就是试验中得到的信息，实际中人们在试验之前对所要研究的问题在理论、经验和资料上是有所了解的。这些信息对统计推断是有益的，可以用于统计推断和统计决策，因为当需要对未来的不确定性作统计推断时，当前的状态固然重要，但历史的经验也同样是举足轻重的。先验信息是抽样之前有关研究问题的信息，一般来说，先验信息来源于经验和历史资料，这些信息既与事物的客观状态有关，也与主体挖掘和理解信息的主观因素有关。

**例 7-4** 某自行车厂每天要抽检 $n$ 件自行车产品以确定产品质量是否符合要求。自行车质量可用不合格品率 $p$ 来度量，也可以用抽查自行车中的 $n$ 件不合格品件数 $\theta$ 表示。由于生产过程的连续性，可以认为每天的自行车质量是彼此关联的，即在估计现在的 $p$ 时，以前自行车生产的检验资料应该是有参考价值的，这些积累的历史资料就是先验信息。为了能使用先验信息，需要对它进行加工。比如，经过一段时间后，就可根据历史资料对过去 $n$ 件自行车产品中的不合格品件数 $\theta$ 构造一个分布函数：

$$p(\theta = i) = \pi_i,\ i = 1,2,\cdots,n$$

这种对先验信息进行加工获得的分布称为先验分布，这种先验分布是对该自行车厂过去产品的不合格品率的一个归纳总结。

基于以上三种信息进行推断的统计学称为贝叶斯统计学，它与经典统计学的差别就在于是否利用先验信息。贝叶斯统计在重视使用总体信息和样本信息的同时，还注意先验信息的搜集、挖掘和加工，并使之数量化，形成先验分布，最终应用到统计推断中，以提高统计推断的质量。

**例 7-5** 现分别有甲、乙两个居民楼，在甲居民楼里分别有 7 户本地人和 3 户外地人，在乙居民楼里有 1 户本地人和 9 户外地人，现已知从这两个居民楼任意抽出了一户，问这户是本地人且来自甲居民楼的概率是多少？

【解】假设选中甲居民楼为事件 A，已经抽出本地居民为事件 B，则有：

$$P(B) = 8/20,\quad P(A) = 1/2,\quad P(B \mid A) = 7/10$$

因此：

$$P(A \mid B) = \frac{(7/10) * (1/2)}{(8/20)} = 0.875$$

故这户是本地人且来自甲居民楼的概率是 0.875。

**4. 后验分布**

以上案例有助于我们对后验分布的理解。

设 $y_1$，$y_2$，…，$y_n$ 表示取自有未知参数 $\theta$ 的总体，随机样本的大小为 $n$。

令 $f(y_1,\ y_2,\ \cdots,\ y_n \mid \theta)$ 表示给定 $\theta$ 后样本值的联合条件概率分布，$h(\theta)$ 表示 $\theta$ 的先验分布，求 $\theta$ 的贝叶斯估计的关键是求条件分布 $g(\theta \mid y_1,\ y_2,\ \cdots,\ y_n)$，该条件分布称作 $\theta$ 的后验分布。后验分布用公式表示为：

$$g(\theta \mid y_1, y_2, \cdots, y_n) = \frac{f(y_1, y_2, \cdots, y_n \mid \theta) \cdot h(\theta)}{f(y_1, y_2, \cdots, y_n)}$$

一旦后验分布确定，$\theta$ 的贝叶斯估计也就可以适当选取。

# 第三节 参数的区间估计

当描述某一罢工事件时，往往给出的罢工人群是一个区间，如 350～400 人的罢工队伍；当描述一个人的体重时，也不会说是 72.23 公斤，而是在 70 公斤到 75 公斤之间。这些范围就是典型的区间估计。在抽样调查的实践中，人们常用点估计加区间估计的方法进行估计。比如为了估计某候选人在选民中的支持率，调查机构的民意测验可能会说，该候选人的支持率是 51%，误差±3%，置信度为 95%，这种说法隐含着区间估计的三大要素：

第一，样本中的支持率为 51%，这是用样本比例作为总体比例的点估计。

第二，估计范围为 51%±3%，即区间为（48%，54%）。

第三，置信度为 95%的含义是指如果重复抽取大量样本，会产生大量的类似区间，但在这些区间中，大约有 95%能够包含真正的总体比例。

这样得到的区间被称为总体参数估计置信度（confidence level）为 95%的置信区间（confidence interval），这里的置信度又被称为置信系数。

## 一、区间估计的相关概念

### （一）区间估计

设 $\theta$ 是总体的一个参数，$x_1$，$x_2$，…，$x_n$ 是样本，所谓区间估计就是找两个统计量 $\hat{\theta}_L=\hat{\theta}_L$（$x_1$，$x_2$，…，$x_n$）和 $\hat{\theta}_U=\hat{\theta}_U$（$x_1$，$x_2$，…，$x_n$），使得 $\hat{\theta}_L<\hat{\theta}_U$。在得到样本观测值之后，就把 $\theta$ 估计在区间 $[\hat{\theta}_L, \hat{\theta}_U]$ 之内，显然作为区间通常要求区间 $[\hat{\theta}_L, \hat{\theta}_U]$ 能覆盖住 $\theta$ 的概率 $P$（$\hat{\theta}_L\leqslant\theta\leqslant\hat{\theta}_U$）尽可能大，但这必然导致区间长度增大。为了平衡此矛盾，就需要事先给定 $\theta$ 落在此区间的概率（以后称为置信水平），这就引入了置信区间的概念。

### （二）置信区间

设 $\theta$ 是总体的一个参数，$x_1$，$x_2$，…，$x_n$ 是来自总体的样本，给定一个 $\alpha$（$0<\alpha<1$），若有两个统计量 $\hat{\theta}_L=\hat{\theta}_L$（$x_1$，$x_2$，…，$x_n$）和 $\hat{\theta}_U=\hat{\theta}_U$（$x_1$，$x_2$，…，$x_n$），使得

$$P(\hat{\theta}_L \leqslant \theta \leqslant \hat{\theta}_U) \geqslant 1-\alpha$$

则称 $\theta$ 落在置信水平为 $1-\alpha$ 的置信区间 $[\hat{\theta}_L, \hat{\theta}_U]$，或简称 $[\hat{\theta}_L, \hat{\theta}_U]$ 是 $\theta$ 的 $1-\alpha$ 置信区间，$\hat{\theta}_L$ 和 $\hat{\theta}_U$ 分别称为 $\theta$ 的置信下限和置信上限。

置信水平 $1-\alpha$ 的概率解释是 $\theta$ 可能在 $[\hat{\theta}_L, \hat{\theta}_U]$ 之内，也可能不在，平均而

言，在大量的区间观测值中，至少有 100 $(1-\alpha)$%包含 $\theta$。

通俗地讲，区间估计就是以两个数值之间的间距来估计参数值的。区间估计要包括两个要素：一是要有区间范围，指样本统计量与被估计的总体参数离差的绝对值可允许变动的上限和下限，这是估计的精确性问题；二是要有一个可接受的置信水平，置信水平是落在该区间的概率保证程度，这是估计的可靠性问题。因此置信区间是一个和概率保证程度相关的区间，用该区间来估计总体参数取值的范围，条件是要首先给定置信水平，在此基础上计算出总体参数被估计的上限和下限 $\hat{\theta}_L$ 和 $\hat{\theta}_U$，使被估计的总体参数 $\theta$ 落在区间 $[\hat{\theta}_L, \hat{\theta}_U]$ 内。其中 $1-\alpha$ 为置信水平，介于 0～1 之间，而 $\alpha$ 被定义为显著性水平。

## 二、置信区间与置信水平的关系

置信区间指被估计参数的可能范围，置信水平为对参数落在这一范围内给定的概率保证程度。参数的可能范围是估计的准确性问题，而相应的概率保证程度（置信水平）是估计的可靠性问题。

在作估计时我们常常希望准确性尽可能提高，而且可能性不能小，但这两个要求是矛盾的。在样本容量不变的条件下，要缩小估计区间，提高估计的准确性，势必减少置信度，降低估计的可靠性。

**例 7-6** 用有放回抽样的方法，从 5 人中间抽取 2 人构成样本，求样本日平均消费，并推算总体的消费水平置信区间（见表 7-2 和表 7-3）。

**表 7-2 样本量为 2 的日平均消费额组合表**

| 样本变量 | 34 | 38 | 42 | 46 | 50 |
|---|---|---|---|---|---|
| 34 | 34 | 36 | 38 | 40 | 42 |
| 38 | 36 | 38 | 40 | 42 | 44 |
| 42 | 38 | 40 | 42 | 44 | 46 |
| 46 | 40 | 42 | 44 | 46 | 48 |
| 50 | 42 | 44 | 46 | 48 | 50 |

**表 7-3 样本日平均消费的频数和频率**

| 样本日平均消费 | 频数 | 频率 |
|---|---|---|
| 34 | 1 | 1/25 |
| 36 | 2 | 2/25 |
| 38 | 3 | 3/25 |
| 40 | 4 | 4/25 |
| 42 | 5 | 5/25 |
| 44 | 4 | 4/25 |
| 46 | 3 | 3/25 |
| 48 | 2 | 2/25 |
| 50 | 1 | 1/25 |
| 合计 | 25 | 1 |

(1) 计算样本日平均消费数和方差为 42 和 16。

(2) 根据以上分布资料可以写出样本日平均消费落在各种区间的概率 $p$。例如：

$$P(40 \leqslant \overline{X} \leqslant 44) = (4/25) + (5/25) + (4/25) = 13/25$$

$$P(38 \leqslant \overline{X} \leqslant 46) = (3/25) + (4/25) + (5/25) + (4/25) + (3/25) = 19/25$$

$$P(34 \leqslant \overline{X} \leqslant 50) = (1/25) + (2/25) + (19/25) + (2/25) + (1/25) = 1$$

在重复抽样中，样本日平均消费与总体日平均消费的绝对离差不超过 2 元的概率为 13/25，即有 52%的概率保证总体日平均消费落在 40～44 元之间。

抽样误差不超过 4 元的概率为 19/25=76%，抽样误差不超过 8 元的概率为 100%。

不难发现，抽样误差范围和估计置信度是密不可分的，抽样误差愈小，估计准确度愈高，但置信度愈小。

## 三、置信区间与抽样标准误的关系

抽样标准误反映样本的代表性程度，抽样标准误越小，样本的代表性越好。假定我们以 $Z$ 表示置信水平，$S$ 表示样本的标准差，$SE=\frac{S}{\sqrt{n}}$ 表示抽样标准误，$n$ 是样本的大小，则：

$$\text{置信区间的误差范围 } \Delta = Z\frac{S}{\sqrt{n}}$$

抽样标准误越小，置信区间的误差范围越小，即置信区间越窄，由统计量推断总体的精准度就越高。同理，概率保证程度越高，置信区间越宽，由统计量推断总体的可靠度就越高。这一关系可见图 7－2。

$$f(x) = \frac{1}{\sqrt{2\pi}}\exp\left(-\frac{x^2}{2}\right)$$

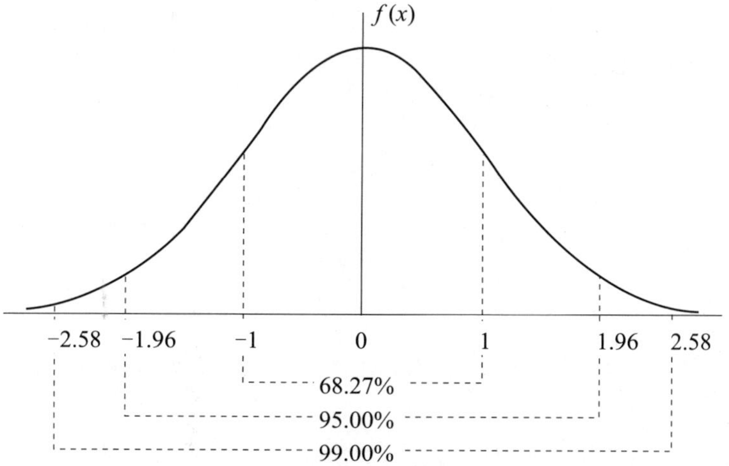


**图 7－2　置信区间与概率保证程度的关系的示意图**

# 第四节 正态总体的区间估计

## 一、总体均值 $\mu$ 的区间估计

如果总体分布满足 $N(\mu, \sigma^2)$，对总体参数 $\mu$ 进行区间估计，根据 $\sigma^2$ 是否为已知，分以下两种统计量进行讨论。

### (一) $\sigma^2$ 为已知

根据第六章关于抽样分布与抽样标准误的讨论，当 $\sigma^2$ 为已知时，统计量满足标准正态分布（见图 7-3）：

$$Z=\frac{\overline{X}-\mu}{\frac{\sigma}{\sqrt{n}}}\sim N(0,1)$$

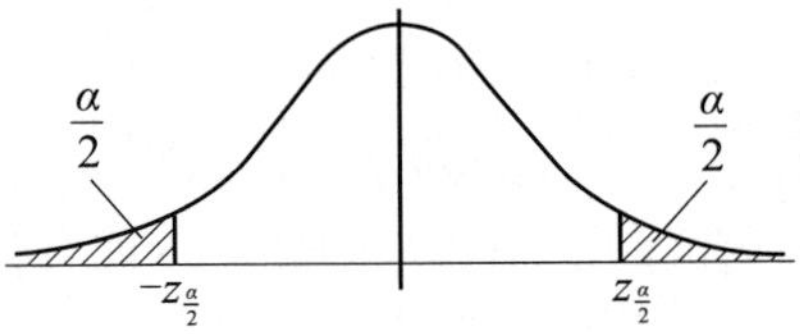


图 7-3　标准正态分布的显著性水平

对于 $\mu$ 的双侧置信区间有：

$$P(|Z|<Z_{\frac{\alpha}{2}})=1-\alpha$$

或 $$P(-Z_{\frac{\alpha}{2}}<Z<Z_{\frac{\alpha}{2}})=1-\alpha$$

将统计量 $Z$ 代入上式得到：

$$P\left(-Z_{\frac{\alpha}{2}}<\frac{\overline{X}-\mu}{\frac{\sigma}{\sqrt{n}}}<Z_{\frac{\alpha}{2}}\right)=1-\alpha$$

整理得到：

$$P\left(\overline{X}-Z_{\frac{\alpha}{2}}\frac{\sigma}{\sqrt{n}}<\mu<\overline{X}+Z_{\frac{\alpha}{2}}\frac{\sigma}{\sqrt{n}}\right)=1-\alpha$$

区间 $\left(\overline{X}-Z_{\frac{\alpha}{2}}\frac{\sigma}{\sqrt{n}}, \overline{X}+Z_{\frac{\alpha}{2}}\frac{\sigma}{\sqrt{n}}\right)$ 为待估参数 $\mu$、置信度为 $1-\alpha$ 的双侧置信区间。

当置信度 $1-\alpha=0.95$ 时，置信区间为：

$$\left(\overline{X}-1.96\frac{\sigma}{\sqrt{n}},\ \overline{X}+1.96\frac{\sigma}{\sqrt{n}}\right)$$

当置信度 $1-\alpha=0.99$ 时，置信区间为：

$$\left(\overline{X}-2.58\frac{\sigma}{\sqrt{n}},\ \overline{X}+2.58\frac{\sigma}{\sqrt{n}}\right)$$

**例 7-7**　设某居民区居民看电视时间服从正态分布 $N(\mu,\ 0.66^2)$。根据 36 人的随机抽样调查，每天平均看电视时间为 $\overline{X}=2.65$ 小时，求 $\mu$ 的双侧置信区间（置信水平取 0.05 和 0.01）。

**【解】**(1) $1-\alpha=0.95$，由于是求双侧置信区间，则 $\frac{\alpha}{2}=0.025$，根据正态分布表：

$$\varnothing(Z_{\frac{\alpha}{2}})=1-0.025=0.975$$
$$Z_{\frac{\alpha}{2}}=1.96$$

代入置信区间为：

$$\left[2.65-1.96\times\frac{0.66}{\sqrt{36}},\ 2.65+1.96\times\frac{0.66}{\sqrt{36}}\right]=[2.43,\ 2.87]$$

(2) $1-\alpha=0.99$，由于是求双侧置信区间，则 $\frac{\alpha}{2}=0.005$，根据正态分布表：

$$\varnothing(Z_{\frac{\alpha}{2}})=1-0.005=0.995$$
$$Z_{\frac{\alpha}{2}}=2.58$$

代入置信区间为：

$$\left[2.65-2.58\times\frac{0.66}{\sqrt{36}},\ 2.65+2.58\times\frac{0.66}{\sqrt{36}}\right]=[2.37,\ 2.93]$$

**例 7-8**　某小学 10 岁全体女生身高历年来的标准差为 6.25 厘米，现从该校随机抽取 27 名 10 岁女生，测得平均身高 134.2 厘米，试估计该校 10 岁女生平均身高的 95%的置信区间。

**【解】**$P(\overline{X}-Z_{\frac{\alpha}{2}}\frac{\sigma}{\sqrt{n}}<\mu<\overline{X}+Z_{\frac{\alpha}{2}}\frac{\sigma}{\sqrt{n}})=1-\alpha$

$$P(134.2-1.96\times\frac{6.25}{\sqrt{27}}<\mu<134.2+1.96\times\frac{6.25}{\sqrt{27}})=1-\alpha$$

$$P(131.84<\mu<136.56)=0.95$$

**例 7-9**　经抽样调查计算样本亩产粮食 600 公斤，并知抽样标准误差 $SE=\frac{\sigma}{\sqrt{n}}$ 为 3 公斤，现在给定抽样误差范围为 6 公斤，求总体平均亩产落在估计区间的概率。

**【解】**已知 $\overline{X}=600$ 公斤，$SE=3$ 公斤，$\Delta=6$ 公斤，则估计区间为 $(600-6,\ 600+6)=(594,\ 606)$

$$Z=\Delta/SE=6/3=2$$

查正态概率表为 0.977 2，由于要求双侧检验，故右侧显著性水平 $\frac{\alpha}{2}=1-$

0.977 2=0.022 8，再扣除相应的左侧显著性水平的概率 0.977 2−0.022 8=0.954 4，则落在区间内的概率为：

$$F(Z)=F(2)=95.44\%$$

以该 $Z$ 统计量进行区间估计的方法也适用于总体 $\sigma^2$ 为未知但样本量为大样本的情形。

## （二）$\sigma^2$ 为未知

当总体 $\sigma^2$ 为未知，且样本为小样本的情况下，统计量满足自由度 $k=n-1$ 的 $t$ 分布（见图 7-4）：

$$T=\frac{\overline{X}-\mu}{\frac{S}{\sqrt{n}}}\sim t(n-1)$$

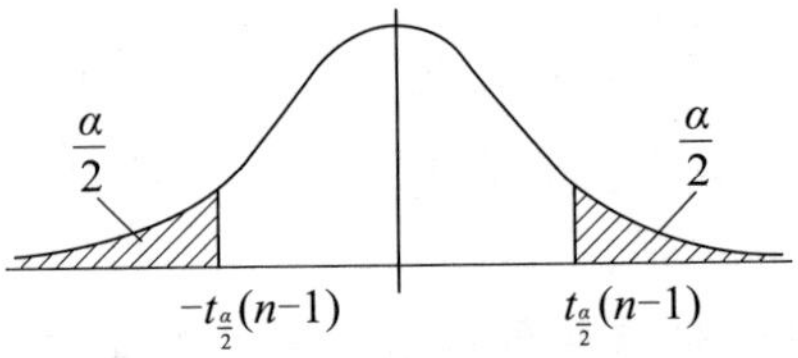


**图 7-4　$t$ 分布的显著性水平**

对于 $\mu$ 的双侧置信区间有：

$$P(|t|<t_{\frac{\alpha}{2}})=1-\alpha$$

或　$$P(-t_{\frac{\alpha}{2}}<t<t_{\frac{\alpha}{2}})=1-\alpha$$

整理得到：

$$P\left(X-t_{\frac{\alpha}{2}}\frac{S}{\sqrt{n}}<\mu<X+t_{\frac{\alpha}{2}}\frac{S}{\sqrt{n}}\right)=1-\alpha$$

**例 7-10**　从某公司中随机抽取 5 名员工，他们的日工资分别为 150 元、360 元、400 元、240 元、300 元，计算全公司平均日工资的 95%的置信区间。

【解】因为 $n=5$，自由度 $k=4$，由 $t$ 分布表得 $t_{0.025}=2.776$；

计算得到 5 名员工的平均日工资 $\overline{X}=290$，$S\approx98.99$，代入上式：

$$\mu=290\pm2.776\times\frac{98.99}{\sqrt{5}}\approx290\pm122.90$$

全公司平均日工资的 95%的置信区间为 167～413 之间。

那么在实践中，我们什么时候用正态 $Z$ 统计量，什么时候用 $t$ 统计量呢？如果 $\sigma^2$ 为已知的，用正态 $Z$ 统计量是合适的；如果 $\sigma^2$ 未知，必须用 $S^2$ 估计，则用 $t$ 统计量是合适的。如果样本量较大（$n\geqslant30$），也可以用 $Z$ 统计量，因为这时的 $t$ 值和 $Z$ 值十分接近。因此只有当 $\sigma^2$ 未知且又是小样本的情形才用 $t$ 统计量，从这个意义上讲，$t$ 分布是适用于小样本的一种分布。

**例 7-11**　星巴克在 7 个星期内抽查了 49 位顾客的消费额（元）如表 7-4 所示。求在概率 90%的保证下，总体顾客平均消费额的估计区间。

**表 7-4　49 位顾客消费额**　　单位：元

| | | | | | | |
|---|---|---|---|---|---|---|
| 15 | 24 | 38 | 26 | 30 | 42 | 18 |
| 30 | 25 | 26 | 34 | 44 | 20 | 35 |
| 24 | 26 | 34 | 48 | 18 | 28 | 46 |
| 19 | 30 | 36 | 42 | 24 | 32 | 45 |
| 36 | 21 | 47 | 26 | 28 | 31 | 42 |
| 45 | 36 | 24 | 28 | 27 | 32 | 36 |
| 47 | 53 | 22 | 24 | 32 | 46 | 26 |

【解】(1) 计算样本平均数和标准差：

$\overline{X}=32$；$S\approx 9.45$

抽样标准误：

$$\frac{S}{\sqrt{n}}=9.45/7\approx 1.35$$

(2) 根据给定的置信度 $F(Z)=90\%$，查概率表得 $Z=1.64$，计算 $\Delta=Z*SE=1.64\times 1.35\approx 2.2$ 元。

(3) 估计总体平均消费额下限 $=32-2.2=29.8$ 元，上限 $=32+2.2=34.2$ 元。

点估计：星巴克总体顾客平均消费额为 32 元。

区间估计：以 90%的概率保证，星巴克总体顾客平均消费额在 29.8～34.2 元之间。

**例 7-12**　星巴克抽查 49 位顾客的消费额如表 7-4 所示，抽样误差范围不超过 2.2 元，试估计总体顾客平均消费额的置信区间，并计算其置信度。

【解】(1) 计算样本平均数和标准差：

$\overline{X}=32$；$S\approx 9.45$

抽样标准误：

$$SE=\frac{S}{\sqrt{n}}=9.45/7=1.35$$

(2) 根据给定的 $\Delta=2.2$ 元，计算总体平均消费额的上限和下限：

估计总体平均消费额下限 $=32-2.2=29.8$ 元

估计总体平均消费额上限 $=32+2.2=34.2$ 元

(3) 根据 $Z=\Delta/SE=2.2/1.35\approx 1.63$，查概率表得 $F(Z)=90\%$。

计算结果表明以 90%的概率保证星巴克总体顾客平均消费额的置信区间为 29.8～34.2 元之间。

## (三) 样本的确定

理论上讲样本越大越有代表性，但样本越大，所需要的研究费用也越高。因此在调查前需要结合置信度、个案之间的差异大小，来确定样本容量。

例如，要调查某地区工人的平均工资，应该抽取多少名工人来研究。

我们的研究要求如下：(1) 抽样误差范围 $\Delta$ 不能超过 3；(2) 根据前人的研究或对该地区工资情况的了解，工资变量的标准差 $S=15$；(3) 所要求的置信度为 95%。根据给定条件，样本容量为：

$$n=\left(\frac{1.96S}{\Delta}\right)^2\approx 96$$

## 二、总体成数（比例、百分比）的区间估计

样本成数可以看作 $n$ 个满足二点分布 (0，1) 样本的均值 $\bar{X}$，例如抽取了 10 位育龄妇女，其中 7 人有生二胎的意愿，那么样本中生育二胎意愿的比例为：

$$P=\bar{X}=\frac{7}{10}$$

根据中心极限定理，在大样本情况下 [$np\geqslant 5$ 和 $n(1-p)\geqslant 5$]，样本成数的分布可近似看作正态分布，因此大样本总体成数 $P$ 的区间估计公式有：

$$P\left(\hat{P}-Z_{\frac{\alpha}{2}}\frac{\sigma}{\sqrt{n}}<\mu<\hat{P}+Z_{\frac{\alpha}{2}}\frac{\sigma}{\sqrt{n}}\right)=1-\alpha$$

二项分布的抽样标准误为：

$$SE=\frac{\sigma}{\sqrt{n}}=\sqrt{\frac{p(1-p)}{n}}$$

当总体 $P$ 未知时，可用样本代替。

**例 7-13** 在一项新广告活动的跟踪调查中，被调查的 400 人中有 240 人能记起广告的标语。试求能记起广告标语的占总体人数比率的 95%置信度的估计区间。

【解】 $P=\frac{240}{400}=60\%$

$$SE=\sqrt{\frac{p(1-p)}{n}}\approx 0.024\ 5$$

根据给定的置信度要求 $F(Z)=0.95$，查概率表得 $Z=1.96$。

根据 $\Delta p=Z*SE=1.96\times 2.45\%\approx 4.8\%$，则总体比率的上下限为：

下限 $=P-\Delta p=60\%-4.8\%=55.2\%$

上限 $=P+\Delta p=60\%+4.8\%=64.8\%$

区间估计：以概率 95%的保证程度，估计会记起广告标语的人数占总体的比率在 55.2%～64.8%之间。

**例 7-14** 随机抽取 900 户居民户，其中有 675 户有微波炉。在估计区间的误差范围不超过 2.8%的情形下，试对该市居民住户微波炉普及率进行估计。

【解】(1) 计算成数、标准差，并推算抽样标准误 $SE$。

$$P=\frac{675}{900}=75\%$$

$$S=\sqrt{p(1-p)}=\sqrt{0.75\times 0.25}\approx 0.43$$

$$SE=\sqrt{\frac{p\ (1-p)}{n}}=\sqrt{\frac{0.75\times 0.25}{900}}\approx 0.0144$$

(2) 根据给定的 $\Delta p=2.8\%$，计算总体成数估计区间的下限和上限。

估计区间下限 $=P-\Delta p=75\%-2.8\%=72.2\%$

估计区间上限 $=P+\Delta p=75\%+2.8\%=77.8\%$

(3) 根据 $Z=\Delta p/SE=2.8\%/1.4\%=2$，查概率表，双侧检验 $F\ (2)=0.9772-(1-0.9772)=0.9544$。

点估计：估计该市居民微波炉普及率为 75%。

区间估计：以概率 95.44% 的保证程度，估计该市居民微波炉普及率在 72.2%～77.8%之间。

## 三、总体方差的区间估计

根据第五章概率分布的讨论，对于正态总体 $N\ (\mu,\ \sigma^2)$，以下统计量满足自由度 $k=n-1$ 的 $\chi^2$ 分布：

$$\frac{(n-1)}{\sigma^2}S^2\sim\chi^2(n-1)$$

由于卡方分布是偏态分布，对于给定置信度 $1-\alpha$，双侧区间 $\chi^2$ 的临界值一般依据等尾置信区间，将 $\alpha$ 分成两部分，在 $\chi^2$ 分布两侧各截面积为 $\alpha/2$ 的部分，即采用 $\chi^2$ 的两个分位数 $\chi^2_{\frac{\alpha}{2}}\ (n-1)$ 和 $\chi^2_{1-\frac{\alpha}{2}}\ (n-1)$（见图 7-5）：

$$P(\chi^2\geqslant\chi^2_{\frac{\alpha}{2}})=\frac{\alpha}{2}$$

$$P(\chi^2\leqslant\chi^2_{1-\frac{\alpha}{2}})=\frac{\alpha}{2}\left(\text{或 }P(\chi^2>\chi^2_{1-\frac{\alpha}{2}})=1-\frac{\alpha}{2}\right)$$

$$P(\chi^2_{1-\frac{\alpha}{2}}<\chi^2<\chi^2_{\frac{\alpha}{2}})=1-\alpha$$

$$P\left(\frac{(n-1)S^2}{\chi^2_{\frac{\alpha}{2}}}<\sigma^2<\frac{(n-1)S^2}{\chi^2_{1-\frac{\alpha}{2}}}\right)=1-\alpha$$

其中，区间 $\left[\frac{(n-1)\ S^2}{\chi^2_{\frac{\alpha}{2}}},\ \frac{(n-1)\ S^2}{\chi^2_{1-\frac{\alpha}{2}}}\right]$ 为待估参数 $\sigma^2$ 在置信度为 $1-\alpha$ 下的双侧置信区间。

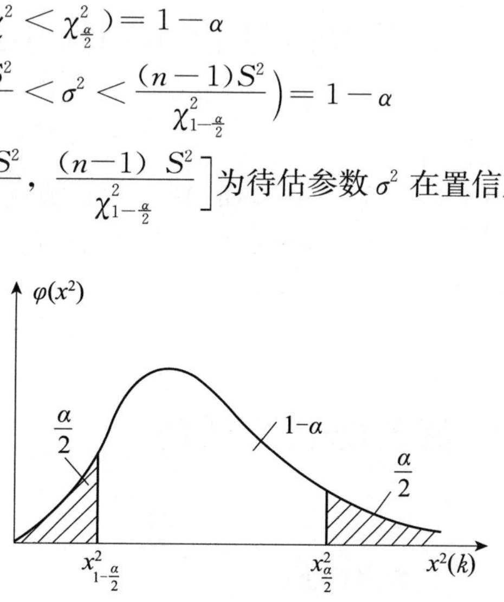


图 7-5 卡方分布的显著性水平

**例 7-15** 某高中重点班期末考试成绩服从正态分布。现随机抽取 10 名同学调查其期末考试成绩，分数如下（满分 600 分）：578，572，570，568，572，570，570，596，584，572。求方差 $\sigma^2$ 的置信区间（$1-\alpha=0.95$）。

**【解】**（1）计算 $\overline{X}$ 和 $S^2$。

$$\overline{X}=\frac{1}{n}\sum_{i=1}^{n}x_i=\frac{1}{10}(578+572+\cdots+572)=575.2$$

$$S^2=\frac{1}{n-1}\sum(x_i-\overline{X})^2=\frac{681.6}{9}\approx 75.7$$

（2）置信度 $1-\alpha=0.95$，自由度 $k=n-1=9$。

$$P(\chi^2\geqslant\chi^2_{\frac{\alpha}{2}})=\frac{\alpha}{2}$$

$$\chi^2_{\frac{\alpha}{2}}\approx 19$$

$$P(\chi^2>\chi^2_{1-\frac{\alpha}{2}})=1-\frac{\alpha}{2}$$

$$\chi^2_{1-\frac{\alpha}{2}}=2.7$$

$$\frac{(n-1)S^2}{\chi^2_{\frac{\alpha}{2}}}=\frac{681.6}{19}\approx 35.87$$

$$\frac{(n-1)S^2}{\chi^2_{1-\frac{\alpha}{2}}}=\frac{681.6}{2.7}\approx 252.44$$

（3）根据以上计算结果，置信度为 0.95 的方差 $\sigma^2$ 的置信区间为 [35.87，252.44]。

# 第五节 两个总体参数差值的置信区间

比较两个总体，通常是比较它们的均值差 $\mu_1-\mu_2$ 或成数差 $P_1-P_2$，总体均值差需要以样本均值之差来估计，总体成数差需要以样本成数差来估计。在正态总体或社会统计学大样本条件下（$n_1\geqslant 50$；$n_2\geqslant 50$），$\overline{X}_1-\overline{X}_2$ 或 $\hat{P}_1-\hat{P}_2$ 的分布都趋于正态分布。

## 一、两个总体均值差的置信区间

**1. 总体方差已知**

以总体均值差为例，其数字特征：

$$E(\overline{y}_1-\overline{y}_2)=\mu_1-\mu_2$$

$$\sigma_{(\bar{y}_1-\bar{y}_2)}=\sqrt{\frac{\sigma_1^2}{n_1}+\frac{\sigma_2^2}{n_2}}$$

建立置信水平为 $1-\alpha$ 的置信区间：

$$\mu_1-\mu_2=(\bar{y}_1-\bar{y}_2)\pm Z_{\frac{\alpha}{2}}SE$$

其中，$SE$ 表示（$\bar{y}_1-\bar{y}_2$）的抽样标准误，当 $\bar{X}_1$ 与 $\bar{X}_2$ 相互独立时，($\bar{y}_1-\bar{y}_2$)的方差是 $\bar{y}_1$ 与 $\bar{y}_2$ 方差的和，因此：

$$SE=\sqrt{\frac{\sigma_1^2}{n_1}+\frac{\sigma_2^2}{n_2}}$$

代入上式，即可得到 $1-\alpha$ 的置信区间：

$$\mu_1-\mu_2=(\bar{y}_1-\bar{y}_2)\pm Z_{\frac{\alpha}{2}}\sqrt{\frac{\sigma_1^2}{n_1}+\frac{\sigma_2^2}{n_2}}$$

**2. 总体方差未知**

上式如果两个总体的方差未知，在大样本情形下，可用样本方差替代总体方差：

$$\mu_1-\mu_2=(\bar{y}_1-\bar{y}_2)\pm Z_{\frac{\alpha}{2}}\sqrt{\frac{S_1^2}{n_1}+\frac{S_2^2}{n_2}}$$

**例 7-16** 从重点高中和普通高中各自独立抽取 50 位家长，调查学生每周课外补课支出。经计算得到：$\bar{y}_1=650$ 元，$\bar{y}_2=480$ 元，$S_1=120$ 元，$S_2=106$ 元。试以 95%的概率估计两类高中生课外补课之差的置信区间。

【解】虽然两总体分布未知，但由于 $n_1=50$，$n_2=50$，属于大样本，故可用 $Z$ 统计量近似计算。直接代入上式得到：

$$\left[650-480-1.96\sqrt{\frac{120^2}{50}+\frac{106^2}{50}},650-480+1.96\sqrt{\frac{120^2}{50}+\frac{106^2}{50}}\right]$$

$$=[125.62,\ 214.38]$$

即在 95%的概率保证程度下，两类高中生课外补课之差的置信区间为[125.62，214.38]。

**3. 若两个样本是小样本**

当两个总体均为正态分布，且总体方差为未知，但两个总体方差相等 $\sigma_1^2=\sigma_2^2$，在抽取的样本是小样本的情形下，该统计量不再服从正态分布，而是 $t$ 统计量：

$$t=\frac{(\bar{y}_1-\bar{y}_2)-(\mu_1-\mu_2)}{\sqrt{\left[\frac{(n_1-1)S_1^2+(n_2-1)S_2^2}{n_1+n_2-2}\right]\left(\frac{n_1+n_2}{n_1n_2}\right)}}\sim t(n_1+n_2-2)$$

**例 7-17** 为了比较两个小麦新品种的产量，现选择 20 块条件相似的土地。其中 10 块采用甲品种，10 块采用乙品种，得到亩产量如表 7-5 所示。

**表 7-5 两种品种下的小麦亩产量** 单位：公斤

| | | | | | | | | | | |
|---|---|---|---|---|---|---|---|---|---|---|
| 甲 | 560 | 590 | 560 | 570 | 580 | 570 | 600 | 550 | 570 | 550 |
| 乙 | 620 | 570 | 650 | 600 | 630 | 580 | 570 | 600 | 600 | 580 |

假定每个品种的单位面积产量均服从正态分布，试求这两个品种平均单位面积产量差的置信区间（显著性水平 $\alpha=0.05$）。

【解】已知 $n_1=n_2=10$，$\bar{y}_1=570$，$\bar{y}_2=600$，$S_1^2=240$，$S_2^2=640$，$t_{\frac{\alpha}{2}}(18)=2.10$。

所以 $\mu_2-\mu_1$ 的下限为：

$$\mu_2-\mu_1=(\bar{y}_1-\bar{y}_2)-t_{\frac{\alpha}{2}}\frac{(\bar{y}_1-\bar{y}_2)-(\mu_1-\mu_2)}{\sqrt{\left[\frac{(n_1-1)S_1^2+(n_2-1)S_2^2}{n_1+n_2-2}\right]\left(\frac{n_1+n_2}{n_1n_2}\right)}}$$

$$=600-570-2.1\times\sqrt{\frac{7\,920}{18}}\times\sqrt{\frac{20}{100}}$$

$$\approx 30-19.7$$

$$\approx 10.3$$

$\mu_2-\mu_1$ 的上限为：

$$\mu_2-\mu_1=(\bar{y}_1-\bar{y}_2)+t_{\frac{\alpha}{2}}\frac{(\bar{y}_1-\bar{y}_2)-(\mu_1-\mu_2)}{\sqrt{\left[\frac{(n_1-1)S_1^2+(n_2-1)S_2^2}{n_1+n_2-2}\right]\left(\frac{n_1+n_2}{n_1n_2}\right)}}$$

$$=600-570+2.1\times\sqrt{\frac{7\,920}{18}}\times\sqrt{\frac{20}{100}}$$

$$\approx 30+19.7$$

$$\approx 49.7$$

甲乙品种的亩产之差的置信区间为［10.3，49.7］。

## 二、两个总体成数差的区间估计

如果有两个总体，它们都属于二分类变量，则通过样本可以对总体间成数差进行区间估计。设第一个总体的成数为 $p_1$，第二个总体的成数为 $p_2$。

现从两个总体中独立地各抽取一个随机样本：第一个总体的样本容量为 $n_1$，样本成数为 $\hat{p}_1$，第二个总体的样本容量为 $n_2$，样本成数为 $\hat{p}_2$。

当样本分别满足 $np\geqslant 5$ 和 $n(1-p)\geqslant 5$，样本成数的分布可近似看作正态分布，所以 $\hat{p}_1-\hat{p}_2$ 可根据大样本置信区间公式计算：

$$p_1-p_2=(\hat{p}_1-\hat{p}_2)\pm Z_{\frac{\alpha}{2}}\sqrt{\frac{p_1(1-p_1)}{n_1}+\frac{p_2(1-p_2)}{n_2}}$$

**例 7-18** 对甲乙两地 1 000 户妻子年龄在 40～60 岁的家庭进行调查，了解子女状况。在这类家庭中，甲地有独生子女 825 户，乙地有 760 户。求置信水平为 0.95 情形下，两地妻子年龄在 40～60 岁家庭的独生子女成数差的置信区间。

【解】$\hat{p}_1=\frac{825}{1\,000}=0.825$，$\hat{p}_2=\frac{760}{1\,000}=0.760$

$$p_1-p_2=(\hat{p}_1-\hat{p}_2)\pm Z_{\frac{\alpha}{2}}\sqrt{\frac{p_1(1-p_1)}{n_1}+\frac{p_2(1-p_2)}{n_2}}$$

$$=(0.825-0.760)\pm 1.96\times\sqrt{\frac{0.825(1-0.825)}{1\ 000}+\frac{0.76(1-0.76)}{1\ 000}}$$

$$=[0.03,0.1]$$

所以置信水平为 0.95 下的两地妻子 40～60 岁家庭的独生子女成数差距区间估计为 [0.03，0.1]。

## 三、两个正态总体方差比的区间估计

在两个正态总体 $N$（$\mu_1$，$\sigma_1^2$）和 $N$（$\mu_2$，$\sigma_2^2$）中，$\mu_1$ 和 $\mu_2$、$\sigma_1^2$ 和 $\sigma_2^2$ 均未知。从两个总体中独立地各抽取一个样本，其方差分别为 $S_1^2$ 和 $S_2^2$。我们要对方差之比$\frac{S_1^2}{S_2^2}$做出区间估计。由第五章可知$\frac{(n_1-1)\ S_1^2}{\sigma_1^2}$和$\frac{(n_2-1)\ S_2^2}{\sigma_2^2}$服从自由度为 $n_1-1$ 和$n_2-1$的 $\chi^2$ 分布（见图 7-6）。由 $F$ 分布的定义知：

$$F=\frac{\frac{(n_1-1)S_1^2}{\sigma_1^2}/(n_1-1)}{\frac{(n_2-1)S_2^2}{\sigma_2^2}/(n_2-1)}=\frac{S_1^2/\sigma_1^2}{S_2^2/\sigma_2^2}\sim F(n_1-1,n_2-1)$$

置信区间计算公式为：

$$P\left(\frac{1}{F_{\frac{\alpha}{2}}(n_1-1,n_2-1)}\frac{S_1^2}{S_2^2}\leqslant\frac{\sigma_1^2}{\sigma_2^2}\leqslant F_{\frac{\alpha}{2}}(n_2-1,n_1-1)\frac{S_1^2}{S_2^2}\right)=1-\alpha$$

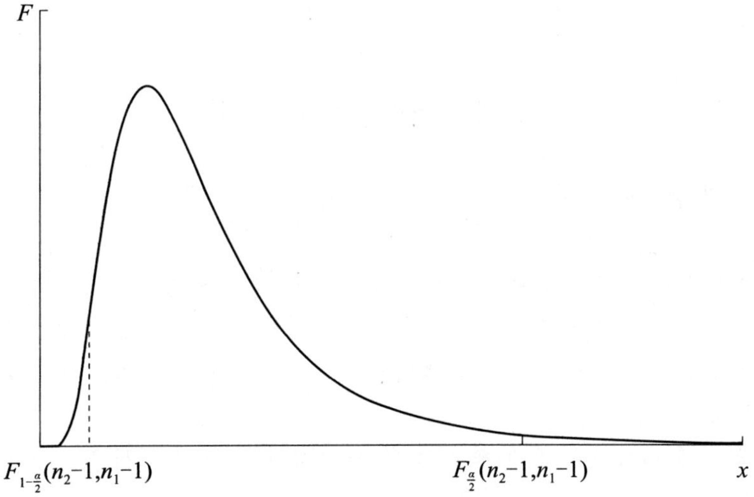


图 7-6 $F$ 分布的显著性水平

**例 7-19** 某工厂有两条独立的生产线，两条生产线每天完成的零件加工数近似相同（见表 7-6），为了比较两条生产线在生产过程中控制的好坏，需要对两条生产线的方差进行比较。试构造两条生产线日加工零件个数方差比$\frac{\sigma_1^2}{\sigma_2^2}$的 95%置信区间。

**表 7-6 两条生产线的日加工零部件**

| | | | | | | | | | | | |
|---|---|---|---|---|---|---|---|---|---|---|---|
| 生产线 1 | 448 | 523 | 506 | 500 | 533 | 447 | 524 | 469 | 470 | 494 | 536 |
| | 481 | 492 | 567 | 492 | 457 | 497 | 483 | 533 | 408 | 453 | |
| 生产线 2 | 372 | 446 | 537 | 592 | 536 | 487 | 592 | 605 | 550 | 489 | 461 |
| | 500 | 430 | 543 | 459 | 429 | 494 | 538 | 540 | 481 | 484 | 374 |
| | 495 | 503 | 547 | | | | | | | | |

【解】(1) 计算两条生产线的日加工产量的方差 $S_1^2=1\ 407.89$，$S_2^2=3\ 729.41$。

(2) 假定两条生产线的日加工零部件可近似看作正态分布，因为要求 95%的置信区间，所以 $\alpha/2=0.025$，查 $F_{0.025}$ $(n_2-1,\ n_1-1)=2.41$ 和 $F_{0.025}$ $(n_1-1,\ n_2-1)=2.33$。

(3) 将以上数据代入置信区间公式，得到：

$$\frac{1\ 407.89}{3\ 729.41}\times\frac{1}{2.33}\leqslant\frac{\sigma_1^2}{\sigma_2^2}\leqslant\frac{1\ 407.89}{3\ 729.41}\times 2.41$$

$$0.162\leqslant\frac{\sigma_1^2}{\sigma_2^2}\leqslant 0.910$$

因此，我们有 95%的置信估计总体方差比的真值$\frac{\sigma_1^2}{\sigma_2^2}$落在 0.162～0.910 之间。因为区间内的所有值均小于 1.0，所以第一条生产线的日零件加工数的方差小于第二条生产线。

## 本章小结与思考练习

### 一、本章小结

(一) 重要概念

本章主要介绍了作为统计推断重要经典内容的参数估计。

1. 参数估计：参数估计是用样本统计量对总体的未知参数进行估计，通过样本资料对总体特征进行推断，总体特征可以包括总体的均值、总体的方差及总体的相关系数等。

2. 统计量和估计量：我们将样本的函数称为统计量，而用于估计的统计量称为估计量。

3. 点估计：点估计是用估计量的实现值来代表相应的总体参数值，即根据样本猜一猜总体的参数大概是什么。

4. 区间估计：区间估计是包括估计量在内（有时以估计量为中心）的一个区间，该区间被认为很可能包含总体参数，即根据样本猜一猜总体的参数落在什么范围。

5. 矩法估计：用样本矩替换总体矩进而找出未知参数的估计方法称为矩法估计，简称矩估计。

6. 极大似然法估计：对样本值 $y_1$，$y_2$，…，$y_n$ 的联合概率建立样本的似然函数 $L$，并选择使 $L$ 达到最大的值作为 $\theta$ 的估计值，即如果样本的似然函数有两个参数 $\theta_1$ 和 $\theta_2$，那么 $\theta_1$ 和 $\theta_2$ 的极大似然估计是使 $L$ 达到最大的那个值。

7. 贝叶斯估计：在重视使用总体信息和样本信息的同时，还注意先验信息的搜集、挖掘和加工，并使之数量化，形成先验分布，最终应用到统计推断中，称作贝叶斯估计。

8. 区间估计：区间估计就是以两个数值之间的间距来估计参数值的。设 $\theta$ 是总体的一个参数，$x_1$，$x_2$，…，$x_n$ 是来自总体的样本，给定一个 $\alpha$（$0<\alpha<1$），若有两个统计量 $\hat{\theta}_L=\hat{\theta}_L$（$x_1$，$x_2$，…，$x_n$）和 $\hat{\theta}_U=\hat{\theta}_U$（$x_1$，$x_2$，…，$x_n$），使得 $P(\hat{\theta}_L\leqslant\theta\leqslant\hat{\theta}_U)\geqslant 1-\alpha$，则称 $\theta$ 落在置信水平为 $1-\alpha$ 的置信区间 $[\hat{\theta}_L，\hat{\theta}_U]$。

（二）重要公式

1. 单样本情况

| 参数 | 点估计 | 总体方差已知的标准误 | 总体方差未知的标准误 | 置信区间 | 样本容量 | 附加的假定 |
|---|---|---|---|---|---|---|
| 均值 $\mu$ | $\bar{y}$ | $\frac{\sigma}{\sqrt{n}}$ | $\frac{S}{\sqrt{n}}$ | $\bar{y}\pm Z_{\frac{\alpha}{2}}\frac{\sigma}{\sqrt{n}}$ | $n\geqslant 50$ | 无 |
| | | | | $\bar{y}\pm t_{\frac{\alpha}{2}}\frac{S}{\sqrt{n}}$ | $n<50$ | 正态总体 |
| 成数 $p$ | $\hat{p}=\frac{y}{n}$ | $\sqrt{\frac{pq}{n}}$ | $\sqrt{\frac{\hat{p}\hat{q}}{n}}$ | $\hat{p}\pm Z_{\frac{\alpha}{2}}\sqrt{\frac{\hat{p}\hat{q}}{n}}$ | $np\geqslant 5$ 和 $n(1-p)\geqslant 5$ | 无 |
| 方差 | $S^2$ | 不要求 | 不要求 | $\frac{(n-1)S^2}{\chi^2_{\frac{\alpha}{2}}}<\sigma^2<\frac{(n-1)S^2}{\chi^2_{1-\frac{\alpha}{2}}}$ | | 正态总体 |

2. 两样本情况

| 参数 | 点估计 | 总体方差已知的标准误 | 总体方差未知的标准误 | 置信区间 | 样本容量 | 附加的假定 |
| --- | --- | --- | --- | --- | --- | --- |
| 均值 $\mu_1-\mu_2$ | $(\bar{y}_1-\bar{y}_2)$ | $\sqrt{\frac{\sigma_1^2}{n_1}+\frac{\sigma_2^2}{n_2}}$ | $\sqrt{\frac{S_1^2}{n_1}+\frac{S_2^2}{n_2}}$ | $(\bar{y}_1-\bar{y}_2)\pm Z_{\frac{\alpha}{2}}\sqrt{\frac{\sigma_1^2}{n_1}+\frac{\sigma_2^2}{n_2}}$<br>$(\bar{y}_1-\bar{y}_2)\pm Z_{\frac{\alpha}{2}}\sqrt{\frac{S_1^2}{n_1}+\frac{S_2^2}{n_2}}$ | $n_1\geqslant 50$，$n_2\geqslant 50$ | 无 |
| | | $\frac{(\bar{y}_1-\bar{y}_2)-(\mu_1-\mu_2)}{\sqrt{\left[\frac{(n_1-1)\sigma_1^2+(n_2-1)\sigma_2^2}{n_1+n_2-2}\right]\left(\frac{n_1+n_2}{n_1n_2}\right)}}$ | $\frac{(\bar{y}_1-\bar{y}_2)-(\mu_1-\mu_2)}{\sqrt{\left[\frac{(n_1-1)S_1^2+(n_2-1)S_2^2}{n_1+n_2-2}\right]\left(\frac{n_1+n_2}{n_1n_2}\right)}}$ | $(\bar{y}_1-\bar{y}_2)\pm t_{\frac{\alpha}{2}}$<br>$\frac{(\bar{y}_1-\bar{y}_2)-(\mu_1-\mu_2)}{\sqrt{\left(\frac{(n_1-1)S_1^2+(n_2-1)S_2^2}{n_1+n_2-2}\right)\left(\frac{n_1+n_2}{n_1n_2}\right)}}$ | $n_1<50$ 或者 $n_2<50$ | 方差相等的正态总体 |
| 成数 $p_1-p_2$ | $(\hat{p}_1-\hat{p}_2)$ | $\sqrt{\frac{p_1(1-p_1)}{n_1}+\frac{p_2(1-p_2)}{n_2}}$ | $\sqrt{\frac{\hat{p}_1(1-\hat{p}_1)}{n_1}+\frac{\hat{p}_2(1-\hat{p}_2)}{n_2}}$ | $(\hat{p}_1-\hat{p}_2)\pm Z_{\frac{\alpha}{2}}$<br>$\sqrt{\frac{p_1(1-p_1)}{n_1}+\frac{p_2(1-p_2)}{n_2}}$ | $np\geqslant 5$ 和 $n\ (1-p)\geqslant 5$ | 独立样本 |
| 方差比 $\frac{\sigma_1^2}{\sigma_2^2}$ | $\frac{S_1^2}{S_2^2}$ | 不要求 | 不要求 | $\frac{1}{F_{\frac{\alpha}{2}}(n_1-1,n_2-1)}\frac{S_1^2}{S_2^2}\leqslant\frac{\sigma_1^2}{\sigma_2^2}$<br>$\leqslant F_{\frac{\alpha}{2}}(n_2-1,n_1-1)\frac{S_1^2}{S_2^2}$ | 所有的 $n_1$ 和 $n_2$ | 两个正态总体的独立样本 |

## 二、推荐阅读书目

德沃，威勒曼，博克．统计学：数据与模型：第 3 版．北京：中国人民大学出版社，2016.

茆诗松，等．概率论与数理统计教程．北京：高等教育出版社，2004.

翁定军．社会统计．上海：上海大学出版社，2006.

卢淑华．社会统计学．4 版．北京：北京大学出版社，2009.

穆尔，诺茨．统计学的世界．北京：中信出版社，2017.

## 三、思考与练习

（一）思考题

1. 下列哪个选项是先验信息？

A. 事物实际所具有的信息。

B. 主体在实际观察该事物之前已经具有的关于该事物的信息。

C. 主体在观察事物的过程中实际获得的关于该事物的信息。

D. 事物内部结构和外部联系运动的状态。

2. 盖洛普公司曾就“是否认为上帝创造了人类”这一话题做了一次民意调查，47%的受访者给出了肯定的回答。两年后盖洛普公司又就同样的问题进行了民意调查，给出肯定回答的受访者占 45%。两次回答是否存在差异的 $p$ 值为 0.37，能否就此得出民众对这一话题的回答发生改变的结论？

3. 医学期刊《循环》的研究报告显示，人群根据易怒程度分为五组，最易怒的组和最不易怒的组相比，在 95%的置信度下，前者患心脏病的概率是最低组的 1.36～3.55 倍，前者患急性心脏病的概率是后者的 1.49～4.90 倍，用通俗的语言解释这个置信区间的含义。

（二）练习题

1. 设 $x_1$，$x_2$，$x_3$ 是取自某总体容量为 3 的样本，试证下列统计量都是该总体均值 $\mu$ 的无偏估计，在方差存在时，指出哪一个估计的有效性最差？

$$\hat{\mu}_1=\frac{1}{2}x_1+\frac{1}{3}x_2+\frac{1}{6}x_3$$

$$\hat{\mu}_2=\frac{1}{3}x_1+\frac{1}{3}x_2+\frac{1}{3}x_3$$

$$\hat{\mu}_3=\frac{1}{6}x_1+\frac{1}{6}x_2+\frac{2}{3}x_3$$

2. 设 $\hat{\theta}$ 是参数 $\theta$ 的无偏估计，且有 $\mathrm{Var}(\hat{\theta})>0$，试举例说明 $\hat{\theta}^2$ 不是 $\theta^2$ 的无偏估计。

3. 假定初生男婴的体重服从正态分布，随机抽取 12 名，测得体重（千克）分别为 3 100，2 520，3 000，3 000，3 600，3 160，3 560，3 320，2 880，2 600，3 400，2 540，试以 95%的置信概率估计新生男婴的体重。

4. 在某村随机抽取 300 个农户，发现 123 户是亦工亦农的家庭。试估计其 95%的置信区间。

5. 从某城市随机抽取 122 名老年人，发现他们平均每天看电视 5.2 小时，标准差是 2.1 小时。如果要求 99%的置信度，试估计全市老年人平均每天看几小时电视？

6. 某乡水稻面积 20 000 亩，从中随机抽取 400 亩，每亩产量资料如下：

| 每亩产量（公斤） | 亩数 | 每亩产量（公斤） | 亩数 |
|---|---|---|---|
| 400～450 | 10 | 600～650 | 100 |
| 450～500 | 20 | 650～700 | 60 |
| 500～550 | 50 | 700～750 | 30 |
| 550～600 | 110 | 750～800 | 20 |

要求：抽样误差范围不超过 8 公斤，估计全乡水稻的单产和总产量，并指出概率保证程度。

7. 从某小区随机抽取 10 户居民检测饮用水中铅和铜的含量如下：

| 铅（μg/L） | 铜（mg/L） |
|---|---|
| 1.32 | 0.508 |
| 0 | 0.279 |
| 13.1 | 0.320 |
| 0.919 | 0.904 |
| 0.657 | 0.221 |
| 3.0 | 0.283 |
| 1.32 | 0.475 |
| 4.09 | 0.130 |
| 4.45 | 0.220 |
| 0 | 0.743 |

要求：(1) 对该小区居民饮用水中的平均铅含量构造 99%的置信区间；(2) 对该小区居民饮用水中的平均铜含量构造 99%的置信区间。

8. 为比较 IT 行业男性和女性在收入上的差异，随机抽取 800 名男性和1 000 名女性调查，得到：男性的平均收入为 25 000 元，标准差为 1 200 元；女性的平均收入为 20 000 元，标准差为 900 元。试在 95%的可靠性水平上对男性和女性在收入上的差距做出估计。

9. 抽样调查不同年龄的人群对自己收入的满意程度，300 名老人有 180 人表示满意，200 名年轻人则有 90 人感到满意，试在 95%的可靠性水平上对这两类人群收入的满意程度的差距作一估计。

10. 为了了解男生与女生上网行为的异同，研究人员随机抽取了年龄在 15～17 岁的 248 名男生，其中 57%在网络上发布过有关个人情况的信息；同样年龄段的 256 名女生组成的样本中，有 79%的人在网络上发布过有关个人情况的信息。由以上资料，试在 95%的可靠性水平上计算青少年中男生与女生样本比例差的置信区间。

11. 婴儿很容易周期性感染疼痛性耳炎，现在有一款新的疫苗可能有助于治疗这种疾病。为了检验其效果，选取 4 907 个 1 周岁左右的婴儿，随机地把他们分成两组，一组打疫苗，另一组不打疫苗。一年后，打了疫苗的 2 455 个婴儿仅有 333 个患了耳炎，而不打疫苗的 2 452 个婴儿中患上耳炎的有 499 个。要求回答：(1) 在 95%的置信水平下，构造比例差的置信区间；(2) 根据得到的置信区间，谈谈疫苗的效果如何？

# 第八章
# 假设检验

新教学法是否有效？工厂的污染物排放是否符合环保部门的标准？被告有罪还是无罪？人们在日常生活中经常可以看到这样的新闻报道，而对于通过什么样的方法来证实或证伪却并不一定了解。假设检验是一种统计推断方法，假设检验中最具特色的部分就是反证法，即为了判断一个关于总体特征的声明（假设）的真实性，人们通过从总体中随机抽出的样本来计算适当的统计量来检验某一假设真伪，如果得到的统计量的实现值在假设为真时是罕见的，则有理由拒绝这个假设。假设检验方法独具一格，处处彰显统计学思想的光芒。

## 第一节 假设检验的概念、要素与性质

### 一、假设检验的基本思想

假设是社会科学研究的出发点。在社会科学研究中，假设有不同的层次，最高的层次是理论假设，而理论层次的假设一般是无法被直接验证的。为了对理论层次的假设进行验证，需要将理论和概念进行操作化处理，以使概念和命题变为可以操作化的指标。指标是反映事物质的规定性和量的规定性的综合体现，是连接理论和实证分析的桥梁，指标需要通过搜集资料来实现。如果搜集资料的范围仅仅是总体的部分，即一个样本（随机样本），那么依据样本指标来验证总体假设，就称作假设检验。我们通过三个例子引出假设检验问题。

**例 8-1** 某校高中一年级随机抽取一个班试用一种新的教学法教授数学，根据实验结果，这个班的数学平均成绩为 84 分，使用原来教学法的班级的数学平均成绩为 79 分，能否认为新的教学法与原来的教学法存在差异，或者说新的教学法优于原来的教学法？

新的教学法使用后，所抽取样本的平均成绩比原来的总体平均成绩高出 5

分，从统计原理来说，这增加的 5 分有可能是新教学法确实比原来的教学法好，采用新的教学法确实有效地提高了学生的成绩，也有可能是由于随机抽样引起的误差，我们称之为随机误差。究竟是随机误差引起的学生成绩的变化还是学生的成绩的确发生了变化，这是本章需要回答的问题。假设检验包括两部分内容：一是验证原假设成立，即新教学法无效果，平均成绩的差异是由抽样误差引起的；二是验证研究假设成立，即新教学法有效果，确实使学生的平均成绩有所提高。

**例 8-2** 某工厂声明自己的污染物排放符合环保部门的标准。环保部门的调查人员对这一声明进行调查，调查人员通过抽样数据（日污染检测值）与环保局的允许浓度上限 3%进行比较，以判断这家工厂是否违反了环境法。也就是通过样本数据判断是否 $\mu>3\%$，如果 $\mu$ 的 99%置信区间包含大于 3%的数据，那么环保部门就可以认为该工厂污染物排放的平均水平超过了所设的界限。

这个例子首先不是一个参数估计问题，而是采用一种类似于反证法的方法，验证环保部门的调查假设，即 $\mu>3\%$是否成立。如果环保部门通过样本调查得到的证据指出该工厂的声明 $\mu\leqslant3\%$是不真实的，那么意味着研究假设成立，即 $\mu>3\%$是真实的，则工厂需要整改。然而如果证据表明工厂的声明属实，则原假设成立，工厂继续开工。

**例 8-3** 法官在办案时，首先建立一个“被告无罪”的原假设，谁说被告有罪谁必须拿出证据，如一次偷盗或一次贪污等，这相当于统计检验中的一个样本。如果证据确凿，经过双方陈述和法庭辩论，法官认定罪行成立，就推翻被告无罪的原假设，并将被告判刑入狱。如果证据不足，就会宣布被告无罪。按照这样的原则判案，凡关在监狱里的人必定都有罪，但是在监狱外面的人并不全是好人，其中一些虽然是犯了罪，但是由于证据不足而暂时无法定罪。国际司法界的长期实践证明，按无罪推定论判案既是合理的，也是合乎逻辑的。

从以上三个例子可以看出，在自然或者社会问题研究中，企图肯定或证实什么事物很难，但否定却要相对容易得多。很多学科的理论都是在否定中发展起来的，这也是假设检验背后的哲学思想。有人将假设检验的基本思想概括成“概率性质的反证法”。为了检验原假设是否成立，就要看由此出发会推出什么样的后果。如果导致了一个不合理的现象发生，那就表明原先的假设不能成立，于是就应拒绝这个假设。如果由此没有导致不合理的现象发生，就不能拒绝原假设，而应接受原假设。当然这里用到的反证法与数学上的反证法还是有区别的，这里所谓的“不合理”并非形式逻辑上的绝对矛盾，而是基于人们在实践中普遍使用的一个原则：小概率事件在一次观察中不会发生。

## 二、假设检验的概念与要素

为了验证理论假设，必须通过经验层次的调查与实验。在调查与资料收集中，如果收集资料的范围仅是总体的一部分，得出的是一个随机样本，那么这种和抽样手段联系在一起并且依靠抽样数据进行的验证，就称作假设检验。

## （一）假设

假设检验一般要有两个相互对立的假设，即原假设（或称零假设、虚无假设）和备择假设（或称研究假设、对立假设）。

所谓原假设是根据已有的资料或根据经验确定的，一般用 $H_0$ 表示。备择假设之所以也称作研究假设，是因为尽管原假设在研究中代表惯例，但并不表示永远不会被否定，否则也就失去了研究的意义。当经过抽样调查，有充分根据否定原有假设 $H_0$ 时，就产生了需要接受其逻辑对立面的假设，即备择假设（alternative hypothesis），一般用 $H_1$ 表示。

例如消费者购买了一盒标有 500g 的巧克力，认为分量不足，于是找到监管部门，监管部门对该品牌的巧克力随机抽查了 50 盒，得到的样本均值（平均重量）是 498 克，这的确比 500 克要少 2 克。这种状况是由于随机误差造成的，还是厂家生产的这批巧克力就是不够分量呢？

首先要提出一个假设，比如巧克力重量问题，原假设为均值 $\mu=500$ 克，这个原假设也称为零假设，记为 $H_0$。与此同时必须提出备择假设，比如总体均值小于 500 克（$\mu<500$），备择假设记为 $H_1$。备择假设的不等式应该按照实际数据所代表的方向来确定，即它通常被认为可能比零假设更加符合数据所代表的现实。

一个完整的假设应该包括两部分：原假设 $H_0$ 和备择假设 $H_1$，可以有三种假设：

$$H_0:\mu=500, H_1:\mu>500$$
$$H_0:\mu=500, H_1:\mu<500$$
$$H_0:\mu=500, H_1:\mu\neq 500$$

## （二）小概率事件

大数定律告诉我们，就大量观察而言，事件的发生具有规律性，这种规律性的数量表现称为概率。在大量观察中频频出现的事件具有较大的概率，出现次数较少的事件具有较小的概率。我们一般把出现小概率的随机事件称为小概率事件。样本统计量的值（随机事件）在其抽样分布上出现了概率较小的情形，就被认为小概率事件发生了。表 8－1 学生成绩均值的分布显示，80 分是 6 个均值中发生频率最高的值，为 28.6%，而均值为 77 分则发生的频率非常低，只有 3.6%。因此如果一次抽样恰好抽中了均值 77 分这个数，则认为小概率事件发生了。

**表 8－1　学生成绩均值的频数与频率分布**

| 均值 | 频数 | 频率% |
| --- | --- | --- |
| 77 | 1 | 3.6 |
| 78 | 2 | 7.1 |

续前表

| 均值 | 频数 | 频率% |
|---|---|---|
| 79 | 6 | 21.4 |
| 80 | 8 | 28.6 |
| 81 | 6 | 21.4 |
| 82 | 5 | 17.9 |
| Total | 28 | 100.0 |

小概率事件可以归纳为两个方面：一是小概率事件在一次观察中是不可能出现的；二是如果在一次观察中出现了小概率事件，那么合理的想法是否定原有事件具有小概率的假设，后者也称为小概率原理。小概率原理告诉我们，对于小概率事件，在一次观察中可以认为是不可能发生的，但如果现实中确实发生了，就要反过来怀疑事件的概率未必是小的，这也是人们常识性判断问题的方式。

假设检验的思想是建立在小概率原理之上的，知道了小概率原理，有助于理解假设检验的基本逻辑。假设检验是说，经过抽样获得一组数据，即一个来自总体的随机样本，如果根据样本计算某个统计量（或几个统计量）表明在原假设$H_0$成立的条件下几乎是不可能的，就拒绝或否定这个原假设，并继而接受它的对立面假设（备择假设$H_1$）。反之，如果在原假设$H_0$成立的条件下，根据样本计算的某个统计量发生的可能性不是很小的话，就接受原假设。

**例 8-4** 某市内公交车上共有 100 名乘客，根据以往的统计，其中非本地居民占 10%，即 10 名。现抽样调查 10 名，发现全是非本地居民，问原有统计结果是否成立？

**【解】** 原假设$H_0$：100 名乘客中仅有 10 名非本地人。

备择假设$H_1$：100 名乘客中有 10 名以上的非本地人。

根据给定的资料，计算抽查 10 名都是非本地人的概率：

$$P(P=10)=\frac{C_{10}^{10}}{C_{100}^{10}}<10^{-7}$$

$H_0$成立出现的概率非常之小。每一千万次抽样中，不足一次。因此认为在原假设$H_0$中，非本地人仅有 10 名是不合理的，也就是拒绝原假设$H_0$。

## （三）显著性水平

样本统计量的值在以总体参数值为中心的抽样分布上出现的概率，小到什么程度才算小概率事件发生了？这是基于研究者对于假设检验的结论希望达到的可靠性程度来决定的。一般常用以下两种水平：一种是把概率等于或小于 0.05 的事件，作为小概率事件；另一种是把概率等于或小于 0.01 的事件，作为小概率事件。如果研究者在 0.05 或 0.01 的水平上对假设进行检验，那么只要样本统计量的值在抽样分布上出现的概率等于或小于 0.05 或 0.01，即样本统计量的值落入了拒绝区域，就认为小概率事件发生了，应该拒绝原假设。统计学中把这种拒绝原假设的概率称为显著性水平，用$\alpha=0.05$或$\alpha=0.01$表示。也就是说显著性水平是统计推断时可能犯错误的概率。如果在 95%的可靠性程度上对假设进行检验，则显著性水平为 0.05；如果在 99%的可靠性程度上对假设进行检验，则显著性水平为 0.01。

如将拒绝域概率分置于理论抽样的两侧，称为双侧检验（见图 8－1）。当我们所关心的问题是要检验样本统计量与总体参数有没有显著性差异，而不问差异的方向是正差或负差时，应该采用双侧检验。由于双侧检验不问差距的正负，所以给定的显著性水平 $\alpha$，须按对称分布的原理平均分配到左右两侧，每方各为 $\frac{\alpha}{2}$，相应得到下临界值为 $-Z_{\frac{\alpha}{2}}$，上临界值为 $Z_{\frac{\alpha}{2}}$。

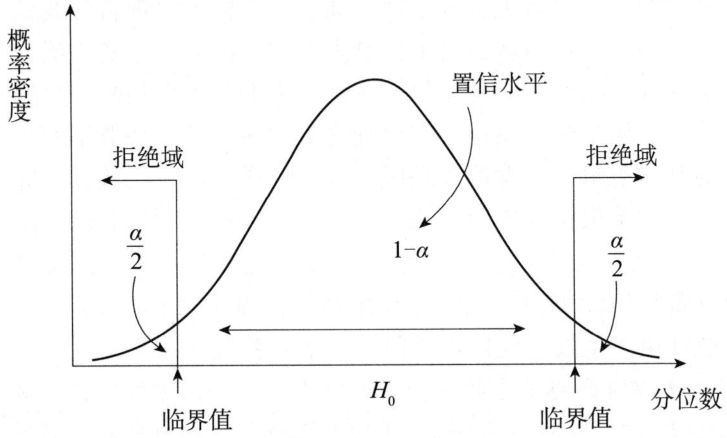


**图 8－1　双侧检验**

如将拒绝域概率置于一侧（右侧或左侧）称为单侧检验，当我们所关心的问题是总体平均数或成数是否低于预先假设时，应该采用左单侧检验（见图 8－2）。

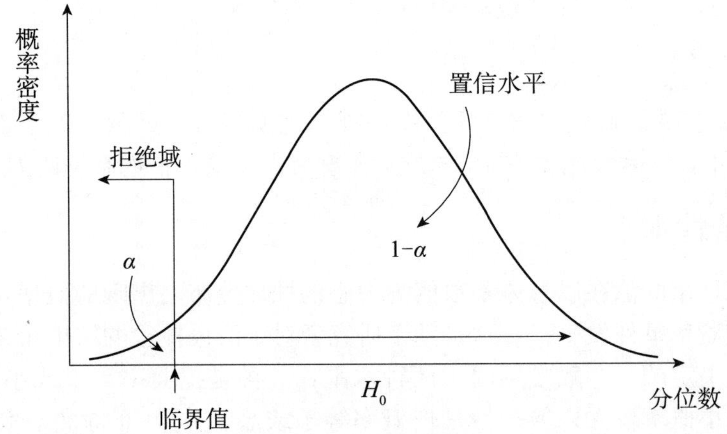


**图 8－2　左侧检验**

当我们所关心的问题是总体平均数是否超过预先假设时，应该采用右单侧检验（见图 8－3）。

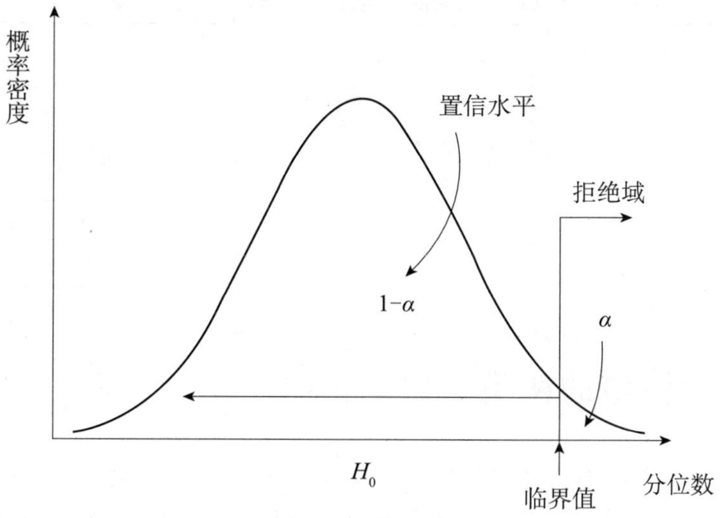


**图 8-3 右侧检验**

## (四) 检验统计量

有了两个假设，就要根据样本数据对它们进行判断。数据的代表是作为其函数的统计量，它在检验中被称为检验统计量（test statistic）。根据零假设（不是备择假设）就可以得到该检验统计量的分布，然后再看这个统计量的数据实现是否属于小概率事件出现了。也就是说把数据代入检验统计量，看其值是否落入原假设下的小概率范畴，如果的确是小概率事件，那么就有可能拒绝原假设，或者说该检验显著，否则说没有足够证据拒绝原假设，或者说该检验不显著。

因此，对于样本的观察值，统计量的值应该是确定的。那么作为统计检验中的统计量，在原假设 $H_0$成立的条件下，统计量也应该是确定的。比如样本均值 $\overline{X}$ 就是一个很好的检验统计量，因为要检验的假设是正态总体的均值，在方差已知情形下，样本均值 $\overline{X}$ 是总体均值的充分统计量。

例如，原假设为：

$H_0$：$\mu=\mu_0$

当总体方差 $\sigma^2$ 未知的情况下，应该选择统计量为：

$$T=\frac{\overline{X}-\mu}{\frac{S}{\sqrt{n}}} \tag{8-1}$$

而不能选择统计量为：

$$Z=\frac{\overline{X}-\mu}{\frac{\sigma}{\sqrt{n}}} \tag{8-2}$$

表 8-2 是 $Z$ 检验几个常用的拒绝域。

表 8-2　$Z$ 检验：常用的显著度（$p$）与否定域（$|Z|\geqslant$）

| $p\leqslant$ | $\vert Z\vert\geqslant$ | |
|---|---|---|
| | 一端 | 二端 |
| 0.05 | 1.65 | 1.96 |
| 0.02 | 2.06 | 2.33 |
| 0.01 | 2.33 | 2.58 |
| 0.005 | 2.58 | 2.81 |
| 0.001 | 3.09 | 3.30 |

## 二、假设检验的两类错误

上面讨论了假设检验思想及其具体检验步骤，可以看出由于是基于小概率原理，因而就不可能保证推断百分之百可靠，而只能保证结论在大的概率下可靠。因此无论是接受还是拒绝假设，都会发生一定的错误。

### （一）弃真的错误

弃真就是否定了未知的真实状态，把真当作假予以拒绝，它是在拒绝原假设时出现的错误。当原假设为真时，在一次抽样中，其统计量的值有可能会出现在尾端拒绝域。根据小概率原理，是要把一次观测中出现在拒绝域的小概率事件，当作是对原假设的拒绝。因此给出拒绝原假设的判断是要冒一定的风险的，这种以真当假的错误，被称作弃真错误，在统计学中称作第一类错误（type Ⅰ error）。犯第一类错误的可能性大小就是显著性水平 $\alpha$。

### （二）存伪的错误

存伪就是接受了未知的不真实状态，把假当成了真。它是在接受原假设时出现的错误，称作第二类错误（type Ⅱ error）。犯第二类错误的概率用 $\beta$ 来表示。由于 $H_0$ 非真的状态具有不唯一的特点，因此存伪的概率 $\beta$ 的数值也是不确定的。

两类错误如表 8-3 所示；它们的关系，如图 8-4 所示。

表 8-3　假设检验的两类错误

| | | 实际情况 | |
|---|---|---|---|
| | | $H_0$ 正确 | $H_0$ 错误 |
| 研究结论 | 拒绝 $H_0$ | Ⅰ类错误 | 正确 |
| | 接受 $H_0$ | 正确 | Ⅱ类错误 |

事实上在检验之前，一般不确定关于样本所属总体的假设是真还是假，因此在检验假设时，最好同时减少犯这两种错误的概率。但这是个困难的命题。从图 8-4 抽样分布保留区域和拒绝区域的关系可以看出，若显著性水平 $\alpha$ 值减小，可以减小弃真的错误，但由此而来的是接受域增大了，因而存伪的概率 $\beta$ 增大了。

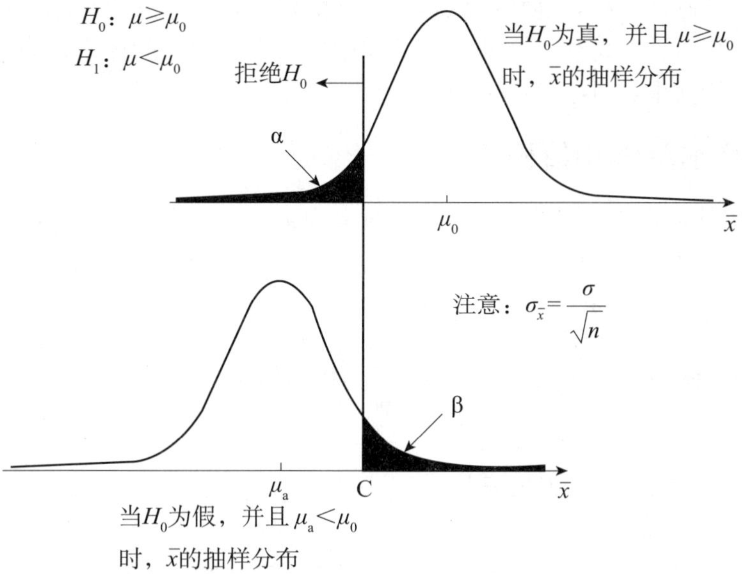


**图 8-4　两类错误的关系图**

因此在样本容量 $n$ 固定的情况下，如果要同时减小两类错误，也是不可能的，一般通过增加样本容量的办法来解决这个问题。

与前面的原假设和备择假设联系起来，当拒绝 $H_0$ 接受 $H_1$ 时所犯第一类错误，即弃真的错误是很小的，而当接受 $H_0$ 时，所犯存伪的第二类错误则有可能很大。接受原假设并不意味着证明原假设，所以 $H_0$ 和 $H_1$ 在假设检验中所承担的作用是不对称的。$H_0$ 是受到保护的假设，没有充分的根据是否定不了它的。或者说，没有充分的根据我们是不会接受备择假设 $H_1$ 的。也正因为如此，研究者通常把约定俗成的、常规的、已存在的现象写进受保护的原假设 $H_0$ 之中，而把要研究的看法或猜想写成备择假设 $H_1$。这样一旦接受了 $H_1$，其被否定的概率是很小的。这也是为什么当备择假设正确时，拒绝原假设的概率被称作检验的势（power），强势检验也称为高效率检验，检验的势越强越好。

# 第二节
# 总体平均数的显著性检验

在假设检验中，由于样本容量和样本资料的限制，样本统计量有不同的概率分布，形成 $Z$ 检验和 $t$ 检验两种方法。

## 一、Z 检验法

$Z$ 检验法又称正态分布检验。$Z$ 检验法适用于两种情形：一是从正态分布总体（总体方差已知）中，随机抽取容量为 $n$ 的样本，不论 $n$ 的大小，样本平均数都服从正态分布；二是从一个非正态总体中抽取容量为 $n$ 的样本，当容量 $n$ 很大时，样本平均数也趋近于正态分布。

## （一）大样本总体均值检验

在社会科学调查中，往往将大样本定为 $n \geqslant 50$。样本均值 $\bar{X}$ 趋向于正态分布：

$$\bar{X} \sim N\left(\mu, \frac{\sigma^2}{n}\right) \tag{8-3}$$

其中，$\mu$ 为总体均值，$\sigma^2$ 为总体方差，$n$ 为样本容量。
标准化有：

$$Z = \frac{\bar{X} - \mu}{\frac{\sigma}{\sqrt{n}}} \sim N(0, 1) \tag{8-4}$$

该值当原假设 $H_0$：$\mu = \mu_0$ 成立的条件下，可以唯一地为样本值所确定。因此大样本总体均值检验所用的统计量为：

$$Z = \frac{\bar{X} - \mu_0}{\frac{\sigma}{\sqrt{n}}} \sim N(0, 1) \tag{8-5}$$

有了统计量 $Z$，再根据显著性水平，就可以对大样本均值检验作如下归纳：

（1）原假设 $H_0$：$\mu = \mu_0$

（2）备择假设 $H_1$：$\mu > \mu_0$

或 $H_1$：$\mu < \mu_0$

或 $H_1$：$\mu \neq \mu_0$

（3）统计量。

$$Z = \frac{\bar{X} - \mu_0}{\frac{\sigma}{\sqrt{n}}} \sim N(0, 1)$$

（4）拒绝域如图 8－5 所示。

**例 8－5** 某乡镇中学往届毕业生的英语平均分数为 66 分，标准差为 11.7 分（服从正态分布）。现以同样的试题测验该乡镇中学应届毕业生，从中随机抽取 18 份试卷，算得平均分数为 69 分，问该校应届与历届毕业生的英语成绩是否一样？

**【解】**（1）提出假设。

$H_0: \mu = 66$

$H_1: \mu \neq 66$

（2）选择检验统计量并计算其值。

学生英语成绩可以假定是从正态总体中抽出的随机样本，并已知总体标准差 $\sigma = 11.7$，无论样本容量大小，样本统计量的标准记分，检验统计量及其值为：

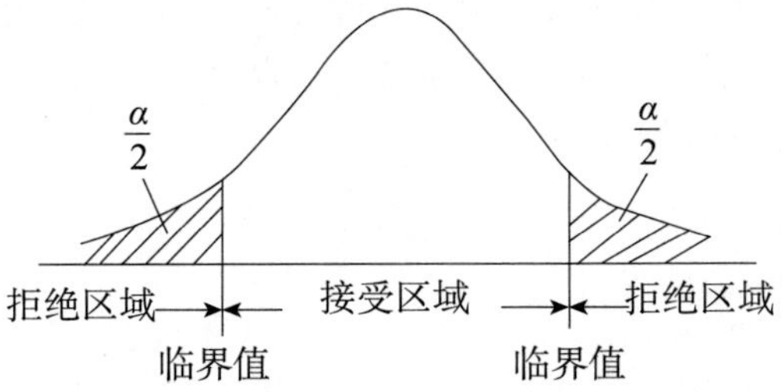


(a) 双侧检验

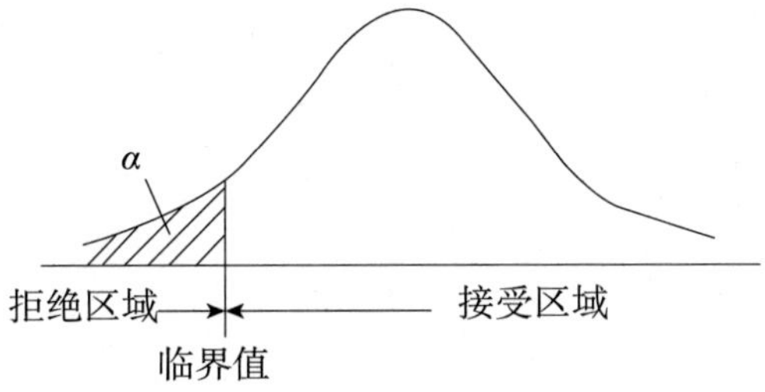


(b) 左侧检验

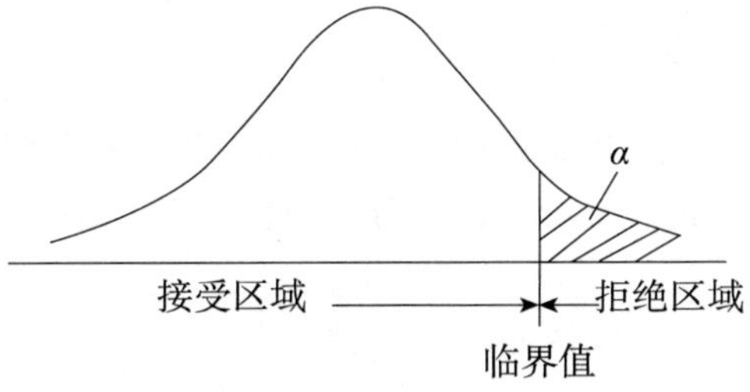


(c) 右侧检验

**图 8-5 拒绝域示意图**

$$Z=\frac{\overline{X}-\mu}{\frac{\sigma}{\sqrt{n}}}=\frac{69-66}{\frac{11.7}{\sqrt{18}}}\approx 1.09$$

(3) 确定检验形式。

因为没有资料可以说明应届毕业生英语成绩是高于还是低于历届毕业生，故采用双侧检验。

(4) 统计推断。

根据显著性水平查相应的理论概率分布表，寻找相应的临界值。本例如果在 0.05 显著性水平上作决断，正态分布两尾上的面积各位 0.025，查得双侧的临界值 $Z_{0.025}=\pm 1.96$。

将实际计算出的检验统计量的值 1.09 与查表得出的临界值 1.96 相比，认为应届毕业生的英语成绩与往届没有显著性差异，这是根据统计决策规则对 $H_0$ 做出保留的决策。

**例 8-6** 某饭店有 500 张客床，正常时间每张床位日租金为 100 美元，平均订位率 70%。现在经理进行一项试验，采取优惠措施把房价降低 15%，经过 36 天，平均每天出租床位 380 张，其标准差 $\sigma$=78 张。试以 0.05 的显著性水平评估优惠措施是否有明显的效果。

（1）设立假设。

$H_0$：$\overline{X} \leqslant 500 \times 70\% = 350$

$H_1$：$\overline{X} > 350$

（2）给定显著性水平。

检验订位数是否显著提高，是右侧临界值。给定显著性水平 $\alpha$=0.05，则 $Z\alpha$=1.645。

（3）计算检验统计量 $Z$。

$$Z = \frac{\overline{X} - \mu}{\frac{\sigma}{\sqrt{n}}} = 2.3$$

（4）检验判断。

因为 2.3>1.645，即 $Z > Z\alpha$，检验统计量落入拒绝区域，所以在 0.05 显著性水平下，拒绝原假设。饭店的优惠措施使订位率有显著提高。

## （二）大样本总体成数检验

在第五章中曾谈到，成数是取值为（0，1）的二分定类变量，成数可以看作一种特殊的均值。总体成数 $p$，就是二分变量的总体均值：

$$p = \mu$$

样本成数 $\hat{p}$，就是二分变量的样本均值：

$$\hat{p} = \overline{X} = \frac{\sum_{i=1}^{n} X_i}{n}$$

在大样本情况下即 $np \geqslant 5$ 和 $n(1-p) \geqslant 5$，样本成数 $p$ 趋向于正态分布：

$$\hat{p} \sim N(p, \sigma^2)$$

其中，$p$ 为总体成数，$n$ 为样本容量，抽样方差：

$$\frac{\sigma^2}{n} = \frac{pq}{n} = \frac{p(1-p)}{n}$$

检验统计量：

$$Z = \frac{\hat{P} - p}{\sqrt{\frac{p(1-p)}{n}}} \sim N(0, 1)$$

该值当原假设 $H_0$：$p = p_0$ 成立的条件下，可以唯一地为样本值所确定。因此，大样本总体成数检验所用的统计为：

$$Z = \frac{\hat{P} - p_0}{\sqrt{\frac{p_0(1-p_0)}{n}}} \tag{8-6}$$

有了统计量 $Z$ 和显著性水平 $\alpha$，可以与总体均值做比较进行讨论，做出如下归纳：

（1）原假设 $H_0$：$p=p_0$

（2）备择假设$H_1$：$p>p_0$

或　　　　　　$H_1$：$p<p_0$

或　　　　　　$H_1$：$p\neq p_0$

（3）统计量

$$Z=\frac{\hat{P}-p_0}{\sqrt{\frac{p_0(1-p_0)}{n}}}$$

（4）拒绝域如图 8－6 所示。

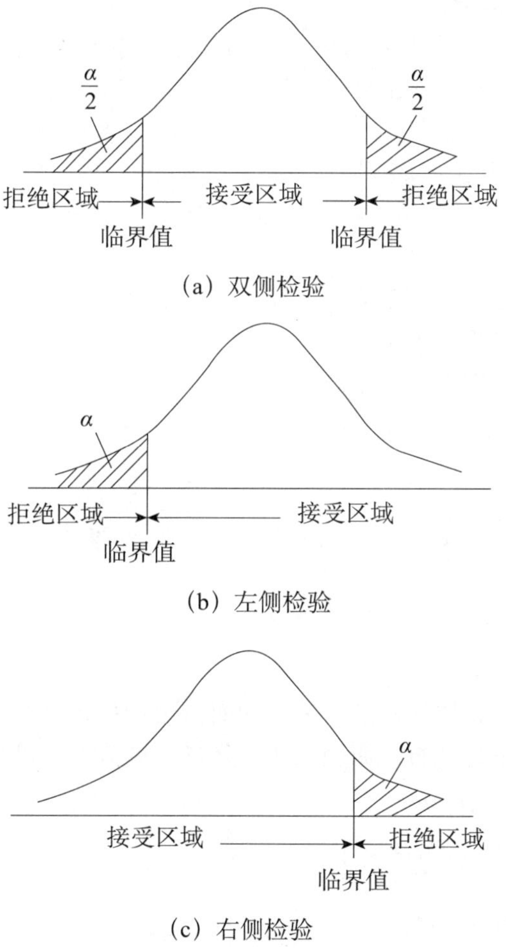


**图 8－6　拒绝域示意图**

**例 8－7**　某乡镇劳动力进城务工者占 75%，在农业电子商务普及和发展以后，抽样调查 100 人，发现进城务工者占 63%，问农村电子商务的发展对吸引农村劳动力返乡是否有效果？（$\alpha=0.05$）

【解】原假设 $H_0$：$p=0.75$

备择假设 $H_1$：$p<0.75$

$$Z=\frac{0.63-0.75}{\sqrt{\frac{0.75(1-0.75)}{100}}}\approx -2.77$$

因为 $Z=-2.77<-Z_{0.05}=-1.65$，所以，否定原假设 $p=0.75$。可以认为农村电子商务的发展有助于吸引农村劳动力回流，使得进城务工人员比例下降。

**例 8-8** 某公司宣称75%以上的消费者满意其产品的质量。一家市场调查公司受委托调查该公司此项声明是否属实。随机抽样调查625位消费者，表示满意该公司产品质量者有500人，试问在0.05的显著性水平下，该公司的声明是否属实？

【解】(1) 设立假设。

公司宣称75%以上消费者满意其产品质量，要检验该声明是否属实，因此该问题属于总体成数的左单侧检验问题。

原假设 $H_0$：$P\geqslant 75\%$

备择假设 $H_1$：$P<75\%$

(2) 给定显著性水平 $\alpha=0.05$，由于是左单侧检验，查正态概率分布表 $Z_\alpha=-1.645$。

(3) 根据样本资料，计算检验统计量 $Z$ 的实际值。

$$P=500/625=0.8$$

$$Z=\frac{p-P_0}{\sqrt{\frac{P(1-P)}{n}}}=\frac{0.8-0.75}{0.01732}\approx 2.887$$

(4) 检验判断。

由于 $2.887>-1.645$，所以接受原假设，认为该公司的声明属实。

## 二、$t$ 检验法

当样本量较小，总体的标准差 $\sigma$ 未知而需要用样本标准差 $S$ 来代替时，则统计量不再服从标准正态分布，而服从于 $t$ 分布。检验统计量与步骤有：

(1) 原假设 $H_0$：$\mu=\mu_0$

(2) 备择假设 $H_1$：$\mu>\mu_0$

或 $H_1$：$\mu<\mu_0$

或 $H_1$：$\mu\neq\mu_0$

(3) 统计量

$$t=\frac{\overline{X}-\mu_0}{\frac{S}{\sqrt{n}}}\sim t(n-1) \qquad (8-7)$$

$t$ 分布类似于标准正态分布，其期望值为0，并以它为中心形成钟形的两边对称分布。

但标准正态分布的标准差 $\sigma=1$，而 $t$ 分布的标准差 $\sigma(t)$ 受自由度 $=n-1$ 这个参数的影响。

（4）拒绝域如图 8－7 所示。

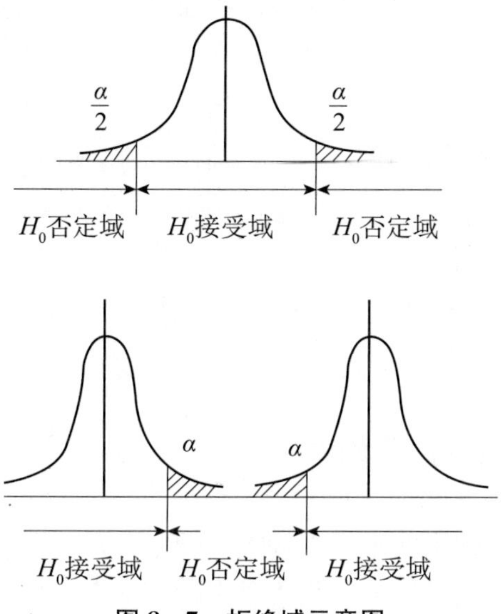


**图 8－7 拒绝域示意图**

**例 8－9** 某装罐奶粉生产线，按规定自动装罐的标准净重为 500 克。现在从一班生产中抽取 10 罐，实测罐重（克）的结果如下：505，512，497，493，508，515，502，495，490，510。给定显著性水平 $\alpha=0.01$，问装罐车间的生产是否正常？

由于检验问题是奶粉净重是否符合净重 500 克，所以是双侧检验问题，而且是小样本的 $t$ 检验。

【解】（1）设立假设。

原假设 $H_0$：$\mu=500$

备择假设 $H_1$：$\mu\neq500$

（2）给定显著性水平，取 $\alpha=0.01$，由于是双侧检验，自由度 $k=n-1=10-1=9$，临界值为 $-3.25$。

（3）计算统计量。

样本平均数 $=502.7$ 克；样本标准差 $S\approx8.6$ 克：

$$t=\frac{\overline{X}-\mu_0}{\frac{S}{\sqrt{n}}}=\frac{502.7-500}{8.6/\sqrt{10}}\approx1$$

（4）检验判断。

由于 $t$ 的实际值 $t=1$ 小于临界值的绝对值，所以不能拒绝原假设，即认为奶粉装罐生产属于正常。

**例 8－10** 已知某饭店服务人员的年龄服从正态分布，根据 9 个人的抽样调查有 $\overline{X}=23.5$ 岁，$S=3$ 岁，问是否可以认为该饭店服务人员的年龄超过 20 岁

($\alpha$=0.05)?

【解】原假设 $H_0$：$\mu=20$

备择假设 $H_1$：$\mu>20$

统计量：由于饭店服务人员的年龄服从正态分布 $N(\mu, \sigma^2)$，其中 $\sigma^2$ 未知，且是小样本，所以选用 $t$ 分布。

计算统计量 $t=\dfrac{\overline{X}-\mu_0}{\dfrac{S}{\sqrt{n}}}=\dfrac{23.5-20}{3/\sqrt{9}}=3.5$

根据自由度 $k=9-1=8$，$\alpha=0.05$，因此有 $t$ 临界值：

$t_{0.05}(9-1)=1.86$

由于 $t=3.5>t_{0.05}(9-1)=1.86$，所以拒绝原假设，即认为该饭店服务人员的平均年龄已超过 20 岁。

## 三、单正态总体方差检验

方差反映某一社会现象在数量上的离散程度，从而也从另一方面反映现象均值的代表性程度。要检查总体方差是否具有较大的变异性，可以利用总体方差的假设检验方法。对于单正态总体，检验方差所用的统计量为自由度 $k=n-1$ 的 $\chi^2$ 分布：

$$\frac{(n-1)S^2}{\sigma^2}\sim\chi^2(n-1) \tag{8-8}$$

其中 $S^2$ 为样本方差，$n$ 为样本容量。

检验步骤如下：

(1) 原假设 $H_0$：$\sigma^2=\sigma_0^2$

(2) 备择假设 $H_1$：$\sigma^2>\sigma_0^2$

或 $H_1$：$\sigma^2<\sigma_0^2$

或 $H_1$：$\sigma^2\neq\sigma_0^2$

(3) 统计量

$$\chi^2=\frac{(n-1)\ S^2}{\sigma_0^2}\sim\chi^2\ (n-1)$$

**例 8-11** 在一次全市高中毕业班的统考中，全市考生成绩的总方差为 $\sigma_0^2=324$；而某校参加考试的 51 名考生成绩的方差为 $S^2=144$，问该校学生成绩的方差与全市考生成绩的方差是否有显著性差异 ($\alpha$=0.05)?

【解】原假设 $H_0$：$\sigma^2=\sigma_0^2$

备择假设 $H_1$：$\sigma^2\neq\sigma_0^2$

$$\chi^2=\frac{(n-1)S^2}{\sigma_0^2}=\frac{(51-1)\times144}{324}\approx22.22$$

由 $k=n-1=51-1=50$，查 $\chi^2$ 分布表，$\chi^2_{0.025}(50)=71.4$，$\chi^2_{0.975}(50)=32.4$

显然，$\chi^2_{0.975}(50)=32.4>22.22$，即认为该校的方差与全市的方差有显著性差异。该校的成绩方差相对更小，对均值的代表性更好。

**例 8-12** 有学者发表文章宣称六年级小学生智商（IQ）的标准差小于 15，某研究人员为了证实该论断，从总体中随机抽取了 30 名学生，其结果有平均智商 $\overline{X}=105$，样本方差 $S^2=196$，问该研究人员的看法能否被证实（$\alpha=0.01$）？

【解】原假设 $H_0$：$\sigma=15$

备择假设 $H_1$：$\sigma<15$

统计量：$\chi^2=\dfrac{(n-1)\ S^2}{\sigma^2}=\dfrac{(30-1)\ 196}{15^2}\approx 25.26$

临界值：$\alpha=0.01$，$k=30-1=29$

因为 $\chi^2=25.26>\chi^2_{(1-0.01)}=14.3$

因此该研究人员的看法不能被证实。

# 第三节 两个总体均值、成数的统计检验

上述的假设检验仅是针对一个样本平均数与总体平均值差异的检验。本节主要讨论两个样本平均值差异的假设检验问题。这种假设检验主要是由检验两个样本平均值之间的差异来推断各自代表的两个总体均值的差异。因此与单样本均值检验的不同点在于该检验要关注围绕两个总体分布、两个总体方差已知或未知，两个总体方差是否齐性，以及两个样本之间是否独立或相关等问题展开的讨论。

## 一、两组相互独立样本的均值差检验

设有两个相互独立的服从正态分布的总体 $X_1$ 和 $X_2$，它们的均值分别为 $\mu_1$ 和 $\mu_2$，方差分别为 $\sigma_1^2$ 和 $\sigma_2^2$。设 $x_{11}$，$x_{12}$，…，$x_{1n}$ 和 $x_{21}$，$x_{22}$，…，$x_{2n}$ 是分别来自总体 $X_1$ 和 $X_2$ 的两组独立的随机样本，因而我们要通过对两个样本自身的均值信息，检验两个总体均值 $\mu_1$ 和 $\mu_2$ 的差异是否显著。

该检验的核心是要研究两个随机样本，当样本的均值存在差异时，需要判断该差异是由抽样误差引起的，还是表示两个总体均值确有差异？如要检验两个均值的差异，大样本时可用 $Z$ 检验法，小样本时可用 $t$ 检验法。

### （一）大样本总体均值差检验（Z 检验法）

#### 1. 两个总体方差 $\sigma_1^2$ 和 $\sigma_2^2$ 为已知

总体均值差与样本均值差的数字特征表示为：

$$E(\overline{X}_1-\overline{X}_2)=\mu_1-\mu_2$$

$$\sigma_{(\bar{X}_1-\bar{X}_2)}=\sqrt{\frac{\sigma_1^2}{n_1}+\frac{\sigma_2^2}{n_2}} \tag{8-9}$$

显然有 $Z=\dfrac{(X_1-X_2)-(\mu_1-\mu_2)}{\sqrt{\dfrac{\sigma_1^2}{n_1}+\dfrac{\sigma_2^2}{n_2}}}$ 服从正态分布，应用 $Z$ 检验的步骤和方法，就可以得到假设检验的结果。

**例 8-13** 高一学生生物测验样本平均成绩如表 8-4，问男女生生物测验成绩是否存在显著性差异（$\alpha=0.05$）?

**表 8-4 高一学生生物测验样本平均成绩**

| 性别 | 样本人数 | 样本平均数 | 总体标准差 |
|---|---|---|---|
| 男 | 180 | 76.5 | 11.5 |
| 女 | 174 | 78.2 | 10.5 |

【解】(1) 提出假设。

原假设 $H_0$：$\mu_1=\mu_2$

备择假设 $H_1$：$\mu_1\neq\mu_2$

(2) 选择检验统计量并计算其值。

$$Z=\frac{(X_1-X_2)-(\mu_1-\mu_2)}{\sqrt{\dfrac{\sigma_1^2}{n_1}+\dfrac{\sigma_2^2}{n_2}}}=\frac{76.5-78.2}{\sqrt{\dfrac{11.50^2}{180}+\dfrac{10.50^2}{174}}}\approx-1.45$$

(3) 确定检验形式。

因为没有资料可以说明男女生生物成绩存在优劣之分，故采用双侧检验。

(4) 统计推断。

本例计算的 $Z=-1.45<1.96$，故在 $\alpha=0.05$ 显著性水平下，接受原假设，认为高一男女生在生物测验成绩上没有显著性差异。

**2. 两个总体方差 $\sigma_1^2$ 和 $\sigma_2^2$ 为未知，但样本量较大**

即如果每次抽取的两个随机样本的个案总数较大，一般在 $n_1\geqslant50$，$n_2\geqslant50$ 时，则认为均值差的抽样分布就会近似于正态分布，可用下面的公式：

$$Z=\frac{(X_1-X_2)-(\mu_1-\mu_2)}{\sqrt{\dfrac{S_1^2}{n_1}+\dfrac{S_2^2}{n_2}}}$$

其中：

$$S^2=\frac{1}{n-1}\sum(x_i-\bar{X})^2$$

**例 8-14** 为了比较留守儿童和流动儿童在学习方面的差异，随机抽取留守儿童 135 人，流动儿童 98 人，然后统一进行智力测验，结果留守儿童 $\bar{X}_1=60.6$，$S_1=6$，流动儿童 $\bar{X}_2=59.8$，$S_2=10.2$。问留守儿童与流动儿童在智力方面是否存在显著性差异（$\alpha=0.05$）?

【解】原假设 $H_0$：$\mu_1=\mu_2$

备择假设 $H_1$：$\mu_1 \neq \mu_2$

计算统计量：$Z=\frac{60.6-59.8}{\sqrt{\frac{6^2}{135}+\frac{10.2^2}{98}}}=\frac{0.80}{\sqrt{0.267+1.062}}\approx 0.694$

由于 $\alpha=0.05$，查 $Z_{0.025}=1.96$。

由于 $Z=0.694<1.96$，表明未能拒绝零假设 $H_0$，即认为留守儿童与流动儿童在智力方面不存在显著性差异。

**例 8－15**　为了比较就近上学和因家远而乘车上学的小学生学习成绩是否有差别，某校从就近上学的小学生中随机抽取 800 名，平均总成绩为 520 分，标准差为 40 分，从乘车上学的小学生中抽取 1 000 名，平均总成绩为 505，标准差为 50 分，问二者学习成绩是否有差别（$\alpha=0.05$）？

【解】根据题意，就近上学的抽样结果为：

$\overline{X}_1=520$ 分；$S_1=40$ 分

乘车上学的抽样结果为：

$\overline{X}_2=505$ 分，$S_2=50$ 分

（1）设立假设。

$H_0$：$\mu_1=\mu_2$

$H_1$：$\mu_1 \neq \mu_2$

（2）给定显著性水平 $\alpha=0.05$，双侧检验 $Z_{\frac{\alpha}{2}}$。

$$Z=\frac{(X_1-X_2)-(\mu_1-\mu_2)}{\sqrt{\frac{S_1^2}{n_1}+\frac{S_2^2}{n_2}}}=(520-505)/2.12\approx 7.07$$

（3）检验判断。

因为 $Z=7.07>Z_{\frac{\alpha}{2}}=1.96$，所以拒绝原假设，可以认为就近上学的学习成绩与因路远乘车上学学生间的平均成绩是有差别的。

## （二）小样本总体均值差检验（$t$ 检验法）

对于社会科学而言，常常把两个独立样本容量 $n_1$ 和 $n_2$ 都小于 50，或者即使两个样本容量合计超过 100，但其中一个小于 50 的样本称作小样本。在小样本情形下，当二个总体方差未知时，则从抽样分布的理论知道，统计量：

$$t=\frac{(\bar{y}_1-\bar{y}_2)-(\mu_1-\mu_2)}{\sqrt{\left[\frac{(n_1-1)S_1^2+(n_2-1)S_2^2}{n_1+n_2-2}\right]\left(\frac{n_1+n_2}{n_1 n_2}\right)}}\sim t(n_1+n_2-2) \quad (8-10)$$

$t$ 检验的抽样分布取决于自由度的大小。所谓自由度是指有多少个个案的数值可以随意变更。由于有两个样本，故此自由度是：

$$k=(n_1-1)+(n_2-1)=n_1+n_2-2$$

**例 8－16**　某电视台举办一次中学生智力测验节目初选，共有 19 名中学生参与，其中男生 12 人，女生 7 人。测验共有 200 道题目，在规定时间里，答对 1 题记 1 分，测验结束后，得到以下测验成绩：

男生 12 人：83，146，119，104，120，161，107，134，115，129，99，123。

女生 7 人：70，118，101，85，107，132，94。

试检验男女生的平均测验成绩有无显著性差异（$\alpha=0.05$）？

【解】(1) 设立假设。

$H_0: \mu_1=\mu_2$

$H_1: \mu_1\neq\mu_2$

(2) 对给定的 $\alpha=0.05$，且 $k=12+7-2=17$，查表得到 $t_{\frac{\alpha}{2}}(17)=2.11$。

(3) 计算统计量。

男生 $\overline{X}_1=120$，$S_1^2\approx445.82$，女生 $\overline{X}_2=101$，$S_2^2\approx425.33$。

$$t=\frac{120-101}{\sqrt{\frac{(12-1)\times445.82+(7-1)\times425.33}{12+7-2}\times\left(\frac{1}{12}+\frac{1}{7}\right)}}\approx1.91$$

(4) 检验推断。

不能拒绝零假设，即在智力测验中，男女生的测验成绩没有显著性差异。

**例 8-17** 研究某项戒烟运动对抽烟人数的影响，用随机方法从某地的全部成年男子中抽取两个样本，一个作为实验组（$n_1=11$），另一个作为控制组（$n_2=11$），使前者参加戒烟运动，后者不参加。经过一段时间之后，发现第一组人均周抽烟盒数为 5 盒，第二组为 7 盒，第一组标准差为 1.5，第二组为 2.0。检验两组的差异是否由于戒烟运动导致的（$\alpha=0.01$）。

【解】(1) 设立假设。

$H_0: \mu_1=\mu_2$

$H_1: \mu_1<\mu_2$

(2) 给定显著性水平 $\alpha=0.01$，由于是单侧检验，$df=n_1+n_2-2=11+11-2=20$。从 $t$ 分布表中可查得 $t_\alpha=2.528$，由于是左侧检验，故为 $-2.528$。

(3) 根据样本资料计算检验统计量。

$$t=\frac{5-7}{\sqrt{\frac{(11-1)\times1.5^2+(11-1)\times2^2}{11+11-2}\times\left(\frac{1}{11}+\frac{1}{11}\right)}}\approx-2.653$$

(4) 检验判断。

因为检验值小于 $-2.528$，故可以否定原假设（$H_0$），即戒烟运动可以减少成年男子的抽烟数量。

## (三) 两个总体成数的检验

如果要检验两个总体的成数是否有差异，可以通过对两个随机样本的百分率的差异进行检验。在大样本情形下，可用 $Z$ 检验公式；小样本情形下，可用 $t$ 检验公式：

$$Z=(p_1-p_2)/\sqrt{\frac{p_1(1-p_1)}{n_1}+\frac{p_2(1-p_2)}{n_2}} \tag{8-11}$$

**例 8-18** 为了了解职工的职业流动意愿，根据男性 1 000 人的抽样调查，其中有 52 人希望调换工作单位，而女性 1 000 人的抽样调查，其中有 23 人希望调换工作单位。问能否说明男性比女性更期望职业流动（$\alpha=0.05$）？

【解】(1) 设立假设。

设 $P_1$ 为男性总体希望调换工作单位的成数；$P_2$ 为女性总体希望调换工作单位的成数。则：

原假设 $H_0$：$P_1=P_2$

备择假设 $H_1$：$P_1>P_2$

(2) 给定显著性水平。因为是单侧检验，当 $\alpha=0.05$，$Z=1.645$。

(3) 根据样本资料计算检验统计量 $Z$ 的实际值。

$$Z=\frac{\dfrac{52}{1\,000}-\dfrac{23}{1\,000}}{\sqrt{\dfrac{0.052\times(1-0.052)}{1\,000}+\dfrac{0.023\times(1-0.023)}{1\,000}}}\approx 3.42$$

(4) 检验判断。

因为 $Z=3.42>Z_\alpha=1.645$，检验统计量的样本观察值落入拒绝区域，所以在 0.05 的显著性水平下，拒绝原假设，可以认为男性比女性更期望职业流动。

## 二、两组相关样本的均值差检验

若两组随机样本之间具有显著的相关关系，则称两组样本为相关样本。对相关样本的假设检验，要采用不同的检验公式。

### （一）配对数据的平均数检验

在社会科学研究中，有些数据来源于实验设计，而在实验设计时，从两个总体抽得的样本并不完全是独立的，而是通过精心配对安排而得到的，这种配对往往遵循一定的原则，如根据条件相近原则，把被试一一配对后分成两组，然后对两组被试施以不同的处理。比较不同处理的效果差异是否显著构成了对成对样本数据平均数的比较问题。在心理学或医学研究中，这样的状况较多。

因此，配对数据平均数的检验，就是假设两个样本的总体均值的差数 $\mu_d=\mu_1-\mu_2=0$，这时不必假设两个总体方差相等。配对检验的统计量如下：

$$t=\frac{\overline{D}-\mu_0}{S_{\overline{D}}} \tag{8-12}$$

其中，$\overline{D}$ 表示样本的差数平均数或两个样本平均数之差，$\mu_0$ 表示差数的总体平均数，$S_{\overline{D}}$ 表示差数平均数的标准误或平均数差异的标准误。

$S_{\overline{D}}$ 估计量有以下两种形式：

**1. 用观察值的差数 $D$ 估计**

$$S_{\overline{D}}=\sqrt{\frac{\sum D^2-(\sum D)^2/n}{n(n-1)}} \tag{8-13}$$

在这里 $D$ 表示观察值的差数，$n$ 表示差数的个数。

**2. 用总体标准差估计值 $S$ 估计**

$$S_{\overline{D}}=\sqrt{\frac{S_1^2+S_2^2-2rS_1S_2}{n}} \tag{8-14}$$

在这里 $S_1^2$ 与 $S_2^2$ 分别表示第一个与第二个总体方差的估计值，$S_1$ 与 $S_2$ 分别表示第一个与第二个总体标准差的估计值，$r$ 表示两个变量的相关系数。

**例 8-19** 为了验证小学二年级的两种数学教学法是否有显著性差异，根据学生的智力水平、努力程度、家庭的辅导力量等条件基本相同的原则，将学生配成 10 对，然后把每对学生随机地分入实验组和对照组。实验组施以谈话法的教学方法，对照组采用讲授法的教学方法，后期统一测验结果如表 8-5，每对学生的分数都有一个差数 $D$。

**表 8-5 10 对学生在两种数学教学法中的测验分数和差数**

| 对别 | 实验组 $X_1$ | 对照组 $X_2$ | 差数值 | 差数值平方 |
|---|---|---|---|---|
| 1 | 93 | 76 | 17 | 289 |
| 2 | 72 | 74 | −2 | 4 |
| 3 | 91 | 80 | 11 | 121 |
| 4 | 65 | 52 | 13 | 169 |
| 5 | 81 | 63 | 18 | 324 |
| 6 | 77 | 62 | 15 | 225 |
| 7 | 89 | 82 | 7 | 49 |
| 8 | 84 | 85 | −1 | 1 |
| 9 | 73 | 64 | 9 | 81 |
| 10 | 70 | 72 | −2 | 4 |
| 总和 | 795 | 710 | 85 | 1 267 |

【解】(1) 提出假设。

$H_0$：$\mu_1=\mu_2$

$H_1$：$\mu_1\neq\mu_2$

(2) 计算检验统计量。

$$t=\frac{\overline{D}-\mu_0}{S_{\overline{D}}}$$

其中，$\overline{D}$ 表示样本的差数平均数或两个样本平均数之差，$\mu_0$ 表示差数的总体平均数，$S_{\overline{D}}$ 表示差数平均数的标准误或平均数差异的标准误。

①用观察值的差数 $D$ 表示：

$$S_{\overline{D}}=\sqrt{\frac{\sum D^2-(\sum D)^2/n}{n(n-1)}}$$

$$t=\frac{8.5-0}{\sqrt{\frac{1\ 267-85^2/10}{10(10-1)}}}\approx 3.456$$

②用总体标准差估计值 $S$ 表示：

$$S_{\overline{D}}=\sqrt{\frac{S_1^2+S_2^2-2rS_1S_2}{n}}$$

用原始数据可计算出两个相应的总体标准差的估计值和皮尔逊相关系数（积矩相关系数）分别为 $S_1 \approx 9.618$，$S_2 \approx 10.477$，$r=0.704$，则

$$t=\frac{79.5-71}{\sqrt{\frac{9.618^2+10.477^2-2\times 0.704\times 9.618\times 10.477}{10}}}\approx 3.459$$

（3）确定检验形式，由于之前没有资料可以说明两种教学方法哪一种更好，故采用双侧检验法。

（4）统计推断。

在自由度 $k=n-1=10-1=9$ 的情形下，查 $t$ 值表，$t_{\frac{0.05}{2}}(9)=2.262$。由于实际计算出来的 $|t|=3.459>2.262$，故在 0.05 水平下拒绝 $H_0$，接受 $H_1$。结论为对小学生的数学教学采用谈话式授课法优于讲授式授课法。

## （二）同组数据变动的均值检验

同组数据变动实际上只有一个样本，但样本中的每一个个体都研究两次。例如研究社会转型对居民生活状况的影响问题时，被访者就要报告转型前后收入消费等社会经济指标的变化。同样调查单位也可以是一个社区或一个企业，研究社会转型前后社区的社会结构变化、企业的所有权结构变化等。教育学经常使用该方法检验某一教学法对学生学习效果的影响。

**例 8-20** 从某中学初一年级抽取 100 名学生作为样本，在学期初进行了英语阅读测验，在学期末又进行了类似的测验，并计算得到两次测验分数的相关系数为 0.5。相关数据见表 8-6，问这 100 名学生的两次测验是否有显著性差异（$\alpha=0.01$）?

**表 8-6 100 名学生两次英语考试的相关性计算**

| 测验时间 | $n$ | 平均分 | $S$ | $r$ |
|---|---|---|---|---|
| 学期初测验 | 100 | 45 | 6 | 0.5 |
| 学期末测验 | 100 | 50 | 3 | |

**【解】**（1）提出假设。

$H_0$：$\mu_1=\mu_2$

$H_1$：$\mu_1 \neq \mu_2$

（2）计算检验统计量。

$$Z=\frac{\overline{D}-\mu_0}{S_{\overline{D}}}$$

$\overline{D}$ 表示该样本变化的差数平均数，$S_{\overline{D}}$ 表示差数平均数的标准误，用前后两期总体标准差估计 $S$ 值：

$$S_{\overline{D}}=\sqrt{\frac{S_1^2+S_2^2-2rS_1S_2}{n}}$$

$$Z=\frac{50-45}{\sqrt{\frac{6^2+5^2-2\times 0.50\times 6\times 5}{100}}}\approx 8.98$$

（3）由 $\alpha=0.01$，查表得到 $Z_{\frac{0.01}{2}}=2.58$。

(4) 由于 $Z=8.98>2.58$，故拒绝原假设，认为经过一学期的学习以后，这100名学生的英语阅读能力有了显著变化。

**例 8-21** 以下是推行新农村建设，某县8个村居民满意度测量的比较（见表8-7），问推行新农村建设之后，村民的满意度有无显著增加（$\alpha=0.05$）？

**表 8-7 新农村建设前后 8 个村的村民满意度状况比较分析**

| | 1 | 2 | 3 | 4 | 5 | 6 | 7 | 8 |
|---|---|---|---|---|---|---|---|---|
| 建设后 | 86 | 87 | 56 | 93 | 84 | 93 | 75 | 79 |
| 建设前 | 80 | 79 | 58 | 91 | 77 | 82 | 74 | 66 |
| $D$ | 6 | 8 | −2 | 2 | 7 | 11 | 1 | 13 |

【解】(1) 提出假设。

$H_0$：$\mu_1=\mu_2$

$H_1$：$\mu_1>\mu_2$

(2) 计算检验统计量。

$$t=\frac{\overline{D}-\mu_0}{S_{\overline{D}}}$$

其中：

$$S_{\overline{D}}=\sqrt{\frac{\sum D^2-\left(\sum D\right)^2/n}{n(n-1)}}=3.28$$

代入检验统计量：

$$t=\frac{5.75}{3.28}\approx 1.81$$

查表 $t_{\frac{0.05}{2}}$（8−1）=1.895，因为 $t\approx1.81<1.895$，故支持原假设，即认为新农村建设后，某县村民满意度没有显著提升。

# 第四节 两个总体方差齐性的显著性检验

在假设检验中，一般情况下，两个正态总体的均值和方差都是不知道的。在本节之前的两个总体的均值检验中，我们都是在假设两个总体的方差不存在显著性差异的基础上所进行的检验。事实上，在进行两个正态总体的均值检验之前，是要对两个正态总体的方差是否存在差异进行显著性检验的，即须先判断两个正态总体的方差是否相等。对两个总体的方差是否存在显著性差异的检验称为方差齐性检验。对两个独立样本方差是否齐性的检验统计量是 $F$ 检验。

## 一、F 检验

若从两个正态总体中，随机抽取两个独立样本，以此为基础，分别求出两个总体方差的估计值，这两个总体方差估计值的比值称为 $F$ 比值，即 $F=\frac{S_1^2}{S_2^2}$，$F$ 比值的抽样分布称为 $F$ 分布。

$F$ 分布的含义是指，假定从两个正态总体中随机抽取 $n_1=11$ 和 $n_2=3$ 的两个独立样本，求出两个相应总体方差估计值的比值之后，把这两个样本放回总体中，然后再从中随机抽取 $n_1=11$ 和 $n_2=3$ 的两个独立样本，再计算出一个 $F$ 值，这样反复下去，那么一切可能样本 $F$ 比值的频数分布就形成了一个自由度 $k_1=11-1$ 和 $k_2=3-1$ 的 $F$ 比值的抽样分布。

$F$ 分布的形态随 $F$ 比值中分子和分母自由度的变化而形成一族正偏态分布（见图 8－8）。

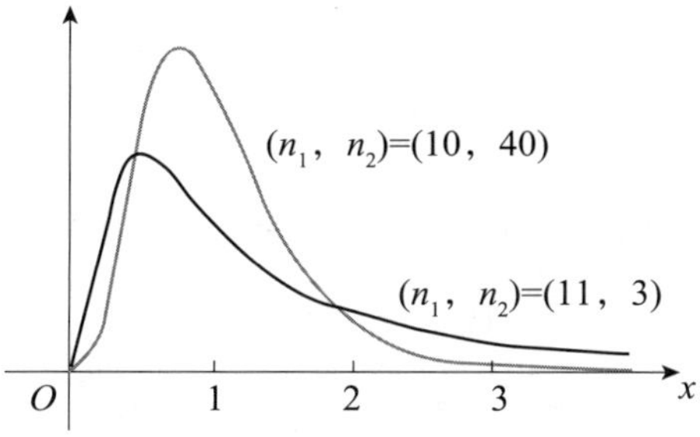


**图 8－8　$F$ 分布**

各种自由度组合所形成的理论 $F$ 值，可查 $F$ 值表。$F$ 值表的最上端横行表示 $F$ 比值中分子的自由度（$k_1$），最左端纵列表示分母的自由度（$k_2$），如上例分子的自由度为 $k_1=11-1=10$，分母的自由度为 $k_2=3-1=2$，知道自由度后，再根据显著性水平 $\alpha$，查找 $F$ 值的理论值，如 $F_{0.05}$（10，2）=19.4，$F_{0.01}$（10，2）=99.4。

在一般情况下，经常应用的是右侧 $F$ 检验，所以 $F$ 值表只列有右侧理论值。在计算样本的 $F$ 值时，要求将总体方差估计值较大的作为分子，而总体方差估计值较小的作为分母，使计算的 $F$ 值落在大于等于 1 的范围内，以便于进行 $F$ 检验时与 $F$ 临界值作比较。

## 二、两个独立样本的方差齐性检验

设有来自两个独立总体的两个随机样本，总体方差未知，我们要通过对这两组样本的有关数据信息来推断两个总体方差是否存在显著性差异。检验的步骤如下：

（1）提出假设。

$H_0:\sigma_1^2=\sigma_2^2$

$H_1:\sigma_1^2\neq\sigma_2^2$

（2）选择检验统计量并计算其值。

$$F=\frac{S_1^2}{S_2^2} \tag{8-15}$$

这里，$S_1^2$ 表示第一个总体方差的估计值，$S_2^2$ 表示第二个总体方差的估计值。

（3）统计推断。

根据显著性水平 $\alpha$，分子的自由度和分母的自由度，判断两个总体的方差是否齐性。

**例 8-22** 某市对老年人乘公交车的政策进行改革，由过去的免费乘车改为公交补贴。现对老年人的满意度进行调查，从 65～70 岁老人中抽取 10 人，从 71～75 岁老人中抽取 9 人，得到如下满意度数据。

65～70 岁：85，76，83，93，78，75，80，79，90，88。

71～75 岁：75，86，96，90，62，83，95，70，58。

试对方差齐性进行检验（$\alpha$=0.05）。

（1）提出假设。

$$H_0:\sigma_1^2=\sigma_2^2$$

$$H_1:\sigma_1^2\neq\sigma_2^2$$

（2）计算统计量，由 $S_1^2=37.8$，$S_2^2=194.5$，得出：

$$F=\frac{S_2^2}{S_1^2}=\frac{194.5}{37.8}\approx 5.15$$

查 $F$ 分布表，$F_{0.05}$（8，9）=3.23。

因为 $F=5.15>3.23$，故拒绝原假设，即两个群体的老人幸福感的方差有显著性差异。

## 三、两个总体方差不等的均值差显著性检验

经检验两个总体方差不等，那么如何对两个总体的均值差进行显著性检验呢？

因为在 $\sigma_1^2\neq\sigma_2^2$ 成立的条件下，运用 $t$ 检验是不恰当的，需要采用阿斯平-韦尔奇（Aspin-Welch）检验：

$$\text{设 } K=\frac{\frac{S_1^2}{n_1}}{\frac{S_1^2}{n_1}+\frac{S_2^2}{n_2}} \tag{8-16}$$

$$\text{自由度 } df=\frac{1}{\frac{K^2}{n_1}+\frac{(1-K)^2}{n_2}} \text{（自由度 } df \text{ 取整数）}$$

$H_0$：$\mu_1=\mu_2$ 成立的条件下，统计量

$$t'=\frac{(\bar{X}_1-\bar{X}_2)}{\sqrt{\frac{S_1^2}{n_1}+\frac{S_2^2}{n_2}}}$$

将近似服从自由度为 $df$ 的 $t$ 分布，从而可以根据给定的显著性水平 $\alpha$ 及自由度 $df$ 查 $t$ 分布表，得到临界值 $t_{\frac{\alpha}{2}}(df)$。当 $|t'|>t_{\frac{\alpha}{2}}(df)$ 时，拒绝原假设 $H_0$，即认为 $\mu_1\neq\mu_2$，当 $|t'|<t_{\frac{\alpha}{2}}(df)$ 时，不能拒绝原假设 $H_0$。

**例 8-23** 某高校对各方面情况相似的两个班进行通识课的教改试验。甲班45人，采用教师面授的教学方法；乙班36人，采用教师讲授要点、学生讨论的方法。一年后，用同一试题对两个班的学生进行测验，得到以下结果：甲班平均分为69.5分，标准差为8.35分；乙班平均分78分，标准差为16.5分，试问两种教学方法是否有显著性差异（$\alpha=0.01$）？

【解】已知 $n_1=45$，$\overline{X}=69.5$，$S_1^2=8.35^2$；$n_2=36$，$\overline{Y}=78.0$，$S_2^2=16.5^2$。

因为 $S_1^2$ 与 $S_2^2$ 差距较大，故采用阿斯平-韦尔奇对总体方差齐性进行检验。

$$K=\frac{\frac{S_1^2}{n_1}}{\frac{S_1^2}{n_1}+\frac{S_2^2}{n_2}}=\frac{1.549}{1.549+7.563}\approx 0.17$$

$$df=\frac{1}{\frac{K^2}{n_1}+\frac{(1-K)^2}{n_2}}=\frac{1}{\frac{0.17^2}{45}+\frac{(1-0.17)^2}{36}}\approx 51$$

（1）检验的零假设 $H_0$：$\mu_1=\mu_2$

（2）计算统计量

$$t'=\frac{(\overline{X}_1-\overline{X}_2)}{\sqrt{\frac{S_1^2}{n_1}+\frac{S_2^2}{n_1}}}=\frac{69.5-78.0}{\sqrt{\frac{8.35^2}{45}+\frac{16.5^2}{36}}}\approx -2.816$$

由 $df=51$，$\alpha=0.01$，查 $t$ 分布表 $t_{\frac{0.01}{2}}$（51）$\approx 2.676$。

$|t'|=2.816>t_{\frac{0.01}{2}}$（51）$\approx 2.676$，故拒绝原假设 $H_0$，认为这两种教学方法有显著的差异。

# 第五节 两个变量的相关性检验

第三章介绍的列联表和相关测量法是分析样本数据中两个变量之间关联程度的重要方法。然而，即使在样本计算中得到两个变量具有相关性的结论，也不一定意味着二者在总体中具有相关性，因为它有可能是由于抽样误差引起的相关。由于我们所要研究的是总体的情况，而不是仅限于样本的发现，因此需要对样本的相关性与否进行总体推断。本节的目的就是用样本的资料来验证在总体中两个变量是否相关。

在第三章的相关测量方法中，我们分别对两个定类变量、两个定序变量、两个定距变量、一个定类或定序变量与一个定距变量等相关计算方法进行了介绍。本节在此基础上，主要介绍检验由样本数据计算的相关系数对总体的推断情况，包括两个定类变量相关系数的卡方检验、两个定序变量相关性的 Gamma 检验。对于定距变量的积距相关系数检验和回归系数检验，以及定类与定距变量相关性的 $F$ 检验，我们将在之后的相关章节进行介绍。

## 一、观测次数与期望次数

卡方检验法常常用于检验两个定类变量的相关关系，当然，如果对定距变量或定序变量进行降级处理，也可以用该方法进行检验。卡方检验简单直观，是一种广泛使用的假设检验方法。它建立在观测次数和期望次数之差的基础上。

观测次数是根据所抽取样本计算出来的实际次数；预期次数是在两个变量没有关系即原假设成立的条件下，频数表中所应有的次数。

我们通过一个实例来理解这两个概念。

**例 8-24** 我们希望了解大学生对六门选修课的偏好，为此随机抽取了 300 名大学生，问他们最喜欢哪一门课程（每人只能选一门），数据如表 8-8 前两列所示。

**表 8-8 学生对选修课喜爱程度的卡方计算**

| 原始数据 | | $\chi^2$ 的计算 | | | |
|---|---|---|---|---|---|
| 课程编号 | 观测次数 $f$ | 概率 $\pi$（若 $H_0$ 为真） | 期望次数 $e=n\pi$ | 离差 $f-e$ | 离差平方及加权结果 $(f-e)^2/e$ |
| 1 | 85 | 1/6 | 50 | 35 | 24.5 |
| 2 | 80 | 1/6 | 50 | 30 | 18.0 |
| 3 | 55 | 1/6 | 50 | 5 | 0.5 |
| 4 | 10 | 1/6 | 50 | −40 | 32.0 |
| 5 | 40 | 1/6 | 50 | −10 | 2.0 |
| 6 | 30 | 1/6 | 50 | −20 | 8.0 |
| 合计 | 300 | 1.00 | 300 | 0 | $\chi^2=85$ |

【解】(1) 设立假设。

原假设 $H_0$：大学生对选修课没有偏好

备择假设 $H_1$：大学生对选修课存在偏好

(2) 求 $H_0$ 为真时发生在每一组的概率 $\pi$。

原假设的意思是每门课被挑选的可能性是相同的，因此发生在每一组的概率 $\pi$ 都应该等于 1/6。

(3) 求 $H_0$ 为真时，期望值的次数 e。

如果 $H_0$ 为真，那么选择每一门课的期望次数是什么呢？即如果大学生对六门课没有偏好，那么挑选各门课程的可能性应该是相等的，因此 $n=300$ 名大学生中选择各个课程的期望次数应该是：

$$e = n\pi \tag{8-17}$$

(4) 求观测次数 $f$ 与期望次数 $e$ 之间的偏差 $(f-e)$。

讨论的问题是实际观测到的次数和 $H_0$ 为真时的理论上的期望次数相差多少，所有偏差见表 8-8 第 5 列。

(5) 求卡方统计量 $\chi^2$。

由于离差的代数之和为 0，因此用离差之和不是一个反映总偏离程度的好的指标。可以通过离差的平方和来反映总离差的大小。另外，为了表明每个离差平方的相对重要性，每一离差平方都必须与本组中的期望频次 $f_e$ 相比较。最后，我们加总得到了度量全部偏差的一个量，被称作 $\chi^2$（卡方）。

$$\chi^2 = \sum \frac{(f-e)^2}{e} = 85$$

## 二、$\chi^2$ 检验

前文讨论的是用于表现一个变量的 $\chi^2$，本节讨论的是反映两个变量相关关系的 $\chi^2$。如果两个变量都是定类变量，也可用 $\chi^2$ 来推断在总体中二者是否相关。

**例 8-25** 研究不同性别（$X$）的研究生对于报考公务员的意愿（$Y$），从一个随机样本中得到表 8-9 的次数分布，可见男同学较多选择报考，女生较多选择不报考。如以不对称的 Lambda 系数计算这两个变量的相关系数，可得 $\lambda=0.244$，但是，在样本中男、女的差异可能是由误差引起的，而不一定是代表总体的真实情况，由于两个变量都是定类变量，可用 $\chi^2$ 检验。

**表 8-9 性别与报考公务员意愿的实际次数**

| 报考公务员意愿 | 性别 | | |
|---|---|---|---|
| | 男 | 女 | 总数 |
| 报考 | 126 | 99 | 225 |
| 不报考 | 71 | 162 | 233 |
| 总数 | 197 | 261 | 458 |

【解】关于本例的假设如下：

原假设 $H_0$：变量 $X$ 与变量 $Y$ 不相关

备择假设 $H_1$：变量 $X$ 与变量 $Y$ 相关

得到本例的理论次数（预期次数），如表 8-10：

$$e_{11} = \frac{225 \times 197}{458} \approx 96.8$$

$$e_{12} = \frac{225 \times 261}{458} \approx 128.2$$

$$e_{21} = \frac{233 \times 197}{458} \approx 100.2$$

$$e_{22} = \frac{233 \times 261}{458} \approx 132.8$$

代入 $\chi^2$ 检验公式：

$$\begin{aligned}\chi^2 &= \sum \frac{(f-e)^2}{e} \\ &= \frac{(126-96.8)^2}{96.8} + \frac{(99-128.2)^2}{128.2} + \frac{(71-100.2)^2}{100.2} + \frac{(162-132.8)^2}{132.8} \\ &\approx 30.39\end{aligned}$$

表 8-10 性别与报考公务员意愿的理论次数（预期次数）

| 报考公务员意愿 | 性别 | | |
|---|---|---|---|
| | 男 | 女 | 总数 |
| 报考 | 96.8 | 128.2 | 225 |
| 不报考 | 100.2 | 132.8 | 233 |
| 总数 | 197 | 261 | 458 |

卡方 $\chi^2$ 的含义可以理解为：假定原假设正确，则表中的预期条件次数应越接近实际次数，即二者的差越小；而如果二者的差越大，则表示原假设正确的可能性越小，越可能接受备择假设。

那么 $\chi^2$ 多大才能否定原假设呢？由于 $\chi^2$ 的抽样分布取决于自由度，对于列联表，$\chi^2$ 的抽样分布的自由度是根据表的行数（$r$）与列数（$c$）来计算的，计算公式为：

$$df=(r-1)(c-1)$$

自由度越大，卡方分布的偏态度越小，例 8-25 中男女生与报考公务员意愿的次数中，$df=(2-1)(2-1)$，假定所决定的显著性水平为 $\alpha=0.05$，则查表可得 $\chi_0^2 \geqslant 3.841$，该值小于我们之前计算的 $\chi^2=30.39$，即属于否定域的范围，故否定原假设，接受备择假设。

## 三、Gamma 相关系数的检验

如果两个变量都是定序变量，则可以用 Gamma 相关系数来测量相关的程度和方向。然而如果计算所使用的数据是样本数据，则需要以此推断总体的相关性。前文提到对于定类变量的相关可以通过卡方检验来推断总体，那么对两个定序变量是否也可以通过卡方检验来推断总体？回答是可以的。然而，对于定序变量来说，它不同于定类变量的是包含着能够进行高低、上下比较的信息，而如果用卡方检验，那么定序变量的内在信息并未得到充分的利用。因而较为妥当的做法，是以 Gamma 系数先求出样本 $X$ 和 $Y$ 的相关，然后以 $Z$ 检验法或 $t$ 检验法来推断在总体中的 Gamma 是否等于 0。

具体步骤如下：

（1）设立假设。

$H_0$：总体中 Gamma=0

$H_1$：总体中 Gamma>0 或<0

（2）计算检验统计量。

$$Z=G\sqrt{\frac{N_s+N_d}{n(1-G^2)}} \tag{8-18}$$

其中，$G$ 是随机样本的 Gamma 系数值，$N_s$ 是同序对数，$N_d$ 是异序对数，$n$ 是样本的大小。如果研究假设 $H_1$ 是总体中 Gamma>0 或 Gamma<0，则可用单侧

检验；如果是 Gamma≠0，则用双侧检验。

如果是小样本，则需要用 $t$ 检验法，公式如下：

$$t = G\sqrt{\frac{N_s + N_d}{n(1-G^2)}} \qquad (8-19)$$

$$df = N_s + N_d - 2$$

**表 8-11　家庭收入与家庭矛盾的关系**

| 家庭矛盾 | 家庭收入 | | | |
|---|---|---|---|---|
| | 高 | 中 | 低 | 总数 |
| 高 | 4 | 20 | 23 | 47 |
| 中 | 28 | 55 | 11 | 94 |
| 低 | 24 | 27 | 8 | 59 |
| 总数 | 56 | 102 | 42 | 200 |

据表 8-11 可得：

$$N_s = 4\times(55+11+27+8)+20\times(11+8)+28\times(27+8)+55\times 8$$
$$= 2\,204$$
$$N_d = 23\times(55+28+27+24)+20\times(28+24)+11\times(27+24)+55\times 24$$
$$= 6\,003$$

计算 Gamma 系数为：

$$G = \frac{2\,204-6\,003}{2\,204+6\,003} \approx -0.463$$

这一计算结果表明家庭收入低会引起家庭矛盾，同时家庭矛盾也会影响人们的工作状态和工作效率，导致收入下降。倘若这是一个随机样本，我们就需要对这一相关性进行总体推断。

（1）设立假设。

$H_0$：$G=0$

$H_1$：$G<0$

（2）计算检验统计量。

$$Z = -0.463\times\sqrt{\frac{2\,204+6\,003}{200\,[1-(-0.463)^2]}} \approx -3.346$$

（3）显著性水平为 0.001，查左单侧检验的否定域为 $Z<Z_{0.001}=-3.09$。

（4）计算的检验统计量为 −3.346，落在左侧否定域内，故可否定原假设，接受备择假设。即认为家庭收入与家庭矛盾的大小成反比，其显著性大于 0.001。

## 本章小结与思考练习

### 一、本章小结

本章主要介绍在社会科学研究中常见的各种检验方法。在检验方法的选择和使用上，需要根据以下步骤实施。

1. 根据研究内容和研究目的构建零假设和备择假设。如果希望检验的是单总体的均值显著，或两个总体的均值之间的差异显著，则应使用双侧检验；如果研究希望检验单总体的均值大于或小于某一值，或者两个总体均值的其中一方是否明显优于或者劣于另外一方的情况，则使用单侧检验。特别讨论了假设检验可能犯的第Ⅰ类错误和第Ⅱ类错误。

2. 根据样本容量、样本分布、方差是否已知，对于两个样本来说是否独立等条件对统计量进行选择。在假设检验中，有 $Z$ 检验统计量和 $t$ 检验统计量。在正态总体或大样本，或总体方差已知情形下，使用 $Z$ 检验统计量；在小样本时使用 $t$ 检验统计量。在方差未知情形下，可以用样本方差的统计量估计总体方差。还可以以上述原则对总体成数进行假设检验。除了对单一样本的假设检验外，还可以对配对样本以及两个独立样本进行均值、方差的显著性差异检验。

3. 对两个变量相关系数的显著性进行检验，本章介绍了基于两个定类变量的卡方检验法和基于两个定序变量的 Gamma 检验法。

4. 根据研究所需要达到的准确程度，选择相应的显著性水平 $\alpha$，常用的显著性水平有 0.05 和 0.01。

5. 根据统计量的计算结果做出相应的统计推断。

## 二、推荐阅读书目

贾俊平，何晓群，金勇进．统计学．7 版．北京：中国人民大学出版社，2018.

尹海洁，李树林．社会统计学．2 版．北京：中国人民大学出版社，2018.

柯惠新，沈浩．调查研究中的统计分析法：基础篇．3 版．北京：中国传媒大学出版社，2015.

张敏强．教育与心理统计学．3 版．北京：人民教育出版社，2010.

卢淑华．社会统计学．4 版．北京：北京大学出版社，2009.

张彦．社会统计学．北京：高等教育出版社，2005.

李沛良．社会研究的统计应用．北京：社会科学文献出版社，2001.

KOLENIKOV S，STEINLEY D，THOMBS L A. Statistics in the social sciences: current methodological developments. Hoboken，N. J.：Wiley，2010.

KNOKE D，BOHRNSTEDT G W. Statistics for social data analysis. F. E. Peacock Publishers Inc.

## 三、思考与练习

（一）思考题

1. 举例说明现实生活中的小概率原理。

2. 试举例说明假设检验的两类错误。

3. 说明 $Z$ 检验与 $t$ 检验的适用条件及其关系。

4. 为什么要进行总体方差检验，检验统计量是什么？

5. 为什么要进行方差齐性检验，检验统计量是什么？当方差检验相等或不相等时，$t$ 检验会发生怎样的变化?

6. 试述相关检验中的卡方检验法和 Gamma 检验法。

7. 一位社会学家的研究报告指出，“根据我们的样本，常去教堂的人的种族优越感显著高于不去教堂的人 ($\alpha=0.05$)”，请向不懂统计学的人解释这是什么意思。

8. 在你的专业里选一本主流杂志，在这份杂志的最近几期里找两篇有“显著性 ($\alpha=0.05$)”字眼的文章。用通俗的语言解释文章作者的结论是什么。

9. 研究老鼠走出迷宫需要的时间，对于某个迷宫来说，老鼠的平均用时是 19 秒。一位研究者认为巨大的噪声会让老鼠更快地走出迷宫，于是他测量了在噪声刺激下几只老鼠走出迷宫的用时长度，他的零假设和备择假设分别是什么?

10. 我们经常以貌取人，会根据长相来判断候选人是否称职。心理学家将参加议员竞选的两位候选人的标准照拿给许多实验对象看，让他们根据照片预测谁更称职。在选举日，那位看上去更称职的候选人赢得了 32 场竞选中的 22 场。如果长相不影响选举结果，那么长期看来，长相较好的人赢得的竞选场次应该是 16 场。这个案例是否证明长相较好的人更可能赢得竞选?

11. 为了比较两种鞋底材料，让 30 名试验者左右脚穿两种不同材料的鞋，然后记录左右脚的磨损程度，这是独立样本吗? 如果不是，是什么问题，为什么?

(二) 练习题

1. 民意调查中候选人 A 有 50%的支持率，候选人 B 有 48%的支持率，那么是否认为候选人 A 的支持率一定大于 B 呢? 我们还缺乏什么信息? 假定这两个样本量分别为 500 和 1 200，结论是什么? 假定这两个样本均为 5 000 呢?

2. 有一项研究男女对颜色偏好的直觉差异实验设计，其中女性样本容量为 10，男性样本容量为 16，已知样本之间相互独立，得到以下数据:

| 女性偏好 | 频数 | 男性偏好 | 频数 |
|---|---|---|---|
| 12.3 | 1 | 12.2 | 6 |
| 12.5 | 2 | 12.3 | 8 |
| 12.8 | 4 | 13 | 2 |
| 13 | 2 | | |
| 13.5 | 1 | | |

问男女生之间对颜色的偏好是否有显著性差异 ($\alpha=0.05$)?

3. 美国某学者对 287 位母亲抱婴儿的方式进行了观察，发现不论母亲是否是左撇子，大多数是左侧抱婴儿，数据见下表:

| 母亲是 | 右边抱 | 左边抱 | 合计 |
|---|---|---|---|
| 右撇子 | 43 | 212 | 255 |
| 左撇子 | 7 | 25 | 32 |
| 合计 | 50 | 237 | 287 |

假定这287人是随机样本，计算：

(1) 总体中左侧抱婴儿的母亲比例与我们想象的50∶50的比例具有显著性差异吗（$\alpha=0.05$）?

(2) 右撇子母亲和左撇子母亲在左侧抱孩子上的比例之差具有统计显著性吗（$\alpha=0.05$）?

4. 某班统计学测验5个男同学的得分为70，72，69，67，71，11个女同学的得分为46，89，91，56，80，84，51，99，42，64，48。问男女同学统计学测验成绩是否有显著性差异（$\alpha=0.05$，先进行方差齐性检验）?

5. 某公司按薪酬将员工从高到低分为六级，他们对公司经理的满意度如下：

| 薪酬 | A | B | C | D | E | F |
|---|---|---|---|---|---|---|
| 很满意 | 19 | 31 | 25 | 17 | 26 | 40 |
| 一般 | 12 | 5 | 15 | 6 | 18 | 30 |
| 不满意 | 19 | 21 | 30 | 20 | 30 | 46 |

各薪酬等级对公司经理的满意程度是否有显著性差异？如果没有，对上述统计结果应如何判断（$\alpha=0.05$）?

6. 以下是城乡青年对戏剧是否喜爱的抽样调查：

| | 乡村 | 城市 |
|---|---|---|
| 喜爱 | 46 | 20 |
| 无所谓 | 10 | 18 |
| 不喜爱 | 30 | 50 |

问对戏剧的喜爱城乡青年是否有显著性差异（$\alpha=0.05$）?

# 第九章

# 多元线性回归分析

有研究者对成年男性体内的脂肪含量成因做研究，发现腰围越粗，体内脂肪越多，二者相关系数为 0.823，具有较高的相关性。然而如果已经知道腰围 2.8 尺，希望知道体内脂肪会是多少时，仅靠相关分析是不能得到答案的。回答这个问题需要在两个变量间建立模型，然后用一个变量去预测另一个变量，这就是一个一元回归分析问题。进一步说，如果我们要求得到更加精准的预测效果，希望了解除了腰围以外的一些其他原因所造成的脂肪增加，比如身高因素、饮食习惯、运动方式等，这就需要用多个因素去解释一个因素的变化。用两个或两个以上自变量建立回归模型称为二元或多元回归分析。

多元回归分析在社会科学的许多研究领域得到广泛应用，包括经济、社会、人口、文化、医学、教育和心理等。例如在历史学研究中，研究者往往关注的问题是如何根据与年代有关的特征，去推断历史物件的年代。比如估计古埃及人头盖骨形成的近似年代，与之相关的因素包括头盖骨的最大宽度、头盖骨最高点的高度、头盖骨基底齿槽冠的长度、头盖骨的鼻梁骨高度，这里的因变量是年代，其他四个变量为可能的自变量，所建立的模型为多元回归模型。

在移民问题研究中，研究者感兴趣的问题是为什么人们从一地移至另一地。影响移民的因素有很多，如气候、犯罪率、税收、就业率等，因此移民率［(移入人数－移出人数）除以该地区的总人数］作为因变量，将以上四个因素作为自变量所建立的回归模型为多元回归模型，该模型能够解释或预测影响人们迁移决策的主要原因。

## 第一节 多元线性回归模型的概念

### 一、回归与回归分析

**1. 回归**

“回归”一词最早由英国统计学家佛朗西斯·高尔顿（Francis Galton）在生

物遗传学的研究中提出，本意是往回走。高尔顿观察了 1 078 对夫妇，以每对夫妇的平均身高作为 $X$，而取他们成年儿子的身高作为 $Y$，得到的直线方程为：

$$Y=-33.73+0.516X$$

这一回归方程的意义表明，高个子父辈确实有生高个子儿子的趋势，但父母平均身高 $X$ 每增加一个单位，其成年儿子的身高 $Y$ 将平均增加 0.516 个单位。反之，矮个子父辈确实有生矮个子儿子的趋势，但父辈身高减少一个单位，儿子身高仅减少半个单位。他的发现表明，父母的身高虽然会遗传给子女，但子女的身高却有逐渐“回归到中等（即人的平均值）”的现象。之后统计学家 K. 皮尔逊又用观测数据证实了这一现象，从而产生了回归（regression）这一概念。

**2. 回归分析**

回归分析（regression analysis）是一种分析数据的统计学方法，目的在于了解两个或多个变量间是否相关、相关方向与强度，并建立数学模型进行解释和预测。回归分析的核心是对回归参数的估计。19 世纪初，高斯首先提出了线性回归方程参数估计的最小二乘估计法，可以说这是回归分析的起点。自 20 世纪 70 年代以来，随着矩阵理论和计算机技术的发展，各种复杂的回归参数估计方法得以实现，促使回归分析有了突飞猛进的发展，例如岭回归、稳健回归、贝叶斯回归、投影寻踪回归等。回归分析被广泛用于有关自然和社会问题的研究，特别是在经济学、社会学、政治学、心理学、教育学、语言学和历史学等领域。

因此，尽管回归的名称由来具有特定的含义，但人们在大量的实际问题研究中发现，变量 $X$ 与 $Y$ 之间的关系并不总是高尔顿意义下的回归的含义，使用回归一词，将研究变量 $X$ 与 $Y$ 之间统计关系的量化方法与分析称为回归分析更重要的是对高尔顿的纪念。

**3. 回归分析中的因变量和自变量**

在回归分析中，确定因变量和自变量是最为主要的任务。其中因变量是研究者关心的主要问题，也被称为被影响变量（因变量或响应变量），以及一组影响变量（称为自变量或被响应变量）。在线性回归中，因变量通常要求是定距变量，自变量可以是定距变量也可以是定类或定序变量。目前回归分析的发展也能够对因变量是定类变量和定序变量的通过建立 Logistic 模型进行解释。

回归分析研究的是因变量和自变量之间的相关关系而非因果关系。因此严格地说，回归分析是通过量化描述因变量和自变量的相对稳定的相关性来寻找二者之间规律性的。从这一理解出发，回归分析因变量和自变量之间存在两种关系体系：

(1) Observed＝True Mechanism＋Disturbance

第一种关系体系在自然科学研究中运用较多，要求建立能够反映真实机制，且更好拟合数据的模型，揭示数据内在真实的关系。

(2) Observed＝Summary＋Residual

第二种关系体系要求模型简约，即如果两个模型同样能够反映被观察的事实，则应选择较简单的模型。该关系体系在社会科学研究中运用较多，要求关注模型是否在简约的情形下揭示事实或反映理论。

# 二、线性回归模型与分析步骤

## （一）线性回归模型

社会科学研究的问题比较复杂，影响因素很多，因而在构建回归模型时，力求在解释事实或反映理论的前提下，构建简约的模型。因此第二种关系体系是社会科学定量研究选择的重点：

Observed＝Summary＋Residual

式中 Observed 代表因变量，Summary 代表多个自变量与因变量的关系，Residual是不能被解释的残差部分。残差部分又可以划分为三部分内容：（1）省略的结构因子；（2）测量误差；（3）随机误差。

假定自变量与因变量之间的关系特征是线性的，需要估计未知参数和系数。结构部分用符号表示为：

$$y_i = \beta_0 + \beta_1 x_{i1} + \beta_2 x_{i2} + \cdots + \beta_k x_{ik} + \varepsilon_i \tag{9-1}$$

$$y_i = x_i\beta + \varepsilon_i = [1 x_{i1} x_{i2} \cdots x_{ik}]\begin{bmatrix}\beta_0\\\beta_1\\\beta_2\\\vdots\\\beta_k\end{bmatrix} + \varepsilon_i \tag{9-2}$$

## （二）线性回归分析的基本步骤

回归分析通常由下列几步组成：（1）问题的提出和表述；（2）从理论出发确定回归方程中的自变量与因变量；（3）对样本数据进行搜集；（4）从样本数据出发确定自变量和因变量之间的数学关系式，建立回归方程；（5）对回归方程进行各种统计检验；（6）利用回归方程进行解释或预测现象。

**1. 问题的提出和表述**

通常回归分析从问题的提出和问题的表述开始，在这一步需要清楚地表述所要研究的问题是什么，这是回归分析中因变量的核心之所在。比如研究劳动力市场的性别歧视问题，歧视有收入歧视、岗位歧视、职位歧视等。如果我们要研究“平均来说，妇女的收入是否少于同等资历男性的收入”，这里需要选择收入作为因变量；如果我们要研究“与同样收入的男性相比，妇女是否有更高的职位”，我们则需要选择职位作为因变量。

**2. 从理论出发确定回归方程中的自变量和因变量**

在问题有了明确的表述之后，下面需要选择一组被理论或实践可接受的解释和预测因变量的变量，因变量一般用 $Y$ 表示，解释变量或预测变量用 $X_1$，$X_2$，…，$X_k$来表示。其中 $k$ 为解释或预测变量的个数。若因变量为劳动力市场上的收入，则有关自变量可能为劳动力的性别、受教育程度、职业和职位等。但若因变量为职位的排序，则有关自变量可能有收入、性别、受教育程度等。

**3. 对样本数据进行搜集**

样本数据的搜集包括两部分：一是问题的测量，有定距变量的测量如收入的测量，既包括工资收入，也包括财产收入或转移收入等，还有定类数据的测量如职业、岗位等。二是样本的代表性，样本数据的搜集只有采用概率随机抽样，才能满足建立回归模型的基本假定，才能做到对总体的推断。

**4. 从样本数据出发确定自变量和因变量之间的数学关系式**

从理论出发确定了因变量与自变量之间的关系后，通过抽样调查获得了代表因变量和自变量的指标，例如收入以工资收入代表，受教育程度以受教育年限代表，然后通过分析搜集到的数据，对假定模型的形式进行确认或否决。需要注意的是，这里只需要设定模型的形式，但模型中仍有若干未知参数需要估计。在模型设定时首先确定如下几个问题（见表 9－1）：

（1）线性关系。

总体来说，模型可以分为两类，线性关系和非线性关系。如：

$y=\beta_0+\beta_1x_1+\varepsilon$ 为线性的

$y=\beta_0+e^{\beta_1x_1}+\varepsilon$ 为非线性的

需要注意的是这里的线性或非线性关系，并不是指 $Y$ 和 $X_1$，$X_2$，…，$X_k$ 之间的关系是线性或非线性的，而是指方程中的回归参数是线性的。例如：

$$y=\beta_0+\beta_1x+\beta_2x^2+\varepsilon$$

是可以做线性转换的，若记 $x_1=x$，$x_2=x^2$，则上式可以表示为：

$$y=\beta_0+\beta_1x_1+\beta_2x_2+\varepsilon$$

我们将那些可以通过变换转化成线性函数的非线性函数称为可线性化函数。

（2）一元回归和多元回归。

只包含一个解释变量的回归方程称为一元回归方程，也称为简单回归方程。若回归方程中包含的解释变量多于一个，则称为多元回归方程。

若因变量只有一个的回归方程称作单变量回归；当因变量多于一个时，称为多变量回归。

（3）因变量为定类变量或定序变量的回归。

当因变量为定类变量或定序变量时，所建立的回归方程称为 Logistic 回归。

**表 9－1 回归分析的分类**

| 回归的类型 | 条件 |
| --- | --- |
| 单变量 | 只有一个定距变量的因变量 |
| 多变量 | 有两个及以上定距变量的因变量 |
| 简单 | 只有一个自变量 |
| 多元 | 有两个及以上的自变量 |
| 线性 | 方程中参数为线性或经变换后为线性 |
| 非线性 | 因变量与一些自变量之间的关系是非线性的，或一些参数为非线性且不能变换成线性 |
| Logistic | 因变量为定类变量或定序变量 |

**5. 参数估计或模型拟合**

在模型已设定且数据收集到以后，下一步就要利用收集到的数据对模型中的参数进行估计，即所谓的参数估计或模型拟合。最常用的方法是最小二乘法、极大似然法、岭估计法、主成分法和偏最小二乘法等。在一定的假设条件下，最小二乘法具有良好的性质，因而本章主要讨论最小二乘法。

用选定的估计方法（如最小二乘法）去估计回归参数或拟合模型。回归参数 $\beta_0$，$\beta_1$，…，$\beta_p$ 的估计记为 $\hat{\beta}_0$，$\hat{\beta}_1$，…，$\hat{\beta}_p$，于是估计的回归方程为：

$$\hat{Y}=\hat{\beta}_0+\hat{\beta}_1X_1+\cdots+\hat{\beta}_pX_p \tag{9-3}$$

如果我们要预测第 $i$ 个拟合值，则：

$$\hat{y}_i=\hat{\beta}_0+\hat{\beta}_1x_{i1}+\cdots+\hat{\beta}_px_{ip} \qquad i=1,2,\cdots,n \tag{9-4}$$

其中 $x_{i1}$，$x_{i2}$，…，$x_{ip}$ 是第 $i$ 个观测值中 $p$ 个估计或预测变量的值。

**6. 对回归方程进行各种统计检验**

模型参数估计完成之后，是否可以最终用于解释或预测社会经济现象，还需要对其进行相关的统计检验。检验的方法一般有两大类：

（1）与理论或现实相结合，模型的合理性常依赖于所做的假定，假定的合理性对分析的准确性以及通过分析所获得的准确性是至关重要的。模型的假定往往基于理论或实际经验，必须在做出任何分析结论之前进行。若模型能够较好地解释理论或反映客观实际，说明它是一个有意义的模型，否则需要对模型进一步探讨，这也称为理论检验或实际检验。

（2）进行统计检验，包括总体方程显著性检验和每个参数显著性检验，共线性检验和自相关检验等。若模型通过了各种统计检验，并与实际相符，则可以应用，否则需要对模型进行修正，包括样本数据的检查、理论模型的改进、变量的调整等。这是一个循环的过程（见图 9－1）。

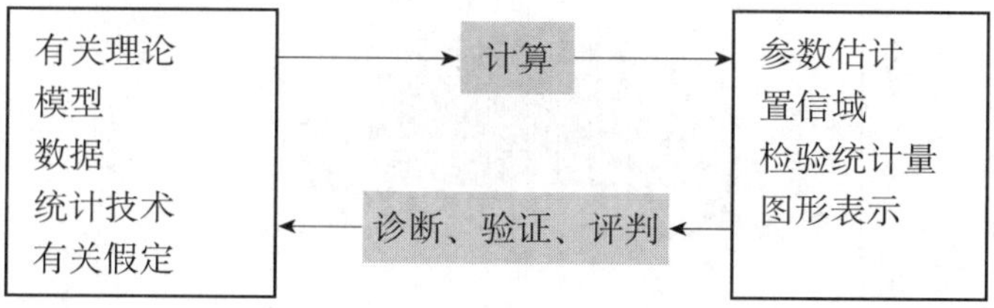


**图 9－1　回归分析的步骤**

**7. 模型的应用**

回归方程概括了因变量与影响因变量变化的自变量之间的关系，因而回归方程有多种用途，包括解释、预测和控制等功能。

解释分析在社会科学定量研究中经常用到。例如边际消费倾向，就是解释收入作为自变量，每变动一个单位对因变量消费支出的影响。回归分析是预测社会科学问题的主要方法，例如根据时间序列数据，建立移民数量受气候、犯罪率、税收、就业率等影响的回归模型，该模型可以作为预测未来移民情况的基本模型。多元回归分析的解释和预测往往需要引入控制变量进行分析，例如引入政策变量作为控制变量，观察实施政策前后移民数量的变化情况，从而评价政策效果。

# 第二节 回归方程的估计

## 一、回归方程中的残差

回归方程中的残差是实际观察值 $y$ 与模型估计值 $\hat{Y}$ 之间的差。残差有可能是正数，也有可能是负数或者是零。正残差表明模型给出了过低的估计或预测，负残差意味着模型给出了过高的估计或预测，残差为 0 说明估计或预测准确。有了残差，我们才能对模型的拟合程度进行判断。

残差能够帮助我们识别拟合的模型是否有价值，如果拟合的回归模型比较合适，残差应该是杂乱无章地散布着，根本看不出有什么方向和形状，也没有显示出弯曲和异常点，这表明不存在系统性误差（见图 9－2）。

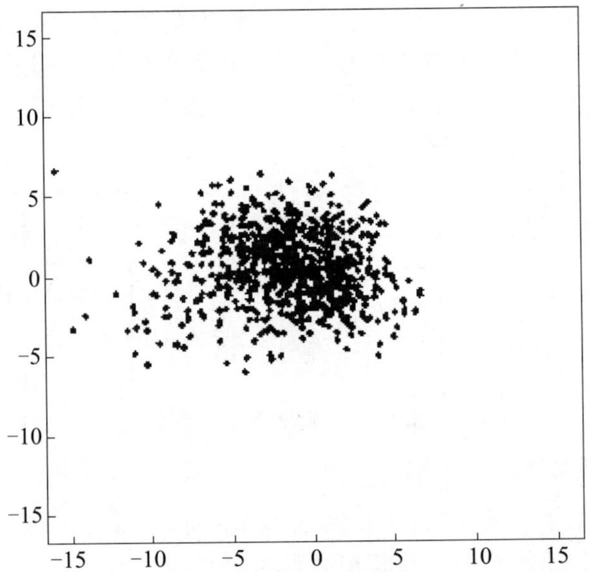


图 9－2　残差分布

然而由于残差有正有负，如果要评估模型的好坏，不能直接将残差相加，因为正负残差会在相加过程中抵消。对此，一种常用的方法就是对所有的残差做平方处理，这样就消除了正负号的影响。一旦残差做了平方变换，就可以直接将残差平方加总起来。平方变换的最大缺陷就是放大了那些偏离实际观察值的残差的影响。

把残差的平方相加，便得到了残差平方和，据此可以评估拟合回归方程的好坏。残差平方和越小，表明拟合的回归方程越好。不同的方程产生不同的残差平方和，有的比较大，有的比较小。最优拟合或最小二乘法，就是所估计的回归参数使残差平方和达到最小的方法。

因此，要想获得理想的回归线，我们应该设法把残差控制得尽可能小。由于残差的均值等于0，因此需要计算残差的离散情况，计算残差的标准差 $s_e$，计算公式为：

$$s_e=\sqrt{\frac{\sum\varepsilon^2}{n-2}}$$

将标准化的残差值绘制成直方图（见图9-3），如果直方图呈单峰、对称状，我们就可以使用第六章的方法进行判断，比如95%的残差位于 $-2s_e \sim +2s_e$ 的范围内，99%的残差位于 $-3s_e \sim +3s_e$ 的范围内。

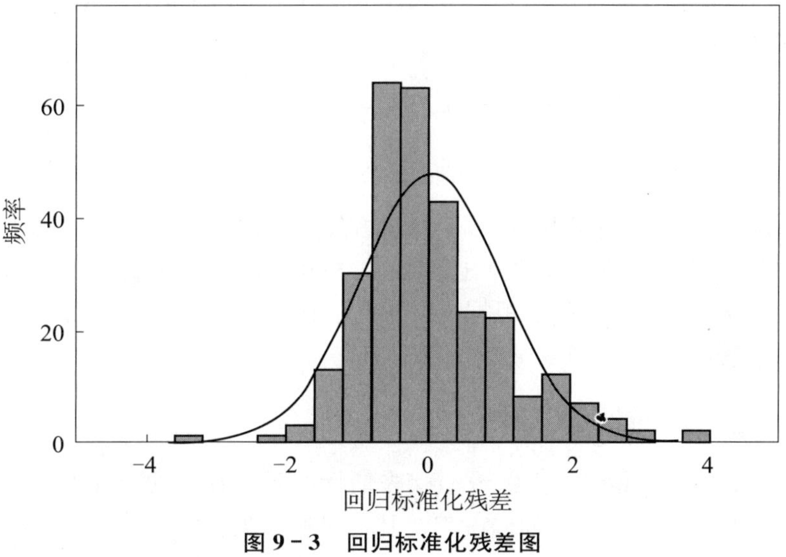

**图9-3 回归标准化残差图**

## 二、最小二乘估计法

### （一）一元回归的最小二乘法

回归模型中因变量的实际值是 $Y_i$，因变量的估计值或预测值是 $\hat{Y}_i$，则实际值与估计值或预测值的残差：$\varepsilon_i=Y_i-\hat{Y}_i$。

将全部样本个案的各个 $\varepsilon_i$ 相加起来就是残差总数，但这样做的结果会引起正负值相抵消的问题。为了克服“正负抵消”问题，我们将 $\varepsilon_i$ 的平方值相加起来，作为衡量总偏差的尺度。在总偏差最小的情形下去估计模型中的参数，这就是所谓的“最小二乘法”。

$$Q=\sum \varepsilon_i=\sum (Y_i-\hat{Y}_i)^2=\sum (Y_i-\alpha-\beta X_i)^2 \tag{9-5}$$

很明显，残差平方和 $Q$ 的大小将依赖于 $\alpha$ 和 $\beta$ 的取值，根据微积分中求极小值的原理，可知 $Q$ 存在极小值，同时欲使 $Q$ 达到最小，$Q$ 对 $\alpha$ 和 $\beta$ 的偏导必须等于零。

将 $Q$ 对 $\alpha$ 和 $\beta$ 求偏导，并令其等于零，可得：

$$-2\sum (Y_i-\alpha-\beta X_i)=0$$

$$-2X_i\sum (Y_i-\alpha-\beta X_i)=0$$

经过整理后有：

$$n\alpha+\beta\sum X_i=\sum Y_i$$

$$\alpha\sum X_i+\beta\sum X_i^2=\sum X_iY_i$$

以上两式是估计总体回归方程组或标准方程组，式中的 $n$ 是样本容量，求解这一方程可得：

$$\beta=\frac{n\sum X_iY_i-\sum X_i\sum Y_i}{n\sum X_i^2-(\sum X_i)^2} \tag{9-6}$$

$$\alpha=\bar{Y}-\beta\bar{X} \tag{9-7}$$

以上两式是估计总体回归系数 $\alpha$ 和 $\beta$ 的公式，式中 $\bar{X}$ 和 $\bar{Y}$ 分别是 $X$ 和 $Y$ 的样本平均数。$\beta$ 值称作回归系数，也是反映 $X$ 和 $Y$ 相关程度的重要指标，该系数的取值在（$-\infty+\infty$）之间。根据该方法我们还可进行二元回归和多元回归系数的最小二乘法估计。

## （二）多元回归的最小二乘法

当用样本的统计量 $\hat{\beta}_0$，$\hat{\beta}_1$，…，$\hat{\beta}_p$ 去估计回归方程中的未知参数 $\beta_0$，$\beta_1$，…$\beta_p$ 时，就得到了估计的多元回归方程，其一般形式为：

$$\hat{Y}=\hat{\beta}_0+\hat{\beta}_1X_1+\hat{\beta}_2X_2+\cdots+\hat{\beta}_pX_p$$

回归方程中的 $\hat{\beta}_0$，$\hat{\beta}_1$，…，$\hat{\beta}_p$，仍然是根据最小二乘法求得的，也就是使残差平方和

$$Q=\sum \varepsilon_i=\sum (Y_i-\hat{Y}_i)^2=\sum (Y_i-\hat{\beta}_0-\hat{\beta}_1X_1-\hat{\beta}_2X_2-\cdots-\hat{\beta}_pX_p)^2$$

由此可得到求解 $\hat{\beta}_0$，$\hat{\beta}_1$，…，$\hat{\beta}_p$ 的标准方程组：

$$\begin{cases}\left.\dfrac{\partial Q}{\partial \beta_0}\right|_{\beta_0=\hat{\beta}_0}=0\\[2ex]\left.\dfrac{\partial Q}{\partial \beta_0}\right|_{\beta_j=\hat{\beta}_j}=0\end{cases}$$

求解上述方程组需要借助计算机进行计算。

## 三、标准化回归系数

在多元回归分析中，为了分清 $k$ 个自变量对 $y$ 的影响的主次关系，需要比较各个因素的回归系数 $\beta_1$，$\beta_2$，…，$\beta_k$ 绝对值的大小。但是将这些回归系数直接进行比较是不行的，因为它们的值分别与各个变量所取的单位有关。在测量单位不一致时，便不存在可比性。解决的办法是将所有自变量 $X_j$ 和因变量 $Y$ 进行标准化，取得标准化变量。

具体操作时首先将所有自变量 $X_j$ 和因变量分别进行标准化，取得标准化变量：

$$Z_j = \frac{x_j - \bar{x}}{s_j}$$

$$Z_y = \frac{y - \bar{y}}{s_y}$$

运用自变量和因变量的标准化系数，再建立回归方程便可以得到标准化回归方程：

$$Z_y = \beta_1 Z_1 + \beta_2 Z_2 + \cdots + \beta_k Z_k \tag{9-8}$$

由于标准化消除了原来自变量不同的测量单位，于是 $\beta_k$ 之间可以互相比较，它们的绝对值的大小就代表了各自对 $y$ 作用的大小。

## 四、回归系数的解释

在一元回归方程中，回归系数具有“偏”或“边际”的意义。

$$\frac{\partial E(y/x)}{\partial x_k} = \frac{\partial x\beta}{\partial x_k} = \beta_k$$

在多元回归中，回归系数 $\beta_k$ 反映的是其对应的 $x_i$ 对 $y$ 的净作用幅度，即在控制或排除了其余所有自变量以后 $x_i$ 对 $y$ 的作用幅度。因此，多元线性回归中的回归系数依然具有“偏”或“边际”的作用，但在解释时需要增加“在其他变量不变的情况下”，$x_i$ 平均变动一个单位，$y$ 平均相应变化 $\beta_i$ 个单位。当 $\beta_i > 0$ 时，$y$ 随 $x_i$ 增加而增加，两者呈正相关；当 $\beta_i < 0$ 时，$y$ 随 $x_i$ 增加而减少，两者呈负相关；若 $\beta_i = 0$，则无论 $x_i$ 怎样变化，都不会引起 $y$ 的相应变化。因此这里的“偏”或“边际”是指在其他变量保持不变的情形下，$y$ 对 $x$ 线性关系的斜率。由于模型是线性的，偏回归系数是一常数 $\beta$。

这种控制了其他变量的影响，或在不受其他变量干扰的情形，我们称作偏回归系数。对偏回归系数的理解应在现有方程条件下，控制了方程中的其他自变量的干扰，但并未控制没有引入方程中的变量的情况，因而即使偏相关系数具有净作用的意义，但是偏相关系数解释的变量之间的关系不一定是完全真实和纯净的。

# 第三节
# 回归方程的检验

## 一、决定系数 $R^2$ 检验——拟合优度检验

拟合优度检验是指用于检验一个解释性或者预测性的回归方程效果如何，即回归方程在多大程度上解释了因变量的变化。我们通过实例理解这个概念。

**例 9-1** 表 9-2 是对 15 个小时工的日收入和食品消费的调查。根据表 9-2 的资料计算得到 15 个人的日食品支出的均值 $\bar{y}=(1/15)*\sum Y_i \approx 28$，假定用这一均值去估计第 10 个人的食品支出，如果没有回归方程，对 $y$ 的估计只能采用平均值进行估计，误差为：

$$y_{10}-\bar{y}=31-28=3 \text{ 元}$$

如果应用收入信息并借助回归方程估计食品支出，将表 9-2 的数据代入回归系数计算公式，得到：

$$\beta=\frac{15\times 44\ 632-1\ 516\times 423}{15\times 163\ 654-15\ 162^2}\approx 0.1802$$

$$\alpha=423\div 15-0.180\ 2\times 1\ 516\div 15\approx 9.987\ 2$$

$$\hat{y}_i=9.987\ 2+0.180\ 2x_i$$

以回归模型预测第 10 个人的食品支出。表 9-2 中第 10 个人的日收入为 106 元，由上述回归方程式有：

$$\hat{y}_{10}=9.987\ 2+0.180\ 2\times 106=29.09 \text{ 元}$$

于是用 $\hat{y}_{10}$ 估计第 10 人的食品支出误差为：

$$e_{10}=y_{10}-\hat{y}_{10}=31-29.09=1.91 \text{ 元}$$

与用均值进行估计的结果为 3 这一数值更加准确，其解释 $y$ 均值的部分为：

$$\hat{y}_{10}-\bar{y}=29.09-28.0=1.09 \text{ 元}$$

因此，与消费均值相比，引入自变量收入以后，经过建立回归方程所预测的食品支出更加精确。

**表 9-2 对 15 个小时工日收入和食品消费的调查**

| 编号 | 收入 $X$ | 食品消费 $Y$ | $XY$ | $X_i^2$ | $Y_i^2$ |
|---|---|---|---|---|---|
| 1 | 102 | 27 | 2 754 | 10 404 | 729 |
| 2 | 96 | 26 | 2 496 | 9 216 | 676 |
| 3 | 97 | 25 | 2 425 | 9 409 | 625 |
| 4 | 102 | 28 | 2 856 | 10 404 | 784 |
| 5 | 91 | 27 | 2 457 | 8 281 | 729 |

续前表

| 编号 | 收入 $X$ | 食品消费 $Y$ | $XY$ | $X_i^2$ | $Y_i^2$ |
|---|---|---|---|---|---|
| 6 | 158 | 36 | 5 688 | 24 964 | 1296 |
| 7 | 54 | 19 | 1 026 | 2 916 | 361 |
| 8 | 83 | 26 | 2 158 | 6 889 | 676 |
| 9 | 123 | 31 | 3 813 | 15 129 | 961 |
| 10 | 106 | 31 | 3 286 | 11 236 | 961 |
| 11 | 129 | 34 | 4 386 | 16 641 | 1 156 |
| 12 | 138 | 38 | 5 244 | 19 044 | 1 444 |
| 13 | 81 | 27 | 2 187 | 6 561 | 729 |
| 14 | 92 | 28 | 2 576 | 8 464 | 784 |
| 15 | 64 | 20 | 1 280 | 4 096 | 400 |
| 合计 | 1 516 | 423 | 44 632 | 163 654 | 12 311 |

我们将以上增加了解释变量后减少了对 $y$ 的预测误差的案例抽象化为数学表达式：

$$(y-\bar{y})=(y-\hat{y})+(\hat{y}-\bar{y})$$

证明：

$$\begin{aligned}\sum(y-\bar{y})^2 &= \sum[(y-\hat{y})+(\hat{y}-\bar{y})]^2=\sum[\varepsilon+(\hat{y}-\bar{y})^2]\\ &=\sum\varepsilon^2+2\varepsilon\sum(\hat{y}-\bar{y})+\sum(\hat{y}-\bar{y})^2\\ &=\sum(y-\hat{y})^2+\sum(\hat{y}-\bar{y})^2+2\varepsilon\sum(\hat{y}-\bar{y})\end{aligned}$$

由于：

$$2\varepsilon\sum(\hat{y}-\bar{y})=0$$

因此得到证明结果：

$$\sum(y-\bar{y})^2=\sum(y-\hat{y})^2+\sum(\hat{y}-\bar{y})^2 \tag{9-9}$$

对公式 9－9 等号两边命名如下：

$\text{TSS}=\sum(y-\bar{y})^2$ 为总平方和

$\text{RSS}=\sum(\hat{y}-\bar{y})^2$ 为回归平方和

$\text{ESS}=\sum(y-\hat{y})^2$ 为残差平方和

因而公式 9－9 可写为：

$$\text{TSS}=\text{ESS}+\text{RSS}$$

以上关系式反映出总平方和可以分解为两部分：

（1）回归平方和 RSS，它是由 $x$ 的变化而引起的，反映由于 $x$ 与 $y$ 的线性关系而产生的 $y$ 的变化，是回归方程所能解释的部分，我们希望回归平方和越大越好。

(2) 残差平方和ESS，它是除了 $x_1$，$x_2$，…，$x_k$对 $y$ 影响之外的其他一切因素对 $y$ 总平方和的作用，我们希望残差平方和越小越好。

回归平方和占总平方和的比例为拟合优度，也称作决定系数：

$$R^2 = \frac{\sum (\hat{y}-\bar{y})^2}{\sum (y-\bar{y})^2} \tag{9-10}$$

将决定系数开根号，取正值称为复相关系数。因此复相关系数的平方称为决定系数。复相关系数 $R$ 反映因变量与自变量之间的相关程度，而决定系数反映自变量对因变量的解释程度。

对于多元回归分析，多重决定系数是回归平方和占总平方和的比例，它是度量多元回归方程拟合程度的一个统计量，反映了因变量 $y$ 的变差中被估计的回归方程所解释的比例。对多重决定系数的运用还需要注意以下方面：

第一，自变量个数的影响，自变量个数的增加将影响因变量的变差中被估计的回归方程所解释的比例。当增加自变量时，会使预测误差变得较小，从而减少残差平方和。由于总平方和等于回归平方和和残差平方和的加总，因而，当残差平方和变小时，回归平方和会增大，从而使多重决定系数增大。如果增加一个自变量，即使这个自变量在统计上并不显著，多重决定系数也会变大。因此，为了避免增加自变量而高估多重决定系数，统计学家提出用样本量 $n$ 和自变量个数去调整多重决定系数，计算出调整的多重决定系数（adjusted multiple coefficient of determination)，记为 $R_a^2$，其计算公式为：

$$R_a^2 = 1-(1-R^2)\left(\frac{n-1}{n-k-1}\right)$$

$R_a^2$ 的解释作用与 $R^2$ 类似，不同的是：$R_a^2$ 同时考虑了样本量 $n$ 和模型中自变量个数 $k$ 的影响，这就使得 $R_a^2$ 永远小于 $R^2$，而且 $R_a^2$ 的值不会由于模型中自变量个数的增加而越来越接近 1。因此，在多元回归分析中，通常采用调整的多重决定系数。

第二，在多元回归分析中，由于有多个自变量，因而还需要考虑偏相关系数。偏相关系数是指在控制了其他变量后，某一变量 $x_i$ 与 $y$ 是否确有相关关系及关系的强弱，是研究与判断该变量是否重要的尺度。

## 二、总体回归方程显著性的 F 检验

除了拟合优度检验外，总体回归方程的显著性还可以通过 $F$ 检验进行判断。$F$ 检验的原假设是假设一个多元回归模型中的所有系数都没有解释力，即所有回归系数都为 0，备择假设检验回归方程就是检验样本 $y$ 与 $x_1$，$x_2$，…，$x_k$ 的线性关系是否显著，即判断能否肯定总体回归系数中至少有一个不等于 0。

原假设 $H_0$：$\beta_1=\beta_2=\cdots\beta_k=0$

备择假设为 $H_1$：至少有一个 $\beta_j\neq0$

通过样本统计量的检验，如果 $H_0$ 被接受，则认为 $y$ 与 $x_1$，…，$x_k$ 的线性

关系不显著；反之，则拒绝 $H_0$，接受 $H_1$，即认为 $y$ 与方程中的至少一个变量存在显著的线性关系，称方程是显著的。

$F$ 检验的检验统计量为：

$$F=\frac{\text{平均回归平方和}}{\text{平均残差平方和}}=\frac{\sum(\hat{y}-\bar{y})^2/k}{\sum(y-\hat{y})^2/(n-k-1)} \tag{9-11}$$

其中：$\sum(\hat{y}-\bar{y})^2$ 为回归平方和；$\sum(y-\hat{y})^2$ 为残差平方和；总平方和的自由度 $df_T=N-1$，$n$ 为样本量容量；回归平方和的自由度 $df_R=k$，$k$ 为自变量的个数，残差平方和的自由度 $df_E=n-k-1$。$F$ 检验服从自由度为（$k$，$n-k-1$）的 $F$ 分布。

显然，在 $F$ 统计量中，回归平方和所占比重越大，或残差平方和所占的比重越小，说明该回归方程用 $x_1$，$x_2$，…，$x_k$ 去估计 $y$ 越准确，或者说 $x_1$，$x_2$，…，$x_k$ 与 $y$ 的关联越大。

另外，自变量的数目 $k$ 和样本容量 $n$ 均会对回归平方和与残差平方和的值产生很大的影响。为此不能直接比较回归平方和与残差平方和的大小，应先将它们除以各自的自由度，得到平均回归平方和与平均残差平方和，然后考察它们的比值。

查 $F_\alpha$ 分布表得到 $F_\alpha$ 的值，将计算得到的 $F$ 值与查表得到的 $F_\alpha$ 值进行比较。若 $F>F_\alpha$，推翻原假设，说明 $x_1$，$x_2$，…，$x_k$ 与 $y$ 呈线性关系，回归方程是有效的；反之接受原假设，说明所建立的回归方程没有意义。

将以上信息总结在一个表中，称为方差分析表（见表 9-3），其中 $F_\alpha$ 由查表得到。

**表 9-3　方差分析表**

| 来源 | 自由度 $df$ | 平方和 | 均方和 | $F$ 统计量 | $F_\alpha$ |
|---|---|---|---|---|---|
| 回归平方和 | $k$ | RSS | RSS/$k$ | $\frac{\sum(\hat{y}-\bar{y})^2/k}{\sum(y-\hat{y})^2/(n-k-1)}$ | $F$ 的概率 $\alpha$ |
| 残差平方和 | $n-k-1$ | ESS | ESS/$(n-k-1)$ | | |
| 总平方和 | $n-1$ | TSS | | | |

## 三、回归方程系数的 $t$ 检验

当回归方程检验显著时，便可认为回归方程中至少有一个回归系数是显著的，但是并不一定所有的回归系数都显著。因此在多元线性回归分析中，我们并不能仅仅满足于整体线性回归方程是否显著这个结论，因为整体线性回归方程显著并不意味着每个自变量对因变量 $y$ 的影响是显著的。每个自变量的作用幅度是不一样的，有的大而有的小，有的甚至没有显著作用。我们希望在方程中保留最重要的变量，删除不显著的变量，为此必须对每个变量的回归系数进

行 $t$ 检验。

$t$ 检验的原假设 $H_0$：$\beta_j=0$；备择假设 $H_1$：$\beta_j\neq 0$。

当统计性不显著时，便接受 $H_0$，认为总体中变量 $x_j$ 与 $y$ 的线性关系不显著，进而从回归方程中删除 $x_j$；反之则接受 $H_1$，认为总体中变量 $x_j$ 与 $y$ 的线性关系显著。在回归分析的假设条件下，检验公式为：

$$t_j=\frac{\beta_j}{s_e} \tag{9-12}$$

$t$ 检验的自由度 $df=n-k-1$，其中 $s_e$ 为 $\beta_j$ 的标准误，服从 $t$ 分布，在大样本情形下，服从正态分布。将计算的与之对应的 $P$ 值与事先确定的显著水平 $\alpha$ 比较，便可决策取舍 $H_0$。当 $P<\alpha$ 时拒绝 $H_0$，认为回归系数在 $\alpha$ 水平上统计显著；否则接受 $H_0$。

除了要检验每个自变量是否显著外，还要对回归系数不显著的原因进行分析，可能的原因包括以下方面：

（1）样本量太小，或者变量个数较多，使 $n-k$ 变小，从而使 $S_j$ 增大，$t$ 值变小。

（2）$x_j$ 与方程中的其他变量线性相关。当自变量之间的相关系数增大时，也使 $S_j$ 变大。

（3）$y$ 与 $x_j$ 虽然关联，但却是非线性关系。

（4）$y$ 与 $x_j$ 确实不存在显著的线性关系，至少在样本 $x_j$ 的变化范围内如此。

因此，增加样本量、扩大 $x_j$ 的变化范围以及在方程中减少与 $x_j$ 高度相关的变量，就有可能改善 $x_j$ 与 $y$ 的线性关系的显著程度。

# 第四节 回归方程基本假定的检验

## 一、线性回归模型的基本假定

前文我们介绍了回归参数的最小二乘估计及其模型的相关检验。模型的适用性除了要满足相关的各类检验，还需要符合最小二乘估计的性质，最小二乘估计基于如下假定：

**1. 线性假定**

假定联系因变量 $y$ 和自变量 $x_1$，$x_2$，…，$x_k$ 的模型中的回归参数 $\beta_1$，$\beta_2$，…，$\beta_k$ 是线性的，即

$$y=\beta_0+\beta_1x_1+\beta_2x_2+\cdots+\beta_kx_k+\varepsilon$$

对于简单线性回归模型，我们很容易通过考察 $Y$ 关于 $X$ 的散点图来判断线

性假定是否成立。如果散点图数据点的散布呈直线状，那么线性假定是合理的。对于多元回归，由于数据是高维的，核实线性假定比较困难，但往往也是通过图形和残差来进行诊断的。

**2. 误差服从正态性假定**

回归方程中的误差项 $\varepsilon_1$，$\varepsilon_2$，…，$\varepsilon_n$ 被假定为独立同分布的、均值为 0、方差为 $\sigma^2$ 的正态随机变量。其中蕴含着四个方面的假定：第一，误差 $\varepsilon_1$，$\varepsilon_2$，…，$\varepsilon_n$ 服从正态分布，因此称为正态性假定。第二，误差 $\varepsilon_1$，$\varepsilon_2$，…，$\varepsilon_n$ 具有零均值。第三，$\varepsilon_1$，$\varepsilon_2$，…，$\varepsilon_n$ 具有相同的方差 $\sigma^2$，这称为等方差假定，也成为方差齐性假定。当该假定不成立时，存在所谓的异方差问题。第四，误差项 $\varepsilon_1$，$\varepsilon_2$，…，$\varepsilon_n$ 相互独立，称为误差独立假定。该假定不成立时，存在自相关问题。

**3. 自变量间无强相关性假定**

多元回归方程的解释，隐含着自变量间无强相关性假定。通常将一个回归系数解释为当相应的自变量增加一个单位且其他自变量保持不变的情况下，因变量的变化量。但如果自变量间存在很强的线性关系，那这种解释就不一定合适。显然，增加回归方程中某个变量的值，让其他变量保持不变，难以做到。在这种情况下，将回归系数简单解释为边际效应是不合适的。当自变量存在相关性时，被称作多重共线性。多重共线性并不是一种可以通过考察回归残差来揭示的模型设定错误，因而需要了解如何检测和诊断多重共线性，以及如何解决多重共线性带来的问题。

## 二、标准化残差检验

当自变量较少时，我们可以通过观察散点图或交互图来检测线性假定。当变量数较多时，检验线性假定和正态性假定就变得困难了。比较好的办法是通过研究拟合模型后的残差来检查线性假定和正态性假定。残差有实际残差和标准化残差，观察标准化残差图是一种常用的检验方法。

**1. 以标准化残差检验正态性**

正态性假定的合理性往往通过残差图来评价。将标准化残差排序后画散点图，得到正态得分的散点图。正态得分是来自标准正态分布容量为 $n$ 的样本的次序统计量之期望值。如果残差是正态分布的，那么排序后的散点图应近似地像一条截距为零、斜率为 1 的直线，截距和斜率分别表示标准化残差的均值和标准差。因而当一个多元回归模型的标准化残差的散点图呈现类似图 9－4 这样的特征时，我们可以判定该模型符合正态性假定。

**2. 以标准化残差与每个自变量的关系检验线性**

线性检验是假定标准化残差与每个自变量都是不相关的。如果该假定成立，依据每个自变量与标准化残差所做的散点图中的数据点应当是随机散布的，如图 9－5（a）所示。若标准化残差图中出现某种规律性特征，则表明存在某些系统性误差，线性假定不成立，如图 9－5（c）所示。因此，为了保证模型是线性的，

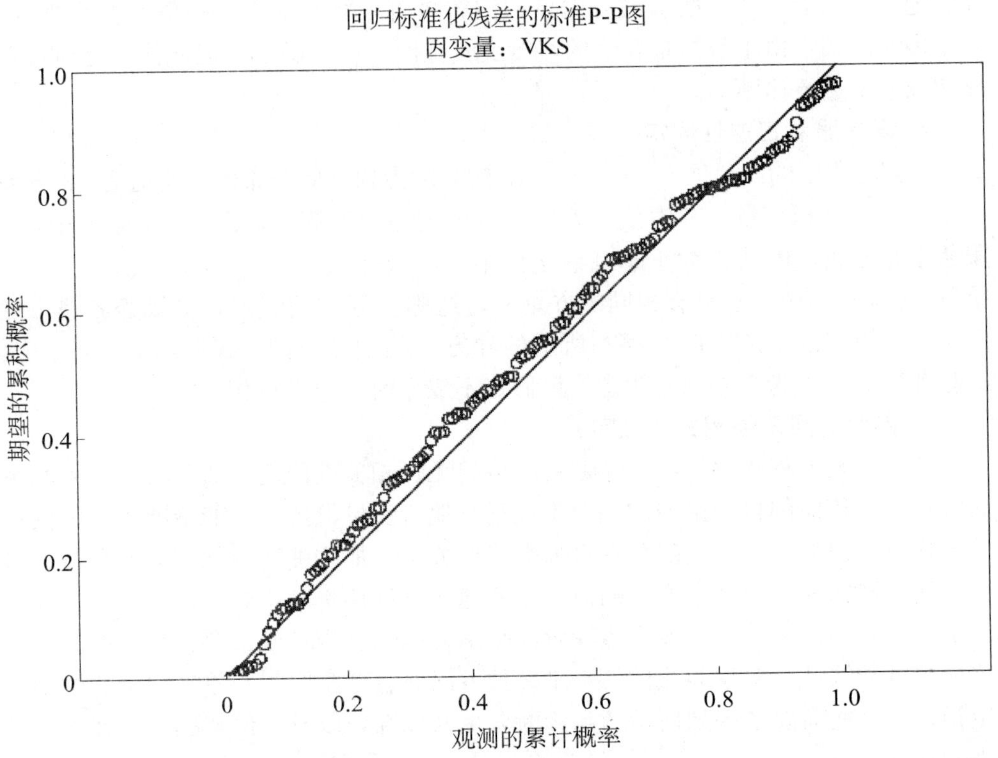


**图 9-4 标准化残差的正态检验**

有必要对因变量以及相应的自变量进行变换或调整，或者对两者同时进行变换或调整。

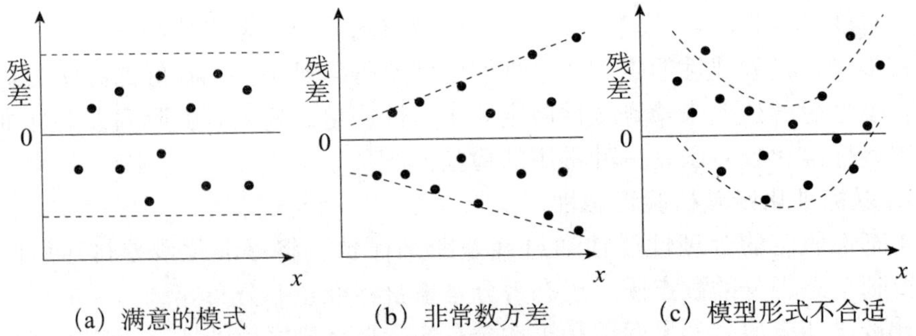


**图 9-5 标准化残差的线性检验**

**3. 以标准化残差与每个自变量的关系检验异方差性**

误差方差为常数是最小二乘法的标准假定之一，它通常被称作方差齐性假定。当不是所有观测的误差方差为常数时，误差被称为异方差。异方差性通常可以通过残差图来识别，例如标准化残差对每个自变量的散点图。当散点图中的残差分布呈现漏斗形状，随着 $X$ 的增加作扇形散开或收拢，即为存在异方差（见图 9-6)，存在异方差需要进行方差稳定性变换。

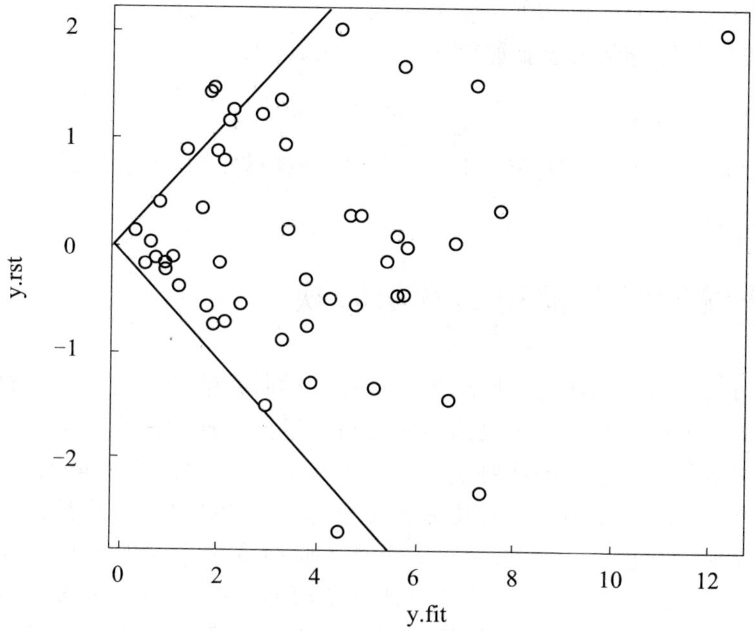


图 9－6 标准化残差的异方差检验

## 三、多重共线性的检验

在多元回归模型参数 $\beta$ 的求解过程中，要求自变量 $x_1$，$x_2$，…，$x_k$ 线性无关，才可求出各个参数的唯一解。如果回归方程：

$$y = \beta_0 + \beta_1 x_1 + \beta_2 x_2 + \cdots + \beta_k x_k + \varepsilon$$

$$x_2 = c_0 + c_1 x_1$$

当 $x_1$、$x_2$ 完全线性相关时，方程就会有许多解，从而无法用最小二乘法求出唯一 $\beta$ 的估计值。多重共线性反映出自变量中的一个变量可以代表自变量中的其他变量，因而建立模型只需要一个变量就可以了，而不需建立多元回归了。如何判断和检验方程中存在多重共线性呢？一般通过如下方法：

（1）方程中因变量与自变量的相关系数很高，但自变量的回归系数均不显著。

（2）自变量之间的相关系数很高。

（3）分别构造不含某一自变量的 $k-1$ 回归模型，将它们与包括所有自变量的回归模型进行比较，若两个模型的相关系数很接近，就表明该变量对于解释 $y$ 是多余的。

（4）容忍度和方差膨胀因子检验。

多重共线性可以通过自变量的容忍度（tolerance）、方差膨胀因子（variance inflation factor，VIF）等指标来衡量。容忍度是指如果某个自变量与其他自变量有较小的复相关系数，那么其有较大的容忍度。计算公式为：

$$\text{Tolerance} = 1 - R_i^2 \tag{9-13}$$

容忍度的倒数称为方差膨胀因子，计算公式为：

$$\text{VIF} = \frac{1}{1 - R_i^2} \tag{9-14}$$

容忍度以 0.1 为界，则 VIF 以 10 为界，该值越大，容忍度越小，多重共线性越严重。

## 四、非线性回归模型的变量转换

一般来说，通过抽样调查所获得的社会科学研究数据有时并不适合于直接用于回归分析，在进行回归分析之前需要先对变量做变换。做变换的目的是达到回归分析的基本假定要求，即线性、正态性和方差齐性等。在大量的研究实践中，人们发现经过合理变换后的变量比原变量更适合用于线性回归模型。

数据需要做变换是由于原始变量或者用原始变量表达的模型，违背了回归的一个或多个标准假定，最常见的是违背了模型的线性假定和误差方差相同的假定。然而，即使是违背了某些基本假定，正如本章第一节所提到的，回归模型中自变量的形式虽然是非线性的，但这个回归模型仍然可以进行线性化处理。

回归分析的基本假定要求自变量和因变量的关系是线性关系，但从散点图观察，因变量和自变量有时呈现非线性关系，然而有许多非线性回归经过适当的变换后可以变成线性关系（见表 9-4）①。

**表 9-4 可线性化的简单回归函数及其相应的变换**

| 函数 | 变换 | 线性形式 |
| --- | --- | --- |
| $Y=\alpha X^{\beta}$ | $Y'=\log Y$，$X'=\log X$ | $Y'=\log\alpha+\beta X'$ |
| $Y=\alpha e^{\beta X}$ | $Y'=\ln Y$ | $Y'=\ln\alpha+\beta X$ |
| $Y=\alpha+\beta\log X$ | $X'=\log X$ | $Y'=\alpha+\beta X'$ |
| $Y=\dfrac{X}{\alpha X-\beta}$ | $Y'=\dfrac{1}{Y}$，$X'=\dfrac{1}{X}$ | $Y'=\alpha-\beta X'$ |
| $Y=\dfrac{e^{\alpha+\beta X}}{1+e^{\alpha+\beta X}}$ | $Y'=\ln\dfrac{Y}{1-Y}$ | $Y'=\alpha+\beta X$ |

**例 9-2** 已知某商圈统计资料如表 9-5 所示，试以每个居民的平均月收入（千元）和牛肉的价格为自变量，拟合乘法模型形式的牛肉需求函数。

① CHATTERJEE S，HADI A，PRICE B. 例解回归分析：第 3 版 . 北京：中国统计出版社，2003.

表 9-5　居民的人均月收入、牛肉的价格与牛肉销售量

| 月 | 1 | 2 | 3 | 4 | 5 | 6 | 7 | 8 | 9 | 10 |
|---|---|---|---|---|---|---|---|---|---|---|
| 销售量 $Y$（百公斤） | 10 | 10 | 15 | 13 | 14 | 20 | 18 | 24 | 19 | 23 |
| 人均收入 $X_1$（千元） | 5 | 7 | 8 | 9 | 9 | 10 | 10 | 12 | 13 | 15 |
| 单价 $X_2$（元/公斤） | 20 | 30 | 20 | 50 | 40 | 30 | 40 | 30 | 50 | 40 |

**【解】**(1) 需求函数的乘法模型建立。

$$Y_t = \alpha X_{1t}^{\beta_1} X_{2t}^{\beta_2}$$

(2) 利用双对数变换法，同时加入随机误差项，可得以下线性回归函数。

$$Y'_t = \ln\alpha + \beta_1 X'_{1t} + \beta_2 X'_{2t} + \varepsilon_t$$

对表 9-5 给出的牛肉销售量 $Y$、居民人均月收入 $X_1$ 和牛肉价格 $X_2$，求自然对数可得表 9-6。

表 9-6　居民的人均月收入、牛肉的价格和牛肉销售量的变量转换表

| 月 | $Y'_t$ | $X'_{1t}$ | $X'_{2t}$ |
|---|---|---|---|
| 1 | 2.302 6 | 1.604 9 | 0.693 1 |
| 2 | 2.302 6 | 1.945 9 | 1.098 6 |
| 3 | 2.708 1 | 2.079 4 | 0.693 1 |
| 4 | 2.564 9 | 2.197 2 | 1.609 4 |
| 5 | 2.639 1 | 2.197 2 | 1.386 3 |
| 6 | 2.995 7 | 2.302 6 | 1.098 6 |
| 7 | 2.890 4 | 2.302 6 | 1.098 6 |
| 8 | 3.178 1 | 2.484 9 | 1.098 6 |
| 9 | 2.944 4 | 2.564 9 | 1.609 4 |
| 10 | 3.135 5 | 2.708 1 | 1.386 3 |

(3) 估计参数。

$$Y'_t = 0.656\,4 + 1.159\,9X'_{1t} - 0.404\,7X'_{2t}$$

$$2.48 \qquad 7.70 \qquad -2.80$$

$$F = 33.60 \quad R^2 = 0.89$$

代回原方程式：

$$Y_t = 1.927\,9X_{1t}^{1.159\,9} X_{2t}^{-0.404\,7}$$

(4) 模型解释。

由乘法模型计算结果可知，居民收入的需求弹性约为 1.16，而价格的需求弹性约为−0.4。在其他情况不变的条件下，居民人均月收入每增加 1%会使牛肉的需求增加 1.16%，价格每提高 1%，会使牛肉的需求减少 0.4%。

## 五、异方差的变量转换

在研究许多社会经济问题时，当遇到误差方差不相等时，通常会发现方差随着自变量的增加而增加，这种现象可以从残差图中检验出来。如果存在异方差性，在拟合模型时需要进行变量转换，否则最小二乘法的估计结果将不会有最大

的精度（最小的方差）。

在回归分析中，对原始数据进行变换是一种克服异方差性问题最为广泛的方法。在实际中被广泛使用的转换方法有对数变换、倒数变换 $1/Y$，平方根变换 $\sqrt{Y}$ 等，这些方法的使用会减小原始数据的波动和非对称性，因而原始数据经变换后所进行的回归分析才能有效。选择怎样的变换往往是根据理论或者经验进行的，其目的就是使模型线性化、正态化和达到方差齐性。

**例 9-3** 在一项对 27 个不同规模的社区研究中，研究者记录了不同社区居民是自住（$X$）还是租住（$Y$）的统计数据，如表 9-7 所示。

**表 9-7 27 个社区中自住户数及租住户数**

| 社区编号 | $X$ | $Y$ | 社区编号 | $X$ | $Y$ | 社区编号 | $X$ | $Y$ |
|---|---|---|---|---|---|---|---|---|
| 1 | 294 | 30 | 10 | 697 | 78 | 19 | 700 | 106 |
| 2 | 247 | 32 | 11 | 688 | 80 | 20 | 850 | 128 |
| 3 | 267 | 37 | 12 | 630 | 84 | 21 | 980 | 130 |
| 4 | 358 | 44 | 13 | 709 | 88 | 22 | 1 025 | 160 |
| 5 | 423 | 47 | 14 | 627 | 97 | 23 | 1 021 | 97 |
| 6 | 311 | 49 | 15 | 615 | 100 | 24 | 1 200 | 180 |
| 7 | 450 | 56 | 16 | 999 | 109 | 25 | 1 250 | 112 |
| 8 | 534 | 62 | 17 | 1 022 | 114 | 26 | 1 500 | 210 |
| 9 | 438 | 68 | 18 | 1 215 | 117 | 27 | 1 650 | 135 |

**1. 根据原始数据绘制的散点图**

（1）$Y$ 对 $X$ 的散点图，如图 9-7 所示。

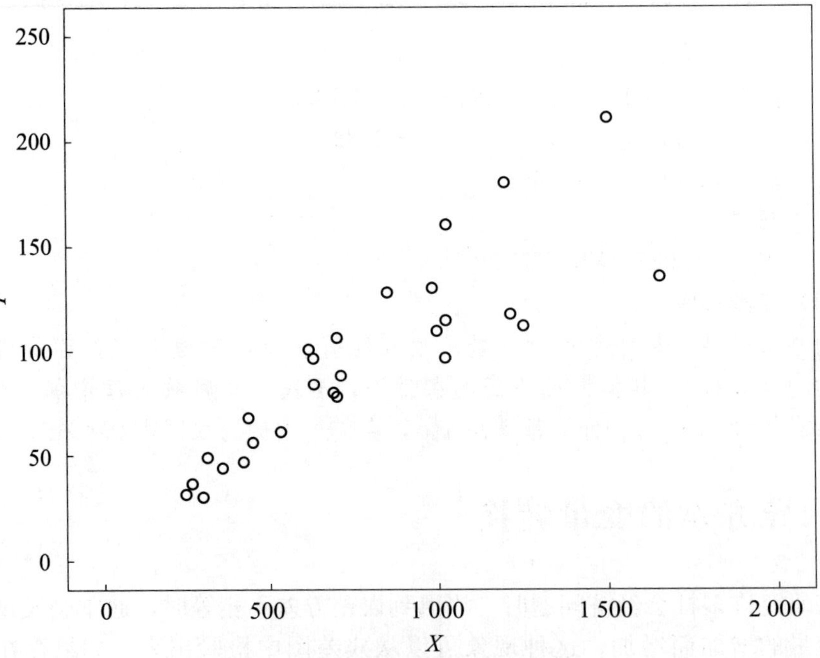


**图 9-7 原始数据散点图**

根据这两个变量之间的关系建立线性模型，估计的参数见表 9-8，$X$ 的 $t$ 检验值小于 1.96，没有通过检验。结合 $X$ 与 $Y$ 的散点图与 $t$ 检验结果初步判断存在异方差。

$$y_i = \beta_0 + \beta_1 x_i + \varepsilon_i$$

**表 9-8 原始数据回归分析表**

| 变量 | 系数 | 标准误 | $t$ 检验 | $P$ 值 |
|---|---|---|---|---|
| 常数 | 14.739 | 9.725 | 1.618 | 0.118 |
| $X$ | 0.103 | 0.011 | 9.015 | 0.000 0 |
| $n=27$ | $R^2=0.776$ | $\sigma=2.13$ | | $df=25$ |

（2）标准化残差对 $X$ 的散点图。

标准化残差对 $X$ 的散点图显示，残差的方差随着 $X$ 的增加而增加。残差呈发散状分布在一个沿着 $X$ 轴的方向的范围。一般来讲，如果残差分布的范围随着 $X$ 的增加而呈发散（即变宽）状，则误差方差也随着 $X$ 的增加而增加。反之，如果范围收缩（变窄），则误差方差随着 $X$ 的增加而减小。如果包含残差的范围由两条与 $X$ 轴平行的直线围成，则没有异方差的迹象。所以标准化残差关于自变量的散点图指出了异方差的存在，图 9-8 明确显示，残差存在随着 $X$ 的增加而增加的现象，存在异方差性。

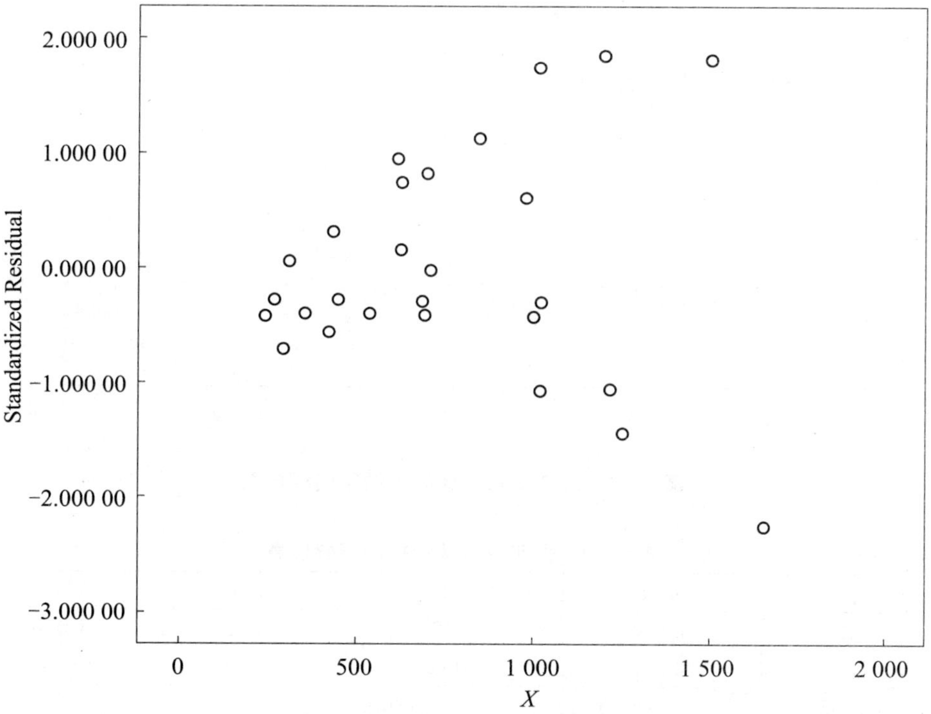


**图 9-8 标准化残差对 X 的散点图**

**2. 对原始变量进行对数转换**

在回归分析中，对数变换是一种应用最为广泛的变换，经过转换后，人们不是对原始数据进行统计分析，而是对原始数据的对数进行统计分析。当被分析变量的标准差相对于其均值而言较大时，这种变换尤其有用。采用对数变换，经常会减小原始数据的波动程度和非对称性，对于消除异方差性是有效的。上文的原始数据已经检测出异方差性，我们尝试运用对数转换的方式来消除异方差。

（1）对数转换与模型拟合。

$$\ln y_i = \beta_0 + \beta_1 x_i + \varepsilon_i$$

我们建立的这个对数转换模型是 ln$Y$ 对于 $X$ 做回归。相应的散点图和回归系数估计如下（见图 9-9 和表 9-9）。

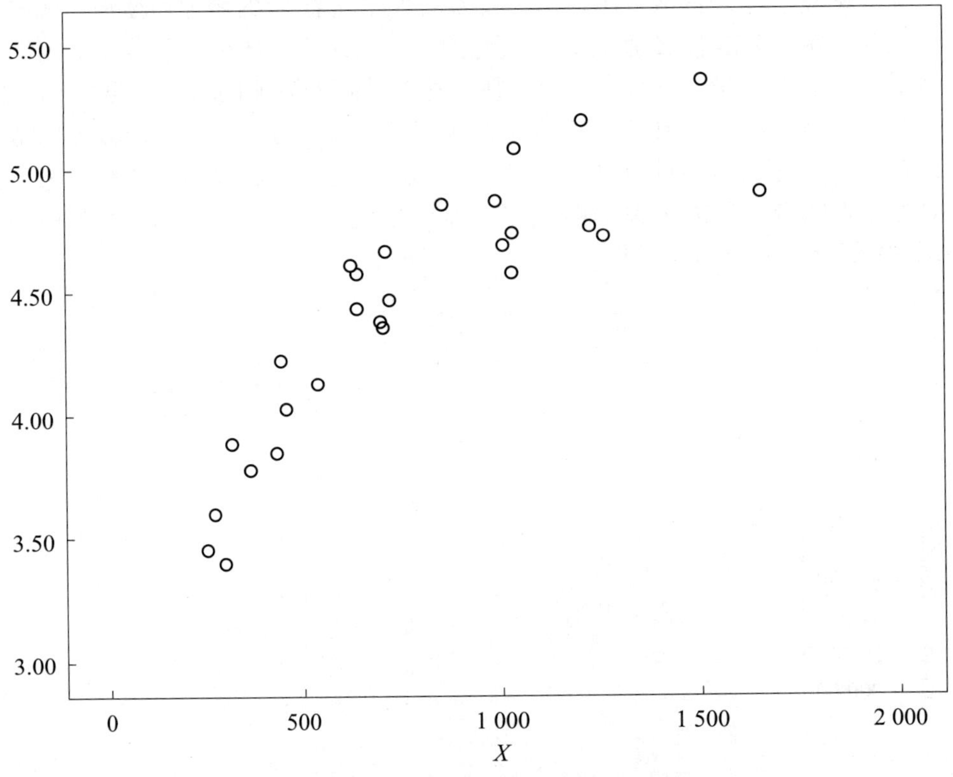


**图 9-9　因变量对数转换后的回归拟合图**

**表 9-9　因变量对数转换回归分析表**

| 变量 | 系数 | 标准误 | $t$ 检验 | $P$ 值 |
|---|---|---|---|---|
| 常数 | 3.527 | 0.112 | 31.582 | 0.000 |
| $X$ | 0.001 | 0.000 | 9.002 | 0.000 |
| $n=27$ | $R^2=0.77$ | $\sigma=0.252$ | $df=25$ | |

从散点图和回归方程的系数检验来看，拟合效果较好，系数也均显著。

（2）标准化残差对 $X$ 的散点图。

从标准化残差对于 $X$ 的散点图来看，综合前面的知识点发现，该散点图的异方差已经被消除了，但该图还呈明显的非线性（见图 9－10）。标准化残差与 $X$ 的关系呈现倒 $U$ 状，具有二次效应。这一效应给我们的启示是该数据更适合建立二次回归模型。

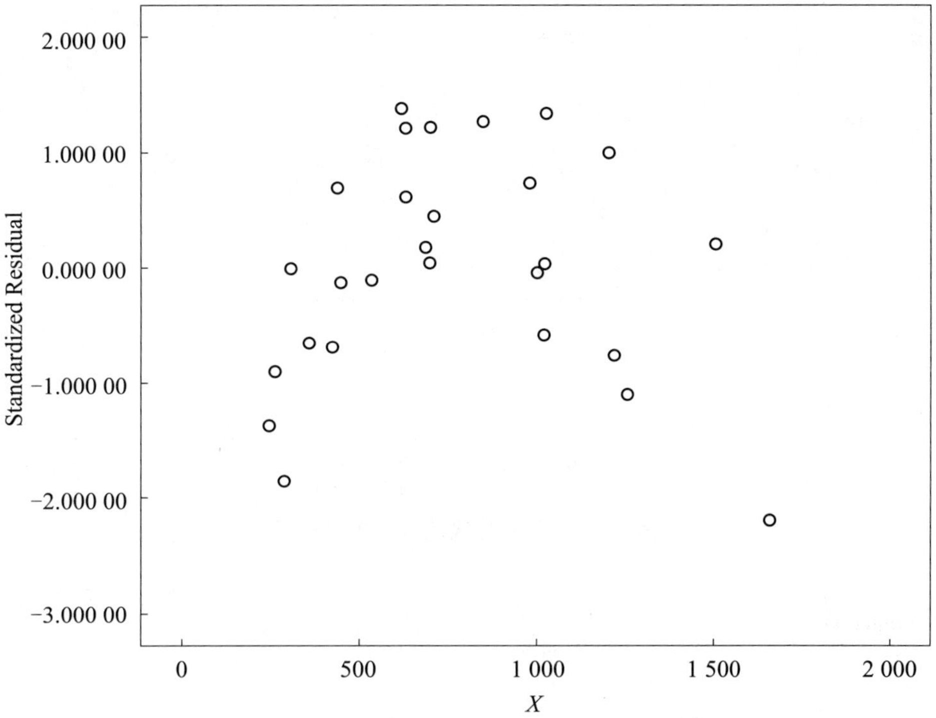


**图 9－10 标准化残差对 X 的散点图**

在这个一元二次回归模型中，我们代入数据后，不难发现拟合优度很好，各个回归系数均通过检验，因而以该模型拟合以上数据具有较好的适用性。

在这个二次项的多元回归模型中，标准化残差对于两个自变量 $X$ 和 $X^2$ 均没有异方差性和非线性特征（见图 9－11 和图 9－12）。因而相对于原始数据和对数一元回归模型，这个模型的拟合优度最高，且克服了非线性、非正态和异方差的影响，是一个符合回归分析假定具有的特征的模型（见表 9－10）。

**表 9－10 二次回归方程分析表**

| 变量 | 系数 | 标准误 | $t$ 检验 | $P$ 值 |
|---|---|---|---|---|
| 常数 | 2.856 | 0.162 | 17.617 | 0.000 |
| $X$ | 0.003 | 0.000 | 7.489 | 0.000 |
| $X^2$ | 0.000 009 | 0.000 | −4.783 | 0.000 |
| $n=27$ | $R^2=0.886$ | $\sigma=0.1817$ | $df=25$ | |

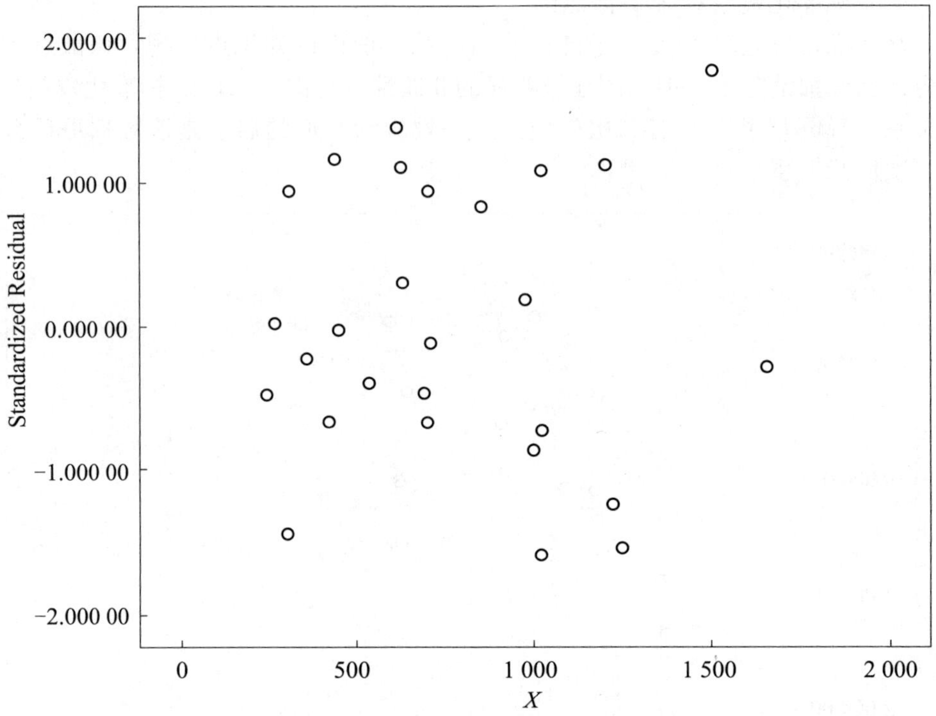


图 9-11　标准化残差对 $X$ 的散点图

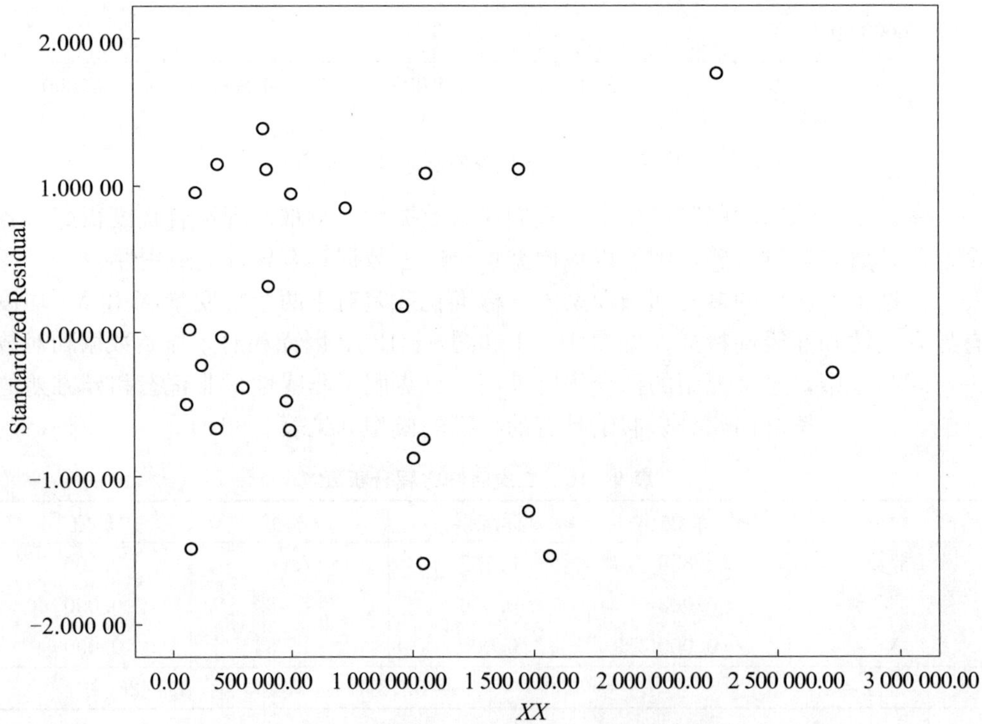


图 9-12　标准化残差对 $X^2$ 的散点图

# 第五节 定类自变量的回归模型

之前讨论的线性回归模型在自变量的选取上只适于定距变量，而对于定类变量，由于其选项（水平）仅仅是问题的编号，没有高低次序之分，因而不能直接引入回归模型。在社会科学研究中，有许多定类变量，比如地区、职业、性别、民族和居住地等，这些信息是影响人们态度、观念、行为和决策选择的重要变量。因此定类或定序变量的信息不能弃之不用，因为这些信息搜集不易，且信息重要。然而应用这些信息进行线性回归，必须先将定类变量转换为虚拟变量（亦称示性变量），所得到的回归结果才有明确的解释意义。

## 一、虚拟变量

设 $X$ 是有 $k$ 个分类的定类变量，在数据处理时以不同的编码值代表个案所属的类型。因为定类变量的各个类没有定量关系，不能像定距变量那样，分析 $x$ 变化一个单位，$y$ 的平均变化。因此，必须以类为单位，分析各类变化对 $y$ 的影响。

**1. 虚拟变量的设置**

用取值为 0 和 1 的变量代表不同类别的属性，这在统计学上被称为虚拟变量（dummy variable）。当个案属于虚拟变量所代表的一个类别时，这个虚拟变量就赋值为 1，否则便赋值为 0。

$$E(y)=\beta_0+\beta_1x_1+\beta_2x_2$$

$$x_1=\begin{cases}1,\text{如果是城市户口}\\0,\text{如果不是}\end{cases}\qquad x_2=\begin{cases}1,\text{如果是男性}\\0,\text{如果是女性}\end{cases}$$

变量 $x_1$ 和 $x_2$ 不是如定距自变量模型情况那样的有意义的自变量，它们是构成模型函数的虚拟变量，亦称示性变量。

假定一定类变量有三个水平（选项），任意选择一个水平为基准（即虚拟变量全部赋值为 0 的水平），然后为其他水平设置 0～1 个虚拟变量。

设某一定类变量的 $k$ 水平的模型步骤：

$$E(y)=\beta_0+\beta_1x_1+\beta_2x_2+\cdots+\beta_kx_k+\varepsilon$$

其中：

$$x_1=\begin{cases}1,\text{如果定类变量取水平为 } i+1\\0,\text{如果不是}\end{cases}$$

如果假定基准水平为 A，则每个水平的均值为：

$\mu_A = \beta_0$

$\mu_B = \beta_0 + \beta_1$

$\mu_C = \beta_0 + \beta_2$

$\mu_D = \beta_0 + \beta_3$

β的解释是：

$\beta_0 = \mu_A$

$\beta_1 = \mu_B - \mu_A$

$\beta_2 = \mu_C - \mu_A$

$\beta_3 = \mu_D - \mu_A$

这样可以发现，一元定类变量虚拟变量的个数总是比变量的水平个数少1。

**例 9-4** 分析被调查者的年龄（*AGE*）、文化程度（*EDU*）及性别（*SEX*），对其每周在某社交网站购物次数（*NET*）的影响，数据如表 9-11 所示。

【解】（1）文化程度共有5类，原变量用编码数字1至5代表，分为小学、初中、高中、大学和大学以上，需要设置四个虚拟变量加以表示。

（2）性别分为男女两类，因此只需设一个虚拟变量。

在受教育程度中取小学为参照类，用 $DE_2$、$DE_3$、$DE_4$、$DE_5$ 分别表示初中、高中、大学和大学以上；性别 *SEX* 取1为女性，取2为男性，设为参照类。

根据原变量的编码形成相应虚拟变量时的赋值操作规则如下：

| 原变量编码值 | 虚拟变量赋值操作 |
|---|---|
| $EDU=1$（小学） | 所有 $DE_i=0$ |
| $EDU=2$（初中） | $DE_2=1$，其他 $DE_i=0$ |
| $EDU=3$（高中） | $DE_3=1$，其他 $DE_i=0$ |
| $EDU=4$（大学） | $DE_4=1$，其他 $DE_i=0$ |
| $EDU=5$（大学以上） | $DE_5=1$，其他 $DE_i=0$ |
| $SEX=1$（女性） | $SEX_1=1$ |
| $SEX=2$（男性） | $SEX_2=0$ |

**表 9-11 年龄、受教育程度和性别与某社交网站购物次数**

| 原变量值 | | | | 设立的虚拟变量值 | | | | |
|---|---|---|---|---|---|---|---|---|
| *NET* | *AGE* | *EDU* | *SEX* | $DE_2$ | $DE_3$ | $DE_4$ | $DE_5$ | $SEX_1$ |
| 1 | 20 | 3 | 1 | 0 | 1 | 0 | 0 | 1 |
| 1 | 22 | 4 | 2 | 0 | 0 | 1 | 0 | 0 |
| 2 | 24 | 3 | 2 | 0 | 1 | 0 | 0 | 0 |
| 1 | 25 | 5 | 1 | 0 | 0 | 0 | 1 | 1 |
| 1 | 28 | 5 | 1 | 0 | 0 | 0 | 1 | 1 |
| 2 | 30 | 4 | 2 | 0 | 0 | 1 | 0 | 0 |
| 2 | 32 | 5 | 1 | 0 | 0 | 0 | 1 | 1 |
| 2 | 34 | 5 | 2 | 0 | 0 | 0 | 1 | 0 |
| … | … | … | … | … | … | … | … | … |

利用表 9－11 数据建立回归方程：

$$NET=\beta_0+\beta_1 AGE+\beta_2 DE_2+\beta_3 DE_3+\beta_4 DE_4+\beta_5 DE_5+\beta_6 SEX$$

回归结果如下（回归系数下括号内为 $t$ 检验的概率值）

$$\underset{}{NET}=1.41+\underset{(0.00)}{0.068AGE}-\underset{(0.01)}{1.13DE_2}-\underset{(0.01)}{1.31DE_3}-\underset{(0.01)}{1.58DE_4}-\underset{(0.01)}{1.57DE_5}-\underset{(0.02)}{0.49SEX}$$

方程的 $R^2$ 为 0.96，各变量的回归系数均在 0.05 显著。

回归结果显示，该社交网站购物次数的回归截距为 1.41，即每周平均购物 1.41 次；年龄每上升 1 岁，购物次数上升 0.068 次；男性比女性的购物次数少 0.49；初中、高中、大学和大学以上文化程度在该网站的每周购物次数分别比小学文化程度平均少 1.13、1.31、1.58 和 1.57 次。

**2. 采用虚拟变量的回归分析检验**

在回归分析中采用虚拟变量，无论是对整个模型的检验（$F$ 检验）还是对各回归系数的检验（$t$ 检验），都与一般回归分析完全没有区别。

在有虚拟变量的回归分析中，整体模型检验的假设为：

$H_0: B_1 = B_2 = \cdots B_k = 0$

$H_1: B_1, B_2, \cdots, B_k$ 中至少有一个不等于 0

在有虚拟变量的回归分析中，单个回归系数检验的假设为：

$H_0: B_j = 0$

$H_1: B_j \neq 0$

由于虚拟变量取值只能是 0 和 1，所以检验的只是取值为 1 的类别是否与参照类（所有虚拟变量取值 0）的类别有显著差异。比如在表 9－11 中，当 $DE_j$ 不显著时，认为这一类与小学文化程度之间在网购次数上没有显著差异。当 $DE_j$ 显著时，则认为有显著差异。

**3. 回归方程中两个虚拟变量的交互作用**

如果一个回归分析中含有两个因素形成的虚拟变量，如将代表受教育程度和性别的所有虚拟变量纳入回归分析，则这一回归分析不仅要考虑两个变量各自对网购次数的影响，而且要考虑受教育程度和性别二者交互作用的影响。交互作用以两个因素的各项虚拟变量相乘得到，交互作用后，使得原有的类别变小。例如 $1DE_2SEX$ 表明初中文化程度的女性，参照类为小学文化程度的男性。例如模型中的 $1.5DE_4SEX$ 表示与小学文化程度的男性相比，大学文化程度的女性在网站购物次数上多 1.5 次。

$$\begin{aligned}\mathrm{NET}=&5-2DE_2-2.5DE_3-3.5DE_4-3DE_5-1SEX+1DE_2SEX\\&-0.00DE_3SEX+1.5DE_4SEX+0.33DE_5SEX\end{aligned}$$

$R=0.826$，$F=9.463$，$P=0.0015$

## 二、虚拟变量的案例分析

**例 9－5**　对某一互联网公司进行薪酬调查（见表 9－12），调查的目的是了解影响薪酬水平的因素，其中因变量为月薪酬（$S$），自变量为工作年数（$X$），用年来衡量；受教育程度为（$E$），用 1 表示高中毕业（HS），2 表示学士学位（BS），3 表示更高学位；工作岗位（$M$），用 1 表示为管理岗位，0 表示其他岗位。

**表 9-12 某互联网公司月薪酬调查数据**

| 行 | $S$ | $X$ | $E$ | $M$ | 行 | $S$ | $X$ | $E$ | $M$ |
|---|---|---|---|---|---|---|---|---|---|
| 1 | 13 876 | 1 | 1 | 1 | 24 | 22 884 | 6 | 2 | 1 |
| 2 | 11 608 | 1 | 3 | 0 | 25 | 16 978 | 7 | 1 | 1 |
| 3 | 18 701 | 1 | 3 | 1 | 26 | 14 803 | 8 | 2 | 0 |
| 4 | 11 283 | 1 | 2 | 0 | 27 | 17 404 | 8 | 1 | 1 |
| 5 | 11 767 | 1 | 3 | 0 | 28 | 22 184 | 8 | 3 | 1 |
| 6 | 20 872 | 2 | 2 | 1 | 29 | 13 548 | 8 | 1 | 0 |
| 7 | 11772 | 2 | 2 | 0 | 30 | 14 467 | 10 | 1 | 0 |
| 8 | 10 535 | 2 | 1 | 0 | 31 | 15 942 | 10 | 2 | 0 |
| 9 | 12 195 | 2 | 3 | 0 | 32 | 23 174 | 10 | 3 | 1 |
| 10 | 12 313 | 3 | 2 | 0 | 33 | 23 780 | 10 | 2 | 1 |
| 11 | 14 975 | 3 | 1 | 1 | 34 | 25 410 | 11 | 2 | 1 |
| 12 | 21 371 | 3 | 2 | 1 | 35 | 14 861 | 11 | 1 | 0 |
| 13 | 19 800 | 3 | 3 | 1 | 36 | 16 882 | 12 | 2 | 0 |
| 14 | 11 417 | 4 | 1 | 0 | 37 | 24 170 | 12 | 3 | 1 |
| 15 | 20 263 | 4 | 3 | 1 | 38 | 15 990 | 13 | 1 | 0 |
| 16 | 13 231 | 4 | 3 | 0 | 39 | 26 330 | 13 | 2 | 1 |
| 17 | 12 884 | 4 | 2 | 0 | 40 | 17 949 | 14 | 2 | 0 |
| 18 | 13 245 | 5 | 2 | 0 | 41 | 25 685 | 15 | 3 | 1 |
| 19 | 13 677 | 5 | 3 | 0 | 42 | 27 837 | 16 | 2 | 1 |
| 20 | 15 965 | 5 | 1 | 1 | 43 | 18 838 | 16 | 2 | 0 |
| 21 | 12 336 | 6 | 1 | 0 | 44 | 17 483 | 16 | 1 | 0 |
| 22 | 21 352 | 6 | 3 | 1 | 45 | 19 207 | 17 | 2 | 0 |
| 23 | 13 839 | 6 | 2 | 0 | 46 | 19 346 | 20 | 1 | 0 |

**1. 虚拟变量设置与模型建立**

假定薪酬（$S$）和工作年限（$X$）之间存在线性关系，工作年数每增加一年相应增加一定的薪酬；同时假定薪酬与受教育程度（$E$）存在线性关系，受教育水平每增加一级相应增加一定的薪酬。也就是说，如果其他变量保持为常数，薪酬与教育之间的关系是线性的。尽管这样的解释是可能的，但教育的解释力不是很强。更好的方式是将教育看作定类变量，以两个虚拟变量代表三种受教育程度。这两个虚拟变量可以衡量受教育水平对薪酬差异的影响，而不论这种影响是否是线性的。管理职位变量（$M$）也可以用定类变量来表示，1 表示被调查者为管理岗位，0 表示在其他岗位。

当用定类变量表示某一组类别时，定类变量所需要的个数是分类个数减 1。

例如，前面提到的 3 个教育水平类别，我们只需采用 2 个定类变量 $E_1$（初等教育水平）和 $E_2$（中等教育水平）来处理，以高等教育水平作为参照类。

定类变量取值为 0 的类别称为基准类（base category）或对照组（control group），因为定类变量的回归系数是相对于对照组的增量。

回归模型可以表示为：

$$S = \beta_0 + \beta_1 X + \gamma_1 E_1 + \gamma_2 E_2 + \delta_1 M + \varepsilon$$

以上模型是一个全模型，教育和管理 6 个组合类别的回归方程见表 9－13。

**表 9－13　教育和管理 6 个组合类别的回归方程**

| 类 | $E$ | $M$ | 回归方程 |
|---|---|---|---|
| 1 | 1 | 0 | $S=(\beta_0+\gamma_1)+\beta_1 X+\varepsilon$ |
| 2 | 1 | 1 | $S=(\beta_0+\gamma_1+\delta_1)+\beta_1 X+\varepsilon$ |
| 3 | 2 | 0 | $S=(\beta_0+\gamma_2)+\beta_1 X+\varepsilon$ |
| 4 | 2 | 1 | $S=(\beta_0+\gamma_2+\delta_1)+\beta_1 X+\varepsilon$ |
| 5 | 3 | 0 | $S=\beta_0+\beta_1 X+\varepsilon$ |
| 6 | 3 | 1 | $S=(\beta_0+\delta_1)+\beta_1 X+\varepsilon$ |

根据全模型计算的回归方程见表 9－14。

**表 9－14　薪酬影响因素的回归分析**

| 变量 | 系数 | 标准误 | $t$ 检验 | $P$ 值 |
|---|---|---|---|---|
| 常数 | 11 031.80 | 383.20 | 28.80 | <0.000 1 |
| $X$ | 564.18 | 30.50 | 17.90 | <0.000 1 |
| $E_1$ | −2 996.21 | 411.80 | −7.28 | <0.000 1 |
| $E_2$ | 147.83 | 387.70 | 0.38 | 0.704 9 |
| $M$ | 6 883.53 | 313.90 | 21.90 | <0.000 1 |
| $n=46$ | $R^2=0.957$ | $\sigma=102\,7$ | $df=41$ | |

表 9－14 的回归结果显示，薪水差异可以由回归模型解释的程度很高，达到 95.7%。$X$ 的系数为 564.18，意味着工作时间每增加一年，年薪会增加约 564 元。管理岗位的年薪比普通岗位年薪的平均值多约 6 884 元。受教育程度越高，薪水越高。与学士以上更高学历相比，高中学历少挣约 2 996 元，学士学历者多挣约 148 元。

**2. 交互作用**

我们之前假定教育水平和工作岗位是相互独立的，不存在交互作用。但是现实中，教育水平会影响工作岗位，二者的关系不是可加效应，而是乘积效应或者是交互效应。交互效应需要构造另外的变量来衡量，这个变量可以定义为已有定类变量的乘积（$E_1 * M$）和（$E_2 * M$），将这两个变量的乘积引入模型中，便可得出两个变量有交互效应的模型。例 9－5 中包含交互效应的模型如下：

$$S = \beta_0 + \beta_1 X + \gamma_1 E_1 + \gamma_2 E_2 + \delta_1 M + \alpha_1 (E_1 * M) + \alpha_2 (E_2 * M) + \varepsilon$$

表 9－15 的回归结果显示，薪酬差异可以由回归模型解释的程度很高，达到

99.9%。$X$ 的系数为 496.98，意味着工作时间每增加一年，年薪会增加约 497 元。管理岗位的年薪比普通岗位年薪的平均值多约 7 047 元。受教育程度越高，薪水越高。与大学以上学历相比，高中学历少挣约 1 731 元，大学学历者少挣约 349 元。与大学以上更高学历且在管理岗位的人相比，大学以下的管理人员少挣约 3 066 元，大学学历的管理者多挣约 1 837 元。

**表 9-15 薪酬数据的回归分析：带交互效应的模型**

| 变量 | 系数 | 标准误 | $t$ 检验 | $P$ 值 |
|---|---|---|---|---|
| 常数 | 11 203.50 | 79.07 | 142.0 | <0.000 1 |
| $X$ | 496.98 | 5.57 | 89.3 | <0.000 1 |
| $E_1$ | −1 730.69 | 105.30 | −16.4 | <0.000 1 |
| $E_2$ | −349.03 | 97.57 | −3.6 | 0.000 9 |
| $M$ | 7 047.32 | 102.60 | 68.7 | <0.000 1 |
| $E_1M$ | −3 065.99 | 149.30 | −20.5 | <0.000 1 |
| $E_2M$ | 1 836.58 | 131.20 | 14.0 | <0.000 1 |
| $n=46$ | $R^2=0.999$ | $\sigma=173.8$ | $df=39$ | |

为了得到定类变量如何影响薪酬差异，我们用这些系数形成六种组合类，每一类的基本薪酬估计，见表 9-16。

**表 9-16 包括交互效应的薪酬数据回归分析**

| 类 | $E$ | $M$ | 系数 | 基本薪酬估计 | 标准误（元） | 95%的置信区间 |
|---|---|---|---|---|---|---|
| 1 | 1 | 0 | $\beta_0+\gamma_1$ | 9 459 | 31 | (9 398, 9 520) |
| 2 | 1 | 1 | $\beta_0+\gamma_1+\delta_1+\alpha_1$ | 13 448 | 32 | (13 385, 12 511) |
| 3 | 2 | 0 | $\beta_0+\gamma_2$ | 10 843 | 26 | (10 792, 10 894) |
| 4 | 2 | 1 | $\beta_0+\gamma_2+\delta+\alpha_2$ | 19 880 | 33 | (19 815, 19 945) |
| 5 | 3 | 0 | $\beta_0$ | 11 200 | 31 | (11 139, 11 261) |
| 6 | 3 | 1 | $\beta_0+\delta$ | 18 240 | 29 | (18 183, 18 297) |

根据表 9-16，我们得到一组不同定类变量和回归参数的模型，其中包括五个定类变量，每一个取值 0 或 1，对应于六种教育-管理组合类别。表 9-16 也呈现了将三组预测变量受教育程度与管理岗位变量进行交互得到的结果。

## 本章小结、软件操作与思考练习

### 一、本章小结

本章主要介绍社会科学研究中的回归分析方法，回归分析是一种分析数据的统计学方法，目的在于了解两个或多个变量间是否相关、相关方向与强度，并建立数学模型进行解释和预测。

1. 自变量与因变量：在回归分析中，确定因变量和自变量是最为主要的任务。其中因变量是研究者关心的主要问题，也被称为被影响变量（因变量或响应变量），以及一组影响变量（称为自变量或被响应变量）。对于只包含一个解释变量的回归方程称为一元回归方程，也称为简单回归方程。若回归方程中包含的解释变量多于一个，则称为多元回归方程。具体来说，首先从理论出发确定因变量与自变量之间的关系，然后通过抽样调查获得了代表因变量和自变量的指标，再通过分析搜集到的数据，对理论模型进行检验，以此对假设进行肯定或否决。

2. 参数估计：回归分析的核心是估计回归参数，估计参数的方法有许多，本书主要介绍了最小二乘法。其基本思想是：将回归模型中因变量的实际值 $Y_i$ 与因变量的估计值 $\hat{Y}_i$ 相减，计算实际值与估计值或预测值的误差，$\varepsilon_i = Y_i - \hat{Y}_i$。将全部样本个案的各个 $\varepsilon_i$ 相加起来就是误差总数，为了克服加总过程中的“正负抵消”，往往将 $\varepsilon_i$ 的平方值相加起来，作为衡量总偏差的尺度。在总偏差最小的情形下去估计模型中的参数，这就是所谓的“最小二乘法”。

3. 假设检验：在回归分析的检验中，包括总体方程显著性检验和每个参数显著性检验，其中总体方程检验有拟合优度 $R^2$ 检验和方差分析 $F$ 检验。在 $F$ 检验中，回归平方和所占比重越大，或残差平方和所占的比重越小，说明该回归方程用自变量去估计因变量越准确，或者说自变量与因变量的关联越大。在 $R^2$ 检验中，同样也是回归平方和在总平方和中的占比越大，该回归模型用自变量去解释或估计的因变量就越准确。

另外运用最小二乘法估计参数，需要假定回归方程具有线性、正态性、无异方差性等。本章对以上假定的检验方法做了介绍，并提出了针对某些非线性和非正态性方程的线性化处理和正态化处理方法，同时也针对某些异方差问题提出了简单的解决方法。本章着重介绍了多重共线性的检验方法。

4. 虚拟变量：对于定类变量，因为各个类别没有定量关系，不能像定距变量那样，分析 $x$ 变化一个单位，$y$ 的平均变化，因而不能直接作为自变量引入回归方程，需要进行数据处理，以不同的编码值代表个案所属的类型，即以类为单位，分析各类变化对 $y$ 的影响。在回归分析中采用虚拟变量，无论是对整个模型的检验（$F$ 检验）还是对各回归系数的检验（$t$ 检验），都与一般回归分析完全没有区别。

## 二、SPSS 统计软件操作

本部分将讲解线性回归的 SPSS 操作。

1. 基本操作

在 SPSS 中选择 Statistics，Regression，Linear，进入 Linear Regression 窗口。在左侧栏中首先选择因变量，将其移至右边的 Dependent 栏中；然后再在左侧栏中选择自变量，将其移至右边的 Independent 栏中；再用同样的方法选择第二个自变量、第三个自变量……完成回归设置以后点击 OK 即可。

2. 回归分析假设条件的检测

在 SPSS 回归分析的程序中可以提供多种统计图，以供检测回归分析的假设条件是否满足，主要包括直方图、正态概率图、标准化回归误差值与标准化的预

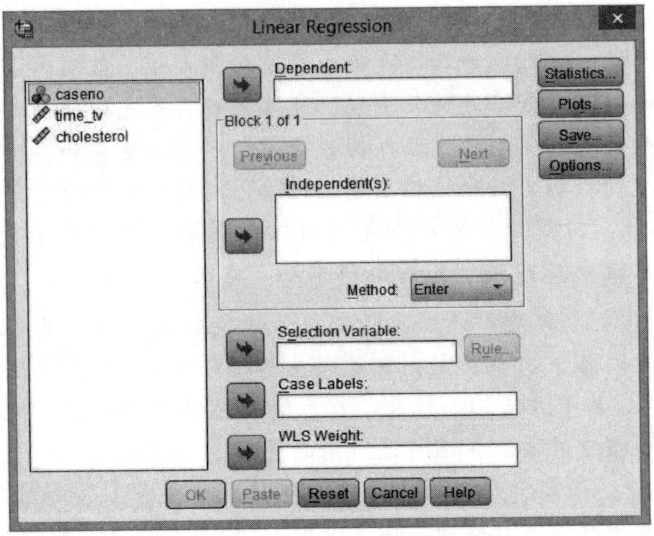


测值所做的散点图、偏误差散点图等。它们可以用于检查误差是否呈正态分布、变量关系是否线性、误差是否均方差性、是否存在奇异值等。

在 SPSS 的操作中，首先在 Linear Regression 窗口定义了回归的因变量和自变量以后，点击窗口下方 Plots 键打开作图窗口。选择标准化残差（ZRESID）作为图的 $y$ 轴，选择自变量、自变量的平方项或者自变量的对数值作为 $x$ 轴，标准化误差散点图便设置完毕。这时还可以设置其他图形输出：选择标准化误差直方图（Histogram），选择正态概率图（Normal probability plot），选择偏误差散点图（Produce all partial plots），然后点击 Continue 继续。

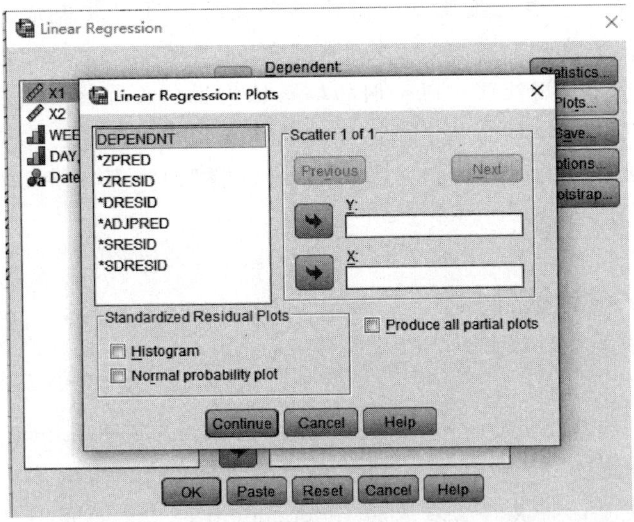


3. 检测多重共线性

SPSS 回归分析的程序中可提供多重共线性检测指标，包括容忍度（tolerance）、方差膨胀因子（VIF）。容忍度反映了以每个自变量 $x_i$ 作为因变量对其他自变量回归时得到的余差比例，即 $\text{Tolerance}=1-R_i^2$。

容忍度很小时，说明自变量之间的信息重复性大；反之容忍度较大时，说明自变量之间的信息重复性小，独立性强。因此，容忍度越大越好，一般常规是当容忍度小于 0.1，便认为这一变量与其他自变量之间的多重共线性超过了容忍度的容许界限。方差膨胀因子是容忍度的倒数。它的值表示所对应的偏回归系数的方差由于多重共线性而扩大的倍数。按照容忍度为 0.1 的常规界限，VIF 的界限应该为 10 倍。

在 SPSS 的操作中，在设置回归的同时，点击 Statistics 打开输出指标的窗口，选择 Collinearity diagnostics，于是 SPSS 便可输出所有检查多重共线性的统计结果。

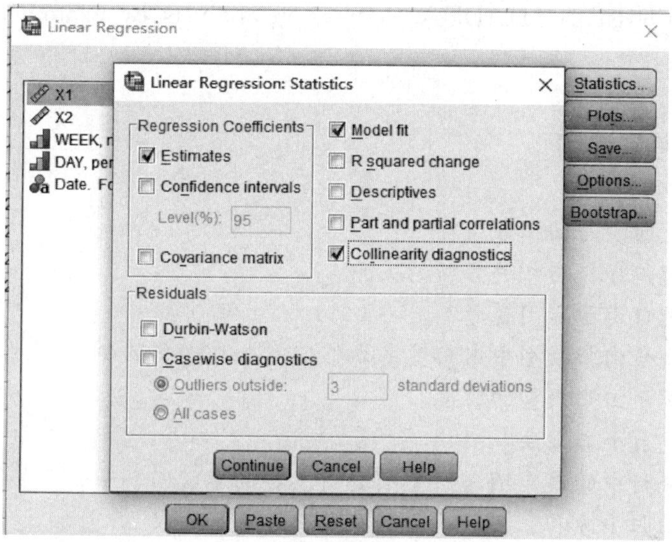


4. 虚拟变量的编码

在 SPSS 的操作中，选择 Transform—Recode into Different Variables，对分类变量进行 0～1 设置。

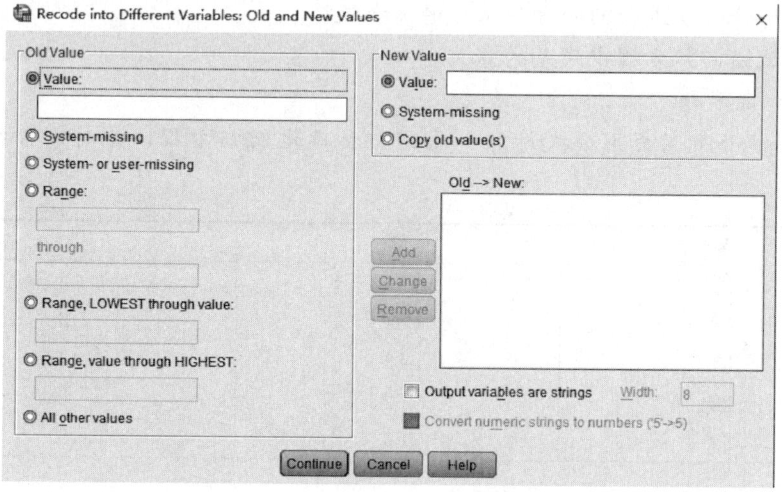

## 三、推荐阅读书目

李卫东．应用多元统计分析．北京：北京大学出版社，2008.

马立平．回归分析．北京：机械工业出版社，2014.

贾俊平，何晓群，金勇进．统计学．7版．北京：中国人民大学出版社，2018.

尹海洁，李树林．社会统计学．2版．北京：中国人民大学出版社，2018.

鲍威斯，谢宇．分类数据分析的统计方法．北京：社会科学文献出版社，2018.

李培良．社会研究的统计应用．北京：社会科学文献出版社，2001.

CHATTERJEE S，HADI A，PRICE B. 例解回归分析：第3版．北京：中国统计出版社，2003.

CHATTERJEE S，HADI A. Regression analysis by example. 4th ed. John Wiley & Sons，Inc.

## 四、思考与练习

（一）思考题

1. 什么是回归与回归分析？
2. 说明回归分析与相关分析的关系。
3. 什么是自变量和因变量？
4. 多元线性回归模型中有哪些基本假定？如何进行检测？
5. 解释多元回归模型的含义。
6. 什么是最小二乘法？
7. 回归分析中的截距项与斜率项具有怎样的意义？
8. 试述回归平方和、残差平方和与总平方和的含义。
9. 解释多重共线性的含义与检测方法。
10. 试述多元线性回归模型的拟合优度检验方法。
11. 在建立多元线性回归模型时，选择自变量的方法有哪些？
12. 什么叫虚拟变量，如何设置？
13. 为什么要进行回归方程系数的 $t$ 检验？
14. 试述回归方程中残差的意义。

（二）练习题

1. 根据下列数据用公式计算一元回归和二元回归方程，并对回归结果进行讨论。

| $Y$ | $X_1$ | $X_2$ |
|---|---|---|
| 12 | 174 | 3 |
| 18 | 281 | 9 |
| 31 | 189 | 4 |
| 28 | 202 | 8 |
| 52 | 149 | 9 |

续前表

| $Y$ | $X_1$ | $X_2$ |
|---|---|---|
| 47 | 188 | 12 |
| 38 | 215 | 5 |
| 22 | 150 | 11 |
| 36 | 167 | 8 |
| 17 | 135 | 5 |

2. 消费者协会欲了解广告对消费者行为的影响，收集了过去 12 年的广告费 $X$ 与消费者支出 $Y$ 的有关数据，通过计算得到下面的方差分析表（$\alpha=0.05$）。

| 变差来源 | $df$ | 平方和 | 均方和 | $F$ | sig$F$ |
|---|---|---|---|---|---|
| 回归 | 1 | 1 602 708.6 | 1 602 708.6 | | 0.000 0 |
| 残差 | 10 | 40 158.07 | | — | |
| 总计 | 11 | 1 642 866.67 | — | — | |

（1）试对方差分析表中的空格填上计算出的数据。

（2）试计算该表的复相关系数和决定系数。

3. 抽取 10 个网络主播，对其每日网络直播的带货销售额和利润率的调查数字如下，试建立利润率的制定对其日销售额影响的回归方程，并对该回归方程的假设条件进行检验。

| 网红 | 日销售额（万元） | 利润率（%） | 网红 | 日销售额（万元） | 利润率（%） |
|---|---|---|---|---|---|
| 1 | 6 | 12.6 | 6 | 7 | 16.3 |
| 2 | 5 | 10.4 | 7 | 6 | 12.4 |
| 3 | 8 | 18.5 | 8 | 8 | 6.2 |
| 4 | 1 | 3.0 | 9 | 3 | 6.5 |
| 5 | 4 | 8.1 | 10 | 7 | 16.8 |

4. 某同学游 2 000 米所花的时间（分钟）和游完泳之后的脉搏情况（每分钟搏动次数），总共有 23 对数据：

| | | | | | | | | |
|---|---|---|---|---|---|---|---|---|
| 时间 | 34.12 | 35.72 | 34.72 | 34.05 | 34.13 | 35.72 | 36.17 | 35.57 |
| 脉搏 | 152 | 124 | 140 | 152 | 146 | 128 | 136 | 144 |
| 时间 | 35.37 | 35.57 | 35.43 | 36.05 | 34.85 | 34.70 | 34.75 | 33.93 |
| 脉搏 | 148 | 144 | 136 | 124 | 148 | 144 | 140 | 156 |
| 时间 | 34.60 | 34.00 | 34.35 | 35.62 | 35.68 | 35.28 | 35.97 | |
| 脉搏 | 136 | 148 | 148 | 132 | 124 | 132 | 139 | |

（1）请画散点图，指出两个变量之间的关系是正相关还是负相关？（2）建立回归模型，并画误差散点图，检验模型是否存在异方差性；（3）假定下一次他将游 34.30 分钟，请预测他的脉搏状况。

5. 瘦体重与新陈代谢有较强的关系，考虑到性别后这个关系又会怎样？画散点图，分别建立一元回归和二元回归方程，检验新陈代谢率和性别对瘦体重的影响。

| 实验对象 | 性别 | 体重 | 新陈代谢率 | 实验对象 | 性别 | 体重 | 新陈代谢率 |
|---|---|---|---|---|---|---|---|
| 1 | 男 | 136.4 | 1 792 | 11 | 女 | 88.7 | 1 189 |
| 2 | 男 | 138.4 | 1 666 | 12 | 女 | 72.8 | 913 |
| 3 | 女 | 79.4 | 995 | 13 | 男 | 114.2 | 1 460 |
| 4 | 女 | 120.1 | 1 425 | 14 | 女 | 93.3 | 1 124 |
| 5 | 女 | 106.7 | 1 396 | 15 | 女 | 75.9 | 1 052 |
| 6 | 女 | 92.4 | 1 418 | 16 | 女 | 112.4 | 1 347 |
| 7 | 男 | 104.3 | 1 362 | 17 | 女 | 90.6 | 1 204 |
| 8 | 女 | 111.3 | 1 502 | 18 | 男 | 114.1 | 1 867 |
| 9 | 女 | 92.4 | 1 256 | 19 | 男 | 103.2 | 1 439 |
| 10 | 男 | 107.1 | 1 614 | | | | |

# 第十章

# Logistic 回归

迄今为止，我们讨论的回归分析中，一直是将因变量 $Y$ 作为定距变量的，这类线性回归模型在定量分析中最为普遍。然而，当因变量是一个定类或定序变量而不是一个定距变量时，也需要有一些自变量予以解释的。如政治学中研究是什么因素决定了选民更愿意选举某候选人。经济学中研究是什么因素决定了消费者更倾向于购买某种商品而不是另一种商品；医学中研究是什么因素影响着某种疾病的患病与否；社会学和人口学中研究影响犯罪、逃学、迁移、结婚、离婚、生育等等由二分类变量或多分类变量测量的社会问题的发生概率。在心理学研究中，研究者关注被访者的态度与偏好的生成机制，这些态度或偏好是按照定序变量来测量的，如“非常不满意”“不满意”“一般”“满意”和“非常满意”。另外，即使对一些社会经济问题以连续变量进行测量，但在研究时需要转换成定类变量。如在分析升学考试的影响因素时，将考生分为录取线以上和录取线以下；在研究收入分配问题时，将居民分为贫困线以上和贫困线以下。因此只要选定一个分界点，连续变量便可以被转换成定类变量。

以上这些以定类变量或定序变量所测量的因变量的信息是有价值的，它们的发生是受其他自变量的影响的。然而这些自变量如何对因变量产生影响是很难应用线性回归模型进行估计和预测的。本章介绍处理这类问题的一些方法，这些方法与前文讨论的最小二乘法有很大的不同。

## 第一节 Logistic 回归模型的含义与建立

### 一、最小二乘法的局限性

从统计理论上看，在进行最小二乘法的参数估计时，我们仅仅关注残差项 $\varepsilon$ 的分布。当残差项服从独立同分布时，使用最小二乘法进行估计是有效估计量。

然而最小二乘法很少对因变量 $Y$ 所服从的分布予以关注，实际上，我们拥有 $Y$ 的分布信息要远远大于拥有残差项 $\varepsilon$ 的分布信息。

在最小二乘法中，我们对因变量 $Y$ 服从正态分布的推断来源于残差项服从正态分布，因为 $Y$ 是残差项的线性函数。事实上，社会经济现象往往有不同于正态分布的其他分布，例如二项分布和泊松分布。这些分布存在于现实数据中，而非依据残差项获得。当数据是非正态分布时，如果依然希望用最小二乘法估计参数和建立模型，就会存在一系列问题，我们以线性概率模型为例。

## 二、线性概率模型

在因变量为二项分布时，要预测某一事件发生的概率，用普通线性回归方程估测概率所建立的模型，就是所谓的线性概率回归。用公式表示为：

$$P = a + \sum \beta_i X_i + \varepsilon \qquad (10-1)$$

对二项分布线性概率模型的结果解释：在其他变量不变的情形下，$x$ 每增加一个单位，事件发生概率的期望将变动 $\beta$ 个单位。例如，林南和谢文（1988）曾用线性概率模型估测入党（政治资本）的概率，模型为：

$$P = -0.39 + 0.01A + 0.04E + 0.03U$$

其中，$P$ 为党员概率，$A$ 为年龄，$E$ 为受教育年限，$U$ 为单位身份。

线性概率模型存在以下问题：

**1. 异方差性**

普通最小二乘法假设残差项的方差是相同的，但二项分布的方差为 $p(1-p)$，这意味着方差是中间大两边小的，所以方程中残差项的方差不可能恒定。

**2. 非正态性**

在给定自变量 $x$ 条件下，$\varepsilon$ 是 $y$ 的预测值与实际值的离差。由于 $y$ 仅仅有 0 和 1 两个值，误差项要么等于 $\varepsilon_0 = 0 - E(y/x_*)$，或者 $\varepsilon_1 = 1 - E(y/x_*)$ 很明显，该误差项不是正态分布。

**3. 无意义的解释**

从解释力上看，由于概率的值是有边界的，在 0 与 1 之间，但线性概率模型很有可能要超过该限制，因变量的估计值可能是负数，也可能大于 1，因此模型的结果是无意义的。例如，运用林南等的方程，我们发现如果年龄为 100 岁，受教育年限超过 10 年，则入党的概率约等于 1。

## 三、对数比率回归

**1. 发生比与对数发生比**

鉴于线性概率模型存在的问题，人们有必要探索一种不同的回归方法，以解决因变量为二分变量时的回归问题。对数比率回归——Logistic 能够解决这一问题。

Logistic 回归是从事件发生与不发生的概率之比的角度来建立回归方程的。

对于只能取 1 和 0 两个值的二分变量，如果用 1 表示发生，0 表示不发生，则 $P(y=1)=p$ 为发生的概率，$P(y=0)=1-p$ 为不发生的概率，两者之比称作发生比，记为 odds：

$$\text{odds}=\frac{P(y=1)}{1-P(y=1)}=\frac{p}{1-p} \tag{10-2}$$

现实中发生比的概念经常运用。比如性别比为 40%：60%，医学研究中的患病与否，犯罪研究中的犯罪与否，体育比赛中的 3：1 或者是 1：1 等等。发生比反映的是两种情况或者两种状态的优劣之比、多寡之比，所以又称优比。其优点是直观易懂，缺点是不同的发生比之间难以直接比较大小，因为发生比不是百分比，分母是不相同的，必须通分以后才能比较。

对发生比取对数，记为：

$$\ln \text{odds}=\ln\frac{p}{1-p} \tag{10-3}$$

这个转换称为 Logit 转换，如表 10－1 所示。

**表 10－1　比较概率、发生比和对数比率**

| | | | | | | | | | |
|---|---|---|---|---|---|---|---|---|---|
| $p_i$ | 0.10 | 0.20 | 0.30 | 0.40 | 0.50 | 0.60 | 0.70 | 0.80 | 0.90 |
| $1-p_i$ | 0.90 | 0.80 | 0.70 | 0.60 | 0.50 | 0.40 | 0.30 | 0.20 | 0.10 |
| $p_i/1-p_i$ | 0.11 | 0.25 | 0.43 | 0.67 | 1.00 | 1.50 | 2.33 | 4.00 | 9.00 |
| Logit | −2.20 | −1.39 | 0.85 | −0.41 | 0 | 0.41 | 0.85 | 1.39 | 2.20 |

**2. 对数比率回归**

所谓对数比率回归即 Logistic 回归就是把发生比的对数 Logit $p$ 看成是自变量 $x_i$ 的线性函数，其一般表达式为：

$$\ln \text{odds}=\ln\frac{p}{1-p}=b_0+b_1x_1+b_2x_2+\cdots+b_kx_k \tag{10-4}$$

或者

$$\text{odds}=\frac{p}{1-p}=e^{b_0+b_1x_1+b_2x_2+\cdots+b_kx_k} \tag{10-5}$$

公式 10－4 的右端完全保留了线性回归的形式，不同的是左端的因变量发生了变化，不再是线性回归中的 $y$，而是 $y$ 的发生概率与不发生概率之比的对数。公式 10－5 是公式 10－4 的等价表达式。在不同的情况下可以选用不同的表达式。

为了使表达式更加精练，令 $z=b_0+b_1x_1+b_2x_2+\cdots+b_kx_k$，则：

$$\ln\frac{p}{1-p}=z$$

$$\frac{p}{1-p}=e^z$$

$$p=e^z(1-p)$$

$$p(1+e^z)=e^z$$

对上式做变形，得到等价的表达式为：

$$p=\frac{e^z}{1+e^z} \tag{10-6}$$

进一步的变形，可得到：

$$p=\frac{1}{1+e^{-z}}$$

对于公式 10－6，结合图 10－1 可以总结以下几个特点（图 10－1 中纵轴 $y=p$）：

（1）无论 $z$ 如何变化，$y$ 总是介于 0 和 1 之间，其最大值为 1，最小值为 0，表明事件发生概率的大小。

（2）$\ln\frac{p}{1-p}=z$ 的右端是一个线性表达式，但是整个函数却是非线性的，其图形表现为一个增函数，其特点是开始阶段增长较慢，中段增长较快，然后再变慢。

（3）曲线上各点的斜率是变化的，意味着自变量 $x$ 在不同范围内对事物的发生概率的影响是不同的。

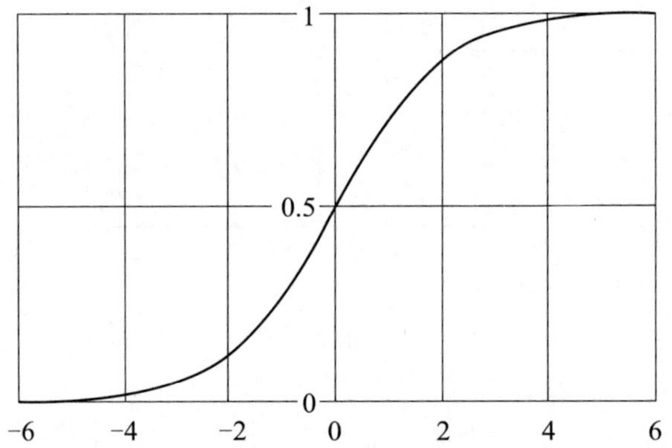


**图 10－1 Logistic 曲线**

从动态上看，Logistic 曲线又称生长曲线，即描述生长过程的曲线。从时间变化来说，事物总是经过发生、发展、成熟三个阶段，而每一个阶段的发展速度各不相同。很多事物例如技术和人口的变化在发生阶段，变化速度较为缓慢；在发展阶段，变化速度加快；在成熟阶段，变化速度又趋缓慢。

近代生物学家皮尔（R. Pearl）和瑞德（L. J. Reed）两人把此曲线应用于研究人口增长规律。人口的发展变化表现为这样的趋势即初期增长速度缓慢，随后增长速度逐渐加快，达到一定程度后又逐渐减慢，最后达到饱和状态。所以在人口学中这种特殊的曲线称之为皮尔增长曲线，简称皮尔曲线。

技术和经济的发展过程类似于生物的发展过程，经历发生、发展、成熟三个阶段，而每一阶段的发展速度是不一样的。一般来说，在发生阶段，变化速度较为缓慢；在发展阶段，变化速度加快；到成熟阶段，变化速度又趋缓慢。按照这三个阶段发展规律得到的事物变化发展曲线，通常称为增长曲线，亦称逻辑增长曲线。由于此类曲线常似 S 形，故又称为 S 曲线。现在 S 曲线已广泛用于描述及预测生物个体生长发育及某些具有技术、经济特性的发展领域中。

## 四、回归系数的计算

当用 $\ln \frac{p}{1-p}=b_0+b_1x_1+b_2x_2+\cdots+b_kx_k$ 来描述事物的发生概率与其自变量的关系时，首先就要计算其中的回归系数 $b_i$。对 $b_i$ 的计算，一般是根据 $p=\frac{e^z}{1+e^z}$ 进行的，其中 $z=b_0+b_1x_1+b_2x_2+\cdots+b_kx_k$。由于 $p$ 服从二项分布，其每个二项式的方差是不相等的，因此存在异方差，在这种情形下无法采用最小二乘法来估计，较好的选择是采用最大似然法。

假定只有一个自变量 $x$，即 $z=b_0+b_1x_1$，极大似然估计的基本思路如下。

**1. 建立似然函数**

$$L=\prod_{i=1}^{\pi} p(x_i;b)=\prod_{i}^{\pi} \frac{e^{b_0+b_1x_1}}{1+e^{b_0+b_1x_1}} \tag{10-7}$$

根据概率论，事件的概率乘积指的是事件同时发生的概率，即每次观察都是独立发生的联合概率。公式 10－7 中的 $\prod$ 表示乘积，似然函数 $\prod_{i=1}^{\pi} p(x_i;b)$ 指的是样本中所有观测数据同时发生的概率，也即抽到该样本的概率。现在需要解决的问题是当 $b_0$ 和 $b_1$ 取何值时，似然函数有最大值，即该样本被抽到的概率为最大。

例如生儿生女的概率约为 1/2，一户居民连生三个儿子的似然是 1/8。假如我们观察到一户居民连生了三个儿子，欲以最大似然法求其生女儿的概率，结论是 0，因为只有生女儿的概率为 0 时，连生三个儿子的似然才是最大，即为 1。

**2. 求最大值**

对似然函数求最大值，一般要用求导数的方式求解。先公式 10－7 取对数，然后求导，通过取对数可以简化乘除运算为加减运算，由此得到：

$$\ln L=\sum \frac{e^{b_0+b_1x_1}}{1+e^{b_0+b_1x_1}} \tag{10-8}$$

通过求偏导，得到以下方程组：

$$\frac{\partial \ln L}{\partial b_0}=0$$

$$\frac{\partial \ln L}{\partial b_1}=0$$

求出 $b_0$ 和 $b_1$，在具体的运算过程中，一般采用迭代法，通过不断调整 $b$ 的估计值，最后能够得到一个似然函数的最大值。

## 五、Logistic 模型的解释

对 Logistic 回归模型的解释，一般是与回归模型中系数的解释方法相同，即自变量每增加一个单位，因变量相应增加 $b$ 个单位。但由于 Logistic 模型的表现形式不一样，因而其解释的含义有不同。

$$\text{Logit } p=\ln\frac{p}{1-p}=b_0+b_1x_1+b_2x_2+\cdots+b_kx_k$$

和

$$\text{odds}=\frac{p}{1-p}=e^{b_0+b_1x_1+b_2x_2+\cdots+b_kx_k}$$

在第一个表达式中，可以依据回归模型中关于系数的解释，即自变量每增加一个度量单位，因变量 Logit 相应增加 $b$ 个单位。然而，Logit $p$ 和 $b$ 本身过于抽象，难以使人们有直观的理解。因此，人们一般采取第二个表达式的 odds 来解释回归系数 $b$ 的含义，与 Logit $p$ 不同，发生比 odds 具有实际意义，它代表一种相对风险。因此对于 Logistic 回归系数的解释通常是从发生比的指数表达式出发的。

假定自变量 $x_1$ 每增加一个单位而其他自变量均保持不变，那么相应的发生比 odds 为：

$$\begin{aligned}\text{odds}_1&=\exp[b_0+b_1(x_1+1)+b_2x_2+\cdots+b_kx_k]\\&=\exp[b_0+b_1x_1+b_2x_2+\cdots+b_kx_k+b_1]\\&=\exp[b_0+b_1x_1+b_2x_2+\cdots+b_kx_k]+\exp b_1\end{aligned}$$

同原来的发生比相比，对于发生比的变化，我们称之为发生比率，或称相对风险，其含义是指在其他自变量不变的情形下，自变量 $x_1$ 的一个单位的变化给原来的发生比带来的变化，其一般表达式为：

$$\frac{\text{odds}_1}{\text{odds}}=\exp(b_1) \qquad (10-9)$$

公式 10-9 表明，在其他自变量不变的情形下，自变量 $x_1$ 的一个单位的变化，相应的发生比 $\text{odds}_1$ 是原来发生比 odds 的 $e^{b_i}$ 倍。

## 六、自变量为虚拟变量的 Logistic 回归

在社会科学研究中，以虚拟变量作为自变量是常事，因此有必要讨论当自变量为虚拟变量时，Logistic 模型如何做解释，通常分两种情况区别对待。

**1. 自变量为二分类变量**

例如当自变量分为城乡、性别或以其他某种属性变量或决策的肯定或否定划分结果时，因为虚拟变量只有 0 和 1 这两个可能的变量值，所以 $x$ 所谓一个单位的变化就代表着两种类型的差异在因变量上形成的变化。对于这种情况的分析方法与一般自变量的解释相同。

**2. 自变量有 $m$ 种分类变量**

与线性回归方法一样，Logistic 模型也是只需设立 $m-1$ 个虚拟变量，以表达这些类型与参照类（$m-1$ 个虚拟变量的编码为 0）的差异。例如，对于一个有三种类型的变量，需要在回归时设立两个虚拟变量，

$$\text{Logit } p=\ln \text{odds}=b_0+b_1d_1+b_2d_2+b_3x_3 \qquad (10-10)$$

其中 $d_i$ 代表虚拟变量，$x$ 代表一般自变量。将虚拟变量对不同类型的编码代入基本方程，就可以推导出每一类方程，见表 10-2。

**表 10-2 虚拟变量的回归方程**

| | 虚拟变量编码 | | 回归方程 | |
|---|---|---|---|---|
| | $d_1$ | $d_2$ | | |
| 第一类 | 1 | 0 | Logit $p_1=b_0+b_1+b_3x_3$ | $d_1=1$，$d_2=0$，$b_3$ 略 |
| 第二类 | 0 | 1 | Logit $p_2=b_0+b_2+b_3x_3$ | $d_1=0$，$d_2=1$，$b_3$ 略 |
| 第三类 | 0 | 0 | Logit $p_3=b_0+b_3x_3$ | $d_1=0$，$d_2=0$，$b_3$ 略 |

于是，将第三类作为参照类，将 Logit 作为因变量时有如下情形。

第一类与参照类的区别：

$$\text{Logit } p_1-\text{Logit } p_3=b_1$$

第二类与参照类的区别：

$$\text{Logit } p_2-\text{Logit } p_3=b_2$$

那么第二类与第一类的差别：

$$\text{Logit } p_1-\text{Logit } p_2=(b_0+b_1+b_3x_3)-(b_0+b_2+b_3x_3)=b_1-b_2$$

当用 odds 作为因变量时，第二类与第一类的差异表现为以下的发生比率：

$$\frac{\text{odds}_1}{\text{odds}_2}=\exp(b_1-b_2) \qquad (10-11)$$

# 第二节 Logistic 模型的统计检验

## 一、整体模型的显著性检验

模型的整体检验是检验所建立的模型是否能够很好地拟合实际观测值，或者能否根据模型进行有效的预测。检验模型整体拟合优度的统计量有很多，常用的有两种：对数似然比卡方（Log likelihood ratio $\chi^2$）和皮尔逊卡方（Pearson $\chi^2$）。

**1. 对数似然比卡方**

Logistic 模型是采用极大似然估计方法求解回归参数的，因此模型的整体检验是通过似然函数值来进行的。所谓似然函数值表达的是一种概率，表明在假设拟合模型为真实情形下能够观察到这一特定样本的概率，因此这个函数值处于 0～1 之间。Logistic 模型有饱和模型，即每一个估计值都同观察值一样；也有独立模型，即因变量的概率不受任何自变量的影响，换言之，是没有自变量的模型，也称截距模型（Logit $p$=a）。

对数似然比是复杂模型似然与独立模型似然的比较。我们在评价或检验一个含有自变量的 Logistic 回归模型时，通常是将其与截距模型相比较的。以截距模型作为标准，比较在加入自变量后新的模型与数据的拟合水平是否有显著性差异。

具体操作时，先定义截距项模型为 $L_0$，作为参照类，再定义假设模型为 $L_x$，然后检验两者之比是否显著区别于 1。这一比率称为似然比（likelihood ratio）。当似然比等于 1 时，意味着所加入的这些自变量对因变量完全没有贡献或没有解释效果；而似然比显著大于 1，则说明这些自变量对于因变量变化的解释有显著的影响。为了能够检验其统计显著性，就需要知道似然比服从什么分布。尽管我们没有似然比的分布信息，但可以证明似然比的一个函数 $-\ln\left(\frac{L_0}{L_x}\right)^2$ 近似地服从于卡方分布，其自变量为非独立模型的自变量数目：

$$-\ln\left(\frac{L_0}{L_x}\right)^2=-2\ln\left(\frac{L_0}{L_x}\right)=[-2\ln(L_0)]-[-2\ln(L_x)] \qquad (10-12)$$

公式 10－12 可用于检验复杂模型中自变量对似然率的增进是否显著，差值越大越好。

**2. 皮尔逊卡方**

皮尔逊卡方是较为传统的统计量，也可用于检验 Logistic 总体模型的显著性。该方法主要是检验模型拟合的残差项的大小，残差项依据实际发生概率 $y$ 与 Logistic 模型估算概率 $p$ 的差计算，标准化残差定义为：

$$e_i=\frac{y_i-p_i}{\sqrt{p_i(1-p_i)}},\ i=1,2,\cdots,n$$

其中，$y_i$ 是观察值（0 或 1），$p_i$ 是估计值概率，分母是估算值的标准差。皮尔逊卡方等于这个残差平方的总和：

$$\chi^2=\sum_{i=1}^{n}e_i^2=\sum_{i=1}^{n}\frac{(y_i-p_i)^2}{p_i(1-p_i)} \qquad (10-13)$$

这个统计量的自由度为样本数减自变量数目再减 1，即 $n-j-1$（$j$ 为自变量个数）。如同对数似然比卡方，皮尔逊卡方一般用于嵌套模型的比较。

## 二、回归系数的检验

模型总体检验有效并不意味着每个自变量对因变量的作用显著，因此 Logistic 模型与线性回归模型类似，在对整体模型进行检验以后，接着需要对模型中的每一个系数进行检验。具体检验时，其统计量为 wald 检验统计量，wald 的计算公式为：

$$\text{wald}=\left(\frac{b}{s_b}\right)^2 \qquad (10-14)$$

公式 10－14 中，$b_i$ 为某一自变量的估计系数，$s_b$ 为该自变量的抽样标准误。该检验的原假设是 $H_0$：$b_i=0$，wald 的值越大，说明自变量的作用越明显。但是，wald 统计量有一个缺陷，即当回归系数很大时，抽样标准误也会很大，导致 wald 检验值变得很小，很难拒绝原假设。因此在实际研究中，当回归系数值很大时，最好比较一下包括这个变量的模型和不包括这个变量的模型，用对数似然比的变化来检验两个模型的差异，若差异显著，表明含有 $x_i$ 的模型要优于不含有 $x_i$ 的模型，也即自变量 $x_i$ 对因变量的作用是显著的，是不能舍弃掉的。

# 第三节 因变量为多分类 Logistic 回归

## 一、多分类 Logistic 回归

上一节，我们介绍了二分类定类变量作为因变量的 Logistic 模型，然而在现实中，我们研究的现象往往是多分类的，例如政治选举中有多名候选人，劳动力市场有多种职业选择，人口迁移的目的地有多个地区或省份，消费者对电视机的选择也有多种品牌。对于这些以多种类型作为因变量的 Logistic 模型，我们需要运用多分类对数比率回归来解决问题。多分类对数比率回归（multinomial logistic regression）是简单对数比率回归的扩展，由一组对数比率方程组成。常见的方法有基准类比较法（baseline category contrast），即先选出基准类，然后将它的概率与其他各类的概率进行对比。假如我们要研究一个或一组自变量 $X_i$ 如何影响人们对迁移目的地的选择，用 $p_1$，$p_2$，…，$p_j$ 表示各类目的地的概率，那么多项对数比率回归如下：

$$\begin{cases} \ln\left(\frac{p_1}{p_j}\right)=a_1+\beta_1 X \\ \ln\left(\frac{p_2}{p_j}\right)=a_2+\beta_2 X \\ \quad\cdots \\ \ln\left(\frac{p_{j-1}}{p_j}\right)=a_{j-1}+\beta_{j-1} X \end{cases} \qquad (10-15)$$

这一组对数比率方程是以最后一类（J 类）作为基准的，在多分类 Logistic 模型中，基准类的选择是可以随意在所有类别中进行的，从数学上讲也是等价的。上式方程组中的每一个方程在统计上是不独立的，即不可一一求解，必须同时估算。实际操作时，基准类往往选择不是重点研究的群体和类别。就系数解释和检验统计量来说，多分类 Logistic 模型和简单对数比率回归相同。

从表 10-3 中不难发现，与不参与选举的民众相比，布什在党派认同、政治观点、种族、受教育程度和职业方面都具有显著的正影响；而杜卡斯基在党派认同方面有显著的负效应。对于布什来说，党派认同为 0.26，意味着共和党党派

更可能支持他，对于杜卡斯基来说，党派认同为−0.65，意味着民主党党派支持他的可能性不高。支持杜卡斯基的选民是在政治观点、种族和职业方面与不参与选举的民众没有显著性差异，意味着与布什相比所能获得支持度不高。

**表 10-3　1988 年美国总统竞选选民的多分类 Logistic 模型**

| Independent Variable | Coefficient | Standard Errors | t Ratio |
|---|---|---|---|
| **支持杜卡基斯的选民** | | | |
| 截距项 | −1.13 | 0.55 | −2.08* |
| 党派认同 | −0.65 | 0.06 | −11.70** |
| 政治观点 | −0.09 | 0.07 | −1.31 |
| 种族 | 0.21 | 0.24 | −0.86 |
| 来自南部 | −0.42 | 0.18 | −2.33* |
| 受教育程度 | −0.19 | 0.04 | 5.40** |
| 职业 | 0.02 | 0.01 | 1.95 |
| **支持布什的选民** | | | |
| 截距项 | −4.53 | 0.52 | −8.68** |
| 党派认同 | 0.26 | 0.04 | 6.33** |
| 政治观点 | 0.21 | 0.06 | 3.44** |
| 种族 | 0.68 | 0.30 | 2.25* |
| 来自南部 | −0.22 | 0.16 | −1.38 |
| 受教育程度 | 0.12 | 0.03 | 4.01** |
| 职业 | 0.02 | 0.01 | 3.38** |

* $p<0.05$；** $p<0.001$，$n=977$。在选民选举倾向中分为三类，布什、杜卡基斯和不参与选举类，基准类为不参与选举类。

资料来源：CHATTERJEE S，HADI A，PRICE B. 例解回归分析：第 3 版．北京：中国统计出版社，2003.

从方程检验看，当模型包含 6 个自变量时，其 $-2\log L=1\ 026.3$，当模型仅为截距项时，其 $-2\log L=1\ 346.8$，因此加入自变量的模型在拟合优度上有所改进，改进程度为 $G^2=1\ 346.8-1\ 026.3=320.5$，对于自由度 $df=6-0=6$，显著性水平为 0.001 时，其临界值为 22.46，$G^2$ 大于临界值，故认为模型具有很好的拟合优度。

## 二、定序变量对数比率回归

在社会科学研究中，我们对变量的测量常常是依据量表来完成的，或者研究的问题本身具有高低之分或具有层级差异，如生活满意度（很差、较差、一般、较好、很好）、受教育程度（小学、中学、高中、大学）、社会阶层（低、中、高）等等，这些有关差异或层级的问题常常受一些因素的影响而表现出升高或降低，升高或降低的幅度需要建立回归方程来进行解释或预测。因此由定序变量作为因变量，受到一个或若干个自变量影响的模型，称为定序变量 Logistic 模型。以定序变量作为因变量的 Logistic 的模型正如多分类的 Logistic 模型，也是由一组对数比率方程组成的，也需要基准类比较法来进行比较，即将它的概率与其他各类的概率进行对比。只是在比较时，由于定序变量自身所具有的顺序以及累计的特点，往往有三种处理方法：邻类比、升级比和累进比。

**1. 邻类比**

邻类比（adjacent category logits）是将所有相邻两类的概率进行两两相比，如果变量含有 $j$ 个有序类别，我们就可得到 $j-1$ 个不重复的对数比率方程。假如用 $p_1$，$p_2$，…，$p_j$ 表示一定序变量由低到高各级类别的概率。由于 $X$ 是一个或一组自变量，那么对数邻类比的回归如下：

$$\begin{cases} \ln\left(\dfrac{p_2}{p_1}\right) = a_1 + \beta_1 X \\ \ln\left(\dfrac{p_3}{p_2}\right) = a_2 + \beta_2 X \\ \quad\cdots \\ \ln\left(\dfrac{p_j}{p_{j-1}}\right) = a_{j-1} + \beta_{j-1} X \end{cases} \tag{10-16}$$

从统计意义上讲，公式 10-16 与公式 10-15 是等价的。然而对于定序变量来说，相邻两类进行对比，后一类比前一类具有高一级的含义。假定各个升级比的间隔是相等的，同时假设自变量对各个升级的作用是一致的，即具有相同的斜率，则：

$$\beta_1 = \beta_2 = \cdots = \beta_{j-1}$$

对于升级比的间隔是否相等，是需要进行有序多分类 Logistic 回归的平行性检验的，这个假定是检验是否满足成比例发生比假设（proportional odds assumption），即平行性检验（score test for the proportional odds assumption）。

该检验的思想是检验自变量各取值水平对因变量的影响在各个回归方程中是否相同。平行性检验的原假设为模型满足平行性，因而如果 $p$ 值大于 0.05 则说明模型接受原假设，即符合平行性检验。反之如果 $p$ 值小于 0.05 则说明模型拒绝原假设，模型不满足平行性检验。平行性是有序 Logit 回归的前提条件，如果不满足平行性，建议使用多分类 Logit 回归模型。

**2. 升级比**

升级比（continuation ratio logits）是逐渐去掉定序变量中较低层的样本量而计算的发生比，以该对数发生比作为因变量而建立的回归模型称为升级比 Logit 模型。假定用 $p_1$，$p_2$，…，$p_j$ 表示一个定序变量由低到高各级类别的概率，那么对数升级比率回归方程如下：

$$\begin{cases} \ln\left(\dfrac{p_2 + p_3 + \cdots + p_j}{p_1}\right) = a_1 + \beta_1 X \\ \ln\left(\dfrac{p_3 + p_4 + \cdots + p_j}{p_2}\right) = a_2 + \beta_2 X \\ \quad\cdots \\ \ln\left(\dfrac{p_j}{p_{j-1}}\right) = a_{j-1} + \beta_{j-1} X \end{cases} \tag{10-17}$$

例如研究升学率的问题，我们将学校依据其等级分为小学、初中、高中和大学四类。那么初中升高中的比率不仅是初中毕业生和高中生的比率，还应该包括大学毕业生，因为他们也完成了初中到高中的升学过程（见表 10－4）。

与邻类比和基准比不同的是，升级比在统计学上是各自独立的，因而可以参照简单对数比率回归进行一一估算。加总各独立升级比率回归的对数似然比和自由度，即为总模型的对数似然比和自由度。用 $G^2$ 表示总模型的对数似然比，$G_j^2$ 表示各分回归的对数似然比，则：

$$G^2 = \sum_{j=1}^{j-1} G_j^2$$

**表 10－4　不同学校等级的升学率的编码**

| 编号 | 教育程度 | 升小学 | 升初中 | 升高中 | 升大学 | 其他变量 |
|---|---|---|---|---|---|---|
| 1 | 小学以下 | 0 | — | — | — | … |
| 2 | 小学以下 | 0 | — | — | — | … |
| 3 | 小学以下 | 0 | — | — | — | … |
| 4 | 小学 | 1 | 0 | — | — | … |
| 5 | 小学 | 1 | 0 | — | — | … |
| 6 | 小学 | 1 | 0 | — | — | … |
| 7 | 初中 | 1 | 1 | 0 | — | … |
| 8 | 初中 | 1 | 1 | 0 | — | … |
| 9 | 初中 | 1 | 1 | 0 | — | … |
| 10 | 高中 | 1 | 1 | 1 | 0 | … |
| 11 | 高中 | 1 | 1 | 1 | 0 | … |
| 12 | 高中 | 1 | 1 | 1 | 0 | … |
| 13 | 大学 | 1 | 1 | 1 | 1 | … |
| 14 | 大学 | 1 | 1 | 1 | 1 | … |
| 15 | 大学 | 1 | 1 | 1 | 1 | … |

在处理定序因变量的问题时，数据需要重复处理，因为部分数据需要重复使用。例如表 10－4 数据有一个反映教育升级比的问题，升小学的比例要用到全部数据，小学以下编码为 0，小学以上编码为 1。升初中的比例不需要用小学以下学历者的资料，因为小学没有毕业不能升初中，因此小学学历为 0，初中及以上者为 1。升高中不用小学学历及以下者，因此，初中学历编码为 0，高中编码为 1。升大学的回归只用高中学历者和大学学历者，高中为 0，大学为 1。

**3. 累进比**

累进比（cumulative ratio logits）是将定序变量中的一部分层级与另一部分层级进行对比而计算的发生比，以此观察不同分界点的概率比。以该对数发生比作为因变量而建立的回归模型称为累进比 Logit 模型。对数累进比回归定义为：

$$\begin{cases}\ln\left(\dfrac{p_2+p_3+\cdots+p_j}{p_1}\right)=a_1+\beta_1 X \\ \ln\left(\dfrac{p_3+p_4+\cdots+p_j}{p_1+p_2}\right)=a_2+\beta_2 X \\ \cdots \\ \ln\left(\dfrac{p_j}{p_1+p_2+\cdots+p_{j-1}}\right)=a_{j-1}+\beta_{j-1} X\end{cases} \tag{10-18}$$

在上述参数中，$a_j$ 是被反应变量各类中截距项，$\beta_j$ 是反应变量的截距项。尽管上述公式给出了不同的 $\beta_j$ 值，但是在估计中，我们假定变量每一个方程有相同的β估计，即对于一个连续自变量而言，不同累积对数发生比的回归线相互平行，而只有截距参数有所差别，这种假设被称为成比例发生比假设，需要进行平行性检验。正是由于这种比例性，累进比 Logistic 模型也被称为比例发生比模型。

例如美国某州立大学 1996 年对可卡因使用者的心理健康状况进行调查，因变量心理健康是以精神抑郁程度进行测量的，包括四个级别：1 表示轻微忧郁，2 表示低度忧郁，3 表示中度忧郁，4 表示高度忧郁。模型包括 5 个自变量，分别是种族（1 代表 BLACK 黑人，0 代表白人及其他）、年龄（用连续变量 AGE 表示）、受教育程度（用两个虚拟变量测量，$EDU_2$ 代表高中毕业，$EDU_3$ 表示大学毕业，参照类为教育水平低于高中者）、使用可卡因的频率（用 CRACKFR 表示，1 为每天使用，2 为不是每天使用）。采用累进比 Logit 模型，并对其同时进行估计，其中 $p_1$，$p_2$，$p_3$，$p_4$ 分别为轻微、低度、中度、高度忧郁的概率，且有 $p_1+p_2+p_3+p_4=1$。由于我们特别感兴趣的是高度忧郁对较低程度忧郁的发生比：

$$\begin{cases}\ln\left(\dfrac{p_4}{p_1+p_2+p_3}\right)=a_1+\sum\limits_{k=1}^{k}\beta_k X_k \\ \ln\left(\dfrac{p_3+p_4}{p_1+p_2}\right)=a_2+\sum\limits_{k=1}^{k}\beta_k X_k \\ \ln\left(\dfrac{p_2+p_3+p_4}{p_1}\right)=a_3+\sum\limits_{k=1}^{k}\beta_k X_k\end{cases}$$

以上 Logit 表示为：方程一为高度忧郁对轻微、低度、中度忧郁的对数发生比；方程二为中度忧郁与高度忧郁对轻微忧郁与低度忧郁的对数发生比；方程三位低度、中度和高度忧郁对轻微忧郁的对数发生比。

其 SPSS 软件步骤将在“本章小结、软件操作及思考练习”中的“SPSS 统计软件操作”予以展示。

从输出结果看：

(1) 平行性检验、卡方检验（$\chi^2=15.865\,9$，$p=0.197\,5$）是通过检验的，这表明应用累进比 Logistic 模型是适当的。

(2) 模型拟合优度（总体方程检验），Deviance 和 Pearson 检验是通过检验的（见表 10-5）。

表 10-5 模型拟合优度（总体方程检验）

| Criterion | DF | Value | Value/DF | Pr>Chi-Square |
|---|---|---|---|---|
| Deviance | 846 | 800.9 | 0.946 6 | 0.864 6 |
| Pearson | 846 | 827.3 | 0.978 0 | 0.670 2 |

（3）参数估计如表 10-6 所示。

表 10-6 参数估计

| | | estimate | Std. Error | wald | df | Sig |
|---|---|---|---|---|---|---|
| threshold | Depress=1 | −1.953 | 0.468 | 17.401 | 1 | 0.000 |
| | Depress=2 | 0.003 6 | 0.458 | 0.000 | 1 | 0.994 |
| | Depress=3 | 1.267 | 0.462 | 7.507 | 1 | 0.006 |
| location | BLACK | −0.328 | 0.187 | 3.074 | 1 | 0.080 |
| | GENDER | −0.571 | 0.183 | 9.713 | 1 | 0.002 |
| | AGE | 0.001 9 | 0.012 | 2.513 | 1 | 0.113 |
| | EDU2 | −0.303 | 0.212 | 2.047 | 1 | 0.153 |
| | EDU3 | −0.540 | 0.224 | 5.802 | 1 | 0.016 |
| | CRACKFR | 0.945 | 0.191 | 24.518 | 1 | 0.000 |

从参数估计结果看，黑人、男性、较高受教育者的抑郁发生比较白人、女性、较低受教育者要低；在其他变量不变的条件下，每天使用可卡因者的抑郁发生比为其他人的 2.57 倍（$e^{0.945}=2.57$）；比较三个模型的截距项可以看出，高度忧郁对轻微、低度、中度忧郁的对数发生比要小于低度、中度和高度忧郁对轻微忧郁的对数发生比，用模型表示为：

$$\ln\left(\frac{p_4}{p_1+p_2+p_3}\right)=-1.953-0.328BLACK-0.571GENDER+0.001\,9AGE$$
$$-0.303EDU_2-0.540EDU_3+0.945CRACKFR$$

$$\ln\left(\frac{p_3+p_4}{p_1+p_2}\right)=0.003\,6-0.328BLACK-0.571GENDER+0.001\,9AGE$$
$$-0.303EDU_2-0.540EDU_3+0.945CRACKFR$$

$$\ln\left(\frac{p_2+p_3+p_4}{p_1}\right)=1.267-0.328BLACK-0.571GENDER+0.001\,9AGE$$
$$-0.303EDU_2-0.540EDU_3+0.945CRACKFR$$

## 本章小结、软件操作与思考练习

### 一、本章小结

本章介绍了 Logistic 回归模型的含义与模型建立的条件，并以二分类 Logistic 为例，对 Logistic 模型的参数估计方法和假设检验方法进行了讨论，同时对多分类 Logistic 模型和定序因变量的 Logistic 模型的主要内容进行了介绍。本章的主要概念有：

1. 发生比与对数发生比：对于只能取 1 和 0 两个值的二分变量，如果用 1 表示发生，0 表示不发生，则 $P(y=1)=p$ 为发生的概率，$P(y=0)=1-p$ 为不发生的概率，两者之比称作发生比，记为 odds，其表达式为：

$$\text{odds}=\frac{P(y=1)}{1-P(y=1)}=\frac{p}{1-p}$$

对发生比取对数，这个转换称为 Logit 转换。

$$\ln \text{odds}=\ln\frac{p}{1-p}$$

2. 对数比率回归：即 Logistic 回归，就是把发生比的对数 Logit $p$ 作为因变量，是自变量 $x_i$ 的线性函数，其表达式为：

$$\ln \text{odds}=\ln\frac{p}{1-p}=b_0+b_1x_1+b_2x_2+\cdots+b_kx_k$$

3. 多分类对数比率回归：对于以多个分类作为因变量的 Logistic 模型，需要运用多分类对数比率回归来解决问题。多分类对数比例回归是简单对数比率回归的扩展，它是由一组对数比率方程组成的。常见的方法有基准类比较法（baseline category contrast），即先选出基准类，然后将它的概率与其他各类的概率进行对比。

4. 定序变量 Logistic 模型：即以定序变量作为因变量，受到一个或若干个自变量影响的模型。以定序变量作为因变量的 Logistic 模型是由一组对数比率方程组成的，也需要基准类比较法来进行比较。在比较时，由于定序变量自身所具有的顺序以及累计的特点，往往有三种处理方法：邻类比、升级比和累进比。

## 二、推荐阅读书目

李培良．社会研究的统计应用．北京：社会科学文献出版社，2001.

王济川，郭志刚．Logistic 回归模型：方法与应用．北京：高等教育出版社，2001.

鲍威斯，谢宇．分类数据分析的统计方法．北京：社会科学文献出版社，2018.

KNOKE D，BOHRNSTEDT G W. Statistics for social data analysis. F. E. Peacock Publishers Inc.

CHATTERJEE S，HADI A，PRICE B. 例解回归分析：第 3 版．北京：中国统计出版社，2003.

## 三、SPSS 统计软件操作

此处将以上文所述的对可卡因使用者的心理健康状况调查为例，演示 Logistic 回归在 SPSS 中的操作过程。

第一，在 SPSS 上选择有关 Logistic 模型的窗口计算累进比 Logistic 模型。

第二，设定模型，选择 Depress 为定序因变量；选择 Black，Gender，Age，Edu2，Edu3，Cracker 作为协变量（Covariates）；点击 Option，选择 Logit 作为

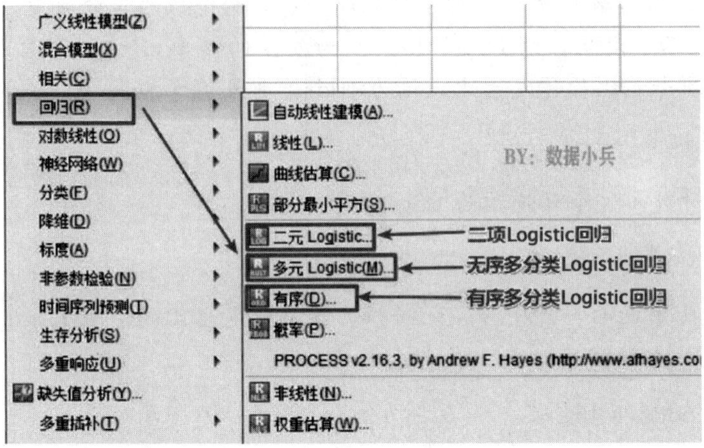


联系函数（Link Function）。

第三，进行平行性检验，点击 Output，然后在打开的对话框中再点击 Test of Parallel Lines。

第四，点击 OK 键运行所选择的命令。

## 四、思考与练习

（一）思考题

1. 定类或定序因变量回归模型与传统回归模型有什么异同？为什么要建立 Logistic 模型？

2. 定类因变量 Logistic 模型与定序因变量 Logistic 模型有什么异同？选择的条件是什么？如何检验？

3. 试述发生比与对数发生比的含义。

4. 试述 Logistic 模型参数的极大似然估计方法，如何解释 Logistic 模型的参数？

5. 定类或定序因变量回归模型的拟合优度检验方法有哪些？

6. 试述对数似然比卡方检验的基本思想。

7. 试述皮尔逊卡方检验的基本思想。

（二）练习题

某研究者通过问卷调查了解研究人们对死亡的认识，调查的问题："你认为人死后有灵魂吗？"该问题的选项是二分变量，其中 1 是有，0 是无；自变量是年龄（$X_1$）和参加宗教活动（$X_2$）。通过对 886 名被访者回答问题的数据，建立了 Logistic 模型如下：

$$L_j = 0.812 - 0.005X_{1j} + 0.224X_{2j}$$
$$(0.254) \quad (0.005) \quad (0.035)$$

根据以上模型，试回答：

（1）年龄和参加宗教活动对死亡认知有怎样的影响（$\alpha=0.05$）？

(2) 对以上模型的两个自变量的参数构造置信区间，置信度为 95%。

(3) 在对以上调查数据分析的基础上，增加一个虚拟变量受教育程度，其中 $X_3$（为小学及以下受教育程度），$X_4$（为初中与高中受教育程度），大学学历 $X_5$ 作为参照类，得到 Logistic 模型如下：

$$L_j = 1.093 - 0.006X_{1j} + 0.234X_{2j} - 0.721X_{3j} - 1.405X_{4j}$$
$$(0.268)\quad(0.005)\quad(0.036)\quad(0.192)\quad(0.566)$$

相对于大学学历者，小学及以下者和初中与高中者的死亡认知为多少？

(4) 第 3 题的 Logistic 回归模型中，包括自变量的似然比卡方检验为 $-2$loglikelilood$=809.38$，而仅有截距项、无斜率项的似然比卡方检验为 $-2$loglikelilood$=872.10$。试计算 $G^2$，并检验在 $\alpha=0.001$ 水平下，引入自变量的模型是否较截距项模型得到改善？

# 附录

## 附表 1　标准正态分布表

$$\varnothing(Z)=\int_{-\infty}^{Z}\frac{1}{\sqrt{2\pi}}e^{-\frac{t^2}{2}}\mathrm{dt}$$

| | 0 | 0.01 | 0.02 | 0.03 | 0.04 | 0.05 | 0.06 | 0.07 | 0.08 | 0.09 |
|---|---|---|---|---|---|---|---|---|---|---|
| 0 | 0.500 0 | 0.504 0 | 0.508 0 | 0.512 0 | 0.516 0 | 0.519 9 | 0.523 9 | 0.527 9 | 0.531 9 | 0.535 9 |
| 0.1 | 0.539 8 | 0.543 8 | 0.547 8 | 0.551 7 | 0.555 7 | 0.559 6 | 0.563 6 | 0.567 5 | 0.571 4 | 0.575 3 |
| 0.2 | 0.579 3 | 0.583 2 | 0.587 1 | 0.591 0 | 0.594 8 | 0.598 7 | 0.602 6 | 0.606 4 | 0.610 3 | 0.614 1 |
| 0.3 | 0.617 9 | 0.621 7 | 0.625 5 | 0.629 3 | 0.633 1 | 0.636 8 | 0.640 6 | 0.644 3 | 0.648 0 | 0.651 7 |
| 0.4 | 0.655 4 | 0.659 1 | 0.662 8 | 0.666 4 | 0.670 0 | 0.673 6 | 0.677 2 | 0.680 8 | 0.684 4 | 0.687 9 |
| 0.5 | 0.691 5 | 0.695 0 | 0.698 5 | 0.701 9 | 0.705 4 | 0.708 8 | 0.712 3 | 0.715 7 | 0.719 0 | 0.722 4 |
| 0.6 | 0.725 7 | 0.729 1 | 0.732 4 | 0.735 7 | 0.738 9 | 0.742 2 | 0.745 4 | 0.748 6 | 0.751 7 | 0.754 9 |
| 0.7 | 0.758 0 | 0.761 1 | 0.764 2 | 0.767 3 | 0.770 4 | 0.773 4 | 0.776 4 | 0.779 4 | 0.782 3 | 0.785 2 |
| 0.8 | 0.788 1 | 0.791 0 | 0.793 9 | 0.796 7 | 0.799 5 | 0.802 3 | 0.805 1 | 0.807 8 | 0.810 6 | 0.813 3 |
| 0.9 | 0.815 9 | 0.818 6 | 0.821 2 | 0.823 8 | 0.826 4 | 0.828 9 | 0.831 5 | 0.834 0 | 0.836 5 | 0.838 9 |
| 1 | 0.841 3 | 0.843 8 | 0.846 1 | 0.848 5 | 0.850 8 | 0.853 1 | 0.855 4 | 0.857 7 | 0.859 9 | 0.862 1 |
| 1.1 | 0.864 3 | 0.866 5 | 0.868 6 | 0.870 8 | 0.872 9 | 0.874 9 | 0.877 0 | 0.879 0 | 0.881 0 | 0.883 0 |
| 1.2 | 0.884 9 | 0.886 9 | 0.888 8 | 0.890 7 | 0.892 5 | 0.894 4 | 0.896 2 | 0.898 0 | 0.899 7 | 0.901 5 |
| 1.3 | 0.903 2 | 0.904 9 | 0.906 6 | 0.908 2 | 0.909 9 | 0.911 5 | 0.913 1 | 0.914 7 | 0.916 2 | 0.917 7 |
| 1.4 | 0.919 2 | 0.920 7 | 0.922 2 | 0.923 6 | 0.925 1 | 0.926 5 | 0.927 9 | 0.929 2 | 0.930 6 | 0.931 9 |
| 1.5 | 0.933 2 | 0.934 5 | 0.935 7 | 0.937 0 | 0.938 2 | 0.939 4 | 0.940 6 | 0.941 8 | 0.942 9 | 0.944 1 |
| 1.6 | 0.945 2 | 0.946 3 | 0.947 4 | 0.948 4 | 0.949 5 | 0.950 5 | 0.951 5 | 0.952 5 | 0.953 5 | 0.954 5 |
| 1.7 | 0.955 4 | 0.956 4 | 0.957 3 | 0.958 2 | 0.959 1 | 0.959 9 | 0.960 8 | 0.961 6 | 0.962 5 | 0.963 3 |
| 1.8 | 0.964 1 | 0.964 9 | 0.965 6 | 0.966 4 | 0.967 1 | 0.967 8 | 0.968 6 | 0.969 3 | 0.969 9 | 0.970 6 |
| 1.9 | 0.971 3 | 0.971 9 | 0.972 6 | 0.973 2 | 0.973 8 | 0.974 4 | 0.975 0 | 0.975 6 | 0.976 1 | 0.976 7 |
| 2 | 0.977 2 | 0.977 8 | 0.978 3 | 0.978 8 | 0.979 3 | 0.979 8 | 0.980 3 | 0.980 8 | 0.981 2 | 0.981 7 |
| 2.1 | 0.982 1 | 0.982 6 | 0.983 0 | 0.983 4 | 0.983 8 | 0.984 2 | 0.984 6 | 0.985 0 | 0.985 4 | 0.985 7 |
| 2.2 | 0.986 1 | 0.986 4 | 0.986 8 | 0.987 1 | 0.987 5 | 0.987 8 | 0.988 1 | 0.988 4 | 0.988 7 | 0.989 0 |
| 2.3 | 0.989 3 | 0.989 6 | 0.989 8 | 0.990 1 | 0.990 4 | 0.990 6 | 0.990 9 | 0.991 1 | 0.991 3 | 0.991 6 |
| 2.4 | 0.991 8 | 0.992 0 | 0.992 2 | 0.992 5 | 0.992 7 | 0.992 9 | 0.993 1 | 0.993 2 | 0.993 4 | 0.993 6 |
| 2.5 | 0.993 8 | 0.994 0 | 0.994 1 | 0.994 3 | 0.994 5 | 0.994 6 | 0.994 8 | 0.994 9 | 0.995 1 | 0.995 2 |
| 2.6 | 0.995 3 | 0.995 5 | 0.995 6 | 0.995 7 | 0.995 9 | 0.996 0 | 0.996 1 | 0.996 2 | 0.996 3 | 0.996 4 |
| 2.7 | 0.996 5 | 0.996 6 | 0.996 7 | 0.996 8 | 0.996 9 | 0.997 0 | 0.997 1 | 0.997 2 | 0.997 3 | 0.997 4 |
| 2.8 | 0.997 4 | 0.997 5 | 0.997 6 | 0.997 7 | 0.997 7 | 0.997 8 | 0.997 9 | 0.997 9 | 0.998 0 | 0.998 1 |
| 2.9 | 0.998 1 | 0.998 2 | 0.998 2 | 0.998 3 | 0.998 4 | 0.998 4 | 0.998 5 | 0.998 5 | 0.998 6 | 0.998 6 |
| 3 | 0.998 7 | 0.998 7 | 0.998 7 | 0.998 8 | 0.998 8 | 0.998 9 | 0.998 9 | 0.998 9 | 0.999 0 | 0.999 0 |

# 附表 2　$t$ 分布表

$$P(t \geqslant t_\alpha) = \alpha$$

| | 0.25 | 0.1 | 0.05 | 0.025 | 0.01 | 0.005 |
|---|---|---|---|---|---|---|
| 1 | 1.000 0 | 3.077 7 | 6.313 8 | 12.706 2 | 31.820 5 | 63.656 7 |
| 2 | 0.816 5 | 1.885 6 | 2.920 0 | 4.302 7 | 6.964 6 | 9.924 8 |
| 3 | 0.764 9 | 1.637 7 | 2.353 4 | 3.182 4 | 4.540 7 | 5.840 9 |
| 4 | 0.740 7 | 1.533 2 | 2.131 8 | 2.776 4 | 3.746 9 | 4.604 1 |
| 5 | 0.726 7 | 1.475 9 | 2.015 0 | 2.570 6 | 3.364 9 | 4.032 1 |
| 6 | 0.717 6 | 1.439 8 | 1.943 2 | 2.446 9 | 3.142 7 | 3.707 4 |
| 7 | 0.711 1 | 1.414 9 | 1.894 6 | 2.364 6 | 2.998 0 | 3.499 5 |
| 8 | 0.706 4 | 1.396 8 | 1.859 5 | 2.306 0 | 2.896 5 | 3.355 4 |
| 9 | 0.702 7 | 1.383 0 | 1.833 1 | 2.262 2 | 2.821 4 | 3.249 8 |
| 10 | 0.699 8 | 1.372 2 | 1.812 5 | 2.228 1 | 2.763 8 | 3.169 3 |
| 11 | 0.697 4 | 1.363 4 | 1.795 9 | 2.201 0 | 2.718 1 | 3.105 8 |
| 12 | 0.695 5 | 1.356 2 | 1.782 3 | 2.178 8 | 2.681 0 | 3.054 5 |
| 13 | 0.693 8 | 1.350 2 | 1.770 9 | 2.160 4 | 2.650 3 | 3.012 3 |
| 14 | 0.692 4 | 1.345 0 | 1.761 3 | 2.144 8 | 2.624 5 | 2.976 8 |
| 15 | 0.691 2 | 1.340 6 | 1.753 1 | 2.131 4 | 2.602 5 | 2.946 7 |
| 16 | 0.690 1 | 1.336 8 | 1.745 9 | 2.119 9 | 2.583 5 | 2.920 8 |
| 17 | 0.689 2 | 1.333 4 | 1.739 6 | 2.109 8 | 2.566 9 | 2.898 2 |
| 18 | 0.688 4 | 1.330 4 | 1.734 1 | 2.100 9 | 2.552 4 | 2.878 4 |
| 19 | 0.687 6 | 1.327 7 | 1.729 1 | 2.093 0 | 2.539 5 | 2.860 9 |
| 20 | 0.687 0 | 1.325 3 | 1.724 7 | 2.086 0 | 2.528 0 | 2.845 3 |
| 21 | 0.686 4 | 1.323 2 | 1.720 7 | 2.079 6 | 2.517 6 | 2.831 4 |
| 22 | 0.685 8 | 1.321 2 | 1.717 1 | 2.073 9 | 2.508 3 | 2.818 8 |
| 23 | 0.685 3 | 1.319 5 | 1.713 9 | 2.068 7 | 2.499 9 | 2.807 3 |
| 24 | 0.684 8 | 1.317 8 | 1.710 9 | 2.063 9 | 2.492 2 | 2.796 9 |
| 25 | 0.684 4 | 1.316 3 | 1.708 1 | 2.059 5 | 2.485 1 | 2.787 4 |
| 26 | 0.684 0 | 1.315 0 | 1.705 6 | 2.055 5 | 2.478 6 | 2.778 7 |
| 27 | 0.683 7 | 1.313 7 | 1.703 3 | 2.051 8 | 2.472 7 | 2.770 7 |
| 28 | 0.683 4 | 1.312 5 | 1.701 1 | 2.048 4 | 2.467 1 | 2.763 3 |
| 29 | 0.683 0 | 1.311 4 | 1.699 1 | 2.045 2 | 2.462 0 | 2.756 4 |
| 30 | 0.682 8 | 1.310 4 | 1.697 3 | 2.042 3 | 2.457 3 | 2.750 0 |
| 31 | 0.682 5 | 1.309 5 | 1.695 5 | 2.039 5 | 2.452 8 | 2.744 0 |
| 32 | 0.682 2 | 1.308 6 | 1.693 9 | 2.036 9 | 2.448 7 | 2.738 5 |
| 33 | 0.682 0 | 1.307 7 | 1.692 4 | 2.034 5 | 2.444 8 | 2.733 3 |
| 34 | 0.681 8 | 1.307 0 | 1.690 9 | 2.032 2 | 2.441 1 | 2.728 4 |
| 35 | 0.681 6 | 1.306 2 | 1.689 6 | 2.030 1 | 2.437 7 | 2.723 8 |
| 36 | 0.681 4 | 1.305 5 | 1.688 3 | 2.028 1 | 2.434 5 | 2.719 5 |
| 37 | 0.681 2 | 1.304 9 | 1.687 1 | 2.026 2 | 2.431 4 | 2.715 4 |
| 38 | 0.681 0 | 1.304 2 | 1.686 0 | 2.024 4 | 2.428 6 | 2.711 6 |
| 39 | 0.680 8 | 1.303 6 | 1.684 9 | 2.022 7 | 2.425 8 | 2.707 9 |
| 40 | 0.680 7 | 1.303 1 | 1.683 9 | 2.021 1 | 2.423 3 | 2.704 5 |
| 41 | 0.680 5 | 1.302 5 | 1.682 9 | 2.019 5 | 2.420 8 | 2.701 2 |
| 42 | 0.680 4 | 1.302 0 | 1.682 0 | 2.018 1 | 2.418 5 | 2.698 1 |
| 43 | 0.680 2 | 1.301 6 | 1.681 1 | 2.016 7 | 2.416 3 | 2.695 1 |
| 44 | 0.680 1 | 1.301 1 | 1.680 2 | 2.015 4 | 2.414 1 | 2.692 3 |
| 45 | 0.680 0 | 1.300 6 | 1.679 4 | 2.014 1 | 2.412 1 | 2.689 6 |

# 附表3　卡方分布表

$$P(\chi^2 \geqslant \chi_\alpha^2) = \alpha$$

| $n$ \ $\alpha$ | 0.995 | 0.99 | 0.975 | 0.95 | 0.90 | 0.75 | 0.50 | 0.25 | 0.10 | 0.05 | 0.025 | 0.01 | 0.005 |
|---|---|---|---|---|---|---|---|---|---|---|---|---|---|
| 1 | 0.000 04 | 0.000 16 | 0.001 | 0.004 | 0.016 | 0.102 | 0.455 | 1.323 | 2.706 | 3.841 | 5.024 | 6.635 | 7.879 |
| 2 | 0.010 | 0.020 | 0.051 | 0.103 | 0.211 | 0.575 | 1.386 | 2.773 | 4.605 | 5.991 | 7.378 | 9.210 | 10.597 |
| 3 | 0.072 | 0.115 | 0.216 | 0.352 | 0.584 | 1.213 | 2.366 | 4.108 | 6.251 | 7.815 | 9.348 | 11.345 | 12.838 |
| 4 | 0.207 | 0.297 | 0.484 | 0.711 | 1.064 | 1.923 | 3.357 | 5.385 | 7.779 | 9.488 | 11.143 | 13.277 | 14.860 |
| 5 | 0.412 | 0.554 | 0.831 | 1.145 | 1.610 | 2.675 | 4.351 | 6.626 | 9.236 | 11.070 | 12.833 | 15.086 | 16.750 |
| 6 | 0.676 | 0.872 | 1.237 | 1.635 | 2.204 | 3.455 | 5.348 | 7.841 | 10.645 | 12.592 | 14.449 | 16.812 | 18.548 |
| 7 | 0.989 | 1.239 | 1.690 | 2.167 | 2.833 | 4.255 | 6.346 | 9.037 | 12.017 | 14.067 | 16.013 | 18.475 | 20.278 |
| 8 | 1.344 | 1.646 | 2.180 | 2.733 | 3.490 | 5.071 | 7.344 | 10.219 | 13.362 | 15.507 | 17.535 | 20.090 | 21.955 |
| 9 | 1.735 | 2.088 | 2.700 | 3.325 | 4.168 | 5.899 | 8.343 | 11.389 | 14.684 | 16.919 | 19.023 | 21.666 | 23.589 |
| 10 | 2.156 | 2.558 | 3.247 | 3.940 | 4.865 | 6.737 | 9.342 | 12.549 | 15.987 | 18.307 | 20.483 | 23.209 | 25.188 |
| 11 | 2.603 | 3.053 | 3.816 | 4.575 | 5.578 | 7.584 | 10.341 | 13.701 | 17.275 | 19.675 | 21.920 | 24.725 | 26.757 |
| 12 | 3.074 | 3.571 | 4.404 | 5.226 | 6.304 | 8.438 | 11.340 | 14.845 | 18.549 | 21.026 | 23.337 | 26.217 | 28.300 |
| 13 | 3.565 | 4.107 | 5.009 | 5.892 | 7.042 | 9.299 | 12.340 | 15.984 | 19.812 | 22.362 | 24.736 | 27.688 | 29.819 |
| 14 | 4.075 | 4.660 | 5.629 | 6.571 | 7.790 | 10.165 | 13.339 | 17.117 | 21.064 | 23.685 | 26.119 | 29.141 | 31.319 |
| 15 | 4.601 | 5.229 | 6.262 | 7.261 | 8.547 | 11.037 | 14.339 | 18.245 | 22.307 | 24.996 | 27.488 | 30.578 | 32.801 |
| 16 | 5.142 | 5.812 | 6.908 | 7.962 | 9.312 | 11.912 | 15.338 | 19.369 | 23.542 | 26.296 | 28.845 | 32.000 | 34.267 |
| 17 | 5.697 | 6.408 | 7.564 | 8.672 | 10.085 | 12.792 | 16.338 | 20.489 | 24.769 | 27.587 | 30.191 | 33.409 | 35.718 |
| 18 | 6.265 | 7.015 | 8.231 | 9.390 | 10.865 | 13.675 | 17.338 | 21.605 | 25.989 | 28.869 | 31.526 | 34.805 | 37.156 |
| 19 | 6.844 | 7.633 | 8.907 | 10.117 | 11.651 | 14.562 | 18.338 | 22.718 | 27.204 | 30.144 | 32.852 | 36.191 | 38.582 |
| 20 | 7.434 | 8.260 | 9.591 | 10.851 | 12.443 | 15.452 | 19.337 | 23.828 | 28.412 | 31.410 | 34.170 | 37.566 | 39.997 |
| 21 | 8.034 | 8.897 | 10.283 | 11.591 | 13.240 | 16.344 | 20.337 | 24.935 | 29.615 | 32.671 | 35.479 | 38.932 | 41.401 |
| 22 | 8.643 | 9.542 | 10.982 | 12.338 | 14.041 | 17.240 | 21.337 | 26.039 | 30.813 | 33.924 | 36.781 | 40.289 | 42.796 |
| 23 | 9.260 | 10.196 | 11.689 | 13.091 | 14.848 | 18.137 | 22.337 | 27.141 | 32.007 | 35.172 | 38.076 | 41.638 | 44.181 |
| 24 | 9.886 | 10.856 | 12.401 | 13.848 | 15.659 | 19.037 | 23.337 | 28.241 | 33.196 | 36.415 | 39.364 | 42.980 | 45.559 |
| 25 | 10.520 | 11.524 | 13.120 | 14.611 | 16.473 | 19.939 | 24.337 | 29.339 | 34.382 | 37.652 | 40.646 | 44.314 | 46.928 |

# 附表 4　$F$ 检验临界值表

$$P(F > F_\alpha) = \alpha$$

$$\alpha = 0.10$$

| $n_2$ \ $n_1$ | 1 | 2 | 3 | 4 | 5 | 6 | 7 | 8 | 9 | 10 | 12 | 15 | 20 | 24 | 30 | 40 | 60 | 120 | ∞ |
|---|---|---|---|---|---|---|---|---|---|---|---|---|---|---|---|---|---|---|---|
| 1 | 39.86 | 49.50 | 53.59 | 55.83 | 57.24 | 58.20 | 58.91 | 59.44 | 59.86 | 60.19 | 60.71 | 61.22 | 61.74 | 62.00 | 62.26 | 62.53 | 62.79 | 63.06 | 63.33 |
| 2 | 8.53 | 9.00 | 9.16 | 9.24 | 9.29 | 9.33 | 9.35 | 9.37 | 9.38 | 9.39 | 9.41 | 9.42 | 9.44 | 9.45 | 9.46 | 9.47 | 9.47 | 9.48 | 9.49 |
| 3 | 5.54 | 5.46 | 5.39 | 5.34 | 5.31 | 5.28 | 5.27 | 5.25 | 5.24 | 5.23 | 5.22 | 5.20 | 5.18 | 5.18 | 5.17 | 5.16 | 5.15 | 5.14 | 5.13 |
| 4 | 4.54 | 4.32 | 4.19 | 4.11 | 4.05 | 4.01 | 3.98 | 3.95 | 3.94 | 3.92 | 3.90 | 3.87 | 3.84 | 3.83 | 3.82 | 3.80 | 3.79 | 3.78 | 4.76 |
| 5 | 4.06 | 3.78 | 3.62 | 3.52 | 3.45 | 3.40 | 3.37 | 3.34 | 3.32 | 3.30 | 3.27 | 3.24 | 3.21 | 3.19 | 3.17 | 3.16 | 3.14 | 3.12 | 3.10 |
| 6 | 3.78 | 3.46 | 3.29 | 3.18 | 3.11 | 3.05 | 3.01 | 2.98 | 2.96 | 2.94 | 2.90 | 2.87 | 2.84 | 2.82 | 2.80 | 2.78 | 2.76 | 2.74 | 2.72 |
| 7 | 3.59 | 3.26 | 3.07 | 2.96 | 2.88 | 2.83 | 2.78 | 2.75 | 2.72 | 2.70 | 2.67 | 2.63 | 2.59 | 2.58 | 2.56 | 2.54 | 2.51 | 2.49 | 2.47 |
| 8 | 3.46 | 3.11 | 2.92 | 2.81 | 2.73 | 2.67 | 2.62 | 2.59 | 2.56 | 2.54 | 2.50 | 2.46 | 2.42 | 2.40 | 2.38 | 2.36 | 2.34 | 2.32 | 2.29 |
| 9 | 3.36 | 3.01 | 2.81 | 2.69 | 2.61 | 2.55 | 2.51 | 2.47 | 2.44 | 2.42 | 2.38 | 2.34 | 2.30 | 2.28 | 2.25 | 2.23 | 2.21 | 2.18 | 2.16 |
| 10 | 3.29 | 2.92 | 2.73 | 2.61 | 2.52 | 2.46 | 2.41 | 2.38 | 2.35 | 2.32 | 2.28 | 2.24 | 2.20 | 2.18 | 2.16 | 2.13 | 2.11 | 2.08 | 2.06 |
| 11 | 3.23 | 2.86 | 2.66 | 2.54 | 2.45 | 2.39 | 2.34 | 2.30 | 2.27 | 2.25 | 2.21 | 2.17 | 2.12 | 2.10 | 2.08 | 2.05 | 2.03 | 2.00 | 1.97 |
| 12 | 3.18 | 2.81 | 2.61 | 2.48 | 2.39 | 2.33 | 2.28 | 2.24 | 2.21 | 2.19 | 2.15 | 2.10 | 2.06 | 2.04 | 2.01 | 1.99 | 1.96 | 1.93 | 1.90 |
| 13 | 3.14 | 2.76 | 2.56 | 2.43 | 2.35 | 2.28 | 2.23 | 2.20 | 2.16 | 2.14 | 2.10 | 2.05 | 2.01 | 1.98 | 1.96 | 1.93 | 1.90 | 1.88 | 1.85 |
| 14 | 3.10 | 2.73 | 2.52 | 2.39 | 2.31 | 2.24 | 2.19 | 2.15 | 2.12 | 2.10 | 2.05 | 2.01 | 1.96 | 1.94 | 1.91 | 1.89 | 1.86 | 1.83 | 1.80 |
| 15 | 3.07 | 2.70 | 2.49 | 2.36 | 2.27 | 2.21 | 2.16 | 2.12 | 2.09 | 2.06 | 2.02 | 1.97 | 1.92 | 1.90 | 1.87 | 1.85 | 1.82 | 1.79 | 1.76 |
| 16 | 3.05 | 2.67 | 2.46 | 2.33 | 2.24 | 2.18 | 2.13 | 2.09 | 2.06 | 2.03 | 1.99 | 1.94 | 1.89 | 1.87 | 1.84 | 1.81 | 1.78 | 1.75 | 1.72 |
| 17 | 3.03 | 2.64 | 2.44 | 2.31 | 2.22 | 2.15 | 2.10 | 2.06 | 2.03 | 2.00 | 1.96 | 1.91 | 1.86 | 1.84 | 1.81 | 1.78 | 1.75 | 1.72 | 1.69 |
| 18 | 3.01 | 2.62 | 2.42 | 2.29 | 2.20 | 2.13 | 2.08 | 2.04 | 2.00 | 1.98 | 1.93 | 1.89 | 1.84 | 1.81 | 1.78 | 1.75 | 1.72 | 1.69 | 1.66 |
| 19 | 2.99 | 2.61 | 2.40 | 2.27 | 2.18 | 2.11 | 2.06 | 2.02 | 1.98 | 1.96 | 1.91 | 1.86 | 1.81 | 1.79 | 1.76 | 1.73 | 1.70 | 1.67 | 1.63 |
| 20 | 2.97 | 2.59 | 2.38 | 2.25 | 2.16 | 2.09 | 2.04 | 2.00 | 1.96 | 1.94 | 1.89 | 1.84 | 1.79 | 1.77 | 1.74 | 1.71 | 1.68 | 1.64 | 1.61 |
| 21 | 2.96 | 2.57 | 2.36 | 2.23 | 2.14 | 2.08 | 2.02 | 1.98 | 1.95 | 1.92 | 1.87 | 1.83 | 1.78 | 1.75 | 1.72 | 1.69 | 1.66 | 1.62 | 1.59 |
| 22 | 2.95 | 2.56 | 2.35 | 2.22 | 2.13 | 2.06 | 2.01 | 1.97 | 1.93 | 1.90 | 1.86 | 1.81 | 1.76 | 1.73 | 1.70 | 1.67 | 1.64 | 1.60 | 1.57 |
| 23 | 2.94 | 2.55 | 2.34 | 2.21 | 2.11 | 2.05 | 1.99 | 1.95 | 1.92 | 1.89 | 1.84 | 1.80 | 1.74 | 1.72 | 1.69 | 1.66 | 1.62 | 1.59 | 1.55 |
| 24 | 2.93 | 2.54 | 2.33 | 2.19 | 2.10 | 2.04 | 1.98 | 1.94 | 1.91 | 1.88 | 1.83 | 1.78 | 1.73 | 1.70 | 1.67 | 1.64 | 1.61 | 1.57 | 1.53 |
| 25 | 2.92 | 2.53 | 2.32 | 2.18 | 2.09 | 2.02 | 1.97 | 1.93 | 1.89 | 1.87 | 1.82 | 1.77 | 1.72 | 1.69 | 1.66 | 1.63 | 1.59 | 1.56 | 1.52 |
| 26 | 2.91 | 2.52 | 2.31 | 2.17 | 2.08 | 2.01 | 1.96 | 1.92 | 1.88 | 1.86 | 1.81 | 1.76 | 1.71 | 1.68 | 1.65 | 1.61 | 1.58 | 1.54 | 1.50 |
| 27 | 2.90 | 2.51 | 2.30 | 2.17 | 2.07 | 2.00 | 1.95 | 1.91 | 1.87 | 1.85 | 1.80 | 1.75 | 1.70 | 1.67 | 1.64 | 1.60 | 1.57 | 1.53 | 1.49 |
| 28 | 2.89 | 2.50 | 2.29 | 2.16 | 2.06 | 2.00 | 1.94 | 1.90 | 1.87 | 1.84 | 1.79 | 1.74 | 1.69 | 1.66 | 1.63 | 1.59 | 1.56 | 1.52 | 1.48 |
| 29 | 2.89 | 2.50 | 2.28 | 2.15 | 2.06 | 1.99 | 1.93 | 1.89 | 1.86 | 1.83 | 1.78 | 1.73 | 1.68 | 1.65 | 1.62 | 1.58 | 1.55 | 1.51 | 1.47 |
| 30 | 2.88 | 2.49 | 2.28 | 2.14 | 2.05 | 1.98 | 1.93 | 1.88 | 1.85 | 1.82 | 1.77 | 1.72 | 1.67 | 1.64 | 1.61 | 1.57 | 1.54 | 1.50 | 1.46 |
| 40 | 2.84 | 2.44 | 2.23 | 2.09 | 2.00 | 1.93 | 1.87 | 1.83 | 1.79 | 1.76 | 1.71 | 1.66 | 1.61 | 1.57 | 1.54 | 1.51 | 1.47 | 1.42 | 1.38 |
| 60 | 2.79 | 2.39 | 2.18 | 2.04 | 1.95 | 1.87 | 1.82 | 1.77 | 1.74 | 1.71 | 1.66 | 1.60 | 1.54 | 1.51 | 1.48 | 1.44 | 1.40 | 1.35 | 1.29 |
| 120 | 2.75 | 2.35 | 2.13 | 1.99 | 1.90 | 1.82 | 1.77 | 1.72 | 1.68 | 1.65 | 1.60 | 1.55 | 1.48 | 1.45 | 1.41 | 1.37 | 1.32 | 1.26 | 1.19 |
| ∞ | 2.71 | 2.30 | 2.08 | 1.94 | 1.85 | 1.77 | 1.72 | 1.67 | 1.63 | 1.60 | 1.55 | 1.49 | 1.42 | 1.38 | 1.34 | 1.30 | 1.24 | 1.17 | 1.00 |

# 附表 4　*F* 检验临界值表（续表）

$$P(F > F_{\alpha}) = \alpha$$

$$\alpha = 0.05$$

| $k_2$ \ $k_1$ | 1 | 2 | 3 | 4 | 5 | 6 | 8 | 12 | 24 | ∞ |
|---|---|---|---|---|---|---|---|---|---|---|
| 1 | 161.40 | 199.50 | 215.70 | 224.60 | 230.20 | 234.00 | 238.90 | 243.90 | 249.00 | 254.30 |
| 2 | 18.51 | 19.00 | 19.16 | 19.25 | 19.30 | 19.33 | 19.37 | 19.41 | 19.45 | 19.50 |
| 3 | 10.13 | 9.55 | 9.28 | 9.12 | 9.01 | 8.94 | 8.84 | 8.74 | 8.64 | 8.53 |
| 4 | 7.71 | 6.94 | 6.59 | 6.39 | 6.26 | 6.16 | 6.04 | 5.91 | 5.77 | 5.63 |
| 5 | 6.61 | 5.79 | 5.41 | 5.19 | 5.05 | 4.95 | 4.82 | 4.68 | 4.53 | 4.36 |
| 6 | 5.99 | 5.14 | 4.76 | 4.53 | 4.39 | 4.28 | 4.15 | 4.00 | 3.84 | 3.67 |
| 7 | 5.59 | 4.74 | 4.35 | 4.12 | 3.97 | 3.87 | 3.73 | 3.57 | 3.41 | 3.23 |
| 8 | 5.32 | 4.46 | 4.07 | 3.84 | 3.69 | 3.58 | 3.44 | 3.28 | 3.12 | 2.93 |
| 9 | 5.12 | 4.26 | 3.86 | 3.63 | 3.48 | 3.37 | 3.23 | 3.07 | 2.90 | 2.71 |
| 10 | 4.96 | 4.10 | 3.71 | 3.48 | 3.33 | 3.22 | 3.07 | 2.91 | 2.74 | 2.54 |
| 11 | 4.84 | 3.98 | 3.59 | 3.36 | 3.20 | 3.09 | 2.95 | 2.79 | 2.61 | 2.40 |
| 12 | 4.75 | 3.88 | 3.49 | 3.26 | 3.11 | 3.00 | 2.85 | 2.69 | 2.50 | 2.30 |
| 13 | 4.67 | 3.80 | 3.41 | 3.18 | 3.02 | 2.92 | 2.77 | 2.60 | 2.42 | 2.21 |
| 14 | 4.60 | 3.74 | 3.34 | 3.11 | 2.96 | 2.85 | 2.70 | 2.53 | 2.35 | 2.13 |
| 15 | 4.54 | 3.68 | 3.29 | 3.06 | 2.90 | 2.79 | 2.64 | 2.48 | 2.29 | 2.07 |
| 16 | 4.49 | 3.63 | 3.24 | 3.01 | 2.85 | 2.74 | 2.59 | 2.42 | 2.24 | 2.01 |
| 17 | 4.45 | 3.59 | 3.20 | 2.96 | 2.81 | 2.70 | 2.55 | 2.38 | 2.19 | 1.96 |
| 18 | 4.41 | 3.55 | 3.16 | 2.93 | 2.77 | 2.66 | 2.51 | 2.34 | 2.15 | 1.92 |
| 19 | 4.38 | 3.52 | 3.13 | 2.90 | 2.74 | 2.63 | 2.48 | 2.31 | 2.11 | 1.88 |
| 20 | 4.35 | 3.49 | 3.10 | 2.87 | 2.71 | 2.60 | 2.45 | 2.28 | 2.08 | 1.84 |
| 21 | 4.32 | 3.47 | 3.07 | 2.84 | 2.68 | 2.57 | 2.42 | 2.25 | 2.05 | 1.81 |
| 22 | 4.30 | 3.44 | 3.05 | 2.82 | 2.66 | 2.55 | 2.40 | 2.23 | 2.03 | 1.78 |
| 23 | 4.28 | 3.42 | 3.03 | 2.80 | 2.64 | 2.53 | 2.38 | 2.20 | 2.00 | 1.76 |
| 24 | 4.26 | 3.40 | 3.01 | 2.78 | 2.62 | 2.51 | 2.36 | 2.18 | 1.98 | 1.73 |
| 25 | 4.24 | 3.38 | 2.99 | 2.76 | 2.60 | 2.49 | 2.34 | 2.16 | 1.96 | 1.71 |
| 26 | 4.22 | 3.37 | 2.98 | 2.74 | 2.59 | 2.47 | 2.32 | 2.15 | 1.95 | 1.69 |
| 27 | 4.21 | 3.35 | 2.96 | 2.73 | 2.57 | 2.46 | 2.30 | 2.13 | 1.93 | 1.67 |
| 28 | 4.20 | 3.34 | 2.95 | 2.71 | 2.56 | 2.44 | 2.29 | 2.12 | 1.91 | 1.65 |
| 29 | 4.18 | 3.33 | 2.93 | 2.70 | 2.54 | 2.43 | 2.28 | 2.10 | 1.90 | 1.64 |
| 30 | 4.17 | 3.32 | 2.92 | 2.69 | 2.53 | 2.42 | 2.27 | 2.09 | 1.89 | 1.62 |
| 40 | 4.08 | 3.23 | 2.84 | 2.61 | 2.45 | 2.34 | 2.18 | 2.00 | 1.79 | 1.51 |
| 60 | 4.00 | 3.15 | 2.76 | 2.52 | 2.37 | 2.25 | 2.10 | 1.92 | 1.70 | 1.39 |
| 120 | 3.92 | 3.07 | 2.68 | 2.45 | 2.29 | 2.17 | 2.02 | 1.83 | 1.61 | 1.25 |
| ∞ | 3.84 | 2.99 | 2.60 | 2.37 | 2.21 | 2.09 | 1.94 | 1.75 | 1.52 | 1.00 |

# 附表 5 泊松分布表

$$1-F(k-1)=\sum_{k=x}^{\infty}\frac{e^{-\lambda}\lambda^{k}}{k!}$$

| $k$ \ $\lambda$ | 0.2 | 0.3 | 0.4 | 0.5 | 0.6 | 0.7 | 0.8 |
|---|---|---|---|---|---|---|---|
| 0 | 1.000 000 0 | 1.000 000 0 | 1.000 000 0 | 1.000 000 0 | 1.000 000 0 | 1.000 000 0 | 1.000 000 0 |
| 1 | 0.181 269 2 | 0.259 181 8 | 0.329 680 0 | 0.393 469 3 | 0.451 188 4 | 0.503 414 7 | 0.550 671 0 |
| 2 | 0.017 523 1 | 0.036 936 3 | 0.061 551 9 | 0.090 204 0 | 0.121 901 4 | 0.155 805 0 | 0.191 207 9 |
| 3 | 0.001 148 5 | 0.003 599 5 | 0.007 926 3 | 0.014 387 7 | 0.023 115 3 | 0.034 141 6 | 0.047 422 6 |
| 4 | 0.000 056 8 | 0.000 265 8 | 0.000 776 3 | 0.001 751 6 | 0.003 358 1 | 0.005 753 5 | 0.009 079 9 |
| 5 | 0.000 002 3 | 0.000 015 8 | 0.000 061 2 | 0.000 172 1 | 0.000 394 5 | 0.000 785 5 | 0.001 411 3 |
| 6 | 0.000 000 1 | 0.000 000 8 | 0.000 004 0 | 0.000 014 2 | 0.000 038 9 | 0.000 090 0 | 0.000 184 3 |
| 7 | 0.000 000 0 | 0.000 000 0 | 0.000 000 2 | 0.000 001 0 | 0.000 003 3 | 0.000 008 9 | 0.000 020 7 |
| 8 | 0.000 000 0 | 0.000 000 0 | 0.000 000 0 | 0.000 000 1 | 0.000 000 2 | 0.000 000 8 | 0.000 002 1 |
| 9 | 0.000 000 0 | 0.000 000 0 | 0.000 000 0 | 0.000 000 0 | 0.000 000 0 | 0.000 000 1 | 0.000 000 2 |
| 10 | 0.000 000 0 | 0.000 000 0 | 0.000 000 0 | 0.000 000 0 | 0.000 000 0 | 0.000 000 0 | 0.000 000 0 |
| 11 | 0.000 000 0 | 0.000 000 0 | 0.000 000 0 | 0.000 000 0 | 0.000 000 0 | 0.000 000 0 | 0.000 000 0 |

| $k$ \ $\lambda$ | 0.9 | 1 | 1.2 | 1.4 | 1.6 | 1.8 | 2 |
|---|---|---|---|---|---|---|---|
| 0 | 1.000 000 0 | 1.000 000 0 | 1.000 000 0 | 1.000 000 0 | 1.000 000 0 | 1.000 000 0 | 1.000 000 0 |
| 1 | 0.593 430 3 | 0.632 120 6 | 0.698 805 8 | 0.753 403 0 | 0.798 103 5 | 0.834 701 1 | 0.864 664 7 |
| 2 | 0.227 517 6 | 0.264 241 1 | 0.337 372 7 | 0.408 167 3 | 0.475 069 1 | 0.537 163 1 | 0.593 994 2 |
| 3 | 0.062 856 9 | 0.080 301 4 | 0.120 512 9 | 0.166 502 3 | 0.216 641 5 | 0.269 378 9 | 0.323 323 6 |
| 4 | 0.013 458 7 | 0.018 988 2 | 0.033 769 0 | 0.053 725 3 | 0.078 813 5 | 0.108 708 4 | 0.142 876 5 |
| 5 | 0.002 344 1 | 0.003 659 8 | 0.007 745 8 | 0.014 253 3 | 0.023 682 3 | 0.036 406 7 | 0.052 653 0 |
| 6 | 0.000 343 5 | 0.000 594 2 | 0.001 500 2 | 0.003 201 1 | 0.006 040 3 | 0.010 378 0 | 0.016 563 6 |
| 7 | 0.000 043 4 | 0.000 083 2 | 0.000 251 1 | 0.000 622 3 | 0.001 335 8 | 0.002 569 4 | 0.004 533 8 |
| 8 | 0.000 004 8 | 0.000 010 2 | 0.000 037 0 | 0.000 106 5 | 0.000 260 4 | 0.000 561 5 | 0.001 096 7 |
| 9 | 0.000 000 5 | 0.000 001 1 | 0.000 004 9 | 0.000 016 3 | 0.000 045 4 | 0.000 109 7 | 0.000 237 4 |
| 10 | 0.000 000 0 | 0.000 000 1 | 0.000 000 6 | 0.000 002 2 | 0.000 007 1 | 0.000 019 4 | 0.000 046 5 |
| 11 | 0.000 000 0 | 0.000 000 0 | 0.000 000 1 | 0.000 000 3 | 0.000 001 0 | 0.000 003 1 | 0.000 008 3 |

# 关联课程教材推荐

| 书号 | 书名 | 作者 | 定价 |
|---|---|---|---|
| 978-7-300-25621-4 | 社会研究方法（第五版） | 风笑天 | 65.00 元 |
| 978-7-300-20676-9 | 社会统计分析方法——SPSS 软件应用（第二版） | 郭志刚 | 49.80 元 |
| 978-7-300-16163-1 | 数据管理与模型分析：STATA 软件应用 | 杨菊华 | 59.00 元 |
| 978-7-300-08997-3 | 社会统计分析与数据处理技术：STATA 软件的应用 | 杨菊华 | 49.80 元 |
| 978-7-300-09639-1 | STATA 实用教程 | 王天夫 | 49.80 元 |

# 配套教学资源支持

尊敬的老师：

衷心感谢您选择人大版教材！相关的配套教学资源，请到中国人民大学出版社官网（www.crup.com.cn）下载。部分教学资源需要验证您的教师身份后，才可以下载，请您登录出版社官网后，点右上角“注册”，填写“会员中心”的“我的教师认证”项目，等待后台审核。我们将尽快为您开通下载权限。

如您急需教学资源或教材样书，也可以直接与我们的编辑联系：

龚洪训　　电话：010-62515637　　电子邮箱：6130616@qq.com

专业教师 QQ 群：

195761402（全国社会学教师 QQ 群）

欢迎您登录浏览人大社网站，了解图书信息，共享教学资源

期待您加入专业教师 QQ 群，开展学术讨论，交流教学心得

图书在版编目（CIP）数据

社会统计学 / 孙凤编著．--北京：中国人民大学出版社，2021.3
新编21世纪社会学系列教材
ISBN 978-7-300-29054-6

Ⅰ.①社… Ⅱ.①孙… Ⅲ.①社会统计－高等学校－教材 Ⅳ.①C91-03

中国版本图书馆CIP数据核字（2021）第028306号

新编21世纪社会学系列教材
**社会统计学**
孙 凤 编著
Shehui Tongjixue

| | | | |
|---|---|---|---|
| 出版发行 | 中国人民大学出版社 | | |
| 社 址 | 北京中关村大街31号 | 邮政编码 | 100080 |
| 电 话 | 010－62511242（总编室） | | 010－62511770（质管部） |
| | 010－82501766（邮购部） | | 010－62514148（门市部） |
| | 010－62515195（发行公司） | | 010－62515275（盗版举报） |
| 网 址 | http://www.crup.com.cn | | |
| 经 销 | 新华书店 | | |
| 印 刷 | 北京七色印务有限公司 | | |
| 规 格 | 183 mm×256 mm 16开本 | 版 次 | 2021年3月第1版 |
| 印 张 | 19 | 印 次 | 2021年3月第1次印刷 |
| 字 数 | 460 000 | 定 价 | 48.00元 |

**版权所有 侵权必究 印装差错 负责调换**